KB190558

한국신약해설주석 14

요한서신:
요한일·이·삼서

이재현 지음

KECOT/KECNT 김상훈 총괄 편집

KECNT 신현우 책임 편집

한국신약해설주석 14
요한서신: 요한일·이·삼서

초판1쇄 2021.04.21.
지은이 이재현
총괄편집 김상훈
책임편집 신현우
교정교열 김덕원, 김요셉, 박이삭

발행처 감은사
발행인 이영욱
전화 070-8614-2206
팩스 050-7091-2206
주소 서울시 강동구 암사동 아리수로 66, 401호
이메일 editor@gameun.co.kr

ISBN 9791190389297
정가 24,000원

Korean Exegetical Commentary on the New Testament 14

The Johannine Epistles:
1-3 John

Jae Hyun Lee

KECNT/KECOT General Editor, Sang-Hoon Kim

KECNT Editor, Hyeon Woo Shin

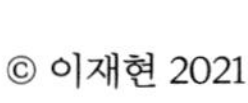

| 목차 |

KECNT/KECOT 총괄 편집자 서문 | 7

KECNT 책임 편집자 서문 | 11

저자 서문 | 15

약어표 | 19

제1부 서론 | 23

제2부 요한일서 본문 주석 | 43

제1장 요한일서 1:1-4 (말씀에 대한 증거와 서신의 목적) | 45

제2장 요한일서 1:5-2:2 (하나님과의 참된 교제와 신자의 통합적 삶 1) | 63

제3장 요한일서 2:3-11 (하나님과의 참된 교제와 신자의 통합적 삶 2) | 81

제4장 요한일서 2:12-14 (독자를 향한 확증) | 103

제5장 요한일서 2:15-17 (독자를 향한 명령) | 113

제6장 요한일서 2:18-27 (새 영역 안에 있는 신자의 통합적 삶 1) | 121

제7장 요한일서 2:28-3:10 (새 영역 안에 있는 신자의 통합적 삶 2) | 153

제8장 요한일서 3:11-18 (새 영역 안에 있는 신자의 통합적 삶 3) | 185

제9장 요한일서 3:19-24 (새 영역 안에 있는 신자의 통합적 삶 4) | 199

제10장 요한일서 4:1-6 (진리의 계명에 대해) | 213

제11장 요한일서 4:7-21 (사랑의 계명에 대해) | 233

제12장 요한일서 5:1-5 (새 영역 안에서의 삶) | 265

제13장 요한일서 5:6-12 (예수, 새 영역 안에서의 삶의 근거) | 283

제14장 요한일서 5:13-21 (결론적 확증과 권면) | 307

제3부 요한이서 본문 주석 | 333

제1장 요한이서 1-3 (도입과 인사) | 335

제2장 요한이서 4-6 (독자를 향한 긍정적 확증과 권면) | **347**

제3장 요한이서 7-11 (독자를 향한 명령) | **355**

제4장 요한이서 12-13 (문안 인사와 결어) | **367**

제4부 요한삼서 본문 주석 | **371**

제1장 요한삼서 1-4 (도입과 인사) | **373**

제2장 요한삼서 5-8 (가이오에 대한 칭찬과 기대) | **383**

제3장 요한삼서 9-12
(디오드레베에 대한 책망과 데메드리오에 대한 추천) | **393**

제4장 요한삼서 13-15 (문안 인사와 결어) | **407**

참고문헌 | **411**

KECNT/KECOT
총괄 편집자 서문

일선 목회자들을 만나면 좋은 주석을 추천해 달라는 말씀을 자주 듣게 됩니다. 믿을 만한 성경 주석이 필요합니다. 시대적 필요에 맞는 새로운 주석 편찬에 대해 다음의 다섯 가지를 말할 수 있겠습니다.

첫째, 건실한 개혁신학과 성경적 복음주의의 입장에 바로 서 있는 좋은 주석이 필요합니다. 하나님의 말씀인 성경에 대한 권위(authority)와 진정성(authenticity)을 신학(학문)이라는 이름으로 훼손하고 있는 주석이 적지 않습니다. 성경의 권위(*sola scriptura*, "오직 성경으로")를 중시한 종교개혁의 건실한 개혁신학과 성경의 영감적 특성을 존중하는 복음주의 관점에서 쓴 주석이 필요합니다. 영감된 말씀인 성경에 대한 존중과 바른 이해에 기반하는 주석은 주님의 교회를 새롭게 하고 생명력 있는 말씀 사역을 하도록 지원할 수 있습니다. 독자는 바른 신학과 성경에 대한 신뢰를 가지고 본문을 깊이 연구할 수 있습니다.

둘째, 국내 저자에 의한 국제적 수준의 주석 집필이 요구되고 있습니다. 성경적 복음주의에 기초한다고 해서 학문적 특성이 배제되면 신뢰할 만한 주석이라 할 수 없을 것입니다. 주석의 학문성은 저자의 학문적 자질과 능력에서 비롯됩니다. KECNT(한국신약해설주석)의 집필진은 학문적으로 국제적인 교류를 해온 학자들이 중심이 되었습니다. 해외 신학계와 해석학계에 학문적 목소리를 낼 수 있는(내어온) 학자들이 주석 집필진이 된 것입니다. 그렇기에 주석의 학문적 수준을 신뢰할 수 있을 것입니다. 본문의 논쟁적 문제를 다룰 때도, 개혁신학과 복음주의에 뿌리를 두되, 진지한 학문적 태도로 연구되고 있는 것을 볼 수 있을 것입니다. 여기서 신앙과 학문의 조화를 발견할 수 있습니다.

각 주석은 독자적인 연구를 바탕으로 된 것입니다. 신학적으로나, 학문적으로 신뢰할 만한 저자들의 단권 주석은 해당 분야에 대한 철저한 연구 성과를 토대로 집필된 것입니다. 대표되는 주석들과 학자들의 견해들이 주석 안에 섭렵되면서도, 집필자 자신의 깊은 본문 연구를 토대로 주석된다는 특징이 있습니다. 각자의 영역에서 뚜렷한 학문적인 논의를 개진할 수 있는 저자들이기 때문입니다.

셋째, 단권 주석의 강점은 각 권의 전문성이 인정된다는 것입니다. 저자 한 사람이 성경 전 권을 주석하는 방식은 학문적인 한계를 가질 수밖에 없습니다. 점차 전문화되어가는 학문적 흐름에는 맞지 않습니다. 해당 분야의 전문적 식견을 갖춘 저자에 의한 단권 주석 집필은 그런 점에서 의미가 큽니다. 각 권은 특장을 가진 각 저자의 적지 않은 시간 동안의 연구와 노력을 담은 주석서입니다. 같은 개혁신학과 복음주의 신앙을 가진 저자들에 의한 학문적 노력이 담긴 각 권의 주석입니다. 신학적으로, 학문적으로 검증된 저자들이 함께 어울려 성경 전체의 주석서를 내고 있습니다. 함께 하나님 나라를 위해 노력하려 합니다.

넷째, 성경 주석은 본문 중심의 주석일 필요가 있습니다. 개혁신학과 복음주의 전통의 문법적-역사적 해석은 하나님의 말씀인 성경 본문을, 역사적 맥락과 문법적 특징에 따라 세밀히 살펴, 본문의 계시적 의미를 밝히려는 해석입니다. 따라서 원어를 기초로 한, 각 절과 각 단원의 치밀한 주해에 집중합니다. 본문을 중시하는 문법적-역사적 해석의 전통은 최근 언어적·문학적·구조적·수사적 연구 등에 의해 더욱 발전되어 왔습니다. 하나님의 말씀 중심인 문법적-역사적 전제에 어울릴 수 있는 한, 이들 연구는 본문 해석에 유익한 면이 있습니다. 문법적-역사적 해석이 여러 갈래로 발전되고 있는 것입니다. KECNT에서 각 권의 저자가 어떤 특징과 강점을 가지고 성경 본문을 세밀히 해석하고 있는지 볼 수 있을 것입니다.

다섯째, 교회와 목회자의 필요에 맞는 주석이어야 할 것입니다. 교회가 신뢰할 만한 신학적 토대를 가지고 있다는 점과 함께, 철저한 본문 중심 해석이라는 특징 때문에 우리 한국 교회와 교회 사역자(설교자), 그리고 성경을 깊이 연구하고자 하는 분들에게 실제적인 도움이 될 것입니다. 특히 설교를 준비할 때, 본문에 대해 깊이 있고 정확한 해석의 기반이 가장 중요하다는 점에서 KECNT 주석은 설교자의 좋은 동반자가 될 것입니다. 하나님의 말씀이 제대로 전해지면 교회는 회복됩니다. 교회의 진정한 개혁은 하나님의 말씀으로 됩니다. 한국 교회에 말씀의 뿌리가 깊이 내려지고 그 위에 갱신과 부흥의 나무가 서야 합니다.

KECNT 주석 편찬에 관계된 저희 모두는 이 일을 영예로 생각합니다. 좋은 주석서들이 활용되면 주의 교회가 힘을 얻게 될 것이기 때문입니다. 오직 하나님만이 영광을 얻으시기에 합당하십니다(*soli Deo gloria*, "오직 하나님께만 영광이").

2020년 9월 28일

김상훈

KECNT/KECOT 총괄 편집자

KECNT
책임 편집자 서문

한국신약해설주석(KECNT)은 성경을 하나님의 말씀으로 받아들이고 신앙의 규범으로 삼는 정통신학의 틀 속에서 종교개혁자들의 문법적-역사적 해석 방법을 사용하여 신약성경을 연구한 주석 시리즈입니다.

선교 받는 나라에서 선교하는 나라가 된 한국의 신학계는 그동안 비약적 발전을 하여 세계신학계의 한 축을 형성하는 단계로 진입하고 있습니다. 특히 한국의 신약학계는 이미 세계적인 학자들을 많이 배출하였습니다. 그리하여 이 주석 시리즈의 저자들은 국제 학계(총서 및 학술지 등)의 출판 실적이 있는 탁월한 학자들 중에서 개혁신학의 전통 속에 있는 학자들을 선택하여 선정할 수 있었습니다.

이 주석 시리즈는 간단명료한 문체를 추구하는 개혁신학의 스타일에 따라 제한된 지면에 알찬 내용을 담았습니다. 또한 문법적-역사적 해석 방법에 따라 원어의 용례에 입각한 단어의 의미 파악과 당시 역사적 배경과 본문의 문맥에 입각한 의미 파악에 주력하여 성경 각 권의 저자가 의도한 본문의 의미가 잘 드러나도록 하였습니다. 그리하여 우리 시대에 성경 본문을 적용하기 위한 튼실한 출발점을 얻을 수 있도록 하였습니다. 때로는 우리 시대에 어떻게 적용해야 하는지 방향을 제시하기도 하였습니다.

이 주석은 단락별로 성경 번역, 절별 주해, 단락 해설로 구성하여 설교자들과 성도들이 성경을 연구하다가 필요한 구절을 쉽게 찾을 수 있도록 하였습니다. 단락 해설을 통해서는 전체적인 흐름을 파악하고 적용을 위한 통찰을 얻을 수 있도록 하였고, 저자의 사역을 담은 성경 번역 부분은 모아서 추후 새로운 번역본으로 출판하게 될 것입니다.

이 주석 시리즈는 주해 부분에서 헬라어를 음역할 경우에는 자음은 경음(ㄲ, ㄸ, ㅃ)을 활용하였습니다. 이것은 고대 및 현대 헬라어 발음과 유사할 뿐 아니라, 격음(ㅋ, ㅌ, ㅍ)과 함께 사용하여 유사한 발음의 헬라어 자음들을 한글로 명확히 구분하여 표기할 수 있기 때문입니다. 모음의 경우에는 영미식이나 독일식, 현대 헬라어식 발음을 따르지 않고 서로 구분되는 방식으로 음역했습니다. 이것이 고대 헬라어 발음에 가깝다고 추측될 뿐 아니라, 유사 발음들을 서로 구분하여 표기할 수 있는 장점이 있기 때문입니다.

요한서신 주석을 맡아 저술하신 이재현 박사님은 캐나다 맥매스터 신학대학(McMaster Divinity College)에서 저명한 학자 스탠리 포터(Stanley E. Porter) 교수 지도하에 박사 학위(Ph.D.)를 받았습니다. 학위 논문은 Linguistic Biblical Studies 총서 제3권으로 네덜란드 레이든(Leiden)의 E. J. Brill 출판사에서 출판되었습니다. 그 후에도 이재현 박사님은 부지런히 성경 연구에 정진하여 "We Need the Gospel: A Response to D. A. Campbell with Regard to Paul's Diagnosis of the Human Predicament"를 비롯한 많은 탁월한 논문을 국내외 학술지에 게재하였습니다.

이 요한서신 주석은 저자가 한동대학교 교목으로서 강의와 목양 사역을 겸하며 집필하였기에, 학문성과 함께 현장성을 가지고 있으며, 학문과 경건을 함께 추구하는 목회자들과 성도들이 기다리던 바로 그 주석서입니다.

이 시리즈의 출판을 흔쾌히 수락하여 어려운 출판 환경 가운데서 목회자들을 위한 주석서를 세상에 내놓는 수고를 감당해 주신 감은사의 이영욱 대표에게 감사를 드립니다.

궁극적으로 교회의 왕이시며 온 우주의 통치자이신 예수께 송영을 올립니다. 이 주석 시리즈도 우리의 주 되신 예수께 드리는 예배의 일부입니다. 십자가에서 마귀를 무너뜨리고 십자가 위에서 온 세상을 통치하시는 주 예수여, 영원토록 영광과 찬양을 받으소서. 아멘.

2020년 9월 29일

신현우

KECNT 책임 편집

저자 서문

하나님은 생각지 못한 방법으로 많이 일하시는 듯하다. 뜻하지 않게 KECNT 편집위원회의 제안으로 이 책을 쓰는 과정이 시작되었다. 원래는 Brill Exegetical Commentary Series에서 요한서신을 담당하여 저술을 하고 있었는데, 비록 내용과 양을 다르게 해야 하지만, 먼저 한국어로 요한서신 전체에 대한 글을 쓰는 것이 의미가 있겠다 싶어서 수락했다. 쓰는 내내 많이 배울 수 있어서 감사했다.

본 주석은 몇 가지 원칙을 갖고 쓰려고 노력했다. 첫째는 기존의 성경 번역이 아니라 필자가 개인적으로 번역한 것을 따라 내용을 기술하려고 했다. 서신이니까 경어체가 좋겠다 싶어 그렇게 번역했다. 가능한 직역을 하려 했고, 원문 구조와 순서에 맞춰 번역하려 했다. 언어가 다르니까 그 과정이 쉽지 않았고, 번역의 일관성을 유지하기도 쉽지 않았다. 우리말로는 어색한 점도 있지만, 원문의 순서와 구조에 충실하려고 했다. 거기에는 이유가 있다. 헬라어 원문이 가지고 있는 순서를 통한 저자의 의도를 오늘의 독자들도 인지할 수 있기를 바랐기 때문이다. 일반적으로 한 언어에서 다른 언어로 번역하면 원문이 가지고 있는 특징들이 많이 사라진다. 본 주석은 할 수 있으면 그것을 줄이려고 했다.

두 번째 원칙은 본문 주해나 설명 과정에서 일차적으로 영어나 우리말 번역, 심지어 필자가 했던 번역이 아니라, 헬라어 원문의 언어 정보에 충실하게 따르려 했다. 쓰는 내내 오픈텍스트(Opentext.org)의 성경 분해 자료와 NA 27th/28th를 주 대본으로 해서 살폈다. 헬라어 원문이 가지고 있는 언어학 정보를 민감하게 보고 그에 따라 본문 해석을 하려고 했기 때문이다. 그렇다고 필자의 해석과 분석이 완벽하다거나 최선이라는 의미는 아니다. 단지 정성스럽게 원문 자체에 충실한 해석을 하고 싶었다는 것이다. 그래서 본 주석에는 우리말로 번역한 구조와 다른 이해로 설명하는 부분이 많다. 이런 점에서 독자들의 양해를 구한다. 대부분의 설명 과정을 헬라어 원문 구조에 맞추어 제공하려 했음을 인식해 주었으면 좋겠다.

세 번째 원칙은 내용을 설명할 때 개별 단어의 해석보다 본문 내용의 흐름에 주목하려 했다. 단어 설명이 없는 것은 아니다. 그러나 단어 설명 자체만을 목적으로 하지 않았다. 저자가 서신을 통해 전하려는 내용의 흐름을 이해해야 성경을 통한 하나님의 원리를 잘 이해할 수 있다는 생각에 할 수 있으면 본문의 내용 흐름과 논리 전개를 놓치지 않으려 했다. 문단 나눔을 시작으로, 나누어진 부분의 구조와 논리 전개를 중심으로 각 절의 위치와 역할을 고려해서 설명하려고 했다. 역시 필자의 해석이 절대적으로 옳은 것은 아니다. 그럼에도 불구하고 이런 과정이 하나님 말씀을 대하는 하나의 자극제가 되었으면 하는 바람이 있다.

주석의 최고 목표는 본문 내용을 잘 이해하도록 돕는 것이다. 그 내용 이해를 통해 당시 살았던 사람들의 모습을 이해하고 그 안에 흐르는 하나님의 원리와 뜻을 발견해서 오늘의 삶에 연결할 수 있도록 도와주는 것이다. 오히려 이 책이 본문 이해를 더 복잡하게 하지 않을까 하는 두려움이 있다. 그럼에도 이런 작업이 필요하기에 조심스러운 마음으로 책을 낸다.

이 책은 필자가 썼지만, 혼자만의 결과물은 아니다. 이미 많은 선배 학자들이 연구한 것에 숟가락을 얹은 것이다. 또한 쓰는 과정에서도 많은 사람들의 도움이 있었다. 이 글을 많이 읽어주고 생각을 나눠주신 한동대 김성옥 교수님께 감사드리고 싶다. 수학 전공 교수님이시지만, 누구 못지 않게 성경에 열심 있으신 분이시다. 원고를 읽어준 안승준 목사님과 김은혜 목사님, 김민숙 사모님, 윤다윗 목사님, 박제윤 전도사님께도 고마움을 표한다. 또한 원고를 통해 교회 사역에 적용함으로 격려를 준 이용수 목사님에게도 감사를 표하고 싶다. 끝으로 늘 고마운 아내와 두 딸에게 고맙고 사랑한다는 말을 하고 싶다. 하나님께서 필자의 인생에 은혜로 주신 최고의 선물이다. 궁극의 감사는 아버지 하나님, 그분께 돌린다. 그분은 늘 언제나 필자의 삶에 신실하셨다.

2020년 3월 11일

포항 한동대에서

이재현

| 약어표 |

1 Clem	*1 Clement*
1–2 Macc	*1–2 Maccabees*
AB	Anchor Bible
ABD	*Anchor Bible Dictionary*
ABR	*Australian Biblical Review*
A. H.	*Against Heresies*
As. Mos.	*Assumption of Moses*
BDAG	Bauer, W., *Greek-English Lexicon of the New Testament and Other Early Christian Literature*, trans. F. W. Danker, W. F. Arndt and F. W. Gingrich, Chicago: University of Chicago Press, 2000.
BECNT	Baker Exegetical Commentary on the New Testament
BNTC	Black's New Testament Commentary
BTNT	Biblical Theology of the New Testament
BZNW	Beihefte zur Zeitschrift für die neutestamentliche Wissenschaft
CBQ	*Catholic Biblical Quarterly*
CEV	Contemporary English Version
Did	*Didache*
ECC	The Eerdmans Critical Commentary
ECM	Editio Critica Maior: Novum Testamentum Graece
EEC	Evangelical Exegetical Commentary
ESV	English Standard Version
ExpTim	*Expository Times*
FN	*Filología Neotestamentaria*
H. E.	*Historia ecclesiastica*
Hom. Jo.	*Homilies of John*
HNT	Handbuch zum Neuen Testament
IBC	Interpretation: A Bible Commentary for Teaching and Preaching
ICC	International Critical Commentary
IVPNTC	IVP New Testament Commentary

JBL	*Journal of Biblical Literature*
JPT	*Journal of Pentecostal Theology*
JSNT	*Journal for the Study of the New Testament*
JSNTSup	Journal for the Study of the New Testament: Supplement Series
JSPSup	Journal for the Study of Pseudepigrapha: Supplement Series
KJV	King James Version
LBS	Linguistic Biblical Studies
LN	Louw, J. P. and E. A. Nida, *Greek-English Lexicon of the New Testament based on Semantic Domains*, 2 vols., New York: United Bible Societies, 1988.
LXX	Septuagint
MNTC	Moffatt New Testament Commentary
NA $27^{th}/28^{th}$	Novum Testamentum Graece, Nestle-Aland, $27^{th}/28^{th}$ ed.
NAB	New American Bible
NAC	New American Commentary
NASB	New American Standard Bible
NCB	New Century Bible
NEB	New English Bible
NET	New English Translation
NIV	New International Version
NJB	New Jerusalem Bible
NICNT	New International Commentary on the New Testament
NIVAC	NIV Application Commentary
NLT	New Living Translation
NRSV	New Revised Standard Version
NTCC	NT in Context Commentaries
NTL	The New Testament Library
NACSBT	NAC Studies in Bible and Theology
NovT	*Novum Testamentum*
NTS	*New Testament Studies*
NTT	New Testament Theology

Opif.	*De opificio mundi*
PNTC	Pillar New Testament Commentary
RSV	Revised Standard Version
SHBC	Smith & Helwys Bible Commentary
SILES	SIL Exegetical Summary
SNTSMS	Society for New Testament Studies Monographs Series
SP	Sacra Pagina
TNIV	Today's New International Version
TNTC	Tyndale New Testament Commentaries
Tract.Ev.Jo.	*Evangelium Joannis Tractatus*
TynBul	*Tyndale Bulletin*
WBC	Word Biblical Commentary
WUNT	Wissenschaftliche Untersuchungen zum Neuen Testament
ZECNT	Zondervean Exegetical Commentary on the New Testament
ZNW	*Zeitschrift für die neutestamentliche Wissenschaft und die Kunde der alteren Kirche*

제1부

서론

1. 저자

일반적으로 서신서는 발신자를 언급함으로 시작한다. 수신자로 하여금 저자가 누구인지 알 수 있도록 소개하는 것이다. 하지만 요한서신은 여러 면에서 독특하다. 발신자의 이름이 없기 때문이다. 심지어 요한일서는 발신자를 소개하는 부분조차도 없다. 히브리서와 함께 신약 전체 서신 중 발신자 언급이 없는 서신이다. 요한이서와 요한삼서는 발신자를 장로라고 부르지만, 구체적으로 누구를 지칭하는지에 대한 명확한 단서가 없다. 교회 전통에 의하면 요한서신의 저자는 요한복음을 쓴, 예수의 사랑받는 제자였던 세베대의 아들 요한이다. 하지만 현대 학자들 가운데는 요한서신의 저자에 대해 다른 목소리를 내는 사람들이 있다.[1] 어떤 학자들은 요한서신서 내에서도 저자가 다르다고 주장하기도 한다. 예를 들어, 스트렉커(G. Strecker)는 요한일서의 저자는 요한이서와 요한삼서를 쓴 사람과 다르다고 말한다(Strecker, 1996: xl). 서신 사이에 내용 차이가 있기 때문이라는 것이다. 하지만 대다수 학자들은 요한서신을 한 사람의 저작으로 본다. 차이점보다는 연결성이 더 크기 때문이다.[2] 요한삼서는 발신자를 장로라고 표현한 점에서 요한이서와 동일하고, 종이와 먹이 아니라 직접 방문해 얼굴을 보고 말하겠다고 말한 서신의 결말 부분이 동일하다. 사용한 단어도 요한삼서의 70%가 요한일서나 요한복음에 나오고 요한이서와는 86%가 중첩된다. 한편, 요한이서는 서신에서 다루는 문제 상황이 요한일서와 동일하다. 뿐만 아니라, 서신의 열다섯 부분이 요한일서나 요한복음과 흡사하다(Brown, 1982: 16-7, 755-6). 절대적이지는 않지만, 세 서신의

1. 요한복음과 요한일서와의 관계성에 대한 학자들의 견해를 정리한 것에 대해서는 Culpepper, 2014: 117-9를 보라.
2. 요한서신과 복음서와의 비교에 대해서는 Painter, 61-73을 참조하라.

저자가 한 사람일 수 있다는 좋은 증거이다.

하지만 또 다른 부류의 학자들은 요한복음의 저자와 서신의 저자가 동일하지 않다고 주장한다(Dodd, xlvii-lvi; Lieu, 2008: 8-9; Strecker, 1996: xxxv-xlii; von Wahlde, 11 등등). 역시 복음서와 서신서가 보여주는 내용 차이 때문이다. 예를 들면, 요한복음의 '빠라끌레또스'(παράκλητος, 요 14:16, 26; 15:26; 16:7)는 성령을 의미하지만 요한일서에서는 예수를 지칭한다(요일 2:1). 또한 요한복음에서 예수의 특징으로 소개되던 것들이 서신서에서는 하나님을 묘사할 때 사용된다. 예를 들어, 요한복음 1:4, 9은 예수를 참 빛으로 소개하지만(참고, 요 8:12; 9:5), 요한일서 1:5은 하나님을 빛이라고 한다. 종말론도 다르다. 요한복음은 예수를 통해 이미 실현된 종말론을 주로 설명하지만(예, 요 5:25), 요한일서는 예수의 다시 오심을 소개하는 미래 상황을 말한다(예, 요일 2:28; 3:2). 그러나 이런 증거들은 복음서와 서신의 저자를 서로 다른 사람으로 상정할 만큼 결정적이지 않으며 아래의 이유들로 반박된다.

먼저 요한복음에서 '빠라끌레또스'는 성령이다. '빠라끌레또스'는 다양한 형태의 도우미나 중재자 역할을 하는 자를 의미한다(BDAG, 766). 하지만 예수는 이 성령을 '또 다른(ἄλλον) 빠라끌레또스'(요 14:6)로 소개한다. 이것은 예수가 이 땅에 있는 동안 제자들에게 '빠라끌레또스'의 역할을 했다는 것을 의미한다. 따라서 요한일서에서 예수를 '빠라끌레또스'라고 부르는 것은 전혀 어색한 것이 아니다(Carson and Moo, 673). 한편, 빛과 관련된 것 역시 요한복음에서의 예수 역할을 고려하면 문제될 것이 없다. 요한복음이 보여주는 예수의 중요 정체성 중 하나는 아버지에게서 보냄 받은 계시자이다(Köstenberger, 294). 보냄 받은 자는 보내신 분을 계시하기에 예수를 보는 자는 아버지를 보는 것과 같다(참고, 요 1:14, 18; 14:9-11). 따라서 예수가 참 빛이면 그 예수를 보낸 하나님 역시 빛이다. 또한 요한복음과 요한서신에서 빛은 단순한 물리 현상을 의미하는 것이 아니다. 어둠과 빛 혹은 사망과 생명이라는 이원론적 두 영역 개념 속에 등장하는 생명과 구원의 영역에 대한 상징이다(Köstenberger, 166-7). 따라서 생명 영역의 주인인 예수와 하나님을 동일한 빛으로 묘사하는 것은 문제 되지 않는다. 마지막으로 종말론이 다른 것은 초점이 다르기 때문으로 볼 수 있다. 복음서는 예수의 사역 자체에 집중하기에 예수를 통한 종말적 하나님 나라의 실현, 즉, 영원한 생명에 초점 맞춘다. 하지만 서신서는 그 예수를 믿고 있는 공동체를 대상으로 예수를 따르는 삶에 초점 맞춘다. 따라서 예수를 통한 구원의 현재 상태와 미래를 함께 언급하는 것은 하나도 이상하지 않다. 결국, 복음서와 서신서의 차이 때문에 서로 다른 저자를 상정하는 것은 복음서와 서신이라는 상이한 장르를 동일선상에서 비교해 생긴 오류이다(Jobes, 28). 복음서는 서신서처럼 후대 교회의 상황이나 역사를 다루는 책이 아니다(Klink, 2007: 107-51). 이 둘을 마치 동시대의 교회 상황을 다루는 것으로 취급해 함께 비교하는 것은 무리가 있다.[3] 장르 차이 때문에 복음서와 서신서가 다른 용어들을 사용하여 기술하

---

3. 마틴(J. L. Martyn)이나 브라운(R. E. Brown) 등을 필두로 1960년대 말부터 주장되어 온 요한 공동체 이론의 문제점이 여기에 있다. 그들은 요한복음이나 서신서를 기독교의 한 종파인 요한 공동체나 학파의 기록으로 이해했고, 후대 제자 공동체의 상황이나 역사를 위해 기록되었다고 보았다. 특별히 복음서를 예수 이야기와 후대 교회 이야기가 함께 있는 '두 차원 드라마'(Two-level drama)로 전제하고, 그 안에서 공동체의 발전 역사를 찾으려 했다. 서신서는 독자의 특별한 상황을 다루고 있기에 이해할 만하지만 복음서는 다르다. 복음서의 핵심은 교회 역사가 아니라 예수에 대한 이야기이다. 따라서 복음서를 통해 후대 교회의 역사를 재구성하는 것은 무리가 있다. 최근에는 이 가설의 약점들이 많이 지적되었고, 특히 30여년 가까이 이 이론의 신봉자였던 카이사(R. Kysar)가 2002년 토론토에서 열린 성서학회모임(SBL)에서 이 가설 사용을 '회개'한 점은 주목할 만하다(Kysar, 237-45). 이 가설에 대한 비평적 평가에 대해서는 Hägerland, 309-22; Köstenberger, 51-72를 보라.

는 것은 자연스러운 현상으로 보아야 한다. 그렇기에 장르가 다름에도 불구하고 유사한 언어와 개념을 사용한 것 자체는 역으로 복음서와 서신서가 긴밀한 연관성이 있음을 보여주는 것이다.[4]

그렇다면 요한서신의 저자는 누구일까? 본문 외 기독교 문헌들은 일관성 있게 요한을 저자로서 제시한다. 많은 초대 교부들이 요한서신의 내용을 직·간접적으로 인용했는데, 그들은 요한복음서와 서신의 저자의 연결성을 전제로 했다. 로마의 클레멘트(*1 Clem*, 49:5; 50:3, 약 AD 96년경)와 디다케(*Did* 1:4, 약 AD 90-120년경)는 요한일서 2:5; 4:12, 17-18에 나온 사랑 안에서 완전해진다는 개념을 언급한다. 폴리캅은 예수가 육체로 오신 것을 부인하는 자는 적그리스도라고 말했다. 요한일서 2:22; 4:2-3과 요한이서 7절의 반영이다. 한편 교회 역사가 유세비우스에 따르면 요한서신의 저자를 요한으로 부른 것은 폴리캅과 동시대 사람이었던 파피아스이다(*H. E.* 3.39.17). 하지만 유세비우스는 파피아스가 '주의 제자'와 '장로'를 구별하여 말했기에 복음서는 사도 요한이 쓰고, 서신서와 계시록은 장로 요한이 썼다고 보았다. 이것은 오해다. 파피아스에게는 그 두 개가 별개 호칭이 아니었다. 베드로와 야고보에 대한 파피아스의 첫 호칭은 사도가 아니라 장로였기 때문이다. 따라서 유세비우스의 해석과 달리 파피아스는 복음서와 서신서의 저자를 동일한 사도이자 장로인 요한으로 보았을 가능성이 높다(Jobes, 22; Köstenberger, 88). 한편, 실제로 요한일서의 저자와 요한이서의 (암시된) 저자를 사도 요한으로 언급한 최초의 사람은 AD 180년경의 이레니우스였다(*A. H.* 3.16.18). 이후 많은 교부들은 요한일서를 사도 요한의 작품으로 여겼다. 하지만 요한이서와 요한삼서의 경우는 상대적으로 요한일서보다 증거가 적다. 서신이 짧고 상대적으로 덜 중

---

4. 요한복음과 요한일서와의 관련성을 보여주는 자료는 Brooks, i-xviii과 Painter, 61-73을 보라.

요하게 여겨졌기 때문일 것이다. 혹은 유세비우스처럼 두 명의 요한을 상정했기 때문일 수도 있다(Painter, 50-1).

요한서신의 내적 증거들도 저자의 사도성을 잘 보여준다. 가장 중요한 증거는 저자가 예수를 목격한 자로 자신을 소개한 점이다(요일 1:1-4; 4:14). 예수의 성육신과 관련해 손으로 만지고 귀로 듣고 눈으로 보았다는 표현은 바울 사도도 못하는 표현이다. 오직 예수의 공생애 사역에 함께 했던 제자들만 할 수 있는 고백이다. 또 다른 증거는 자신을 독자들에게 예수를 직접 증거한 증인이자 전파자로 묘사한 점이다(요일 1:5; 4:14). 특별히 저자는 요한일서 4:14에서 성육신한 예수를 직접 보았고 증거한다고 말한다. 독자 공동체의 믿음이 일세대 사도의 가르침에 의해 형성된 것임을 보여준다. 이런 의미에서 저자가 독자들을 '자녀들'(τεκνία, 요일 2:1, 12, 28; 3:7, 18; 4:4; 5:21)이라고 부른 것이 이해된다. 이와 더불어 독자를 '아이들'(παιδία, 요일 2:14, 18; 3:7)로 부른 것을 봐서 저자가 연장자임을 알 수 있다. 본문의 이런 표현들은 저자가 예수의 일세대 제자로서 자신이 듣고 본 예수를 독자들에게 직접 전한 나이 많은 자임을 알게 한다. 사도 외에 누가 이런 기준에 합당하겠는가? 어떤 학자들은 요한복음과 서신을 동일 공동체의 다른 사람들의 글이라고 주장한다(예, Brown, 1982: 158-61; Lieu, 2008: 8; Schnelle, 436-8; Smalley, 1984: xxii 등등). 하지만 요한복음도 예수를 직접 목격한 일세대 제자의 증거를 토대로 했다고 말하고(요 19:35; 21:24) 요한일서도 동일한 위치의 사람이 썼다고 말한다. 모두 사도와 관계된 사람들이다. 요한복음서와 서신의 유사성을 고려한다면 그 둘을 쓴 사람은 두 명의 사도가 서로 영향을 주고받으며 썼거나, 아니면 한 명의 사도가 두 장르를 썼을 것이다. 외적 전승들과 함께 생각한다면 한 사도가 모두 다 썼다고 보는 것이 더 합리적이다. 또한 교회 역사가 제시하는 것 이외의 다른 후보 사도가 없으므로 요한을 저자로 보는 것이 타당하다(Stott, 39).

2. 요한서신의 상황

요한서신의 역사적 상황은 일차적으로 서신서 자체 내용에서 유추해야 한다. 이 과정을 본문이라는 거울을 통해 그림 그리는 작업에 비유하여 거울 읽기(mirror reading)라고 부른다.[5] 하지만 본문 자료를 통해 역사적 상황을 재구성한다는 것이 쉽지 않고, 그 결과도 주관적일 수 있다. 예를 들어, 요한서신은 거짓 교사에 대한 경고를 포함하고 있지만, 거짓 교사와 논쟁을 벌이지는 않는다. 게다가 거짓 교사로 인한 문제 상황을 수습하는 방법도 말하지 않는다. 그러므로 본문을 통해 교회 상황을 역사적으로 재구성하는 것은 절대적 사실을 진술하는 것이 아니라, 가능성과 타당성을 기초로 한 작업임을 이해해야 한다. 이런 전제를 염두에 두고 상황 재구성의 가장 중요한 토대인 본문에 언급된 객관적 정황 단서를 먼저 살펴보자. 아래처럼 정리할 수 있다(Bass, 33-5; Harris, 19-21).

(1) 저자는 명령할 수 있는 위치에 있다. 예수의 일세대 제자요 증인으로서 저자는 독자를 향해 하나님의 자녀로서 합당한 삶의 모습을 가질 것을 명령하고 권면한다. 그는 아마도 교회를 세운 사람 중 하나였을 것이며, 그가 세운 교회는 하나 이상이었을 것이다(예, 요한이서와 요한삼서).

(2) 독자들은 교회 공동체 안에 있는 신자들이다. 그들은 저자가 전한 복음을 받아들였고(요일 2:24) 성령의 가르침을 받은 자들이다(요일 2:27). 저자와 독자는 단순히 면식 관계를 넘어 친밀한 관계를 갖고 있는

---

5. 이 방법의 여러 문제점들에 대해서는 Barclay, 73-93을 보고, 요한일서에 대해서는 Streett, 112-31을 보라.

것으로 생각된다. 독자에 대한 호칭(예, 아이들아, 자녀들아, 사랑하는 자들아)과 함께 인정과 긍정의 내용을 담은 권면 속에서 느껴지는 친밀한 감정 때문이다.

(3) 거짓 교사들이 존재한다. 그들은 저자의 가르침과 다른 것을 전하는 자들이다. 이와 관련된 사람들은 적그리스도(요일 2:18; 요이 7), 거짓말쟁이(요일 2:22), 거짓 선지자들(요일 4:1), 속이는 자(요일 2:26; 3:7; 요이 7)로 불린다. 그들의 존재는 저자가 요한일서와 요한이서를 쓴 직접적인 이유이다(요일 2:26; 4:1; 요이 7-11). 하지만 저자는 거짓 교사와 논쟁하지 않는다. 대화 상대자는 교회 공동체이며, 그들에게 거짓 교사들의 영향력을 조심시키려는 것이다(Painter, 85).

(4) 교회 공동체에 분열이 있었다. 외부에 있는 거짓 교사들의 가르침에 동조해 교회 내에 있는 사람들이 분리해 나갔다(요일 2:19). 저자는 그들을 적그리스도라고 부르며 세상으로 나간 자들로 말한다.

(5) 거짓 교사들의 영향력이 여전히 존재한다. 거짓 교사들을 추종하는 사람들이 교회에서 분리해 나갔지만, 거짓 가르침의 문제가 완전히 해결된 것은 아니었다. 그들의 영향력은 순회 전도자들을 통해서나(요이 10-11) 혹은 교회 안에 잔존하는 가르침의 형태로 공동체의 문젯거리가 될 수 있었던 것 같다(요일 2:26; 3:7; 5:21). 저자와 거짓 교사들과의 대조(요일 2:19; 4:1-3, 5-6)나 독자와 거짓 교사들의 대조(요일 2:22-24; 3:8-10; 4:4)를 담고 있는 것은 이 때문인 듯하다. 더 나아가 요한일서의 서론(요일 1:1-4)은 서신의 목적을 거짓 교사들이 아니라 저자와의 교제에 계속 머물게 하려는 것이라고 말한다. 이 모든 것은 거짓 교사의 영향력을 차단하려는 노력으로 보인다.

(6) 거짓 가르침의 핵심은 예수에 대한 잘못된 가르침이다. 거짓 교사들은 예수가 육체로 오신 메시아임을 부인했다(요일 4:3; 요이 7). 이는 단

순히 예수라는 존재의 역사성에 대한 것이 아니다. 그분이 하나님의 완전한 계시자인가의 문제와 관련 있다(참고, 요 1:14, 18; Moberbly, 300). 즉, 예수를, 보이지 않는 하나님과 함께 하셨던 분이며 이 땅에 오셔서 하나님의 어떠하심을 온전히 드러내신 유일한 분으로 이해할 것인가의 문제이다. 이것은 또한 하나님의 사랑을 드러내고 구원 사역을 완성한 예수 사역에 대한 이해와도 연결되어 있다. 따라서 거짓 가르침은 예수가 구약에서 예언한 하나님의 아들이자 그리스도(메시아)라는 그분의 정체성을 부인하는 것(요일 2:22)이며, 더 나아가 그분이 하나님으로부터 온 분임(요일 4:2; 5:10)을 부인하는 것이다. 이는 하나님의 구원과 관련한 예수의 사역을 부인하는 것이며, 궁극적으로 예수와 하나님이 아무 관계가 없다고 주장하는 것이다(요일 2:22, 23; 4:15; 5:10).

이 밖에도 거짓 교사들은 죄에 대해서도 저자와 다르게 가르치고 있었다. 자기들은 죄가 없다고 생각했으며(요일 1:8, 10), 죄에 대해 정결하게 하지도 않았다(요일 3:4, 6, 8). 그래서 저자는 독자들을 향해 죄에 대해 경고하고(요일 1:1-10; 2:6; 3:3, 7, 9, 10; 5:18; 요삼 11), 혹시 죄를 범했다면 그것에 대한 회복의 방법을 말한다(요일 1:9; 2:1-2; 3:5; 4:10). 거짓 가르침은 형제 사랑의 계명을 지키는 것에도 영향을 미친 것으로 보인다. 형제 사랑에 대한 긍정적 혹은 부정적 표현(요일 2:9; 3:10, 11, 14, 15, 17, 18; 4:8, 20, 21)은 일차적으로 거짓 교사들을 향해 있는 것으로 보인다. 거짓 가르침과 참된 가르침의 대조 상황에서 기술되었기 때문이다. 하지만 이것이 꼭 거짓 교사의 태도를 반박하는 것이라고만 볼 수는 없다. 잘못된 가르침으로 인해 분열을 겪었던 교회에서 반드시 필요한 덕목이 사랑이기에 교회 공동체의 치유와 회복을 위해서 사랑의 계명을 강조했을 수 있다. 그래서 최근 학자 중에는 요한일서 자체에는 거짓 교사에 대한 논쟁적 성격이 없다는 주장들도 있다. 예를 들어 리유(J. M. Lieu)는 요한일서의 내용은 저자의 수사적 관점에서 이해해야 하며, 거짓 교사들과의 논쟁을 핵심으로 보아서는 안 된다고 주장한다(Lieu, 1991: 8-16). 하지만 교회를 어지럽힌 거짓 교사들의 영향력을 완전히 배제할 수는 없어 보인다. 공동체 문제의 근본 원인이 그들이었기 때문이다.

(7) 저자는 순회 전도자들을 보내어 예수의 복음을 증거하게 했다(Jones, 2014: 141-56). 요한삼서에는 저자가 보낸 사람들이 등장한다(요삼 9-12). 그들은 예수의 이름을 위해서 나간 사람들로서 복음을 전하는 진리의 사람들이다. 예수를 믿지 않는 사람들에게 갔을 뿐 아니라, 저자의 영향권에 있는 여러 교회를 방문하기도 했다. 복음을 전할 뿐 아니라 거짓 교사들의 영향력에 맞서 진리를 굳건하게 하는 일을 했을 것이다. 이들 중에는 요한일서나 요한이서를 가지고 간 사람들도 있었을 것이다. 요한삼서에 언급된 데메드리오가 그런 사람 중의 하나였을 것이다(요삼 12).

(8) 교회 공동체 내에 저자의 권위를 가볍게 여기고 순회 전도자들을 영접하지 않는 사람들이 있었다. 저자가 속한 교회 공동체가 아니라, 저자의 영향력으로 세워진 여러 교회들 중 하나에서 그런 일이 있었던 것 같다. 교회 지도자 위치에 있었던 디오드레베가 그런 사람이다(요삼 9-11). 그는 저자에 대해 악한 말로 폄하하고 저자가 보낸 순회 전도자들을 거절했다. 뿐만 아니라, 그들을 받아들이고자 한 사람들을 교회에서 내쫓았다(요삼 9-11). 무슨 이유에서 그랬는지 모르지만, 이 사건은 저자가 디오드레베를 진리와 관련 없는 사람으로 이해하게 하는 단서를 제공한 듯하다.

(9) 저자는 교회 지도자인 가이오에게 자신이 보낸 순회 전도자들을 잘 영접하라고 권면한다. 이는 요한삼서 전체의 내용이다. 위에서 언급한 디오드레베의 경우도 순회 전도자들을 잘 영접하라고 하기 위해 예를 든 것이다. 가이오가 잘 영접해야 하는 사람 중 하나는 요한삼서를 들고 가는 데메드리오이다.

위에 열거된 상황 정보들에 의하면 세 개 서신들의 역사적 배경은 예수의 일세대 제자인 저자가 복음을 증거해서 독자들의 교회들을 세운 것으로 시작한다. 시간이 지나자 교회들 안에 문제가 생겼다. 예수의 메시아됨을 부인하고 죄와 신자의 삶에 대한 다른 가르침을 전하는 자들을 따르는 일이 생긴 것이다. 그 거짓 교사들은 저자를 포함한 '우리'와 대조되는 사람들로서 거짓 선지자들(요일 4:1)과 적그리스도(요일 2:18, 22; 4:3; 요이 7)로 불리는 사람들이다. 아마도 저자의 교회 밖에 있는 유대인 교사들로 추측된다.[6] 그들의 영향으로 저자가 속한 공동체의 일부가 교회를 분열시켰고 공동체를 떠났다. 저자는 남아 있는 교회들에게 목회적 권면을 하기 위해 요한일서를 썼을 것이다. 아마도 요한일서는 여러 교회가 돌려 보는 회람서신일 것이다. 하지만 분리해 나간 자들이 순회 전도자들이나 여러 방법을 통해 잘못된 영향을 저자 공동체들에 계속 끼치고 있었다. 그래서 저자는 요한이서를 통해 또 다른 교회 공동체를 권면했을 것이다. 아마도 이때 요한일서의 내용도 함께 전달되었을지도 모른다(Jobes, 29). 그런데, 저자의 영향권 아래 있는 교회의 지도자인 디오드레베가 저자가 보낸 사람들을 거절하는 일이 발생했다. 무슨 이유에서인지는 정확히 모르지만, 그 사건은 디오드레베가 진리에 동참하고 있지 않다고 충분히 생각할 만한 일이었다. 이후 저자는 또 다른 순회 전도자인 데메드리오를

---

6. Griffith, 1998: 275-6; Olsson, 263-70; Streett, 110-1. 전통적으로 교회를 분열시킨 사람들의 정체를 구약의 신과 예수의 아버지를 구분하는 영지주의(Gnosticism)나 신성을 가진 그리스도와 예수를 구분한 케린투스주의(Cerinthianism), 혹은 그리스도가 임시로 예수의 몸을 빌어 사역했다는 가현설주의(Docetism)와 관계된 것으로 이해해왔다. 또는 요한복음에 나온 예수의 가르침을 오해해서 예수의 신성을 강조한 나머지 십자가의 구속 사역을 포함한 역사적 상황을 상대적으로 경시한 사람들로 이해하기도 한다(Brown, 1982: 69-115; Houlden, 1-22; Kruse, 2; Smalley, 1984: xxii-xxxii). 이런 견해들은 여러 문제들을 가지고 있다. 이런 견해들에 대한 비평적 평가는 Streett, 5-110을 참조하라.

보내면서 가이오가 잘 영접하기를 바라는 편지를 쓴다. 바로 요한삼서이다. 이런 재구성은 본문 증거를 통해 설정한 것이지만, 그 구체적 정황은 여전히 추론의 영역에 남아 있다.

3. 언약 관계, 상호작용, 이원론적 두 영역: 요한서신 신학의 개념 틀

요한서신의 내용을 잘 이해하기 위해서는 구원과 삶을 잘 설명할 수 있는 개념 틀 혹은 신학적 접근법 이해가 필요하다. 서신서의 모든 내용과 논지의 주제들은 구원 과정과 관련한 두 가지 설명 틀을 통해, 그리고 구원 모습에 대해서는 주로 언약 관계 개념을 통해 제시된다.[7]

먼저 설명 틀과 관련해 첫 번째는 어떤 과정을 두 당사자가 주고받는 모습으로 묘사하는 상호작용 설명 틀이다. 흔히 이신칭의 혹은 이신득의로 불리는 과정을 담고 있다. 이 설명 틀의 기본 참여자는 인간과 신적 존재들이고, 신적 존재들에는 하나님과 예수, 성령이 포함된다. 두 그룹의 상호작용은 신적 존재들의 선행(先行) 작업으로 시작하고 인간이 반응하는 것으로 진행된다. 하나님 → 인간 → 하나님 순이다. 이때 인간 편의 반응은 모두 개인적인 것이다. 예를 들어, 인간들을 사랑해서 아들을 보내시고(요일 3:1; 4:10, 14) 십자가에서 죽게 하신(참고, 요일 1:7; 5:5-8) 하나님의 선행 활동에 인간이 어떻게 반응하는가에 따라 신적 존재들로부터의 응답이 달라진다. 믿음으로 긍정의 반응을 보이면 영원한 생명을 얻고(요

7. 바울 서신을 중심으로 상호작용과 두 영역 설명 틀로 구원을 설명한 것에 대해서는 Lee, 431-9; 이재현, 2010: 186-204를 보고, 이 개념을 담고 있는 성경 전체의 구원 설명에 대해서는 이재현, 2018을 보라.

일 5:12-3) 죄 사함 받으며(요일 2:12; 4:10) 미래에는 온전한 구원을 얻는다(요일 3:2; 4:17). 하지만 믿지 않는 부정적 반응에는 하나님의 생명이 없고(요일 5:12) 죄 사함이 없으며 미래에 심판을 받게 된다(참고, 요일 4:18).

두 번째 설명 틀은 이원론적 두 영역 개념이다. 기본적으로 영적인 것과 육적인 모든 차원을 하나님의 통치 영역과 그것을 거절하는 반역의 영역으로 구분지어 생각하는 것이다. 이는 유대 묵시 종말사상이 보여주는 구도인데, 이 세상을 하나님께 반역하는 악과 사탄이 지배하는 세대(이 세대 혹은 옛 영역)로 이해하고 역사의 결정적 순간에 하나님이 초자연적으로 간섭하셔서 악의 통치를 끝내고 하나님의 통치(새 영역 혹은 오는 세대)를 회복하는 내용을 담고 있다. 예수가 전한 하나님 나라 설명의 기본 틀도 이와 같다(참고, 막 1:15; 3:22-31).[8] 그리고 신약의 다른 저자들 역시 공유하고 있던 것으로서 요한복음과 서신서도 이것을 기본 설명 틀로 사용한다.[9] 요한문서가 자주 사용하고 있는 대조 언어들을 통해 확인할 수 있는데, 빛과 어둠, 생명과 죽음, 영과 육, 위와 아래, 진리와 거짓, 믿음과 불신, 사랑과 미움 등이 그것이다. 이 언어들에서 부정적 요소들은 옛 영역(이 세대)의 상징들이고 긍정적인 것들은 하나님의 통치 영역인 새 영역(오는 세대)의 상징들이다. 이 설명 틀은 앞서 언급한 상호작용 설명 틀과 다른 각도에서 구원과 신자의 삶에 대한 보다 큰 그림을 제공해 준다.

우선 두 영역 설명 틀은 인간의 기본 상태를 어둠의 영역에 속한 것으로 묘사한다. 요한서신에 언급된 세상이라는 개념이다. 사탄의 통치를 받

8. 신구약의 묵시 사상에 대해서는 Cook과 Louis의 책을 참조하라.
9. 두 영역 설명에 대한 이 부분은 요한복음과 서신에 나타난 두 영역 개념의 특징에 대한 필자 논문의 요약이다(이재현, 2011: 403-11).

고 적그리스도가 활동하며 수많은 거짓들이 진리를 막고 있는 영역이기에 그 속에 있는 자들은 하나님과의 교제가 없다. 불신자의 상태이다. 요한서신에 의하면 거짓 교사들이나 그를 따르는 사람들의 모습이기도 하다. 그들은 스스로의 힘으로 진리에 이를 수 없다. 사탄의 영향력 아래 살고 있으며 사탄의 통치를 자발적으로 따르고 있기 때문이다(참고, 엡 2:1-3).

두 영역 설명 틀에서 구원은 영역 이동으로 묘사된다. 위에서 언급한 상호작용 설명 틀에서 구원이란 하나님의 선행 활동에 긍정적으로 응답하는 인간에게 하나님께서 주시는 것으로서, 인간이 받는 어떤 것으로 묘사된다. 반면, 두 영역 설명 틀에서는 인간이 옮겨지는 것을 구원으로 설명한다. 어둠의 영역에서 빛의 영역으로, 사망에서 생명으로(요일 3:14), 사탄이 통치하는 세상에서 하나님과의 교제 안으로 이동하는 것이다. 영역을 기본 개념으로 하기에 구원 용어도 상호작용 설명 틀에서 사용하는 것과 다르다. 상호작용 설명 틀이 죄 사함과 관련한 구원 개념을 사용했다면 두 영역 설명 틀은 '~안에 있다'(하나님의 영역과 관련해, x23), '~에 거하다'(x24), '태어나다'(x7), '자녀가 되다'(x4) 등의 용어를 사용한다. 그렇다고 해서 다른 종류의 구원을 의미하는 것은 아니다. 다른 각도에서 구원을 묘사한 것뿐이다. 실제로 두 영역 설명 틀에서 묘사된 영역 이동의 구원은 상호작용 설명 틀에서 나타난 부정적 과정을 버리고 긍정적 과정을 취한 결과이다. 다시 말해, 하나님이 사람들을 사랑하셔서 빛의 영역에서 어둠의 세상으로 예수를 보내셨고, 그 예수에 대해 믿음으로 반응하는 자는 죄 사함을 얻게 되며 생명의 영역으로 옮겨지게 된다. 이런 면에서 상호작용 설명 틀과 두 영역 설명 틀은 상충되는 것이 아니라 서로 보완적이다. 두 영역이 우주적 큰 그림을 제공한다면 상호작용은 그 안에서 개인을 중심으로 한 구원 과정을 보여준다 하겠다.

두 영역 설명 틀은 상호작용 설명 틀이 설명하기 어려운 구원 이후의 삶의 모습도 잘 담을 수 있다. 상호작용 설명 틀의 논리적 약점은 하나님의 긍정적 응답을 받은 이후의 삶을 설명하기 어렵다는 것이다. 이미 구원의 응답을 받았기 때문에 더 이상 하나님께 반응하지 않아도 된다고 주장할 수 있기 때문이다. 논리적으로 전혀 불가능한 추론은 아니다. 하지만 두 영역 설명 틀에서는 구원의 '됨'(구원받음)과 구원 이후의 '삶'의 구별이 없다. 신자는 어둠의 영역에서 생명과 빛으로 옮겨졌기에 새 영역 통치자와 새로운 관계를 맺고 살아가야 한다. 요한서신은 이 개념을 사귐의 교제(κοινωνία)로 부른다. 그 관계에는 일회성이 없다. 지속적으로 일관성 있게 살아야 한다. 그 지속적 관계를 위해서는 옛 영역의 영향을 조심해야 한다. 새 영역으로 옮겨져 신자가 되는 것이 옛 영역의 멸망을 의미하는 것은 아니다. 옮겨져 신자가 된 이후에도 하나님의 통치에 반역하는 사탄이나 사망, 그 안에 있는 다른 사람들은 여전히 존재한다. 하나님이 미래의 그날에 그것들을 심판하고 구원을 완성하시기 전까지는 어둠의 영역은 여전히 새 영역에 있는 자들에게 영향을 미친다. 그러므로 하나님과 새로운 교제가 있는 신자는 세상의 거짓 가르침을 분별하고(요일 4:1-6) 세상을 사랑하지 말아야 한다(요일 2:15). 그분처럼 거룩한 삶을 살아야 한다(요일 1:7; 2:6, 29; 3:3). 또한, 새 영역 안에서 하나님과의 교제는 함께 자녀 된 사람들과의 교제로 연장되어야 한다(요일 1:3, 7). 그 구체적인 모습은 형제 사랑이다(요일 3:10, 11, 14, 16, 18, 23; 4:7, 8, 10, 11, 12, 19, 20; 5:1, 2; 요이 5).

요한서신을 이해할 때 염두에 두고 있어야 할 세 번째 요소는 하나님과 사람 사이의 언약 관계이다(Olsson, 307-13). 이것은 앞서 언급한 긍정적 상호작용 결과이다. 창조주 하나님과 그분의 피조물 사이의 관계성을 전제로 하며 "그들은 내 백성이 되고, 나는 그들의 하나님이 될 것이다"라는 표현을 핵심으로 한다(예, 창 17:7-8; 출 6:7; 레 26:12; 렘 7:23 등등). 앞서 언급한 상호작용 설명 틀이 보여주는 하나님과 사람과의 관계의 핵심 표현이다. 이 언약 관계는 종종 부부 사이의 관계로 표현된다(예, 렘 31:32; 사 54:5). 언약 관계를 통해 하나님께서 자신의 백성들에게 기대하는 의무를 말한 것이 율법이다. 이는 그 관계를 유지하기 위해서 지켜야 할 의무이다. 십계명을 핵심으로 한 이 율법은 하나님을 사랑하는 것과 이웃을 사랑하는 것으로 정리할 수 있다(예, 마 22:37-40; 막 12:29-31; 눅 10:27). 이 율법은 또한 언약 맺은 당사자들에게 그 관계에 대한 신실함을 요구한다. 만일 어느 한편이 그 언약 관계의 신실함을 저버리면 관계를 깬 것에 대한 부정적 결과를 경험할 것도 명기한다(신 28:15-68). 이스라엘의 역사는 이 언약 관계를 저버려서 하나님께 심판 받는 모습을 보여준다. 그러나 언약에 신실한 하나님은 이스라엘의 메시아를 통해 새로운 언약 관계를 맺을 것을 약속하신다(렘 31:31-34; 겔 36:26). 새 언약을 통해 하나님과 관계를 맺은 사람들은 단순히 그분의 백성이 되는 차원에 머무르지 않는다. '하나님의 자녀'라는 새로운 차원으로 관계가 격상될 것을 약속한다(호 1:10). 하나님의 새 언약 약속은 예수 메시아의 사역을 통해 성취되었다. 특별히 십자가 사건에서 예수의 피는 새 언약의 약속 성취의 시작이자 보증이다(마 26:28; 막 14:24; 눅 22:20). 믿음으로 그 언약 관계 속으로 들어가는 자는 하나님과의 관계가 회복될 뿐 아니라, 하나님과 '아버지-자녀'의 관계를 얻는다(요 1:12). 그리고 장차 이 언약 관계는 주님이 다시 오셔서 역사를 완성하실 때 온전한 모습으로 드러나게 될 것이다(계 21:1-7). 요한일서의 설명은 많은 부분에서 이런 언약 관계를 전제로 한다. 예수를 보내심은 새 언약 관계를 이루시는 하나님의 신실함을 나타내며(요일 4:9) 예수의 죽으심은 죄 사함을 통한 새 언약의 성취를 나타낸다(2:2; 4:10). 그 예수를 믿는 것은 새 언약 관계를 시작하신 하나님의 신실함에 대한 반응이며(4:15-16; 5:1), 이 믿음으로 새 언약 관계를 경험한다. 이 관계는 빛의 새 영역에서 하나님의 자녀로 태어나는 것으로 묘사되며(5:1, 4), 새 영역 안에서 하나님과 사귐의 관계를 갖는 것이나(1:3; 3:24; 4:15) 영원한 생명을 경험하는 것으로 표현되기도 한다(5:12-13). 옛 언약 안에 있는 이스라엘이 율법을 지킬 의무를 받았다면 새 언약 안에 있는 자들에게도 새로운 계명이 있다. 예수를 믿는 진리 계명과 서로 사랑하라는 계명이다(3:23).

결론적으로 요한일서는 모든 주제와 신학적 논쟁, 신자의 삶을 향한 권면을 언약 관계를 중심으로 상호작용의 설명 틀과 두 영역 설명 틀을 사용해서 전개한다. 언약은 과거와 현재, 미래를 꿰뚫는 큰 틀을 제공하고, 두 영역은 개인을 넘어 공동체와 우주적 차원을 포함한 하나님의 구원 과정의 큰 그림을 보여주며, 상호작용은 그 안에서 하나님과 예수가 어떻게 구원 과정을 시작했고 인간의 반응에 어떻게 긍정적으로 응답하시는지에 대한 보다 상세한 설명을 제공한다. 언약과 두 영역, 그리고 상호작용의 세 가지 설명 틀은 앞으로 본 주석이 요한서신을 해석하는 열쇠로 사용될 것이다.

4. 요한서신의 구조

서신은 발신자의 사고나 정보, 혹은 부탁 등의 의도를 수신자들에게 명확하게 전달하기 위해 쓴 것이다. 일반적으로는 수신자가 잘 이해할 수 있는 직선적 사고 흐름 형태가 많다. 요한이서와 요한삼서가 그렇다. 하지만 요한일서는 다르다. 요한일서는 저자의 생각의 흐름이 중첩되고 반복되는 것이 많아서 주제에 따른 구조를 분석하기 어려운 본문으로 인식되어 왔다(Moberly, 298). 그동안 많은 학자들이 다양한 구조를 제시해왔다.

하지만 요한일서의 구조적 사고 흐름을 따라가는 것은 거의 불가능한 작업이라고 지적한 브라운의 촌평(Brown, 1982: x)이 여전히 수긍이 될 정도로, 학자들 간에 합의된 것은 아직 없다. 아래는 본문에서 제시된 주요 단어와 문장 구조, 등장인물, 그리고 기타 여러 언어학 단서들을 통해 필자가 이해한 구조이며, 본 주석을 진행해가는 틀이다. 보다 구체적 문단 나눔 증거는 분문을 설명하면서 다루기로 한다.

요한일서 구조

(1) 1:1-4: 말씀에 대한 증거와 서신의 목적

(2) 1:5-2:2: 하나님과의 참된 교제와 신자의 통합적 삶 1: 죄에 대한 바른 태도

(3) 2:3-11: 하나님과의 참된 교제와 신자의 통합적 삶 2: 계명에 대한 순종

(4) 2:12-14: 독자를 향한 확증: 자녀들, 아버지들, 그리고 젊은이들에게

(5) 2:15-17: 독자를 향한 명령: 세상과 세상에 속한 것들을 사랑하지 말라

(6) 2:18-27: 새 영역 안에 있는 신자의 통합적 삶 1: 거짓 교사들의 가르침을 조심하라

(7) 2:28-3:10: 새 영역 안에 있는 신자의 통합적 삶 2: 그분처럼 의롭게 살라

(8) 3:11-18: 새 영역 안에 있는 신자의 통합적 삶 3: 서로 사랑하라

(9) 3:19-24: 새 영역 안에 있는 신자의 통합적 삶 4: 계명 지킴으로 인한 담대함과 상호 거함과 기도 응답의 확신

(10) 4:1-6: 진리의 계명에 대해: 영들을 분별함으로 진리에 거하라

(11) 4:7-21: 사랑의 계명에 대해: 하나님이 먼저 사랑하셨으니 서로 사랑하라

(12) 5:1-5: 새 영역 안에서의 삶: 진리와 사랑, 예수를 믿음으로 인한 승리

(13) 5:6-12: 예수, 새 영역 안에서의 삶의 근거:
예수에 대한 증거 과정과 그 결과

(14) 5:13-21: 결론적 확증과 권면

요한이서 구조

(1) 1-3절: 도입과 인사

(2) 4-6절: 독자를 향한 긍정적 확증과 권면: 진리와 사랑으로 행하라

(3) 7-11절: 독자를 향한 명령: 거짓 가르침을 전하는 자를 조심하라

(4) 12-13절: 문안 인사와 결어

요한삼서 구조

(1) 1-4절: 도입과 인사

(2) 5-8절: 가이오에 대한 칭찬과 기대

(3) 9-12절: 디오드레베에 대한 책망과 데메드리오에 대한 추천

(4) 13-15절: 문안 인사와 결어

제2부
요한일서
본문 주석

제1장
요한일서 1:1-4
말씀에 대한 증거와 서신의 목적

서신의 서론이자 시작이다. 일반적으로 고대 서신은 발신자와 수신자를 소개함으로 시작하고 문안 인사를 통해 본문으로 진행한다. 여기에 기도와 감사를 첨가하기도 한다. 이런 양식은 기본적으로 수신자와의 유대감을 형성하여 본문의 내용이 잘 전달되게 하려는 의도를 담고 있다(White, 198). 하지만 요한일서는 다르다. 발신자와 수신자 정보가 없고, 문안 인사도 없다. 비슷한 형태를 취하는 것이 히브리서이다. 히브리서는 발신자와 수신자 부분이 없다. 하지만 서신의 끝맺음 형태는 있다. 요한일서는 그것도 없다. 이렇게 서신의 필수 형태가 없는 글을 서신으로 보아야 하는가? 이 질문은 요한일서의 장르와 성격에 대한 여러 논의들을 촉발시켰고, 학자들은 다양한 제안을 내놓았다(참고, Köstenberger, 125-6). 어떤 이는 보고서라고 제안하기도 하고, 논문집 또는 설교 편집, 회람 서신, 공동체 규율서 등의 의견들도 있다. 하지만 비록 요한일서가 당시 그레코-로마 서신의 서론과 끝맺음 형태를 취하고 있지는 않지만, 서신으로 볼 수 있는 몇 가지 특징들이 있다. 우선 여타의 서신처럼 한 개인에 의해서 기록되었고 특정한 대상자들이 있다는 점이다. 일인칭 단수 지시어

('나')로 소개되는 부분(2:1, 7, 8, 12-14, 21, 26; 5:13, 16)과 많은 이인칭과 호격 사용에서 확인할 수 있다. 또한 거짓 교사들로 인한 특정 상황 정보는 독자의 독특한 상황을 전제로 쓰는 서신서 장르와 유사하다. 마지막으로 요한일서는 구두로 대화하는 것이 아닌, 문서로 전달되는 특징을 보인다. '쓰다'라는 동사를 일인칭 지시어와 함께 사용한 것에서 확인할 수 있다(2:1, 7, 8, 12-14, 21, 26; 5:13). 아마도 여러 교회에게 공개적으로 전달하는 회람 서신일 가능성이 많다(Kruse, 28-9 등등).

요한일서 1:1-4의 구조와 내용은 등장인물 정보와 단어와 문법을 통한 논리 진행 정보로 확인할 수 있다. 먼저, 문법과 논리 진행 정보에 의하면 본문은 정동사에 따라 크게 1:1-3과 4로 구분된다. 1:1-3의 정동사는 1:3에 있는 "우리가 선포한다"(ἀπαγγέλλομεν)이다. 이것을 중심으로 관계대명사절인 1:1a은 1:3에서 언급될 선포 내용을 소개하는 역할을 한다. 1:1 마지막 부분부터 1:2까지는 생명이신 예수에 대한 선포 과정을 설명하기 위해 첨가된 것이다. 1:3은 1:1과 연결해 선포 과정의 목적을 '히나'(ἵνα) 목적절을 통해 제시한다. 1:4는 "내가 글을 쓴다"라는 또 다른 주동사(γράφω)를 사용하여 서신의 목적을 소개한다. 이 내용은 아래처럼 정리할 수 있다.

구조와 내용	
1:1-3	1. **선포 내용**(1:1a-1b): 우리의 선포 내용은 우리가 보고 듣고 만졌던 것이다.
	2. **생명에 대한 선포 과정**(1:1c-2) 1) 도입: 생명의 말씀에 대한 선포에 대해서는 2) 선포과정(계시에서 선포로): 생명이 나타났다 → 우리가 그것을 보았다 → 우리가 영원한 생명을 너희에게 증거하고 선포했다. 3) 선포 내용에 대한 부연: 아버지와 함께 있었는데 우리에게 계시된 것이다.
	3. **선포 목적**(1:3) 1) 선포 목적: 너희도 우리와 교제를 갖게 하기 위해 우리가 선포한다. 2) 선포 목적에 대한 부연: 우리의 교제는 아버지와 그의 아들 예수와 함께 하는 교제이다.
1:4	**서신을 쓰는 목적**: 우리의 기쁨을 충만하게 하기 위해서이다.

등장인물과 단어를 통해 요한일서 1:1-4의 내용과 주제를 확인할 수 있다. 우선 등장인물 정보와 관련해 1:1-4는 크게 네 부류가 등장한다.

(1) 아버지 하나님(1:2, 3). 예수의 기원과 신자의 교제와 관련해 등장한다. 하지만 그 역할은 강하게 부각되지 않는다.
(2) 예수(1:1[생명의 말씀], 2[생명], 3). 증인들이 목격한 대상이고 선포의 내용이다.
(3) 우리(1:1, 2, 3, 4). 증인 공동체의 일원으로서 저자를 의미한다. 성육신한 생명을 본 자이고 예수를 증거한 자이다.
(4) 너희(1:2, 3, 4). '우리'에게 증거 받은 자들로서 서신을 통해 하나님과 '우리'와의 교제에 계속 참여하기를 요구받는 사람들이다.

주요 단어 정보는 반복되는 표현들을 살펴봄으로 확인할 수 있다. 듣고(요일 1:1, 3) 보았다(1:1, 2, 3)는 표현과 나타나다(1:2[x2]), 생명(1:1, 2[x2]), 선포하다(1:2, 3), 교제(1:2[x2]) 등이 주요 단어이다. 주로 선포 과정과 그 결과와 관련 있다. 특별히 주목할 것은 듣기, 보기, 만지기 등과 같은 감각적 사건이나 상태와 관련된 표현들이 네 번 등장한다. 모두 목격 대상인 예수와 연관 있다.

등장인물과 주요 단어 정보들에 의하면 요한일서 1:1-4는 증거와 선포의 과정이 중심 내용이다. 그 과정을 시간 순서대로 정리하면 다음과 같다.

시간적 과정	등장인물	내용
1) 생명이 나타나기 전	예수(생명)	- 아버지와 함께 있었던 자(1:2)
2) 생명이 나타남	예수, 우리	- 생명이 나타나게 되었다(1:2). - 우리에게 나타났다(1:2).
3) 증인들이 목격	우리	- 우리가 들었고 보았고 만졌다(1:1). - 우리가 들었다(1:2). - 우리가 듣고[1] 본 것(1:3)
4) 계시를 증거	우리, 너희	- 그것을 증거하고 전했다(1:2). - 우리가 너희에게 전한다(1:3).
5) 증거를 받은 결과	우리, 너희	- 결과: 너희가 우리의 교제, 즉 아버지와 그의 아들 예수와 함께 한 교제 속에 들어오기를 원한다(1:3).

1. 번역

1:1 처음부터 있었던 것, 우리가 들었던 것, 우리가 우리의 눈으로 보았던
것, 우리가 주목해서 보고 손으로 만졌던 것. 그 생명의 말씀에 대해서는, **2**
그 생명이 나타나게 되었고, 우리가 보았고 증거하고 있으며 여러분에게
그 영원한 생명을 전파하고 있습니다. 그것은 아버지와 함께 있었던 것이
고 우리에게 나타나게 된 것입니다. **3** 우리가 보았고 들었던 것을 또한 여
러분에게도 전파합니다. 왜냐하면 여러분 또한 우리와 사귐을 갖게 하기
위해서입니다. 그리고 우리들의 그 사귐은 아버지와 그분의 아들 예수 그
리스도와 함께 하는 사귐입니다. **4** 그리고 이것들을 우리가 씁니다. 왜냐하
면 우리의[2] 기쁨이 가득해지게 하기 위해서입니다.

1. 여기서 들었다는 것은 가르침을 들었다는 의미이다(참고, 요일 1:5).
2. 어떤 사본(A, C, 33, 81 등등)은 "우리"(ἡμῶν) 대신 "너희"(ὑμῶν)로 읽는다. 둘 다 외적 증거나 내적 증거들이 있기에 결정하기 쉽지 않다. 메츠거(B. M. Metzger)는 독자의 상황 때문에 갖게 된 저자의 갈망으로 보는 것이 적절하다고 판단한다(Metzger, 638). 반면, 컬리(M. M. Culy)는 독자의 상황이 서신의 주된 관심이기 때문에 '너희'가 적절하다고 주장한다(Culy, 9; Yarbrough, 45). 둘 다 일리 있다. 필자

2. 주해

1절 (생명에 대한 메시지) 요한일서는 발신자와 수신자로 시작하지 않는다. 정동사를 가진 주절로 시작하지도 않는다. 대신 네 개의 관계대명사절과 전치사구로 시작한다. "처음부터 있었던 것(관계대명사절), 우리가 들었던 것(관계대명사절), 우리가 우리의 눈으로 보았던 것(관계대명사절), 우리가 주목해서 보고 손으로 만졌던 것(관계대명사절). 그 생명의 말씀에 대해서는(전치사구)." 신약 전체에 있어서 독특하고 유일한 방식이다. 왜 이런 방식으로 시작한 것일까? 그 의도는 본문 내용과 다른 부분 사이의 관계성을 통해 추론할 수 있다. 먼저 본문 내용을 보자. 얼핏 보기에 쉽게 이해할 수 있는 간단한 내용인 듯하다. 저자가 선포한 내용은 실제로 목격하고 경험한 것이라는 것이다. 하지만 조금 더 들여다보면 쉽게 지나칠 수 없는 해석의 여러 장애물들이 숨겨져 있다.

첫 번째 장애물은 중성 관계대명사 '호'(ὅ)를 어떻게 이해할 것인가이다. 요한일서의 제일 첫 단어이다. 헬라어는 우리말과 다르게 단어마다 성(性)이 있다. 요한일서 1:1의 관계대명사는 모두 중성이기에 남성인 예수를 의미하지 않는다. 또한 1:1c에 나오는 남성 명사인 말씀이나 여성 명사인 생명을 지칭하는 것도 아니다. 따라서 이 부분을 예수나 말씀, 혹은 생명을 주어로 말씀이 처음부터 있었다거나 또는 예수를 듣고 보고 만졌다라고 번역할 수는 없다.[3] 합당한 접근은 예수에 대한 어떤 것, 예를 들어

는 전자에 더 무게를 두고 싶다. 서신이 독자 상황을 염두에 둔 것은 맞지만, 그 상황 때문에 힘들어 하는 자들을 위로하는 내용이 강하지 않다. 오히려 더 고민하는 것은 저자 쪽이다. 거짓 교사의 위협으로 기뻐할 수 없는 것은 저자였을 것이다. 이 부분이 서론임을 감안한다면 저자의 관심을 드러내서 독자로 하여금 이후의 내용을 더 잘 듣게 하려는 의도로 해석하고 싶다.

3. 개역개정과 새번역을 비롯한 대부분의 우리말 성경은 요일 1:1 마지막에 있는 남성

본 것, 들은 것, 만진 것 등을 포함한 메시지나 복음 등의 포괄적인 어떤 것으로 이해하는 것이다(Brown, 1982: 158; Harris, 49; Jobes, 44; Painter, 120; ESV; NASB; NIV 등등). 그렇다고 예수가 배제되는 것은 아니다. 그 메시지의 핵심은 예수이고, 예수를 경험한 것이기 때문이다. 실제로 1:2에서 생명이신 예수에 대해 직접 언급한다. 하지만 1:1의 관계대명사 자체가 예수를 지칭하는 것은 아니다.

두 번째 장애물은 요한일서 1:1a에 있는 '아쁘 아르케스'(ἀπ' ἀρχῆς) 이해이다. 문자적으로 '처음부터'라는 뜻이다. 하지만 그 처음이 무엇을 의미하는가에 대해서는 의견이 분분하다. 다양하고 세세한 구분이 있지만(참조, Anderson, 12-3), 크게 창조 이전을 의미한다는 견해와 기독교 복음의 시작을 의미한다는 견해로 나눌 수 있다. 창조 이전에 대한 해석은 주로 요한복음과의 연관성에 근거한다(Burge, 1996: 53; Yarbrough, 34 등등). 요한복음 서론은 태초에 하나님과 함께 하셨던 말씀이 육신이 되어 이 땅에 오셨다고 기술한다(요 1:1-18). 또한 그 말씀 안에 생명이 있고, 그 말씀은 사람들의 빛이라고 말한다. 요한일서 서론도 비슷한 내용이 있다. 요한일서 1:2는 영원한 생명이 아버지와 함께 있었다고 표현함으로 예수의 선재성을 말해준다. 또한 생명이 나타났다는 표현을 통해 성육신도 보여준다.[4] 그렇기에 요한일서 표현은 요한복음 1:1의 '아르케'(ἀρχῇ)와 동일한 것이며 창세기 1:1처럼 창조 이전 상황을 지칭한다는 것이다. 이 외에도 요한일서 2:13, 14 표현도 창조 이전 시점이며, 심지어 사탄이 죄 짓는 모습을 언급한 요한일서 3:8 역시 동일 시점을 가리킨다.

하지만 요한일서의 모든 '아르케'가 창조 이전 시점을 의미하는 것은

명사 '말씀'을 중성 관계대명사절의 주어로 해석해서 번역한다. 그러나 이는 타당하지 않다.

4. 보다 자세한 비교는 Brown, 1982: 76-81을 참고하라.

아니다(Kruse, 57). 2:7, 24; 3:11(참고, 요이 6) 등은 기독교 복음을 처음 들은 시점을 의미한다. 예를 들어, 요한일서 2:7은 "사랑하는 여러분, 새로운 계명을 내가 여러분에게 쓰고 있는 것이 아닙니다. 여러분이 처음부터 가지고 있었던 옛 계명입니다"(사역)라고 말한다. 이 부분에서 처음이란 분명히 창조 이전 시점은 아니다

이와 관련해 두 번째 견해는 '아쁘 아르케스'가 예수의 성육신이나 공생애 사역의 첫 시작 같은 기독교 복음의 시작을 의미하는 것으로 보는 것이다(Harris, 49-50; Kruse, 51; Olsson, 74; Thompson, 37-8 등등). 핵심 이유는 중성 관계대명사가 예수 자체를 지칭하지 않기 때문이다. 첫째 절(clause)의 주어가 예수와 관련된 증거 혹은 메시지라면 '아쁘 아르케스'는 창조 이전을 지칭할 수 없다. 예수에 대한 증거가 창조 이전에 있었다는 것은 말이 되지 않기 때문이다. 이 표현과 비슷한 용례가 요한복음 15:26-27에 나온다(Jobes, 48).[5] 여기서 예수는 자신이 가고 나면 성령이 오셔서 자신을 증거할 것이라고 말한다. 그리고 제자들 또한 예수를 증거할 것인데 그들이 처음부터(ἀπ' ἀρχῆς) 예수와 함께 있었기 때문이라고 한다. 이 부분의 '아쁘 아르케스'도 창조 이전이 아니라 제자들이 예수와 함께 있던 처음 시점을 의미한다. 결국 의미 결정을 위해서는 시작을 의미하는 '아르케'라는 단어 자체가 아니라, 그것이 문법과 문맥에서 어떻게 사용되었는가를 고려하는 것이 필요한 것이다. 이런 면에서 후자의 견해가 더 적절해 보인다. 이 견해를 수용한다면 요한일서 1:1은 선재한 예수의 성육신 자체가 아니라, 성육신한 예수를 보고 듣고 만진 사건들을 포함한 예수에 대한 증거에 초점 맞춘 것으로 볼 수 있다. 그렇다고 저자의 의도 속

5. "내가 아버지께로부터 너희에게 보낼 보혜사 곧 아버지께로부터 나오시는 진리의 성령이 오실 때에 그가 나를 증언하실 것이요 너희도 **처음부터** 나와 함께 있었으므로 증언하느니라"(개역개정).

에 예수에 대한 선재와 성육신의 중요성이 없어진 것이 아니다. 1:2에서 분명히 그 내용을 전하고 있기 때문이다.

세 번째 장애물은 요한일서 1:1 전반에 걸쳐 나오는 '우리'라는 일인칭 지시어이다. 동사와 대명사 형태로 다섯 번 등장한다. 이 표현은 독자를 포함한 공동체 전체를 지칭하는 것이 아니다. 1:2-4에서 '우리'와 '너희'를 구분하고 있기 때문이다. 그렇다면 복수의 저자를 의미하는 것인가 아니면 저자에 대한 강조 표현인가? 어떤 학자들은 복수형 표현 때문에 서신의 저자를 예수의 직접 목격자가 아닌 공동체의 산물로 보아야 한다고 주장하기도 한다(Brown, 1982: 158). 또 어떤 학자는 복수형 표현을 예수를 직접 목격한 사도 그룹으로 이해한다(Yarbrough, 35). 하지만 이 표현은 저자 자신이 증인임을 강조하기 위해 사용한 것으로 이해하는 것이 좋다(Harris, 50; Jobes, 49-50). 저자가 예수에 대한 일차적 증인이고 증인 그룹의 한 일원인 것을 부각시키려는 의도이다. 특별히 '우리의 눈'이라는 표현과 '우리의 손들로'라는 표현은 역사적 예수에 대한 일차 목격자임을 강조하기 위한 의도이다.

네 번째 장애물은 요한일서 1:1c에 있는 '생명의 말씀에 대해서는'이란 표현이다. 특히 생명과 연결된 '로고스'(λόγος, "말씀")에 대한 해석에 이견이 있다. 많은 경우 요한복음 서론의 '로고스'와 연결해 예수를 지칭하는 것으로 이해한다(예, Akin, 39-40; Yarbrough, 38; NASB; NIV; NJB 등등). 요한일서 1:2에서 예수를 생명으로 표현한 것을 고려한다면, 요한일서 1:1c의 말씀과 생명은 모두 예수를 의미한다고 볼 수 있다. 어떤 이는 "말씀 곧 생명에 대해서는"이라고 이해하기도 한다(Jobes, 51). 하지만 문제가 있다. 앞서 보았듯, 1:1에 나온 중성 관계대명사는 남성인 말씀이나 여성인 생명과 연결되지 않는다. 구조적으로 관계대명사로 표현된 것들은 1:3에서 선포의 내용으로 바로 연결된다. 그러므로 "생명의 말씀에 대해서는"은 앞서 나온 관계사절과 문법적 연결이 없는 별개의 것으로 볼 수 있다(Brown, 1982: 163-5). 오히려 그 기능은 위의 구조에서 보여주듯 선포 과정을 설명하기 위해 첨가된 1:2를 이끄는 도입 역할로 이해된다. 요한일서 1:2의 핵심은 '로고스'가 아닌 생명이신 예수이다. 따라서 1:1c '로고스'를 메시지 혹은 증거의 의미로 보고 생명에 대한 또는 생명을 주는 메시지에 대한 설명을 시작하는 것으로 이해할 수도 있다(Brown, 1982: 164-5; Culy, 5; Houlden, 45; Smalley, 1984: 3; ESV; NRSV 등등). 또 다른 이유는 1:1-4의 초점 역시 성육신한 '로고스' 자체가 아니라 성육신한 예수에 대한 증거이다. 서신 본론의 첫 부분인 1:5가 저자가 들은 소식으로 시작하는 것 역시 메시지 선포에 초점이 있음을 말해준다. 이 문맥에서 '로고스'를 예수로 보는 것은 어울리지 않아 보인다(Harris, 52). 뿐만 아니라, 요한일서 전체를 통해 '로고스'가 예수를 지칭하는 것으로 한 번도 사용된 적 없다는 것도 생각해볼 만하다. '로고스'는 모두 메시지와 관련해 나타난다(Olsson, 75). 하지만 말씀과 예수가 완전히 분리되지는 않는다. 생명에 대한 메시지의 핵심은 생명이신 예수이기 때문이다. 이 예수는 요한복음에 나타난 것처럼 하나님을 드러내는 계시자인 '로고스'이다. 그러므로 생명의 메시지는 예수에 대한 메시지이다.

이상과 같은 장애물을 통과하면 요한일서 1:1의 내용은 이렇게 정리할 수 있다. 예수의 목격자인 저자가 독자에게 선포하는 내용은 기독교 복음이 시작될 때부터 있었던 것으로서 저자가 직접 듣고 보고 인식하고 만진 것이다. 그것은 생명을 담고 있고 생명을 주는 소식이다. 그 선포 과정은 1:2에서 설명한다.

그렇다면 저자는 왜 이런 식으로 서신의 서론을 전개하고 있을까? 포괄적 의도를 이해하기 위해서는 이후 전개될 내용을 함께 고려해야 한다. 하지만 적어도 1:1의 내용과 구성에 의하면 다음과 같은 몇 가지 의도가 있는 것으로 보인다.

첫째, 자신이 독자들에게 선포한 내용이 중요한 것임을 주지시키려는 것이다. 요한일서 1:1은 1:3에서 말한 선포의 내용이다. 하지만 1:1이 없어도 내용 진행에 큰 무리가 없다. 동일한 표현을 1:3에서 사용하고 있기 때문이다. 그럼에도 굳이 1:1의 내용을 따로, 그것도 서신의 맨 처음에 위치시킨 것은 독자에게 전한 그 선포 내용을 강조하고 싶은 의도로 보인다. 서신의 시작이 모든 부분을 이끌어 가는 열쇠를 제공하는 것을 고려하면, 저자가 서신 전체를 통해 말하고 싶은 것은 바로 그가 전한 내용을 독자가 굳건하게 붙잡기를 바란다는 것으로 이해할 수 있다.

둘째, 저자의 관심은 예수 자체를 소개하려는 것이 아니라, 예수에 대한 증거의 확실함을 전하는 것이다. 요한일서는 중성 관계대명사로 시작한다. 만일 예수 소개가 목적이었다면 남성 관계대명사(ὅς)를 사용해서 진행했을 것이다. 그리고 요한복음처럼 '로고스'를 설명하는 방식으로 서술했을 것이다. 하지만 위에서 살펴본 것처럼 중성 관계대명사는 예수가 아니라 예수와 관계된 것, 즉 그에 대한 증거를 의미한다. 여기에는 그를 직접 경험한 것을 포함해 그에게서 들은 가르침과 그에 대한 인식들이[6] 포함된다.

셋째, 예수를 직접 경험하고 목격한 것을 강조한다. 이런 의도는 보고 듣고 만지는 감각 동사 사용에서 확인할 수 있다. 또한 '우리의 눈'과 '우리의 손'이라는 표현과 요한일서 1:2-3에서 동일 단어들을 반복 사용하는 것 역시 예수에 대한 증거의 직접성을 부각시키려는 의도이다. 이런 경험의 직접성은 예수에 대한 증거가 사실인 것과 그에게 받은 계명과 가르침이 진짜 진리임을 독자들에게 확증시키고, 이후 전개될 서신 내용에 대한

---

6. 야브루(R. W. Yarbrough)는 ἐθεασάμεθα(우리가 주목해 보았다)를 단순히 보는 작용을 넘어, 보고 인식하는 것을 수반한 과정으로 이해한다(Yarbrough, 37-8).

신뢰성을 주려는 의도일 것이다.

2절 (메시지의 선포 과정) 요한일서 1:1c에서 생명에 대한 메시지를 언급한 저자는 1:2에서 메시지의 선포 과정을 소개한다. "그 생명이 나타나게 되었고, 우리가 보았고 증거하고 있으며 여러분에게 그 영원한 생명을 전파하고 있습니다. 그것은 아버지와 함께 있었던 것이고 우리에게 나타나게 된 것입니다. …" 생명이란 단어를 중심으로 시간 순서에 따른 선포 과정을 제시한다.

그 시작은 생명이 나타나게 된 것으로 인간 역사에 나타난 예수의 성육신과 공생애의 시작을 의미한다. '나타나다'는 동사(φανερόω)는 요한일서에 아홉 번 사용된다. 적그리스도의 나타남을 언급하는 2:19를 제외한 나머지는 모두 수동태로서 예수의 성육신과 공생애(1:2[x2], 3:5, 8; 4:9), 재림(2:28; 3:2[x2])과 관련해 사용된다. 수동태 표현은 예수가 나타나는 과정의 주체가 하나님임을 간접적으로 보여주는 것이다. 하나님이 구원과 선포의 모든 과정을 시작했다는 의미이다. 이 개념은 이후 하나님이 먼저 사랑한 것(4:10)과 하나님의 증거라는 표현(5:9)에서 다시 언급된다.

이 생명은 원래 아버지와 함께 있었다. 요한복음 1:1에서 '로고스'인 예수가 하나님과 함께 있었다는 것과 동일한 표현이다. 예수의 선재성을 의미한다. 이 표현은 요한일서 전체 내용과 관련해 두 가지 중요한 의미가 더 있다. 첫째, 예수는 빛과 생명의 영역에 속한 분이다. 비록 구원을 위해 어둠의 영역인 세상에 오셨지만, 그분의 기원은 빛과 생명의 영역이다. 빛이신 하나님과(1:5) 함께 하신 분이기 때문이다. 실제로 그분은 빛이며 생명의 근원이다. 이것은 어둠과 죽음의 영역에 있는 사탄과 거짓 교사들의 상태와 대조됨을 말해준다. 둘째, 하나님과 예수와의 관계성이다. 생명이 아버지와 함께 있었다는 표현은 생명이신 예수와 하나님과의 관계성을 부각시킨 것이다. 생명이 아버지와 함께 있었기 때문에 생명이신 예수를 받아들이는 것은 하나님을 받아들이는 것이다. 반대로 예수를 부인하는 것은 하나님을 부인하는 것이고 하나님과 상관없게 만든다(예, 2:22-23). 예수에 대한 반응이 중요한 이유이다. 이 함의들은 이후 전개될 내용을 이해하는 또 다른 열쇠이다. 특별히 서신 마지막 부분인 5:20-21에서 예수를 영원한 생명이라 표현하고 하나님과의 관계성을 언급한 것과 짝을 이루어 서론과 결론이 수미상관 구조를 만드는 데 일조한다.

선포 과정의 다음 단계는 성육신한 생명을 보고 경험하는 단계이다. 생명이 나타난 것은 수동태(ἐφανερώθη)로 묘사한 반면, 저자의 경험은 능동태(ἑωράκαμεν, "보았다")를 사용해 적극적이고 의지적 과정으로 기술한다. 실제 목격하고 경험한 것을 말하려는 것이다. 이와 함께 일인칭 지시어를 통해 '우리에게' 나타났고 '우리'가 보았다고 표현한 것 역시 저자 증언의 확실성을 강조하려는 의도이다.

다음 과정은 경험한 것을 증거하고 선포하는 것이다. 선포 내용은 영원한 생명이다. 때때로 영원한 생명은 예수로 인한 구원 결과를 의미하지만(예, 요일 2:25; 3:15; 5:11, 13), 여기서는 생명 그 자체이신 예수를 의미한다. 즉, 저자가 증거하고 선포한 것은 생명이신 예수이다. 아버지와 함께 하셨다가 나타나신 분이다. 저자는 이 내용을 독자인 '여러분'에게 전달한다. 이는 서신에서 처음으로 등장하는 이인칭 지시어이다. 흥미로운 것은 저자가 독자를 처음 언급할 때 서신 수신자로서가 아닌(참고, 1:4), 저자에게서 예수에 대한 증거를 받은 자로서 묘사한 점이다. 단순히 서신의 발신자와 수신자 관계가 아니라, 진리를 중심으로 한 관계임을 일깨우려는 의도로 보인다. 거짓 교사들의 영향력을 차단하려는 저자의 관심 표현이다.

위와 같은 선포 과정을 담고 있는 요한일서 1:2은 1:1과 다른 기능을 한다. 1:1이 선포 내용을 소개함으로써 예수에 대한 증거 내용의 확실성을 부각시켰다면, 1:2는 독자에게 전달되는 증거 과정의 신실함을 강조한다. 이런 강조는 서신 본론에서 전달하고픈 증거에 관한 내용을 독자에게 미리 인식하게 하는 역할을 한다(참고, 4:14; 5:6, 7, 9, 10, 11). 한편, 이 증거 과정은 새 영역에 거하는 예수와 하나님과의 관계성과 성육신의 확실성이라는 진리 차원을 가지고 있을 뿐만 아니라, 복음을 통해 독자와 연결하려는 관계 차원도 있다. 이 과정 설명을 통해 거짓 교사들의 영향이 아니라 자신이 전했던 진리에 계속 머무르게 하려는 의도를 전달한다.

3절 (선포 과정의 목적) 요한일서 1:2에서 설명한 선포 과정의 목적을 3절에서 소개한다. 1:1에서 표현된 중성 관계대명사와 보고 듣는 감각 과정 표현들로 시작한다. "우리가 보았고 들었던 것을 또한 여러분에게도 전파합니다." 선포 내용을 전한다는 것을 다시 반복하고 싶은 것이다. 하지만 저자의 관심은 예수에 대한 증거 자체보다도 그것을 전달받는 독자에게 옮겨간다. 두 번 사용된 이인칭 지시어('너희', '여러분')가 그 증거이다. 뿐만 아니라, 선포 과정에서 그 대상을 '또한(καὶ) 여러분에게'라고 표현한다. 1:2에서 그냥 '여러분에게'라고 말한 것과 다르다. 강조형 '까이'가 첨가된 것이다(참고, Porter, 1992: 211). 이는 독자를 향한 관심을 반영한다. 동일한 형태가 선포 목적을 서술하는 부분에서도 나타난다. "왜냐하면 여러분 또한 우리와 사귐을 갖게 하기 위해서입니다. 그리고 우리들의 그 사귐은 아버지와 그분의 아들 예수 그리스도와 함께 하는 사귐입니다." 여기서도 독자들을 '여러분'이라고만 해도 된다. 그럼에도 강조형 '까이'를 첨가해 '여러분 또한'으로 표현한다. 역시 독자에게 초점 맞추고 있음을 드러낸 것이다. 그런데 이 부분에는 강조 표현이 하나 더 있다. 문장의 주어인 "여러분"(ὑμεῖς)이다. 헬라어는 동사 속에 주어 정보가 들어있기 때문에 문맥상 주어를 알고 있는 상황에서는 굳이 밝히지 않는다. 그렇기에 언급하지 않아도 될 상황에 주어를 언급한 것은 강조 표현으로 볼 수 있다(Lee, 79; Porter, 1992: 95-6). 이 경우도 앞에서 '여러분'에게 선포한다는 것을 이미 언급했기에 문장의 주어를 쓸 필요가 없었다. 그런데도 쓴 것은 강조 표현이다. 역시 독자를 향한 깊은 관심의 발로이다.

독자를 향한 요한의 관심은 선포 목적을 분명히 하는 것이다. 그 목적은 독자들이 저자인 '우리'와 사귐을 갖게 하는 것이다. 쉽게 말해 예수에 대한 복음을 믿고 구원 얻은 결과가 사귐이라는 것이다. 이 사귐(κοινω-νία)은 서로 간의 관계성을 설명하는 단어이다. 요한일서에 네 번 등장하는데, 모두 구원의 새 영역과 관련한 관계성을 의미한다(Kruse, 59-60). 이 사귐은 성도 간의 수평적 차원(1:3, 7)과 신적 존재와의 수직적 차원(1:3, 6)이 있다. 이 둘은 서로 분리되지 않는다. 예수를 믿음으로 구원 얻어 새 영역으로 옮겨지면, 그 영역 안에서 하나님과의 관계와 성도들과의 관계가 새롭게 형성되기 때문이다.[7] 이런 면에서 사귐으로 묘사되는 복음 선포의 결과는 신자의 삶의 모습을 잘 표현해 준다. 1:3도 두 차원이 서로 연결된 것으로 설명한다. 기본적으로 저자인 '우리'는 아버지와 그의 아들 예수 그리스도와의 수직적 사귐을 갖고 있다. 그 수직적 차원에 수평적 차원을 연결하기 위해 독자인 '여러분'에게 예수에 대한 증거를 선포한다고 말한다. 이런 면에서 사귐으로 묘사되는 복음 선포의 결과는 신자의 삶의 모습을 보여준다.

주목할 것은 사귐에 대해 말하는 순서이다. 일반적으로 예수에 대한 복음 선포의 결과로 하나님과의 사귐을 얻게 되는 것이 먼저이다. 바울의 용어로 설명한다면 믿어 죄 사함 받고 의롭게 되어 하나님과 화목의 관계를 얻게 되는 것이 먼저이고(롬 5:1), 그 후에 성도와의 사귐 관계인 신자의 삶이 나온다(롬 12-15장). 요한도 그 순서를 분명히 알고 있다. 예를 들

7. 요한일서의 구원과 새 영역에서의 성화에 대해서는 이재현, 2011: 408-20을 보라.

어 요한일서 4장에서 사랑의 주제를 다룰 때, 하나님의 사랑을 경험하는 것이 먼저이고 그 사랑에 반응한 인간의 사랑은 나중에 말한다(4:10-11). 하지만 요한일서 1:3에서는 선포의 목적을 인간 사이의 수평적 사귐을 위해서라고 말한다. 물론 그 사귐이 수직적 차원의 토대 위에 있다고 하지만 순서를 다르게 표현한 것은 분명하다. 왜 그랬을까? 이후에 언급된 내용과의 연관성에서 그 이유를 추론할 수 있다. 특별히 2:18-27과의 비교는 중요하다. 이 부분에 나오는 적그리스도라고 불리는 자들은 거짓 교사이며 저자인 '우리'와 대조된다. 그들은 '우리'에게 속하지 않은 자들, 즉 '우리'와 사귐이 없는 자들이다(2:19). 또한 그들은 예수에 대해 거짓 가르침을 전하는 자들이다(2:22). 아들을 고백하거나 인정하기 않기에 그들은 아버지와의 관계가 없는 자들이다. 이처럼 2:18-27에 나온 거짓 교사들과 관련된 모든 내용은 1:3의 내용과 반대된다. 한편, 저자는 독자들에게 자신에게서 처음부터(ἀπ᾽ ἀρχῆς) 들은 것에 계속 거하라고 명령한다. 아들과 아버지 안에 거하는 소위 사귐의 교제가 지속되게 하려는 것이다(2:24). 이것은 예수에 대한 복음 선포의 목적을 소개한 1:3의 내용과 동일하다. 이런 비교에 의하면 저자는 서신 본론에서 전할 말을 서론인 1:3에서 미리 언급한 것으로 보인다. 또한 1:3에서 사귐의 순서를 바꾸어 말한 것은 독자로 하여금 거짓 교사가 아닌 저자를, 거짓 가르침이 아닌 저자가 선포한 진리를 굳게 붙잡고 있으라는 권면을 잘 전달하려는 의도로 보인다. 거짓 교사들과 달리 저자는 예수에 대한 바른 진리를 전달하는 자이며, 그 진리를 통해 하나님과 참된 사귐을 갖고 있는 자이기 때문이다.

4절 (서신을 쓴 이유) 요한일서 1:1-3에서 선포 과정의 요소들, 즉 선포의 내용과 과정과 목적을 언급한 저자는 1:4에서 그 과정을 언급하고 서신을 쓴 궁극의 이유를 제시한다. 바로 저자의 기쁨이 가득해지게 하기 위해서이다. 저자가 쓴 "이것들"(ταῦτα)은 일차적으로는 앞에 나온 1:1-3

을 의미한다. 그렇다면 선포의 과정을 다시 설명한 것은 저자의 기쁨을 위해서라고 볼 수 있다. 하지만 '이것들'은 이후 전개될 서신 전체 내용과도 무관하지 않아 보인다. 서신 끝부분 5:13은 1:4와 동일하게 "내가 이것들을 여러분에게 쓴 것은"이란 표현을 담고 있다. 비록 '우리'가 '나'로 바뀌었지만, 같은 표현이다. 또한 '히나'(ἵνα)를 통해 목적을 서술한 것도 동일하다. 그렇다면 1:4의 "이것들"은 서신 마지막 5:13을 염두에 두고 앞으로 전개될 서신 전체 내용을 받는 것으로 보아도 무방하다(Harris, 56). 넓은 범위에서 수미상관 표현일 수 있다. 그렇다면, 서신 전체의 기록 목적 역시 저자의 기쁨을 위해서라고 이해할 수 있다.

선포 과정과 서신 전체를 저자의 기쁨을 위해 썼다는 것은 이기적 자기만족이 아니다. 목회적 사랑과 관심의 표현이다. 사실 독자에게 있어 예수에 대한 진리를 선포한 과정과 서신을 쓰는 것은 다르다. 전자는 독자들이 구원 얻어 새 영역으로 옮김받는 과정과 관련 있고, 후자는 그 영역 안에 있는 사람들을 향해 쓰는 것이기 때문이다. 하지만 이 두 과정은 공통점이 있다. 독자를 향한 사랑과 관심이다. 저자는 진리를 선포하는 과정을 통해 독자들이 구원의 영역으로 옮겨져 새로운 관계 속에 살기를 기대한다. 사랑이다. 그런데 이미 구원의 새 영역 안에 있는 독자들을 향해 그들에게 선포한 과정을 다시 설명한 것은 그들이 어떻게 구원을 얻게 되었는가를 상기시켜 진리 안에 계속 머무르게 하려는 것이다. 그리고 바로 그 이유 때문에 이 서신을 쓰는 것이다. 역시 사랑의 관심이다. 특별히 거짓 교사들이 갈라놓은 교회 상황과 그들의 영향력이 아직 상존해 있는 것을 감안한다면 교회와 독자들이 진리 안에 온전히 서 있는 것은 저자에게 큰 기쁨일 것이다(Kruse, 59). 이런 면에서 요한일서는 거짓 교사와 논쟁하려는 신학 변증서가 아니라 목회 서신이다.

3. 해설

요한일서 1:1-4은 서신의 서론이다. 독자들로 하여금 서신 전체 분위기와 내용을 이해하는 기초를 제공한다. 구조적으로 예수에 대한 증거를 선포하는 과정인 1:1-3과 그것을 쓴 이유를 언급하는 1:4로 구분된다. 이런 구조 속에 선포 내용인 예수에 대한 증거를 먼저 소개함으로써 거짓 교사들의 가르침이 아니라 저자가 가르친 내용이 참임을 주지시킨다(1:1). 또한 생명이신 예수에 대한 선포 과정을 언급함으로써 저자를 통한 진리 전달 역시 참이었다는 것을 확인시킨다(1:2). 선포의 목적을 설명한 것은 저자가 전한 바른 진리를 통해 구원의 새 영역에서 수직적, 수평적 사귐의 결과를 얻은 것을 재차 확인시켜서 거짓 교사들의 영향력에 속지 말라고 말하는 것이다(1:3). 마지막으로 이 선포 과정과 그 이후에 대한 내용은 모두 독자를 향한 사랑과 관심의 목회적 마음에서 비롯된 것임을 밝힘으로써 독자들의 바른 반응을 유도한다. 발신자와 수신자가 없는 독특한 형태지만 서신의 서론으로서 본론의 내용을 잘 이해하도록 이끄는 역할을 충실하게 수행한다.

제2장
요한일서 1:5-2:2
하나님과의 참된 교제와 신자의 통합적 삶 1: 죄에 대한 바른 태도

요한일서 1:5는 서신 본론의 시작이다. 내용 전개는 2:11까지 이어진다. 이렇게 구분하는 두 가지 이유가 있다. 첫째, 빛과 어둠의 대조와 신자의 삶을 나타내는 '뻬리빠떼오'(περιπατέω, "걷다")를 사용한 점이다. 요한일서 전체에서 유일하게 이 부분에만 등장한다. 둘째, 1:5-2:11이 보여주는 수미상관 구조이다. 앞부분인 1:6-7과 뒷부분인 2:9-11은 단어적으로 빛(1:5, 7[x2]; 2:8, 9, 10)/어둠(1:5, 6; 2:8, 9, 11[x3])의 대조와 '뻬리빠떼오'(1:6, 7; 2:11; 참고, 2:6)를 공유하고 있다. 또한 이 두 부분은 빛/어둠의 대조 용어를 전치사 '엔'(ἐν, "~안에")을 통해 표현하는 것도 공통적이다. 빛/어둠으로 대표되는 영역 개념으로 설명하고 있음을 말해준다.

요한일서 1:5-2:11은 주제어를 통해 1:5-2:2와 2:3-11로 나눌 수 있다. 1:5-2:2은 죄라는 단어가 지배적으로 등장한다(명사: 1:7, 8, 9[x2]; 2:2; 동사: 1:10; 2:1[x2]). 2:3-11은 죄라는 단어가 없다. 대신 계명이 새로운 주제어로 나타난다(2:3, 4, 7[x3], 8). 위에서 언급한 수미상관 구조와 연결해 보면, 1:5-2:2는 빛/어둠의 영역과 신자의 삶이라는 주제를 죄와 관련해 다루고, 2:3-11은 동일한 주제를 계명과 관련해 다루고 있음을 알 수 있다.

첫 번째 문단인 요한일서 1:5-2:2 구조는 문장 구조와 단어, 문법 구조를 통해 확인할 수 있다. 우선, 문장 구조 측면에서 보면 1:5와 6-10으로 구분할 수 있다. 앞부분은 직설법을 사용한 반면, 뒷부분은 '만일'로 시작되는 다섯 조건문으로 되어 있기 때문이다. 2:1은 다시 직설법을 주절로 사용한 점에서 1:6-10과 구별된다. 물론 2:1b에 다시 조건문이 나오지만, 이것은 주절을 부연하기 위한 것이기 때문에 단락 구분에 영향주지 않는다. 이런 구분은 문법 관찰 결과를 통해서도 확인된다. 1:5-10은 일인칭 복수 지시어('우리')를 사용한 반면, 2:1은 일인칭 단수 지시어(μου, "나의"; γράφω, "내가 쓴다")를 주절에 사용한다. 일인칭 단수 지시어는 요한일서에서 처음 등장한 것이다. 이런 변화는 2:1과 앞부분 사이에 내용의 불연속성이 있음을 의미한다. 비록 문단이 바뀐 것을 의미하지는 않지만, 문단 내에서 새로운 주제가 전환되었음을 볼 수 있다.

한편, 단어와 주제와 관련해서, 요한일서 1:5에서 언급된 빛/어둠의 대조는 요한일서 1:6-7에 나온 처음 두 개의 조건문으로 연결된다. 동일한 대조가 '뻬리빠떼오'와 함께 사용되기 때문이다. 하지만 1:8-10에 있는 세 개의 조건문은 초점이 약간 다르다. 죄에 대한 고백의 문제를 다루기 때문이다. 그렇다고 1:6-7과 완전히 분리된 주제는 아니다. 두 번째 조건문인 1:7 마지막 부분에서 예수와 죄 사함에 대한 것을 이미 언급했기 때문이다. 이후 2:1-2는 1:6-10에서 죄와 관련된 내용을 언급한 이유를 소개하면서 죄 사함에 대한 예수의 역할을 부연 설명한다. 이 관찰에 의하면 1:5-2:2 구조는 1:5, 6-7, 8-10, 2:1-2로 나눌 수 있으며 앞내용에 대한 꼬리 물기로 뒷내용을 진행하는 방식을 취한다.

마지막으로 논지 전달 방법과 관련해, 저자는 자신이 전하려는 내용을 부각시키기 위해 주로 부정과 긍정의 대조를 사용한다. 1:6-7에 있는 처음 두 조건문은 부정과 긍정의 대조로 진행되고, 1:8-10에 있는 나머지 세 조건문은 부정적 표현 - 긍정적 표현 - 부정적 표현 방식으로 진행된다. 1:5-2:2의 구조를 정리하면 아래와 같다.

<table>
<tr><th colspan="3">구조와 내용</th><th>특징</th></tr>
<tr><td colspan="3">1:5 (도입과 전제): 우리가 전하는 소식은 하나님은 빛이라는 것이다.</td><td>직설법</td></tr>
<tr><td rowspan="3">논지(1)
(빛/어둠, 걷다)</td><td colspan="2">1:6 (조건문 1: 부정적): 만일 우리가 하나님과 교제가 있다고 하고 어둠에 걸으면, 거짓말하는 것이다.</td><td rowspan="6">조건문,
부정과 긍정의
대조</td></tr>
<tr><td colspan="2">1:7 (조건문 2: 긍정적): 만일 우리가 빛 안에 걷는다면, 서로 사귐이 있다.</td></tr>
<tr><td colspan="2">예수의 피가 우리의 죄를 깨끗하게 한다(7절 마지막).</td></tr>
<tr><td rowspan="3" colspan="2">논지(2)
(죄와 고백)</td><td>1:8 (조건문 3: 부정적): 만일 우리가 죄 없다고 하면, 우리를 속이는 것이다.</td></tr>
<tr><td>1:9 (조건문 4: 긍정적): 만일 우리가 죄를 자백하면, 용서받는다.</td></tr>
<tr><td>1:10 (조건문 5: 부정적): 만일 우리가 죄를 짓지 않았다고 말하면, 우리는 그분을 거짓말쟁이로 만드는 것이다.</td></tr>
<tr><td colspan="3">2:1-2 (진술 목적과 죄 사함에 대한 부연):
1) 2:1a (진술 목적): 이것들을 쓰는 것은 죄를 짓지 않게 하기 위해서다.
2) 2:1b-2 (죄 사함에 대한 부연): 만일 우리가 죄를 지으면, 우리에게는 대변해 주는 분 예수가 있다.</td><td>직설법,
일인칭 단수
지시어,
조건문</td></tr>
</table>

1. 번역

1:5 그리고 이것이 우리가 그에게서 듣고 여러분에게 전하는 소식입니다. 곧 하나님은 빛이시고 어둠이 그분 안에 전혀 없다는 것입니다. **6** 만일 우리가 그분과의 사귐을 가지고 있다고 말하면서 어둠 안에 걷는다면, 우리 스스로가 거짓말을 하는 것이고 진리를 행하지 않고 있는 것입니다. **7** 그러나 만일 마치 그분이 빛 안에 계신 것처럼 우리가 빛 안에 걷는다면, 우리

는 서로 사귐을 가지고 있는 것이고 그분의 아들 예수의 피가 우리를 모든 죄에서 깨끗하게 해줍니다. **8** 만일 우리가 죄를 가지고 있지 않다고 말한다면, 우리는 자신을 속이고 있는 것이며 진리가 우리 안에 없는 것입니다.
9 만일 우리가 우리의 죄들을 자백한다면, 그분은 신실하고 의로우셔서 우리의 죄들을 용서하시고 우리를 모든 불의에서 깨끗하게 하실 것입니다.
10 만일 우리가 죄를 짓지 않았다고 말한다면, 우리는 그분을 거짓말쟁이로 만드는 것이며 그분의 말씀이 우리 안에 없는 것입니다.

2:1 나의 자녀들이여, 이것들을 내가 여러분에게 쓰는 것은 여러분이 죄를 짓지 않게 하기 위해서입니다. 만일 누가 죄를 짓더라도, 우리는 아버지 앞에서 대변해주는 분을 모시고 있습니다. 의로우신 예수 그리스도이십니다. **2** 그리고 그분 자신은 우리들의 죄들을 위한 속죄제물이십니다. 하지만 우리들의 것만을 위해서는 아닙니다. 세상 모든 이의 것을 위해서 이기도 합니다.

2. 주해

5절 (하나님은 빛이시다) 요한일서 본론의 문을 여는 부분이다. 독자를 향해 선포했던 내용으로 시작한다. 하나님은 빛이시며 그분에게는 어두움이 조금도 없다는 것이다. 본론을 시작하는 방식은 여러 생각거리를 제공한다. 첫 번째는 선포 내용인 "소식"(ἀγγελία)에서 시작한 점이다. 이 소식은 '그분'에서 시작해 '우리'가 들었고(ἀκηκόαμεν) 독자인 '여러분'에게 선포되었던(ἀναγγέλλομεν) 것이다. 서론 부분인 요한일서 1:2-3에서 제시된 것과 동일한 과정이다. 같은 표현으로 동일 과정을 반복한 것은 요한일서 본론의 내용이 서론과 연결되어 있음을 주지시키려는 것이다. 특별히 '우리가 그분에게서 들었다'는 표현은 저자가 예수('그분')에게서 직접 가르침 받은 목격자임을 재차 확신시키려는 것이고, 선포 과정을 언급한 것은 저자가 전한 것이 확실한 진리임을 부연하려는 의도로 보인다. 이런 연결을 토대로 저자 자신이 선포했던 내용 그 자체에 집중하도록 유도한다.

두 번째 생각거리는 하나님은 빛이시며 어둠이 조금도 없다는 선포 내용이다. 비록 하나님을 빛 자체로 표현한 것이 구약에 없지만, 하나님과 빛을 연결시킨 것은 새로운 것이 아니다. 구약에서 많이 제시되었고(예, 창 1:3; 시 104:2; 사 60:19 등등), 신약에서도 낯선 것이 아니기 때문이다(예, 행 26:18; 계 22:5 등등). 그럼에도 불구하고 이런 표현으로 서신 본론을 시작한 것은 의미가 있다. 이것이 함의하고 있는 두 영역과 관계된 상징성 때문이다. 요한일서 1:5에 언급된 빛과 어둠은 물리적 밝기를 나타내는 것이 아니다. 또한 빛이 가지고 있는 밝기의 특징을 통해 하나님의 어떤 속성을 말하려는 의도도 아니다. 이에 대한 추가 설명이 없기 때문이다. 오히려 빛과 어둠은 이원론적 두 영역 개념인 하나님이 통치하는 영역과 그것에 반역하는 영역을 상징한다.[1] 그렇기에 하나님이 빛이라는 말은 그분이 빛으로 상징되는 통치 영역의 기원이고 주인이며 그 영역의 모든 것이란 의미이다. 본론의 시작에서 이런 상징으로 하나님을 묘사한 것은 요한일서 전체 이야기가 두 영역 틀 속에서 진행된다는 것과 특별히 독자들의 상황이 하나님이 주인이신 빛의 영역과 관련 있음을 말하는 것이다. 비슷한 전개 방식이 요한복음에도 나타난다. 요한복음에서 예수는 세상의 빛으로 묘사된다(요 8:12; 9:5; 12:35-36). 그는 어둠의 영역인 세

1. 요한복음과 요한일서의 이원론에 관해서는 Bultmann, 1955: 15-21; Ashton, 387-417; Carter, 86-106; Klink, 2008: 74-89; Köstenberger, 275-98; Ladd, 259-72 등을 보라.

상에서 빛의 하나님 영역을 계시하는 분이다. 이것은 두 영역을 기반으로 한 예수의 정체성과 사역에 대한 설명이다. 그런데, 이런 내용은 이미 서론에서 독자들에게 제시되었던 것이다. 요한복음 서론은 하나님과 함께 했던 말씀으로 시작해서(요 1:1-3) 말씀이신 예수 안에 생명과 빛이 있었고(요 1:4), 그 빛이 어둠의 영역인 세상에 비친 것을 말한다(요 1:5). 또한 그 빛에 대한 거절과 영접의 두 반응을 소개함으로써 예수의 사역에 대한 사람들의 반응을 미리 제시한다(요 1:10-13). 모든 진술이 이원론적 두 영역 설명 틀로 제시되며 이후 소개될 예수에 대한 설명의 밑거름 역할을 한다. 이런 면에서 동일한 기능을 하는 요한일서 1:5도 1:5-2:11의 시작일 뿐 아니라, 본론 전체의 서론으로도 볼 수 있다.

세 번째 생각거리는 그분 안에 어둠이 조금도 없다는 표현이다. '없다'는 부정어를 두 번 쓴 것(οὐκ, οὐδεμία)은 정말 없다는 강조이다(Yarbrough, 51). 하나님이 빛이라고 말했기에 그분 안에 어둠이 없다는 것을 굳이 언급하지 않아도 된다. 그럼에도 불구하고 강조 표현을 써서 첨가한 것은 '하나님은 빛이시다'는 명제 자체가 아니라 두 영역 설명 틀 속에서 그분의 온전함(integrity)을 말하고 싶기 때문인 것으로 보인다. 하나님은 빛이시고 빛의 영역의 주인이다. 그분에게는 자신의 속성과 배치되는 모습이 없다. 어둠의 영역에 속한 것을 행하시지 않는다는 것이다. 일관성 있고 자신의 신분과 위치에 맞게 존재하시는 온전하신 분이시다. 이렇게 하나님의 온전함을 강조한 것은 독자를 포함한 모든 신자의 삶에서 그분을 최고의 모델로 소개하고 싶기 때문이다. 구원을 얻어 새 영역으로 옮겨가는 것과 그 안에 거하는 모든 과정의 주체이신 하나님이 일관성 있고 온전하기에, 새 영역에서 그와 사귐이 있는 모든 사람은 그분을 모델 삼아 온전한 모습으로 살아야 한다. 이 내용은 계속되는 조건문들을 통해 더 확인할 수 있다.

6절 (신자의 일관성과 온전성 1: 사귐을 말하면서 어둠에 행할 때) 이원론적 두 영역 틀 안에서 신자의 일관성과 온전함을 다루는 내용은 일련의 조건문을 통한 대조 모습으로 제시된다. 첫 번째는 그분과의 사귐을 가지고 있다고 말하면서 어둠 안에서 걷는 부정적 형태이다. 표면적으로 보면 이 표현은 고백과 행위의 불일치를 의미한다. 하지만 걷는다(περιπατέω)는 것은 단순히 무엇을 하고 안 하고의 차원이 아닌, 살아가는 삶의 모습 전체를 의미한다(Olsson, 90). 그렇기에 이 부정적 표현은 단순한 말과 행동의 문제를 넘어 자신의 상태를 인식하는 것과 그것에 근거한 삶의 표현의 불일치를 의미한다. 이것은 두 영역 틀 속에서 일관성과 온전함이 없는 모습이다. 그분과의 사귐이 있다는 것은 구원의 새 영역으로 옮겨져 그 안에서 하나님과 수직적 사귐의 관계를 소유하고 있다는 것이다. 어둠 안에 걷는다는 것은 새 영역 바깥에 있음을 의미한다. 따라서 하나님과의 사귐을 맺고 있으면서 어둠 안에 걷는 것은 모순이다. 이 표현이 독자 교회들 안에 실제로 있었던 것을 예로든 것인지는 분명치 않다. 여기서 사용된 일인칭 복수 지시어 '우리'는 앞의 경우와 달리 저자라는 특별한 존재가 아닌, 보다 일반적 사람을 지칭할 때 사용한 형태이기 때문이다. 또한 '에안'(ἐάν, "만일")으로 시작되는 제삼 조건문은 가설적 상황을 염두에 둔 표현이기에 실제 상황을 의미하는지도 확실치 않다(참고, Porter, 1992: 262). 분명한 것은 그런 모순적 불일치는 자신이 고백하고 있는 것이 거짓임을 드러낸다는 것이다. 또한 그가 보이는 삶의 모습 역시 진리와 상관이 없는 것임을 증명하는 결과를 만든다. 요한일서 1:5에서 보인 하나님의 모습과 반대되는 것이며 구원의 영역에 속한 자에게 합당치 않은 모습이다.

7절 (신자의 일관성과 온전성 2: 사귐을 말하면서 빛 가운데 행할 때) 요한일서 1:5와 연결된 두 번째 조건문이다. 일인칭 복수 지시어와 제삼 조건문을 통해 우리가 빛 안에 걷는 상황을 언급한다. 하나님과 사귐이 있다고 언급한 1:6처럼 구원 얻은 신자의 모습을 전제로 한다. 하지만 그 실제 모습은 다르다. 1:7의 상황은 구원의 새 영역에 속한 자로서 일관성 있고 온전한 삶을 살아가는 모습이다. 또한 이 상황은 1:5에서 소개한 새 영역의 주인이며 신자의 삶의 모델인 하나님의 온전함을 닮아 사는 모습이기도 하다. 이런 삶의 결과는 성도 서로 간에 사귐을 갖게 한다. 흥미로운 것은 새 영역에서 일관성 있고 온전하게 살면 하나님과의 교제를 얻게 된다고 말하지 않았다는 점이다. 아마도 1:6과의 대조를 잘 표현하기 위한 것으로 보인다. 1:6에 나타나는 사람들은 하나님과의 사귐을 가지고 있다고 고백하지만 그들의 일관성 없고 온전하지 않은 삶은 하나님과의 사귐이 없는 자들임을 드러낸다. 새 영역에서 수직 차원의 사귐이 없는 것이다. 반면, 새 영역에서 하나님처럼 삶의 온전함을 가지고 있는 1:7의 사람들은 이미 하나님과 수직적 사귐을 가지고 있는 자들이다. 그렇기에 그들의 일관성 있는 삶은 성도 간의 수평적 사귐도 가지고 있음을 드러낸다는 것이다. 그러므로 1:7의 사람은 1:3에서 언급한 구원의 새 영역 안에서 수직 차원과 수평 차원의 사귐을 함께 가지고 있는 자들이며, 저자가 독자에게 기대하는 삶의 모습을 가지고 있는 사람들이다. 이런 면에서 1:7은 독자를 향해 간접 권면을 내포하고 있다고 볼 수 있다.

한편, 새 영역 안에서 일관성 있고 온전한 삶의 또 다른 결과는 예수의 피를 통한 죄 씻음이다. 요한일서 1:7은 요한일서에서 처음으로 죄(ἁμαρτία)를 언급한 부분이다. 예수와 죄 사함과의 관련성을 언급한 첫 부분이기도 하다. 여기서 피는 예수의 십자가 죽음을 의미한다(참고, 2:2; 4:10). 하지만 그 피를 통한 죄 씻음 표현은 구원을 얻어 그리스도인이 되는 과정을 말하는 것이 아니다. 두 영역 관점에서 이미 새 영역에 있는 사람들의 경우를 다루고 있기 때문이다. 본문 표현은 새 영역에 있는 사람들이 범할 수 있는 죄 문제에 대한 해결과 그 결과 거룩한 하나님과의 수직적 사귐을 계속 지속할 수 있음을 의미한다. 동일한 개념이 예수가 제자들의 발을 씻기는 요한복음 13:4-10에 나온다. 자신의 섬김을 거절하는 베드로를 향해 예수는 발 씻음을 거절하는 것은 자신과의 관계를 거절하는 것이라고 대답한다. 지속적 교제를 위해 발 씻음 과정이 필요하다는 것이다. 그러자 베드로는 발뿐 아니라 손과 머리도 씻어달라고 한다. 이에 대해, 예수는 이미 목욕한 자는 발밖에 씻을 필요가 없다고 말함으로써 목욕과 발 씻음을 구별한다. 목욕은 새 영역으로 들어가는 구원을 의미한다면, 발 씻음은 그 영역 안에서 행한 죄를 깨끗케 하는 것을 의미한다(참고, Carson, 1990: 463-4). 이런 면에서 죄를 씻는다는 요한일서 표현은 이미 목욕을 마친 자들의 발을 계속 씻는 요한복음의 표현으로 이해할 수 있다.

주목할 것은 요한일서는 죄 씻음의 과정을 새 영역 안에 있는 신자에게만 허락된 은혜의 개념으로 설명한다는 것이다. 오직 신자에게만 새 영역에 지속적으로 머물 수 있는 과정이 주어진다. 어둠의 영역에 있는 불신자들에게는 그런 과정이 없다. 그들에게는 지속시킬 사귐 자체가 없기 때문이다. 그들에게 우선적으로 필요한 것은 회개를 통해 하나님의 용서를 받고 새 영역으로 옮기는 과정, 즉 목욕의 과정이다. 이 역시 요한복음과 공유하고 있다. 대표적인 예가 가룟 유다의 경우이다. 예수는 요한복음 13:10에서 가룟 유다는 목욕하지 않은 자이기에 발 씻음을 통한 교제의 지속이 없다고 말한다. 구원 영역에 속하지 않은 자라는 의미이다.

8절 (신자의 삶과 죄의 관계 1: 죄 없다고 말할 때) 요한일서 1:7 마지막에 언급된 새 영역 안에서 삶과 죄 씻음과의 관계는 1:8-10까지 일련의 조건문을 통해 부연 설명된다. 모두 죄에 대한 고백과 관련 있다. 1:8의 경우는 죄가 없다는 고백을 전제로 한 부정 형태이다. '우리'라는 일인칭 지시어와 제삼 조건문을 통해 새 영역에 있는 신자를 전제로 한 설정이다.

예수로 인해 새 영역에 들어 온 사람들은 죄를 용서 받은 자들이다. 어떤 면에서 그들은 죄가 없다고 말할 수 있을지 모른다. 하지만 그런 고백은 '이미'와 '아직'의 구원 과정을 인식하지 못한 것이다. 예수의 피를 통해 빛의 새 영역으로 옮겨진 것은 분명 죄 사함 과정을 통과한 것이다. 그렇다고 그 과정이 어둠의 옛 영역 자체가 완전히 없어진 것을 의미하는 것은 아니다. 단지 한 사람이 옛 영역에서 새 영역으로 옮김받은 것뿐이다. 옛 영역 통치자인 사탄과 그의 강력한 무기인 사망 그리고 그 안에 거하는 다른 사람들은 여전히 존재한다. 또한 역사의 마지막 날 구원의 미래 과정으로 어둠의 영역이 완전히 처리될 때까지 그들의 영향력도 항상 있다. 그렇기에 구원받아 현재 하나님의 새 영역에 들어와 있는 자들도 아직 완전히 멸망하지 않은 옛 영역의 영향을 받을 수 있고 그로 인해 죄를 지을 수 있다. 그렇다고 존재적으로 구원 이전의 옛 영역으로 다시 돌아감을 의미하는 것은 아니다. 새 영역에 있어도 악한 영향력에서 완전히 자유롭지는 않다는 것이다. 이것이 위에서 설명한 발 씻음이 필요한 이유이다. 이런 진리를 무시하고 죄가 없는 완전함을 주장한다면, 하나님의 미래 구원이 이미 이루어졌다고 여기거나 혹은 죄와 옛 영역의 영향에 대해 가벼이 여기는 것이다. 이것은 요한복음에서 예수가 목욕과 발 씻음을 통해 가르친 것과 정면으로 배치되는 주장이다. 죄가 있음에도 불구하고 스스로를 속이거나 그 사람 안에 예수로 인한 죄 사함과 구원에 대한 하나님의 진리가 없다는 것을 드러내는 것이다. 새 영역 안에서 일관성 있고 온전한 하나님의 모습과 반대이다(참고, 요일 1:5). 당연히 이런 자들에게 하나님과의 수직적 사귐이 지속될 리 없다.

9절 (신자의 삶과 죄의 관계 2: 죄를 자백할 때) 요한일서 1:9은 8절의 경우와 반대되는 긍정적 상황이다. '우리'가 우리의 죄들을 고백하는 것이다. 죄들을 고백한다는 것은 1:5에서 언급한 어둠이 전혀 없는 새 영역의 주인이신 하나님과의 관계성을 의식하고 있음을 의미한다. 끊임없이 부딪히는 옛 영역의 영향을 인식하고 있으며 하나님의 도우심을 의식하고 있다는 말이기도 하다. 기본적으로 수직적 사귐의 관계에 충실하고자 하는 사람들에게서 나타나는 반응이다. 또한 단순히 죄들이라고 하지 않고 "우리의"(ἡμῶν) 죄라고 표현한 것 역시 자신의 죄에 대해 분명히 인식하고 있음을 보여주기 위한 것이다.

부정적 죄에 대한 이런 인식과 고백은 역으로 긍정적 결과를 가져온다. 하나님이 '우리'에게 죄 사함을 허락하시고 모든 불의에서 '우리'를 깨끗하게 해주신다. 하지만 그 결과는 '우리' 고백이 가지고 있는 능력 때문이 아니다. 새 영역으로 옮겨지는 첫 과정과 그 이후 소위 발을 씻는 모든 과정은 신자의 어떠함 때문에 이루어지는 것이 아니다. 오직 하나님의 신실함과 의로움 때문이다. 신실하다는 것은 기본적으로 하나님이 자신의 백성과 맺은 언약 관계에 충실하다는 것이다. 하나님이 예수를 통한 죄 사함의 구원을 이행하시는 데 신실하다는 말이다. 의롭다는 것은 언약 관계에 충실한 하나님의 신실함과 관련된 것이다. 예수의 십자가로 신자들의 죄를 이미 해결하신 하나님의 모습을 말한다. 하나님과의 관계를 거절하고 그분이 기대하는 것을 행치 않는 죄인을 심판하시는 것이 하나님의 공의지만, 그분은 사람들을 사랑하셔서 죄인들 대신에 자신의 아들을 죽임으로써, 행한 대로 심판하시는 자신의 공의를 만족시킬 뿐 아니라 사람을 살리는 길도 여셨다. 예수를 통해 죄에 대한 심판을 이미 했기 때문에 예수를 믿는 자에게는 더 이상의 심판이 없다. 따라서 하나님이 의롭다는 것은 자신의 죄를 고백하고 예수의 피를 의지하는 자에게 심판을 내리지 않으신다는 말이기도 하다(참고, 롬 3:25-26). 이 하나님의 속성이 신자를 향한 죄 사함의 근거이다.

저자 요한은 주절과 종속절의 문장 구조로 이 진리를 분명하게 전달한다. 죄 사함이나 불의에서 깨끗케 되는 것은 결과를 의미하는 종속절로 설명한 반면, 하나님의 신실함과 의로움은 주절로 전달한다. 문장에서 우선적으로 중요한 것이 주절임을 감안한다면, 주절 내용인 하나님의 어떠하심이 핵심 내용이고 진짜 근거임을 전하고 싶은 것이다. 한편, 요한일서 1:7과의 관련성에서 보면 그런 죄 사함은 하나님과의 수직적 사귐을 지속시키는 열쇠이다. 오직 새 영역에서 사귐에 충실하고자 하는 신실하고 일관성 있는 자들에게 주시는 은혜이다.

10절 (신자와 죄의 관계 3: 범죄하지 않았다고 할 때) 죄와 관련한 부정적 고백 내용을 담은 조건문이 한 번 더 언급된다. 만일 '우리'가 죄를 짓지 않았다고 말하는 경우이다. 요한일서 1:8-9에서는 죄에 대한 명사형을 사용했지만, 여기서는 동사형을 사용한다. 내용의 차이는 없다. 구원의 새 영역에 있음을 전제하면서도 옛 영역의 영향력을 무시하거나 혹은 일관성 있고 온전하신 하나님과의 사귐에 집중하지 않은 것을 의미한다. 그런 자들은 하나님을 거짓을 행하는 분으로 만드는 결과를 낳는다. 목욕과 발 씻음의 구분을 통해 새 영역에 와 있는 신자일지라도 옛 영역의 영향력에 대해 계속 자신을 깨끗하게 해야 한다는 '이미'와 '아직'에 대한 가르침을 무시한 것이기 때문이다. 또한 새 영역에 있어도 하나님의 도움 없이 스스로 옛 영역의 영향에서 자유할 수 있다는 착각이기도 하다. 더 나아가 이런 고백은 1:5에서 전한 하나님이 빛이라는 말, 곧 새 영역에서의 일관성과 온전성의 모본과 부합하지도 않는다. 그렇기에 이런 고백은 그분의 말씀이 '우리' 안에 없다는 것을 드러내는 것이다. 새 영역에 있는 자들에게 합당치 않다.

2장 1절 (신자와 죄의 관계 4: 예수, 우리의 대언자) 2:1은 새 영역 안에서 신자의 삶과 죄와의 관련성을 언급한 목적과 그에 대한 추가 설명이다.

독자의 주의를 환기시키는 호격을 사용함으로 시작한다. 약간의 불연속을 보여준다. 요한일서에서 처음 나온 것으로서, 서신 전체에서 총 열네 번의 호격이 사용된다. 한편, 그 내용 또한 이전의 표현과는 다르다. '나의'라는 일인칭 단수 지시어도 처음 사용된 것이고, "자녀들"(τεκνία)이란 표현 역시 처음이다. 이 표현들은 '나와 너' 관계를 통해 독자와의 거리를 좁히려는 의도와 함께 사람과 연장자의 관계를 통해 친근함과 권위를 전달하려는 의도가 담겨져 있는 것으로 보인다(Balla, 211; Culy, 21).

이런 수사적 장치를 통해 독자 주의를 집중시킨 후, 새 영역 안에서의 일관성 있는 삶과 죄와의 관계를 기술한 이유를 분명히 한다. 그것은 바로 독자들로 하여금 죄를 짓지 않게 하려는 것이다. 신자의 삶과 죄의 관계는 신학적 요소를 가지고 있다. 빛이신 하나님과 두 영역 관점에서의 구원, 그리고 구원 이후 모습의 요소들을 전제하고 있기 때문이다. 하지만 저자의 궁극적 관심은 명제를 통한 원리 전달 자체가 아니라, 그것을 통해 독자의 삶의 모습이 잘 형성되기를 기대하는 것이다. 구원의 새 영역에서 하나님과 지속적인 사귐을 갖게 하려는 마음이다. 요한일서 1:4에서 언급한 저자의 목회적 관심과 사랑이 고스란히 담겨져 있다.

독자를 향한 관심을 드러내기 위해 새 영역에서의 죄 씻음 방법이 조건문 형식으로 한 번 더 언급된다. 전제 상황은 '만일 누구든지 죄를 짓더라도'이다. 신자가 새 영역에서 죄를 지을 수 있는 상황을 전제한다. 요한일서 1:8-10에서 언급한 것과 동일하다. 부정적 상황을 전제하지만 결과는 긍정적이다. 신자가 죄를 범하지만 그것이 하나님과 사귐의 교제를 끊지 못한다. 신자에게는 그 죄를 깨끗케 하는 방법인 의로우신 예수 그리스도가 계시기 때문이다. 예수는 하나님 앞에 계신 '빠라끌레또스'이다. 이 단어는 신약이나 구약 칠십인역(LXX) 중 오직 요한복음(요 14:16, 26;

15:26; 16:7)과[2] 요한일서(2:1)에만 나온다. 기본 뜻은 어떤 사람을 돕기 위해 부름 받은 자인데, 다양한 형태의 도우미나 중재자, 대변인 역할을 하는 자를 의미한다(BDAG, 766). 한마디로 예수는 신자를 위하는 분이라는 것이다. 그 '빠라끌레또스'는 하나님 앞에 계시는 분이다. 이는 예수의 부활과 승천을 전제로 한 표현이다. 현재 예수가 하나님 앞에서 신자를 위해 중보하고 있다는 로마서 8:34와 히브리서 7:25의 내용을 연상케 한다(Harris, 71). 또한, 하나님 앞에 계시다는 것은 예수가 신자로 하여금 하나님과의 사귐의 교제를 회복할 수 있게 하는 확실한 통로임을 말해준다. 죄는 하나님과의 관계성을 바탕으로 그분을 향한 부정적 상태를 의미한다. 그러므로 심판자이기도 하고 사귐의 대상이기도 한 하나님 앞에서 중보하심은 죄 문제 해결의 확실성을 전해주는 것이다. 더 나아가 예수가 의로운 분이라는 표현 역시 중보의 확실성을 더해준다. 요한일서 1:7에서는 죄를 씻어주시는 것이 하나님의 신실하고 의로운 속성 때문이라고 말했는데, 예수 역시 그 속성을 공유하고 있다. 죄를 해결하시는 분이나 그 통로가 되는 중보자 모두 동일하게 의롭기 때문에 그분들과 사귐을 가지고 있는 신자들에게 죄 문제 해결이 가능한 것이다.

2절 (신자와 죄의 관계 5: 예수, 세상 죄를 위한 속죄제물) 신자가 죄 문제를 해결받아 하나님과의 관계를 계속 유지할 수 있는 것은 예수의 중보 사역 때문만은 아니다. 궁극적으로는 그분이 이 땅에서 수행했던 희생의 대속 사역 때문이다. 요한일서 2:2는 그 사역을 요약해서 전달한다. "그리고 그분은 우리들의 죄들을 위한 속죄제물이십니다. 하지만 우리들의 것만을 위해서는 아닙니다. 세상 모든 이의 것을 위해서이기도 합니다."

그분 자신은 '우리' 죄를 위한 속죄제물이다. 강조형 대명사 '아우또

2. '빠라끌레또스'가 요한복음에서는 성령을 의미하고 요한일서에서는 예수를 의미한다. 그 차이에 대한 설명은 서론에서 언급한 것을 참조하라.

스'(αὐτός, "그 자신")를 통해 예수의 중요성을 부각시킨다. 일인칭 복수 지시어를 통해 '우리들의 죄'라고 표현하는데, 저자와 독자의 경험을 일치시켜 예수의 속죄 사역 범위 안에 함께 들어 있음을 말하는 것이다. 속죄제물로 번역한 '힐라스모스'(ἱλασμός)는 신약 전체에서 이곳과 요한일서 4:10에만 나온다. 모두 죄를 해결하는 예수의 십자가 사역과 관련해 등장한다. 구약(LXX)에서는 레위기 25:9; 민수기 5:8; 시편 129:4; 아모스 8:14; 에스겔 44:27; 다니엘 9:9에 나타나는데 제사 의식을 통한 죄 문제 해결과 관련 있다. 동족어인 '힐라스떼리온'(ἱλαστήριον)은 구약(LXX)에 스물일곱 번(출 25:17, 18, 19, 20[x2], 21, 22; 31:7; 35:12; 38:5, 7[x2], 8; 레 16:2[x2], 13, 14[x2], 15[x2]; 민 7:89; 암 9:1; 겔 43:14[x3], 17, 20) 나오고 신약에 두 번(롬 3:25; 히 9:5) 나온다. 역시 제사 의식과 관련된 것으로 증거궤의 뚜껑(속죄소)을 의미한다. 하나님과 만나는 장소이기도 하며(출 25:22; 레 16:2) 이스라엘 백성의 죄를 사함 받는 통로이기도 하다(레 16장). 바울은 로마서 3:25에서 예수를 죄인들을 위한 '힐라스떼리온'으로 묘사함으로써 십자가의 희생적 죽음이 사람들의 죄를 해결하는 통로임을 분명히 한다. 이처럼 '힐라스떼리온'이나 '힐라스모스'의 어근인 '힐라스'(ἱλασ-)는 제사와 관련해 죄를 덮고 해결하는 개념을 담고 있다.

'힐라스모스'를 죄 용서와 관련된 속죄제물(expiation)로 번역해야 하는지 아니면 하나님의 진노를 누그러뜨리는 화목 제물(propitiation)로 번역해야 하는지 논쟁이 있다(참고, Brown, 1982: 217-22; Olsson, 300-3; Yarbrough, 77-81). 요한일서 2:2와 4:10은 그 구절 자체의 표현만을 본다면 죄 문제 해결과 관련 있다. 구약의 '힐라스' 어근이 가지고 있는 개념과도 부합한다. 구약에서 짐승을 통한 희생 제사로 죄를 용서 받는 과정이 있었다면, 십자가에서 흘린 예수의 피는 인간의 죄를 해결하는 유일한 통로이다. 이런 면에서 속죄 개념이 지배적인 듯하다. 하지만 이 단어를 통해 전달하는 문맥을 보면 또 다른 개념이 담겨있다. 2:2는 주변 문맥과 상관없이 예수의 역할을 설명하기 위해서만 존재하지 않는다. 1:5에서 시작한 구원의 새 영역에서 하나님과 수직적 사귐을 지속하는 것에 대한 부연 설명이다. 그러므로 예수로 인한 죄 사함은 단순히 죄를 용서하는 차원이 아니다. 그로 인해 얻어지는 하나님과의 관계성과도 연결되어 있다. 또한 성경에서 말하는 죄 역시 단순히 윤리적 잘못 등을 의미하는 것이 아니다. 근본적으로 창조주 하나님과의 관계 속에서 나타나는 인간의 거절이자 반역이다(참고, 롬 1:28). 그 죄를 해결한다는 것은 끊어진 하나님과의 관계를 다시 연결할 수 있다는 의미이기도 하다. 이런 면에서 예수를 통해 죄 문제를 해결받는다는 것은 어둠의 영역에 있던 자들이 예수를 통해 빛의 새 영역에서 하나님과 새로운 관계를 얻게 됨을 뜻한다. 4:10의 상황도 사랑을 중심으로 한 새 영역에서의 삶을 다루면서 하나님과 성도 간의 상호 거함을 논하고 있기에(4:12-13) 단순히 죄 용서 문제만으로 한정하기는 어렵다. 따라서 '힐라스모스'는 죄 용서 개념을 담고 있으면서 그로 인한 하나님과의 관계 회복, 곧 화목 개념과도 연결되어 있다고 이해하는 것이 좋다(Smalley, 1984: 40; Yarbrough, 78). 서론에서 언급한 것처럼 저자가 사용하고 있는 새 언약과 상호작용 그리고 두 영역 설명 틀의 관점에서 보면, '힐라스모스'는 하나님과 인간의 상호작용 과정에서 믿음을 통한 죄 사함을 얻는 통로이며, 어둠의 영역에서 빛의 영역으로 옮겨가게 해서 하나님과 새로운 관계(언약 관계)를 맺도록 이끄는 것으로 이해할 수 있다.

예수를 통한 속죄와 새로운 관계는 '우리'라고 불리는 독자와 저자의 범위를 넘어 세상 모든 사람들의 죄를 포함한다(참고, 요일 4:14; 요 4:42). 하지만 이 표현은 예수의 속죄 범위가 우주적이기에 모든 사람들이 궁극적으로 구원받을 것이라는 만인구원설의 근거로 사용될 수 없다.

요한복음서와 요한서신에서 세상은 부정적으로 하나님께 반역하는 어둠의 영역을 의미하거나(예, 요 7:7; 15:18-19; 17:14-16; 요일 2:15; 4:5a; 5:4-5, 19 등등) 중립적으로 그 안에 거하는 사람들을 의미한다(요 3:16; 12:46-47; 요일 4:5b, 14).[3] 요한일서 1:5에서 지금까지 제시된 설명에 의하면 빛과 어둠의 영역이 서로 합쳐지거나, 또는 어둠의 영역에 속한 자들이 죄 가운데 거함에도 불구하고 빛의 영역에서 하나님과 새로운 관계를 맺게 된다는 설명이 없다. 오히려 계속해서 부정적 조건문과 긍정적 조건문을 통해 설명한 내용은 죄와 빛의 새 영역은 서로 양립할 수 없으며, 오직 새 영역의 신자에게만 죄 사함으로 인한 수직적 사귐의 지속이 가능하다는 것이다. 그렇기에 만일구원설 개념은 요한일서와 거리가 멀다. 만일 저자가 만인구원설을 의식하고 있었다면 굳이 이 서신을 통해 거짓 교사들을 조심하라고 경고할 필요도 없었을 것이다. 본문의 표현은 예수로 인한 구원의 범위가 넓다는 것을 강조한 것으로 보아야 한다. 예수는 모든 사람이 죄 사함을 받을 수 있는 통로를 열었다. 하지만 실제로 그 길을 통과해 빛의 영역으로 옮겨가는 구원은 믿음을 통해서만 가능하다.

요한일서 2:1-2에서 예수는 '힐라스모스'로서 어둠의 영역에 있던 자의 죄 문제를 해결함으로 신자가 되게 하고 하나님과 새로운 관계의 장을 열어준 분이다. 또한 '빠라끌레또스'로서 현재 하나님 앞에서 신자를 위해 중보함으로써 하나님과의 관계를 지속할 수 있도록 도와주는 분이다. 예수를 통한 이런 관계 지속은 오직 새 영역에 있는 신자에게만 가능하다. 자신의 죄를 하나님 앞에서 인정하고 고백하는 자에게만 주어지는 은혜이다. 이런 은혜를 부연한 것은 신자의 방종을 부추기기 위한 것이 아니

3. 키너(C. S. Keener)는 요한복음에 나온 세상의 이런 특징에 대해 "세상은 빛의 구원이 어둠의 영역을 침범해가는 장(場)이요, 예수가 와서 구원할 잃어버린 자들"이라고 정의한다(Keener, 329).

다. 오히려 그 은혜를 힘입어 더욱 하나님과의 관계에 집중하고, 죄를 떠나 새 영역에 합당한 삶을 계속 살라고 권면하려는 의도이다.

3. 해설

요한일서 1:5-2:2는 서신 본론의 첫 시작이다. 1:5에서 하나님이 빛이라는 두 영역 설명 틀과 빛의 영역의 주인이자 온전함의 모본인 하나님을 소개함으로 시작한다. 이를 통해 신자들이 새 영역 안에서 하나님과의 수직적 사귐과 일관성 있고 온전한 삶을 살도록 권한다. 서신의 서론과 연결시키면, 독자들은 저자가 선포한 내용을 통해 구원의 새 영역으로 옮김받고 하나님과 예수와 사귀는 수직적 차원의 '꼬이노니아'와 저자와 사귀는 수평적 '꼬이노니아'를 가진 사람들이다. 그러므로 새 영역 안에서 저자의 가르침에 계속 머물고 그것에 합당한 삶을 살아가는 것이 옳다. 이를 위해 저자는 일련의 조건문들을 통해 하나님과의 교제를 막을 수 있는 죄 문제에 대해 새 영역에 속한 자로서의 정체성 고백과 삶을 일치시키라고 요구한다. 뿐만 아니라, 혹시 죄를 지으면 고백을 통해 예수로 인한 죄 사함의 은혜를 경험할 수 있음도 함께 제시한다. 마지막으로 2:1-2에서 예수의 과거 십자가 사역과 하나님 앞에서 중보자와 대변자로서의 현재 사역을 통해 신자의 죄 문제를 해결받고 하나님과 사귐의 교제를 지속할 수 있는 방법을 부연한다. 이 모든 것은 독자들로 하여금 어둠의 영역의 영향에 대해 자신을 지키고 새 영역에 속한 사람으로서의 정체성에 합당하게 살라고 권면하려는 것이다. 저자의 목회적 관심과 사랑의 표현이다.

제3장
요한일서 2:3-11
하나님과의 참된 교제와 신자의 통합적 삶 2: 계명에 대한 순종

요한일서 1:5에서 시작된 하나님과의 참된 교제와 새 영역 안에서 일관성 있고 온전한 삶에 대한 두 번째 권면 부분이다. 1:6-2:2이 죄와 관련해 다루었다면, 2:3-11은 계명과 관련해 논한다. 2:3-11은 크게 두 부분으로 나눌 수 있다. 첫째, 2:3-6이다. 계명을 중심으로 '알다'란 동사(γινώσκω, 2:3[x2], 4, 5)와 계명을 지키는 것(2:3, 4, 5)을 각각 네 번과 세 번 사용함으로 논의를 진행시킨다. 새 영역 안에서 하나님과의 교제와 계명 지킴의 관계성을 소개하는 것으로 시작한다(2:3). 이후, 하나님과의 교제가 있다고 고백하는 사람이 계명을 지키지 않는 부정적 경우(2:4)와 그와 반대되는 긍정적 경우(2:5)를 대조하여 설명하고, 새 영역에 거하는 자가 마땅히 보여야 할 일관된 삶을 주문함으로써 마무리한다(2:6). 둘째, 2:7-11이다. 독자를 부르는 호격(ἀγαπητοί, "사랑하는 여러분")을 사용하여 2:6과 약간의 구별이 있음을 보여준다. 계명 자체를 설명한 것(2:7-8)과 미움과 사랑의 대조를 통해 새 영역 안에서의 일관성 문제를 다룬 것 역시 앞부분과 다르다. 그 대조는 새 영역 안에 있다고 고백함에도 불구하고 형제를 미워하는 부정적 경우(2:9)와 그 반대인 긍정적 경우(2:10), 그리고 부정적 경우를 다시 언급하는 방식으로 전개된다. 2:3-11의 구조는 아래와 같다.

구조와 내용		특징
2:3-6	2:3 (주제 제시): 그분의 계명을 지키는 것은 우리가 그분을 안다는 것이다.	'알다', '계명 지키다', '그분 안에 있다'
	2:4 (설명 1: 부정적 경우): 그분을 안다고 하면서 계명을 지키지 않는 자는 거짓말쟁이고 그 사람 안에 진리가 없다.	
	2:5 (설명 2: 긍정적 경우): 그분 말씀을 지키면 하나님의 사랑이 우리 안에서 온전해지고 우리가 그분 안에 있다는 것을 알게 된다.	
	2:6 (부연): 그분 안에 있다고 하는 자는 그분처럼 걸어야한다.	
2:7-11	2:7-8 (계명 설명): 우리가 전한 계명은 완전 새로운 것이 아니라 빛 가운데 있는 자를 위한 새 계명이다.	계명에 대한 부연 설명
	2:9 (계명과 삶 1: 부정적 경우): 빛 안에 있다고 말하면서 형제를 미워하면 어둠에 있는 것이다.	두 영역과 형제 사랑
	2:10 (계명과 삶 2: 긍정적 경우): 형제를 사랑하는 자는 빛 안에 있고 걸려 넘어지게 하는 것이 없다.	
	2:11 (계명과 삶 3: 부정적 경우): 형제를 미워하는 사람은 어둠에 있고 어둠이 눈을 가려 갈 길을 알지 못한다.	

1. 번역

3 그리고 이것으로 우리는 우리가 그분을 알고 있다는 것을 압니다. 만일
우리가 그분의 계명들을 지킨다면 말입니다. **4** "내가 그분을 안다"라고 말
하면서 그분의 계명들을 지키지 않는 사람은 거짓말쟁이입니다. 또한 그
사람 안에 진리가 없습니다. **5** 그러나 누구든지 그분의 말씀을 지키면 참으
로 그 사람 안에 하나님의 사랑이 완전하게 됩니다. 이것으로 우리는 우리
가 그분 안에 있다는 것을 압니다. **6** 그분 안에 거한다고 말하는 사람은 그
분이 걸으신 것처럼 그 사람 또한 똑같이 걸어야만 합니다.

7 사랑하는 여러분, 새로운 계명을 내가 여러분에게 쓰고 있는 것이 아
닙니다. 여러분이 처음부터 가지고 있었던 옛 계명입니다. 그 옛 계명은 여
러분이 들었던 말씀입니다. **8** 하지만 새로운 계명을 내가 여러분에게 쓰고
있습니다. 이것은 그분과 여러분 안에 참된 것입니다. 왜냐하면 어둠이 지
나가고 참 빛이 이미 비추었기 때문입니다. **9** 빛 안에 있다고 말하면서 그
의 형제를 미워하는 사람은 아직까지 어둠 안에 있는 것입니다. **10** 그의 형
제를 사랑하는 사람은 빛 안에 거합니다. 그리고 걸려 넘어지게 하는 것이
그 안에 없습니다. **11** 그러나 그의 형제를 미워하는 사람은 어둠 안에 있습
니다. 그리고 어둠 안에 걷고 있고 어디로 가는지 알지 못합니다. 왜냐하면
어둠이 그의 눈들을 멀게 했기 때문입니다.

2. 주해

3절 (하나님을 아는 것과 계명 지킴의 관계성) 요한일서 1:5에서 시작된 하나님과의 참된 교제와 새 영역 안에서 일관성 있고 온전한 삶에 대한 두 번째 권면의 시작이다. 하나님을 아는 것과 계명의 관계성으로 문을 연다. 만일 우리가 그분의 계명을 지키면, 이것으로 우리가 그분을 알고 있다는 것을 안다고 한다. 이 표현은 지시대명사 '뚜또'(τούτῳ, "이것")를 담고 있는 전치사구를 통해 시작한다. 지시대명사의 주된 기능은 앞부분에서 언급된 것을 뒷부분과 연결해주는 전방일치(anaphoric relation) 기능이다. 하지만 그 순서를 바꾸어서 뒷부분 내용을 미리 받고 그 내용을 나중에 소개하는 후방일치(cataphoric relation) 방법은 약간의 강조 기능이

있다. 보편적 방법 대신 흔치 않은 방법을 사용하기 때문이다.[1] 따라서 지시대명사를 먼저 쓰고 우리가 그분을 안다는 내용을 나중에 쓴 것은 약한 강조를 통해 독자의 주의를 환기시키는 방식으로 서술한 것이다.

하나님을 아는 것과 계명의 관계성을 이해하기 위해서는 각 요소가 의미하는 것을 살펴보아야 한다. 먼저 볼 것은 그분을 안다는 것의 의미이다. '알다'(γινώσκω)라는 단어는 서신 전체에서 처음 사용된 것이다. 기본적으로 인지적 정보 습득과 관련된 것이지만, 요한일서에서는 다른 뜻을 내포하고 있다. 문맥을 보면, 요한일서 2:5는 그분을 안다는 개념을 그분 안에 있는 것으로 표현한다. 2:6은 이것을 그분 안에 거하는(μένω) 것으로 묘사한다. 따라서 2:3에서 그분을 안다는 것은 두 영역 관점에서 새 영역으로 옮겨온 자들이 그 영역 안에서 하나님과 교제하는 것 또는 사귐 갖는 것을 의미한다. 1:6에서 언급한 하나님과의 '꼬이노니아'와 같은 개념이다. 배경 고찰 범위를 더 넓힌다면 2:3 표현은 하나님과 그의 아들 예수를 아는 것을 영생으로 묘사한 요한복음 17:3과 일맥상통한다. 요한복음에서 영생이란 새 영역으로 옮겨져 얻게 되는 결과인데(요 5:24), 그 모습을 하나님과 예수와의 교제로 말한다. 그렇기에 요한에게 있어 그분을 안다는 것은 새 영역에서 영원한 생명을 누리고 있는 것과 같은 말이다. 더 나아가, 이 표현은 구약에서 언급한 새 언약과도 관련 있다(Jobes, 81; Olsson, 117-8). 예레미야 31장에 의하면 장차 하나님께서 이스라엘과 유다 집에 새 언약을 맺을 것인데, 그 결과 모든 자들이 하나님을 알게 될 것

1. 언어학적으로 흔하고 보편적인 것을 사용하는 것을 평범한(unmarked) 형태라 부르고, 보편적이지 않은 것을 사용하는 것을 강조(marked) 형태라 부른다. 마치 녹색 칠판에 흰색 분필로 글씨 쓸 때, 보편적 형태인 녹색은 평범한 형태이고 보편적이지 않은 흰색은 강조 형태로 보는 것과 같다. 언어학 관점에서 고찰한 헬라어 강조 형태에 대해서는 Lee, 61-84; Porter, 2003: 1-30을 보라.

이라고 한다(렘 31:31, 34). 언약은 하나님과 이스라엘 백성들과의 관계에 대한 계약이다. 새 언약에서 모든 사람이 하나님을 알게 된다는 것은 시내산에서 짐승의 피를 통해 맺은 옛 언약의 모습(출 24:1-11)과 다른 형태의 관계 맺음을 의미한다. 이 새 언약은 예수의 십자가 사역으로 성취되었다(눅 22:20; 참고, 고전 11:25). 예수의 피로 인해 하나님의 구원 영역으로 옮겨진 자들은 약속된 새 언약, 즉 새로운 관계를 맺은 자들임을 의미한다. 그렇기에 신자가 하나님을 안다는 것은 새 영역에서 수직적 교제와 사귐이 있다는 말이다.

그렇다면 그 앎의 대상은 누구인가? 대명사의 기본 기능은 이전에 언급된 것을 대신 받아 표현해주는 것이다. 하지만 요한일서에서 사용된 단수 대명사 '아우또스'(αὐτός, "그분")는 누구를 지칭하는지 분명하지 않을 때가 있다. 때로 하나님을 지칭하기도 하고 예수나 혹은 둘 다 지칭하기도 한다(참고, Olsson, 304-6). 요한일서 2:3-5의 경우는 논란이 된다. 문맥을 고려하면 2:3의 '그분'은 하나님을 지칭하는 듯하다. 비록 1:3에서 사귐의 대상을 아버지 하나님과 아들 예수와 함께 하는 것으로 언급했지만, 2:3을 담고 있는 문맥은 1:5에서 시작한 새 영역의 주인인 하나님과의 관계성을 핵심 전제로 하고 있다. 1:6 역시 그 하나님과의 사귐이 중요한 주제임을 분명히 한다. 비록 계명을 중심으로 2:3-11이 두 번째 문단으로 구분되지만, 1:5-2:11 전체를 한 부분으로 볼 수 있음을 고려한다면, 사귐의 대상은 일차적으로 하나님을 의미한다고 볼 수 있다(Bass, 127; Brown, 1982: 251-2; Harris, 75; Kruse, 78).

사귐의 대상이 하나님이라면, 동일한 대명사를 사용한 '그분의 계명'은 하나님의 계명으로 이해할 수 있다. 같은 대명사와 계명을 언급한 요한일서 3:22-23에서 아들과 구분되는 하나님의 계명이라고 언급한 것에서 유추할 수 있다. 그렇다면, 이 계명은 무엇을 의미하는가? 어떤 학자들은 하나님의 법, 특별히 십계명과 관련지어 생각한다(Brown, 1982: 280-1; Strecker, 1996: 40). 야브루(R. W. Yarbrough)는 일반 상황에서도 적용되는 명령의 의미를 가진 것으로 여기고, 구체적으로 예수의 사랑의 계명과 가르침으로 이해할 것을 주장한다(Yarbrough, 71, 82-3). 2:5에 나오는 '그분의 말씀'을 예수의 가르침으로 보았기 때문이다. 그러나 요한일서 전체 내용은 다른 이해를 제시한다. 2:3 계명은 요한일서에서 처음 언급된 것으로 서신 전체에 걸쳐 열네 번 언급된다(2:3, 4, 7[x3], 8; 3:22, 23[x2], 24; 4:21; 5:2, 3[x2]; 참고, 요이 4, 5, 6[x2]). 이 중 요한일서 3:22-24를 제외하고 모두 '그의 계명'이라고 표현되어 있기에 예수나 하나님의 계명으로 볼 여지를 준다. 하지만 3:22-24는 계명의 주체와 내용을 분명히 서술한다. 계명의 내용 중 하나가 '그분의 아들' 예수 그리스도를 믿는 것이라고 말하고 있기 때문에 그 계명은 분명히 하나님의 계명이고(3:23) 진리와 관계된 것이다. 계명의 또 다른 내용은 '그분'이 주신 계명대로 서로 사랑하는 것이다(3:11; 참고, 2:7[x3], 8; 4:21). 서로 사랑하라는 계명은 일차적으로 마지막 만찬 때 예수가 제자들에게 전한 요한복음 13:34를 반영하기 때문에 예수의 계명으로 볼 수 있다. 하지만 요한복음에서 예수는 하나님 아버지를 계시하는 분이기에(참고, 요 1:14, 18; 5:19; 14:9) 예수의 계명은 근본적으로 하나님의 계명이다. 예수의 사랑의 계명은 하나님의 계명이고 하나님이 예수를 통해 주신 계명이다.[2] 따라서 2:3의 '그분의 계명'은 하나님의 계명이고 그 내용은 예수를 믿는 진리 차원과 하나님이 예수를 통해 주신 서로 사랑하라는 차원으로 구성된 것으로 보아야 한다(Jobes, 83; Kruse, 79; Olsson, 114-6).

---

2. 요이 4도 계명을 '아버지께로부터 받은 계명'이라고 묘사한다. 계명의 두 내용 중 특별히 진리와 관계된 영역을 강조하지만 그 계명이 하나님의 계명이라는 것과 그 내용이 예수를 믿는 진리와 관련되어 있다는 점에서 요일 3:22-24와 연결된다.

이런 이해를 토대로 보면 요한일서 2:3은 신자인 '우리'가 예수를 믿으라는 계명과 서로 사랑하라는 계명을 지키면 새 영역에서 하나님과의 수직적 사귐이 있음을 드러내준다고 말하는 것이다. 이에 대한 부연 설명은 2:4-5에서 제시된다. 하지만 그 전에 저자 표현이 담고 있는 두 가지 의도를 더 짚고 가야 한다.

하나는 조건문의 주절과 종속절(조건절)의 문법 표현을 통한 강조이다. 헬라어 조건문은 조건절 + 주절의 순서로 되어 있고, 주절 내용이 초점이다. 조건절은 주절을 부각시키기 위해 사용되기 때문이다. 정상 순서를 뒤집은 주절 + 조건절 형식은 강조 표현이다. 초점은 뒤에 나온 조건절 내용에 있다(Porter, 2003: 26).[3] 요한일서 2:3 헬라어 표현은 '우리가 그분을 알고 있다는 것을 안다'는 주절이 먼저 나오고 '그분의 계명에 순종한다'는 조건절이 뒤에 나온다. 이 경우 그분의 계명에 순종한다는 것이 강조된다. 2:3부터 계명 지킴과 관련해 서술하고자 하는 의도와 잘 부합된다.

또 다른 것은 주절과 조건절 사이 논리 순서에 담긴 의도이다. 저자는 계명 지키는 것을 하나님을 알게 되는 것의 전제 조건, 즉 새 영역으로 옮겨가는 방법이나 하나님과 사귐의 전제 조건으로 말하지 않는다(Strecker, 1996: 40; Yarbrough, 82). 예수를 믿는 진리에 대한 계명은 옛 영역에서 새 영역으로 옮겨가게 하는 구원의 핵심이다. 하지만 저자의 현재 관심은 사람이 어떻게 구원받는가에 있지 않다. 요한일서 1:5에서부터 계속 논의된 전제는 이미 새 영역 안에 있는 신자가 어떤 삶의 모습을 가져야 할 것인가이다. 이를 위해 1:5-2:2는 죄와의 관련성을 언급했고, 2:3부터는 계명과의 관련성을 언급한다. 따라서 계명의 내용인 예수를 믿는 진리 차원이

3. Porter는 이것을 이차화(secondarization)라고 부른다.

나 서로 사랑하라는 사랑의 차원도 새 영역에 속해 있는 신자가 하나님과의 사귐을 지속하는 방법이며 그 사귐 안에 있다는 것을 드러내는 것이다. 쉽게 말해 계명을 지키는 것은 구원의 영역에 들어 온 자들의 합당한 반응이라는 것이다.

4절 (하나님을 안다고 하면서 계명을 지키지 않을 때) 하나님과의 사귐과 계명과의 관계 설명이 부정적 경우와 긍정적 경우의 대조로 제시된다. 신자가 계명을 지키지 않는 부정적 경우부터 시작한다. 요한일서 1:6-10이 조건문과 동사를 중심으로 고백과 삶의 일치 혹은 불일치 상태에 초점을 맞추었다면, 2:4는 분사를 통해 고백하면서도 계명을 지키지 않는 사람에 초점 맞춘다. 1:6에서는 그 불일치를 우리가 거짓말하는 하는 것으로 묘사하지만, 2:4에서는 거짓말쟁이로 표현한 것에서도 확인할 수 있다. 이런 현상은 2:11까지 계속 진행된다.

어떤 사람이 하나님을 안다고 말하지만, 그분 계명을 지키지 않는다면 거짓말쟁이다. 하나님을 안다고 말하는 사람은 구원의 새 영역에 있다고 말하는 자이며 하나님과의 사귐을 말하는 자이다. 하지만 예수를 믿으라는 진리 계명과 서로 사랑하라는 사랑 계명을 지키지 않는 것은 스스로 하나님과의 사귐이 없음을 드러내는 것이다. 하나님의 계명을 지키지 않고 있기 때문이다. 진리가 없음을 스스로 드러낸 것이며, 고백과 달리 구원의 영역에 있지 않은 사람일 것이다.

5절 (하나님의 말씀을 지킬 때) 하나님과의 사귐과 계명의 관계에 대한 긍정적 경우이다. 요한일서 2:4와 달리 그분의 말씀을 지키는 사람에 대한 것이다. 어떤 학자들은 2:5의 '그분의 말씀'을 2:3-4의 '그분의 계명'과 구분해서 이해한다. 특별히 요한복음과의 연결을 통해 '그분의 말씀'을 예수의 가르침으로 여긴다(Jobes, 85; Marshall, 124; Yarbrough, 86-7). 하지만 현 문맥에서는 2:3-4의 계명을 지칭하는 것으로 보아야 하고, 그 주체도 예수가 아닌 하나님으로 이해하는 것이 더 타당하다(Brown, 1982: 254; Harris, 78; Kruse, 79; Olsson, 120). 2:4와 5의 대조 관계가 증거이다. 2:4는 하나님과의 교제와 계명의 관계에 대한 부정적 예이고, 2:5는 그 반대 상황이다. 따라서 '그분의 계명'과 '그분의 말씀'은 동일 개념의 다른 표현으로 보아야 한다. 또 다른 증거는 진리를 둘러싼 계명과 말씀의 연관성이다. 1:8은 죄에 대한 부정적 상황의 결과를 진리가 우리 속에 없는 것으로 묘사한다. 그런데 1:10에서는 동일한 상황과 결과를 하나님의 말씀이 우리 속에 있지 않다고 말한다. 진리와 하나님의 말씀이 연관성 있다는 것이다. 한편, 2:4에서는 계명을 지키지 않는 자는 그 속에 진리가 없다고 말함으로써 진리와 계명의 연결을 말한다. 이런 연결성을 고려하면, 현 문맥에서 진리는 계명과 하나님의 말씀과 연결되어 있음을 알 수 있다. 그러므로 2:5에 언급된 '그분의 말씀'은 2:3-4에 나타난 하나님의 계명을 의미한다고 보아야 한다. 실제 요한복음에서도 예수의 계명과 말씀은 서로 같은 것을 지칭하는 것으로 사용되기도 한다(예, 요 14:24, "나의 말씀들"; 요 14:15, "나의 계명들"). 또한 요한복음에서 예수의 말씀은 곧 하나님의 말씀이기 때문에, 요한복음을 통해 예수의 말씀/계명을 하나님의 말씀/계명으로 이해하는 것은 틀린 것이 아니다(Olsson, 119; von Wahlde, 59).

하나님의 말씀/계명을 지키는 사람은 그 사람 안에서 하나님의 사랑이 온전하게 되는 결과를 경험한다. 계명을 지키는 것이 왜 하나님의 사랑을 온전하게 하는 것일까? 이것을 이해하기 위해 우선 하나님의 사랑이라는 표현을 살펴봐야 한다. 사랑이란 단어는 요한일서에서 처음으로 언급된 것이다. 서신 전체를 통해 명사형으로 열네 번, 동사형으로 열일곱 번 나온다. 헬라어 표현 '헤 아가뻬 뚜 테우'(ἡ ἀγάπη τοῦ θεοῦ)는 사랑이라는 명사(ἡ ἀγάπη)와 속격 형태의 하나님(τοῦ θεοῦ)이 결합된 형태이다.

이 표현은 요한일서에 총 여섯 번 나온다(2:5, 15; 3:17; 4:7, 9; 5:3). 속격의 기능을 어떻게 볼 지에 따라 두 가지 해석이 가능하다. (1) 하나님을 주어로 이해해서 하나님의 사랑으로 보는 것이다(Bultmann, 1973: 25; Harris, 79; Lieu, 2008: 71; Olsson, 109; Westcott, 49; Yarbrough, 86). (2) 하나님을 목적어로 이해해서 사랑의 대상으로 보는 것이다(Bass, 129; Culy, 28; Dodd, 31; Jobes, 86; Kruse, 80; Marshall, 125; Smalley, 1984: 49; von Wahlde, 60).[4] 두 번째 견해를 지지하는 학자들이 제시하는 증거는 5:3이다.[5] 여기서 사랑은 하나님을 향한 인간의 사랑이다. 5:2에서 하나님을 목적격으로 우리가 하나님을 사랑한다고 언급했기 때문이다. 첫 번째 견해의 주된 증거는 4:12이다. 이 구절은 다른 부분과 달리 2:5에 나타난 '헤 아가삐 뚜 테우'와 사랑이 "온전하게 되다"(τετελείωται)는 동사의 완료 수동 분사 형태(τετελειωμένη)가 함께 나타난다. 요한일서 전체에서 하나님과 사랑, 그리고 온전하게 된다는 동사가 함께 사용된 것은 2:5와 4:12밖에 없다. 뿐만 아니라, 이 두 부분 모두 하나님 안에 거하는 개념을 가지고 있다. 4:12에서는 하나님이 우리 안에 거하신다는 표현이 있다. 4:13에서 하나님이 우리 안에 거하시고 우리가 하나님 안에 거하는 상호 거함으로 연결된다. 이 개념은 2:5에서 우리가 그분 안에 있다는 것을 안다는 표현과 동일한 개념이다. 본 주석은 하나님의 사랑으로 해석한 첫 번째 견해가 더 설득력 있다고 여긴다. 더 많은 연결성을 갖고 있기 때문이다.

만일 하나님 사랑의 주어적 해석이 타당하다면, 요한일서 2:5의 내용은 4:12와의 연결을 통해 이해할 수 있다. 4:12는 신자가 서로 사랑할 것을

---

4. 왈리스(D. B. Wallace)는 첫 번째와 두 번째를 다 포함한 것으로 볼 것을 주장하기도 한다(Wallace, 119-20; 참고, Strecker, 1996: 42).

5. "왜냐하면 이것이 '헤 아가삐 뚜 테우'이기 때문입니다. 곧 우리가 그분의 계명들을 지키는 것입니다."

주문하는 문맥 안에 있다. 신자의 사랑은 먼저 시작하신 하나님의 사랑에서 파생된 것이다. 4:9-10은 독생자 예수를 통한 하나님 사랑의 시작을 설명한 후, 그것에 근거해 서로 사랑하라고 말한다(4:11). 신자를 향한 그 사랑은 하나님이 우리 안에 거하시는 것과 그분의 사랑이 온전하게 되는 결과를 낳는다고 말한다(4:12). 그렇다면 2:5의 경우도 동일한 이해가 가능하다. 신자가 하나님의 계명을 지키는 것은 하나님이 먼저 시작하신 사랑에 대한 반응이다. 하나님의 계명 중 하나가 서로 사랑하라는 것이기 때문에, 그 계명을 지키면 하나님의 사랑이 신자 안에서 참으로 온전해진다는 의미이다. 온전함이란 표현은 기존 하나님의 사랑이 불완전했다는 말이 아니다. 새 영역 안에서 하나님과의 사랑의 교제가 더 깊고 풍성해지며 온전해진다는 의미이다. 2:5b에 나오는 '이것으로 우리는 우리가 그분 안에 있다는 것을 압니다'라는 표현이 그 증거이다. 2:3에서 언급한 하나님을 안다는 교제와 사귐의 개념을 다른 방식으로 진술한 것이다. 또한 1:3에서 말한 '꼬이노니아'와 같은 개념이다. 그렇기에 신자가 계명을 지키면 하나님 사랑이 온전해진다는 것은 신자가 새 영역에서 그분이 기대하는 삶의 방법으로 살아감으로써 그분과의 사랑의 관계가 더 온전하고 충만하게 된다는 것으로 이해할 수 있다.

6절 (하나님 안에 있는 자는 그분처럼 행하라) 요한일서 2:4-5에서 제시한 새 영역에서 하나님의 계명을 지키는 것과 사귐과의 관계성에 대한 추가 설명이다. "그분 안에 거한다고 말하는 사람"이라는 전제로 시작한다. 거한다(μένω)는 단어는 성경 전체를 통틀어 요한복음(x40)과 요한일서(x24)에 가장 많이 나타난다. 기본 개념은 어떤 공간에 머무르거나 남아 있는 것이지만, 요한복음에서는 하나님과 사탄을 중심으로 하는 두 영역 설명 틀 속에서 어느 한 쪽에 속해 있거나(예, 요 12:46) 또는 각 영역에서 맺고 있는 관계를 나타낼 때 사용되기도 한다(예, 예수와의 관계: 요

6:56; 15:1-10). 요한일서도 마찬가지이다. 스물네 번의 경우 중에서 각 영역에 대한 소속 개념으로 세 번(요일 2:10, "빛 안에 거함"; 3:14, "죽음 안에 거함"; 4:16, "사랑 안에 거함") 사용되고 하나님과의 관계 개념으로 열두 번 나타난다(요일 2:19, 24, 27, 28; 3:6, 24[x2]; 4:12, 13, 15, 16[x2]).[6] '그분 안에 거한다'는 요한일서 2:6의 표현 역시 새 영역 안에서 맺은 하나님과의 관계를 나타낸다. 2:5에서 우리가 그분 안에 있다는 표현과 연결된 것으로 이해할 수 있다.

하나님과 이런 관계를 가지고 있다고 말하는 사람은 그에 합당한 삶을 살아야 한다. 의무를 나타내는 '오페일레이'(ὀφείλει, "~을 해야 한다") 란 동사를 사용하여 처음으로 독자를 향한 명령의 의미를 담아 권면한다. 저자의 권면에는 두 가지 요소가 담겨 있다. 첫 번째는 고백과 행함의 일치이다. 독자들이 보여야 하는 삶의 일관성이다. 하나님 안에 거하는 사귐의 고백을 하는 자는 그 삶의 모습이 자신의 고백에 합당해야 한다. 두 번째는 일관성 있는 삶의 모본을 따르는 것이다. '~처럼 ~해야 한다'는 상관접속사를 통해 하나님과 관계가 있다고 고백하는 사람은 그분(ἐκεῖνος)이 걸은 것(περιπατέω)처럼 동일하게 걸어야 한다. 그렇다면 그 모본은 누구인가? 일차적으로는 예수이다(Yarbrough, 87-90; von Wahlde, 67). 해리스(W. H. Harris)가 지적한 대로 요한일서의 다른 부분(3:3, 5, 7, 16; 4:17)에서 '에께이노스'는 일관되게 예수를 지칭하는데, 특별히 신자 삶의 모본과 관련해 등장하기 때문이다(Harris, 80; Olsson, 110). 예를 들어, 예수는 요한일서 3:3에서 신자의 의롭고 정결한 삶의 모본으로 제시되며, 3:16에서는 형제 사랑의 모본으로 소개된다. 그러나 신자 삶의 궁극적인 모본은

---

6. 나머지 여덟 번은 단순히 '~이 ~에 있다' 뜻으로 사용된다(예, 요일 2:4, 17, 24[x2], 27; 3:9, 15, 17).

하나님이다. 2:6을 담고 있는 문맥의 시작인 1:5가 하나님을 빛으로 소개하여 새 영역에서의 일관성과 온전함의 모본으로 제시한 점에서 유추할 수 있다. 실제로 예수는 하나님을 가시적으로 드러내는 계시자이기에 그분의 삶의 걸음은 아버지의 행함과 온전함을 드러내는 것이다(참고, 요 14:10). 그렇기에 예수를 모본으로 하여 고백과 삶의 일관성을 추구하라는 것은 하나님의 일관성과 온전함을 추구하라는 말과 같다(참고, 요 15:10).

결론적으로 요한일서 2:3-6이 설명하는 것은 하나님과의 사귐은 그분의 계명을 지키는 것과 분리될 수 없다는 점이다. 예수에 대한 진리와 형제 사랑의 계명을 지키는 것은 그분과 사귐이 있다는 고백이 사실임을 드러내준다. 그러므로 사귐의 고백은 있지만 계명 지킴이 없는 것은 가짜이다. 새 영역에 속해 있고 그분과 수직적 사귐이 있는 신자는 반드시 계명을 통한 삶의 일관성과 온전성을 추구해야 한다. 그 실제 모본은 궁극의 모본이신 하나님을 드러낸 예수이다.

7절 (새 계명에 대한 설명: 독자들이 이미 알고 있는 옛 계명이다) 요한일서 2:3에서 시작된 계명과 하나님과의 관계를 설명하는 두 번째 부분이다. 2:7-8은 계명에 대한 추가 설명이다. 저자는 독자를 부르는 호격(ἀγαπητοί, "사랑하는 여러분")으로 주의를 집중시킨다. 요한일서에 처음 사용된 단어이다. 호격은 독자를 향한 저자의 위치와 관계나 관심을 드러내는 역할을 한다. 2:1의 '나의 자녀들이여'가 연장자로서 친근함과 권위를 전달한다면, 2:7 표현은 독자를 향한 목회적 태도와 애정어린 마음을 보여준다(참고, 3:2, 21; 4:1, 7, 11; 요삼 2, 5, 11; Kruse, 82).[7]

앞부분에서 언급한 계명은 새로운 어떤 것이 아니라 독자들이 이미

7. 여러 주석가들(예, Jobes, 94; Marshall, 128; Westcott, 52)은 이 호격 표현이 사랑을 다루는 문맥이기 때문에 사용되었다고 여긴다. 하지만 요일 2:7과 4:11만 사랑

처음부터 가지고 있었던 오래된 것이다. 처음부터(ἀπ' ἀρχῆς)란 창조 이전 시기가 아니다. 독자들이 복음을 듣고 그리스도인이 된 시점이다. 바로 뒤에 추가된 '그 옛 계명은 여러분이 들었던 말씀입니다'라는 표현을 통해 확인할 수 있다. 독자들이 들었다는 표현은 요한일서 1:1-3, 5에서 언급한 복음을 전하고 듣는 과정을 전제로 한다(참고, 2:24; 3:11). 그렇기에 2:3-6에 언급된 계명은 완전 새로운 것이 아니다. 복음 전파 과정에서 독자들에게 이미 들려주었던 것이기 때문이다. 서신의 독자들은 복음을 들을 때 예수에 대한 것과 그분을 믿는 진리에 대해 들었을 것이다. 서로 사랑하는 것이 계명의 또 다른 요소인 것을 감안한다면, 예수의 가르침을 따르는 것, 특별히 요한복음 13:34에서 예수가 가르친 형제 사랑의 계명도 복음을 들었을 때 함께 받았을 것이다(Kruse, 82). 그 계명을 이미 들어서 알고 있는 것임을 상기시켜 독자들로 하여금 계명 지킴을 통해 새 영역에서의 수직적 사귐을 지속하기를 권면하는 것이다.

8절 (새 계명을 다시 말하는 이유) 계명과 새 영역과의 관계성을 말한다. 독자들에게 새로운 계명을 쓰고 있다고 말하면서 그분과 독자들 안에서 참된 것이라고 첨언한다. 그분이란 예수를 지칭하는 것이고, 참된 것이란 참되게 실현된 것으로 이해할 수 있다. 요한일서 2:8c에 언급한 참 빛과 관련 있기 때문이다. 하지만 저자의 진술은 두 가지 해석의 어려움을 가지고 있다.

첫 번째 어려움은 관계절("이것은 그분과 여러분 안에 참된 것입니다")의 중성관계대명사 '호'(ὅ, "이것")를 어떻게 이해할 것인가이다. 문법적으로 바로 앞에 나온 계명을 지칭하는 것이 아니다. 계명은 여성명사이기 때문이다. 두 가지 가능한 해석이 제기되었다. 한 가지는 뒤에 나오는

의 문맥에서 사용되었고 나머지는 그와 관계없이 사용되었기에 별로 설득력 없다 (Culy, 31-2; Lieu, 2008: 76).

어둠이 지나가고 참 빛이 왔다는 2:8c의 내용을 가리키는 것으로 보는 것이다(Yarbrough, 101).[8] 이 경우 아래처럼 이해된다.

2:8a: 하지만 나는 여러분에게 새로운 계명을 쓴다.

2:8b: 이것(어둠이 지나가고 참 빛이 온 것)은 그분과 너희에게 참되게 실현되었다.

2:8c: 왜냐하면 어둠이 지나가고 참 빛이 이미 비추었기 때문이다.

이 견해의 약점은 요한일서 2:8a과 8b 사이에 보이는 불연속 관계를 설명하기 어렵다는 것이다. 2:8a은 계명의 새로움에 대한 것이고 2:8b은 어둠이 지나고 참 빛이 왔다는 것이다. 그 둘은 단순한 연장이나 반전이 아니기 때문에 접속사 생략 형태(asyndeton)의 연결로 이해하기에는 어색함이 있다. 접속사 없이 연결하는 형태는 주로 앞부분과 뒷부분을 긴밀하게 연결하거나 혹은 강한 불연속을 나타내는 기능이기 때문이다(Levinsohn, 118). 오히려 그 둘은 '왜냐하면'이라는 인과 접속사를 추가해야 관계가 잘 전달된다. 하지만 본문은 두 내용 사이에 접속사가 없다. 보다 나은 해석은 관계대명사가 새로운 계명을 쓰고 있다는 앞 문장 전체를 받는 것으로 이해하는 것이다(Brooke, 36; Culy, 31; Jobes, 96; Kruse, 83; Persson, 19; Schnackenburg, 105). 이 경우 본문은 아래처럼 이해될 수 있다.

2:8a: 하지만 나는 여러분에게 새로운 계명을 씁니다.

2:8b: 이것(독자에게 쓴 계명의 새로움)은 그분과 여러분에게 참되게 실현되었습니다.

---

8. 폰 왈드(U. C. von Walde)는 요일 2:8c에 나오는 접속사 ὅτι를 명사절을 이끄는 것으로 보고 '이것'의 내용으로 이해한다(von Walde, 62).

2:8c: 왜냐하면 어둠이 지나가고 참 빛이 이미 왔기 때문입니다.

요한일서 2:8c가 a의 이유를 설명하고, 관계대명사 '이것'을 품은 2:8b은 접속사 생략 형태로 2:8a 내용을 부연하기 위해 첨가된 것으로 이해할 수 있다. 이런 구조에 따르면 저자는 새로운 계명이 예수와 독자들 안에서 참되게 실현된 것임을 첨가해서 계명의 새로움을 부각시키고 있다고 볼 수 있다(Perrson, 19).

요한일서 2:8 해석의 두 번째 어려움은 2:7과의 관계이다. 얼핏 보기에 2:8a 내용은 2:7에서 설명한 것과 모순처럼 보인다. 앞에서는 새로운 것이 아니라고 했다가 이제는 새로운 것이라고 말한 듯 보이기 때문이다. 하지만 2:7과 8이 다른 시간을 다루고 있음을 주목해야 한다. 2:7은 서신 쓰는 시점과 복음을 들은 시점의 차이에 집중해 새로운 것과 오래된 것을 구분한 것이다. 하지만 2:8은 구원 역사 속에 예수로 인해 새 영역으로 옮김받는 사건 이전과 이후에 초점 둔 것이다. 이는 어둠이 지나가고 참 빛이 이미 비추었다는 2:8c 내용에 의해 확인할 수 있다. 어둠과 빛은 두 영역을 상징하는 표현으로서 이미 1:5에서 사용한 것들이다. 하지만 요한일서 1:5는 하나님과 관련해 그분이 빛의 영역의 주인이자 모든 것이라는 의미였다면, 2:8의 참 빛은 예수 그리스도를 의미한다. 이는 요한복음 1:5의 내용을 반영한 것이다. 그러므로 어둠이 지나가고 참 빛이 비추었다는 것은 구원 역사에서 어둠으로 표현되는 옛 세대(영역)를 끝내고 빛의 새 세대(영역)로 옮겨갈 수 있는 길이 열렸다는 의미이다. 바울의 표현을 빌리자면 "때가 차매 하나님이 그 아들을 보내사 여자에게서 나게 하시고"(개역개정 갈 4:4)와 같은 것이다. 결국, 계명이 새로운 것은 구원의 새 영역과 관련 있기 때문이다. 그 계명의 새로움은 구원의 새 영역의 문을 연 예수와 그로 인해 새 영역을 경험한 신자('너희')에게 참되게 실현된 것이다. 예수에 대한 진리는 새 영역으로 옮겨가게 하는 핵심이고, 그분의 가르침에 따른 서로 사랑의 모습은 새 영역에 거하는 삶의 증거이다.

9절 (새 계명 지킴 설명 1: 형제를 미워하는 자는 어둠에 있다) 새 시대 새로운 영역 안에 있는 자들이 새 계명을 지키는 것이 무엇인지를 설명하기 시작한다. 사랑의 계명을 중심으로 부정적 경우와 긍정적 경우가 A(요일 2:9) - B(2:10) - A′(2:11)의 구조로 진행된다. 사랑의 계명을 중심으로 진행하는 것은 진리의 계명을 통해 구원의 새 영역으로 이미 옮김받았다고 말하는 사람들을 전제하기 때문인 듯하다(참고, 2:8).

설명의 시작은 빛 안에 있다고 말하는 사람이 자기 형제들을 미워하는 경우이다. 빛 안에 있다는 것은 구원 영역에 거한다는 말이며 하나님을 아는 수직적 사귐이 있다는 의미이다. 미워한다는 것은 사랑과 반대되는 표현이다. 그 대상은 새 영역에 거하는 형제들이다. 그러므로 이 표현은 새 영역에 거하며 하나님과 사귐이 있다고 말하지만 서로 사랑하라는 계명을 따르지 않는 경우이다. 저자는 이런 사람을 아직까지(ἕως ἄρτι) 어둠의 영역에 속한 자라고 말한다. 사랑을 행하면 구원받고 미워하면 구원을 잃어 어둠의 영역으로 되돌아간다는 말이 아니다. 인간의 사랑이나 미움 자체가 영역 이동으로 표현되는 구원을 결정짓는 변수는 아니다. 예수를 믿는 진리의 계명에 대한 반응이 결정한다. 하지만 사랑의 계명과 진리의 계명은 동전의 양면처럼 함께 간다. 요한일서 2:7에서 설명한 것처럼 복음을 처음 전할 때 이 두 계명이 함께 전해졌기 때문이다. 저자가 말하는 것은 빛의 영역에 있다고 착각하는 자들의 경우일 것이다(Harris, 85; Smalley, 1984: 60). 빛의 영역에 있다고 스스로 말하면서도 사랑의 계명을 따르지 않는 사람들은 진리의 계명 역시 따르지 않고 있음을 말해준다. 자신의 고백과 삶과의 모순을 보여주는 자들이다. 새 영역에서 일관성과 온전함을 가진 예수를 설명한 2:5와 반대된다. 그들은 또한 빛이신 하나님에게 어둠이 없다는 1:5와도 대조된다. 그렇기에 그들은 자신들의 확신과 달리 여전히 구원 영역 밖에 있는 자이다.

10절 (새 계명 지킴 설명 2: 형제를 사랑하는 자는 빛에 있다) 요한일서 2:9와 대조되는 긍정적 모습이며, 그의 형제를 사랑하는 경우다. 비록 빛 안에 거한다는 고백이 없지만 2:9와의 대조 속에 이미 전제된 상황이다. 빛 안에 거한다고 말하고 예수를 통해 전해 준 하나님의 계명을 지키는 사람이다. 새 영역의 주인이신 하나님과 예수를 따라 일관성 있고 온전한 삶을 살아가는 모습이다. 그런 사람은 빛 안에 거한다. 이 말은 어둠에서 빛으로 옮겨지는 구원 과정을 경험한다는 것이 아니다. 그냥 빛의 영역 안에 있다는 의미이다. 그의 형제라는 표현 역시 이미 구원받은 새 영역에 속한 자임을 말해준다. 따라서 형제를 사랑하면 빛 안에 거한다는 것은 사랑을 통해 새 영역에 속한 자로서의 정체성을 드러낸다는 말이다. 제자들이 서로 사랑하면 새 영역의 문을 연 예수의 참 제자인 것을 사람들이 알게 된다고 말한 요한복음 13:35의 내용과 같다.

형제를 사랑하는 사람은 또한 그 안에 걸려 넘어지게 하는 것이 없다. 짧은 표현이지만 몇 가지 해석의 어려움을 안고 있다. 첫 번째는 '엔 아우또'(ἐν αὐτῷ, "그 안에")를 어떻게 이해할 것인가이다. 여격 대명사 '아우또'는 남성과 중성 형태가 같기에 '그 사람 안에'나 '그(빛) 안에'라고 번역할 수 있다. 남성 대명사로 이해하는 학자들은 요한일서 1:8, 10; 2:4, 8의 예를 통해 "그의 형제를 사랑하는 사람 안에"로 이해하기도 하고(Brooke, 40; Brown, 1982: 274; Marshall, 132; von Walde, 163) 2:9이하 문맥이 사람에 대한 것이기에 "그 사람 안에"로 이해할 것을 주장하기도 한다(Culy, 36). 하지만 2:10과 11의 구조와 대조점을 주목해야 한다.

요일 2:10 (전제): 그의 형제를 사랑하는 사람은 빛 안에 거한다.

(결과): 걸려 넘어지게 하는 것이 그 안에(ἐν αὐτῷ) 없다.

요일 2:11 (전제): 그의 형제를 미워하는 자는 어둠에 있다.

(결과): 어둠 안에(ἐν τῇ σκοτίᾳ) 걷고 있고 …

요한일서 2:10과 11은 형제 사랑과 미워함의 전제와 그 결과의 대조를 보인다. 약간의 내용 차이가 있지만, 앞부분 진행 구조는 동일하다. 2:10은 형제 사랑 - 빛 안에 거함 - '그 안에' - 걸려 넘어지게 하는 것으로 진행하고, 11절은 형제 미워함 – 어둠에 있음 – 어둠 안에 – 걷고 있음으로 진행한다. 이 구조를 보면 2:10의 걸려 넘어지는 것과 '엔 아우또'와의 관계는 2:11에서 어두움 안에(ἐν τῇ σκοτίᾳ) 걷는다는 것과 같은 의미로 볼 수 있다. 따라서 그의 형제를 사랑하는 사람은 빛 안에 거하고, 빛 안에 있기 때문에 걸려 넘어지는 것이 없다는 것으로 이해하는 것이 타당하다(Akin, 99; Bass, 145; Painter, 173; Schnackenburg, 108; Smalley, 1984: 62).

두 번째 어려움은 걸려 넘어지게 하는 것(σκάνδαλον)에 대한 이해이다. 요한일서 2:9에는 없던 요소로서 새 영역 안에서의 삶의 모습에 대한 것이다. 사전적으로는 덫이란 뜻을 가졌지만, 어떤 신념이나 행동 과정과 반대되는 것을 유발하는 죄 지음이나 유혹, 혹은 반대나 부정적 상황을 일으키는 것을 의미하기도 한다(BDAG, 926). 어떤 학자들은 이 단어를 흠이나 얼룩 등의 뜻으로 보아야 한다고 주장하기도 하지만(BDAG, 926; Bultmann, 1973: 28), 본문에서는 새 영역 안에 있는 신자가 지속적으로 머물고 걷는(살아가는) 것을 방해하는 개념인 듯하다.[9] 논란 되는 것은 이 단어를 한 개인이 넘어지는 것으로 이해할 것인지, 아니면 다른 사람을 넘어지게 하는 것으로 볼 것인지이다. 문맥은 이 단어의 초점이 한 개인

9. 크루즈(C. G. Kruse)는 이 단어를 죄 짓는 것과 관련된 것으로 이해하고, 특별히 분

의 상황에 집중된 것으로 보게 한다. 2:10에서도 사랑의 계명을 지키는 사람 외에 다른 등장인물은 언급되지 않는다. 2:10과 대조되는 2:11 역시 한 개인이 어둠 속에 헤맨다는 내용이다. 따라서 걸려 넘어지게 하는 것은 한 개인의 넘어짐으로 이해하는 것이 타당하다(Bass, 145; Kruse, 86; Marshall, 132). 결국, 형제 사랑의 계명을 지키는 사람이 그 안에 걸려 넘어지는 것이 없다는 것은 새 영역(빛) 안에서 합당한 삶을 지속적으로 살아갈 수 있음을 의미한다. 이 모습은 2:11과의 대조를 통해 확인된다.

11절 (새 계명 지킴 설명 3: 형제를 미워하는 자는 어둠에 있다) 요한일서 2:10과 반대 상황이다. 삶과 계명 지킴과의 관계에 대한 부정적 모습이다. 2:9와 연관 있지만, 2:10과 대조되면서 삶의 모습에 대한 것이 첨가되어 있다. 2:9와 10은 빛 가운데 거한다는 고백을 중심으로 미워함과 사랑함이 대조되고 그 결과 상태인 어둠에 거하는 것과 빛 안에 거하는 것이 대조된다. 2:10과 11의 대조는 약간 다르다. 사랑함을 통해 빛 안에 거한다는 내용(2:10)과 미워함을 통해 어둠에 거한다(2:11)는 대조와 함께 각 사람의 삶의 모습의 대조도 있다. 사랑을 행하는 2:10의 사람은 그 안에 걸려 넘어지게 하는 것이 없는 반면, 2:11의 미워하는 사람은 어둠 안에서 걸으며 스스로 눈을 가렸기 때문에 어디로 걷는지조차 모른다고 말한다. 다음의 표처럼 대조를 통해 정체성과 삶의 요소들을 점차로 추가하는 형태로 설명한다.

리주의자들이 주장하는 예수에 대한 거짓 가르침을 따르는 죄, 곧 진리 계명을 어기는 죄와 연결시킨다(Kruse, 86; 참고, Brown, 1982: 291).

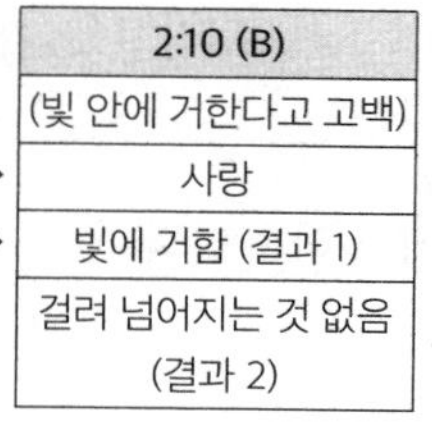

	2:9 (A)		2:10 (B)		2:11 (A′)
전제	빛 안에 거한다고 고백		(빛 안에 거한다고 고백)		(빛 안에 거한다고 고백)
계명에 대해	미워함	↔	사랑	↔	미워함
결과	어둠에 거함 (결과 1)	↔	빛에 거함 (결과 1)	↔	어둠에 거함 (결과 1)
			걸려 넘어지는 것 없음 (결과 2)	↔	어둠 속에 헤맴 (넘어짐: 결과 2)

그의 형제를 미워하는 자는 어둠에 있다. 직접 언급은 없지만, 요한일서 2:9, 10 경우처럼 빛 안에 있다는 고백을 전제한다. 또한 2:9 경우처럼 형제를 미워함으로 어둠에 있다는 것은 빛의 영역에 있던 자가 어둠으로 옮겨간다는 의미가 아니다. 빛의 영역에 있다고 스스로 믿고 고백하지만 사랑의 계명을 지키지 않음으로써 자신이 어둠의 영역에 속한 자임을 드러낸다는 것이다. 그들은 자신의 고백과 반대로 어둠에 속한 자이기에 어디로 가야 할지 방향을 잃어버린 자들이다. 어둠에 속한 것들이 눈을 가렸기 때문이다. 이 과정은 죄를 짓는 것과 그 죄를 통해 하나님과의 참 사귐으로 가는 것이 방해받는 것과 관계있는 듯하다.[10] 1:5-7과의 연계성에서 추론할 수 있다. 2:9-11과 1:6-7은 단어적으로 빛(1:5, 7[x2]; 2:8, 9, 10)/어둠(1:5, 6; 2:8, 9, 11[x3])의 대조와 '뻬리빠떼오'(1:6, 7; 2:11; 참고, 2:6)를 공유하고 있다. 빛/어둠의 대조 용어를 전치사 '엔'(ἐν, "~안에")을 통해 표현하는 것도 공통적이다. 따라서 1:6-7이 어둠 안에서 행하는 것을 죄와 연결시켰다면, 2:9-11이 말하는 어둠 속에 헤매는 모습도 동일하게 죄를 행하는 모습으로 이해할 수 있다.

결국, 요한일서 2:9-11에서 강조하는 것은 어둠의 영역에서 빛의 영역으로 이동하는 구원이 아니다. 구원의 새 영역 안에서 계명을 지키며 살

10. 마샬(I. H. Marshall)은 이 죄에 배교를 포함시킨다(Marshall, 132). 이후 전개될 분리주의자들의 가르침에 대해 진리의 계명을 강조한 것을 보면 무리한 해석은 아닌 듯하다.

아가는 삶의 중요성이다. 계명 지킴은 신자가 새 영역에 속한 자라는 정체성과 그 안에 거하고 있는 삶의 모습을 드러내기 때문이다. 더 나아가 계명 지킴은 새 영역에서 하나님과의 지속적 사귐의 열쇠이기도 하다.

3. 해설

요한일서 2:3-11은 1:5에서 시작된 두 영역과 신자의 삶이라는 주제의 두 번째 부분이다. 이 단락은 계명을 중심으로 일관성 있고 온전한 삶의 모습을 가질 것을 권면한다. 계명은 하나님이 예수를 통해 전달한 것으로써, 예수 믿는 진리의 요소와 서로 사랑하라는 사랑의 요소가 있다. 저자는 1:5-2:2에서처럼 부정적 경우와 긍정적 경우의 대조를 통해 하나님과의 수직적 사귐이 그분의 계명을 지키는 것과 연결되어 있음을 강조한다(2:3-6). 더 나아가 그 계명은 어둠의 옛 영역을 깨고 빛의 새 영역의 문을 연 참 빛이신 예수의 계명이기에 구원 얻은 신자가 반드시 가지고 지켜야 할 새 시대의 계명이다. 특별히 '서로 사랑'의 계명을 지키는 것은 신자가 새 영역에 속한 자라는 참 정체성을 드러내주는 표지이다. 또한 그 안에서 하나님과의 수직적 사귐을 지속하게 하는 열쇠이기도 하다. 이 내용 역시 고백과 사랑을 부정과 긍정의 경우를 대조함으로써 전달한다. 비록 분리주의자의 거짓 가르침이 아직 구체적으로 소개되지 않았지만, 이 모든 설명은 이후 전개될 그들의 가르침에 대한 경고를 이해하는 밑거름이 된다.

제4장
요한일서 2:12-14
독자를 향한 확증:
자녀들, 아버지들, 그리고 젊은이들에게

빛과 어둠의 두 영역 설명 틀을 통해 신자의 삶을 설명한 저자는 빛의 영역 안에 있는 독자들의 상태와 정체성을 다시 확인시킨다. 여섯 개의 호격과 '내가 너희에게 쓴다'라는 표현의 반복은 이전 부분의 진술 방식과 다르다. 이 점은 요한일서 2:11과의 불연속성을 말해준다. 또한, 이런 표현들은 전체 구조를 확인할 수 있는 일관성을 제공함으로 내부적 통일성을 제공해준다. 2:12-14는 호격과 '그라포'(γράφω, "쓰다") 동사의 시제 형태를 통해 두 부분으로 구분할 수 있다. 첫째, 2:12-13이다. 현재 동사를 사용하고 자녀들(τεκνία)과 아버지들, 그리고 젊은이들이 거론된다. 둘째, 2:14이다. 부정과거 동사를 사용하며 아이들(παιδία)과 아버지들, 그리고 젊은이들이 거론된다.

각 등장인물에 대한 내용은 세 가지 요소로 구성되어 있다. 하나는 저자가 서신을 쓰고 있다는 표현이다. 독자를 향한 메시지의 중요성을 상기시킨다. 다른 하나는 호격 사용이다. 독자의 주의를 집중시킨다. 마지막 요소는 서신을 쓰는 이유이다. 역시 독자의 상태와 정체성이 무엇인지를 확인시킨다. 이 세 요소로 구성된 상대적으로 단순한 형태의 반복 구조이지만, 그 내용을 이해하기 위해서는 각 요소가 가지고 있는 문제들을 짚고 가야 한다.

첫 번째 문제는 '그라포' 동사의 이해이다. 요한일서 2:12-13은 현재형을 사용한 반면, 2:14는 부정과거형을 사용한다. 어떤 학자들은 이 둘의 차이를 통해 2:12-13과 14가 서로 다른 서신의 합성이라고 주장하지만(Strecker, 1996: 54-6; Wendt, 140-6), 대부분의 학자들은 이 둘을 전달하는 표현 방식의 차이로 여긴다(Brooke, 41-3; Brown, 1982: 297; von Wahlde, 71; Westcott, 57-8). 헬라어 동사에 대한 최근 연구에 의하면 부정과거와 현재형 차이는 저자가 동사를 통한 과정을 어떻게 인식하고 있는가의 차이와 관련 있다. 부정과거 형태는 동사 과정을 마치 끝난 것처럼 일반화시킬 때 사용하는 반면, 현재형은 그 과정이 아직 진행 중임을 나타내서 상대적으로 주목받게 하는 효과를 가진다(Porter, 1992: 20-49). 이런 차이에 의하면, 저자는 현재형을 통해 자신이 쓰고 있다는 것을 강조한 후, 그것을 다시 일반화시켜, 자신이 쓴 것 전체를 의미하기 위해 부정과거 형태로 언급한 것으로 이해할 수 있다(Porter, 1989: 229-30).

두 번째 문제는 호격과 그 대상을 어떻게 이해할 것인가이다. 크게 세 가지 견해가 있다(Brown, 1982: 297-300; Smalley, 1984: 69-71). (1) 아이들과 아버지들, 그리고 젊은이들을 각각 다른 그룹으로 보는 것이다. 이 견해는 각 그룹을 영적 성숙도를 지칭하는 것으로 볼 것인지(Bruce, 58; Stott, 96) 아니면 실제 연령대를 의미하는 것인지(Lieu, 2008: 86-7; Windisch, 115-6)에 따라 또 나눠진다. 하지만 두 견해 모두 설득력이 별로 없다. 연령순으로 되어 있다면 아이와 젊은이, 그리고 아버지 순서로 써야 맞다. 하지만 본문의 순서는 다르다. 또한 악에게 승리하는 것은 꼭 젊은이에게만 해당하는 것이 아니다. 영적 영역에서 성숙한 아버지나 미성숙한 아이들에게도 동일하게 해당된다. 실제로 5:4-5에서는 하나님께로부터 난 모든 자들은 믿음으로 세상을 이긴다고 표현한다. (2) 한 그리스도인의 영적 상태를 세 등장인물로 묘사했다고 보는 것이다. 모든 그리스도인들은 아이의 순수함과 젊은이 같은 힘, 그리고 나이든 자들의 지식을 가지고 있어야 함을 말한다는 것이다(Dodd, 38; Marshall, 138). 이 견해 역시 설명의 어려움이 있다. 세 등장인물 모두 그리스도인의 상태를 의미하는 것은 맞지만, 본문은 분명히 세 가지 호격을 사용하여 각각을 구분한다. 구분한 것은 의미가 있기에 일차적으로 그 구분 안에서 생각하는 것이 맞다. (3) 아이들은 전체 독자를 의미하고, 아버지와 젊은이들은 전체 독자를 연령에 따라 두 그룹으로 구분해 부연 설명한다는 견해이다(Brown, 1982: 298-30; Harris, 92; Kruse, 87-8; Yarbrough, 114). 마지막 견해가 가장 설득력 있다. 몇 가지 이유가 있다. 먼저 자녀들(τεκνία)은 요한일서 다른 곳에서 전체 독자들을 지칭할 때 사용된다(2:1, 12, 28; 3:7, 18; 4:4; 5:21). 이 단어가 연령이나 영적 성숙도와는 무관하다는 것을 말해준다. 또한 아이들(παιδία) 역시 2:18과 3:7에서 전체 독자를 지칭하는 것으로 사용된다. 이 둘이 서신의 전체 독자를 부르는 다른 표현임을 말해준다. 아버지들과 젊은이들도 영적 성숙도보다 연령 구별로 보는 것이 좋다. 비록 요한서신은 아니지만, 나이든 사람을 아버지 대하듯 하라고 권면하는 디모데전서 5:1에 근거해 유추하면, 2:13-14의 아버지들은 나이든 연장자들일 것이다. 그러므로 호격을 통해 등장인물을 살펴보면, 2:12-14는 자녀들과 아이들로 독자 전체를 부르고 그 안에서 연령별로 아버지들과 젊은이들로 구분하는 구조가 적절하다.

본문 이해를 위한 세 번째 문제는 '쓰다'와 연결된 '호띠'(ὅτι) 번역이다. 이 단어를 동사의 목적절을 연결하는 것(영어의 that)으로 번역할 수도 있다(Brown, 1982: 300-1; Harris, 94; Kruse, 88; NET). 이 경우 '내가 너희(여러분)에게 ~을 쓴다'로 해석된다. 한편, 이유 부사절을 이끄는 것으로 번역할 수도 있다. 이 경우 "내가 너희에게 쓴다. 왜냐하면 ~이기 때문이다"가 된다(Brooke, 44; Bultmann, 1973: 31; Culy, 39; Yarbrough, 120; 대부분 영어 번역; 개역개정). 브라운처럼 목적절을 주장하는 해리스는 만일 이 단어를 원인을 제공하는 것으로 본다면 2:15부터 나오는 세상을 사랑하지 말라는 경고가 어색하게 된다고 여긴다. 이미 구원받았고 악한 자를 이겼는데 세상을 사랑하지 말라고 또 말하는 것은 불필요한 반복이 될 수 있기 때문이라는 것이다. 하지만 반복은 강조이다. 서신을 쓰는 이유를 통해 그들이 그리스도인이라는 것을 명백히 한 후, 계속되는 내용으로 그들의 삶에 대해 강조하는 것일 수 있다. 본 주석은 이유 부사절을 이끄는 것으로 보는 것이 더 적절하다고 여긴다. 하지만 목적절이든 부사절이든 독자를 향한 저자의 관점을 전달하는 차원에는 차이가 없다(참고, Jobes, 106-7; Samlley, 71). 둘 다 독자들이 구원 얻은 상태를 말해주기 때문이다.

이상 설명에 의하면 요한일서 2:12-14의 구조는 아래처럼 정리할 수 있다.

	구조와 내용	특징
2:12-13	1) 자녀들 (전체 독자): 내가 너희에게 쓰고 있다. 왜냐하면 너희의 죄들이 그분 이름으로 용서되었기 때문이다.	'그라포' 현재형
	2-1) 아버지들 (연장자들): 내가 너희에게 쓰고 있다. 왜냐하면 너희가 처음부터 계신 분을 알았기 때문이다.	
	2-2) 젊은이들: 내가 너희에게 쓰고 있다. 왜냐하면 너희가 악한 자를 이겼기 때문이다.	
2:14	1) 아이들 (전체 독자): 내가 너희에게 썼다. 왜냐하면 너희가 아버지를 알았기 때문이다.	'그라포' 부정 과거형
	2-1) 아버지들 (연장자들): 내가 너희에게 썼다. 왜냐하면 너희가 처음부터 계신 분을 알았기 때문이다.	
	2-2) 젊은이들: 내가 너희에게 썼다. 왜냐하면 너희가 강하고, 하나님 말씀이 너희 안에 거하고 있으며, 너희가 악한 자를 이겼기 때문이다.	

1. 번역

2:12 자녀들이여, 내가 여러분에게 쓰고 있습니다. 왜냐하면 여러분의 죄들이 그분의 이름으로 용서되었기 때문입니다. **13** 아버지들이여, 내가 여러분에게 쓰고 있습니다. 왜냐하면 여러분이 처음부터 계신 분을 알았기 때문입니다. 젊은이들이여, 내가 여러분에게 쓰고 있습니다. 왜냐하면 여러분이 악한 자를 이겼기 때문입니다. **14** 아이들이여, 내가 여러분에게 썼습니다. 왜냐하면 여러분이 아버지를 알았기 때문입니다. 아버지들이여, 내가 여러분에게 썼습니다. 왜냐하면 여러분이 처음부터 계신 분을 알았기 때문입니다. 젊은이들이여, 내가 여러분에게 썼습니다. 왜냐하면 여러분은 강하고, 하나님의 말씀이 여러분 안에 거하고 있으며, 여러분이 악한 자를 이겼기 때문입니다.

2. 주해

12절 (자녀[독자]들에게 편지 쓴 이유) 호격과 이인칭 지시어를 사용해 독자들 상태에 초점 맞추기 시작한다. 내용은 간단하다. 독자들을 자녀로 부르고, 그들이 예수 이름으로 죄 사함 받았기 때문에 서신을 쓴다는 것이다. 독자들을 자녀들(τεκνία)로 부른 것은 저자가 연장자 위치에 있음을 말해주는 동시에 그들에 대한 친밀감을 전달한다(참고, 요일 2:1). 독자들은 기본적으로 예수 이름으로 죄 사함 받은 신자이다. 이 죄 사함은 새 영역으로 옮겨진 이후 그 안에 살면서 경험하는 것(참고, 1:9)이 아니다. 저자의 복음 증거를 통해(1:3) 예수를 믿고 얻게 되는 것이며, 빛의 영역으로 옮겨지는 구원 과정에서 경험되는 것이다. 이 상황은 이미 요한일서 2:2

에서 언급된 것이다. 바로 앞 절(2:11)에서 설명된 사람들의 경우와 반대 모습이다. 독자들의 이런 상황은 3:5와 4:10에서 다시 언급되며, 5:13도 예수 이름 때문에 얻어지는 생명의 구원을 언급한다(참조, 3:23). 이런 면에서 2:12에서 독자들을 예수 이름으로 죄 사함 받은 자들로 언급한 것은 그들 상태를 앞부분에서 설명한 것과 연결시킬 뿐 아니라, 이후 전개될 교회를 어지럽히는 분리주의자에 대한 경고와 관련해 신자의 정체성을 확실히 인식시키기 위한 것으로 보인다(참고, Olsson, 133-4).

13절 (연장자와 젊은이들에게 편지 쓴 이유) 연령을 중심으로 아버지들과 젊은이들로 나누어 독자 상태를 제시한다. 아버지들이라고 부르는 자들은 상대적으로 나이 많은 그룹이다. 그들에게 서신을 쓰는 이유는 처음부터 계신 분(τὸν ἀπ᾽ ἀρχῆς)을 알고 있기 때문이다. 단순한 표현이지만 두 가지 논쟁거리를 담고 있다. '처음부터'가 의미하는 시점과 그 대상이다.

대상에 대한 것을 먼저 살펴보자. 남성 단수 관사(τὸν)로 언급된 존재는 하나님을 지칭할 수도 있고(Bruce, 58; Dodd, 38; Stott, 97) 예수를 지칭할 수도 있다(Akin, 105; Culy, 40; Harris, 96; Kruse, 90; Olsson, 127; Smalley, 1984: 73).[1] 예수를 의미하는 것이 더 타당해 보인다. 바로 다음 구절인 요한일서 2:14에서 처음부터 계신 분과 하나님을 구별하기 때문이다.

대상이 예수인 것은 '처음부터'가 의미하는 시점을 확인하는 데 도움을 준다. 요한일서 2:13-14처럼 '처음부터'가 관사와 함께 쓰인 것은 1:1이다. 앞서 설명했듯, 1:1은 성육신을 포함한 예수의 지상 사역 시작과 관련 있기에 이 부분 역시 동일한 시점을 의미하는 것으로 볼 수 있다.

---

1. 야브루는 둘 다 가능하다고 본다(Yarbrough, 190-20).

위의 관찰을 종합하면 저자가 나이 많은 연장자들에게 서신을 쓰는 것은 그들이 이 땅에서 사역하신 예수를 알고 있었기 때문이라는 것이다. 알다(γινώσκω)라는 단어가 인지적 인식을 넘어 관계와 사귐의 차원을 담고 있다고 설명한 점(요일 2:3)을 고려한다면, 아버지들이 예수를 안다는 것은 그분의 성육신과 사역을 증거한 복음을 듣고 믿어 예수와 관계 맺게 되었음을 의미한다. 따라서 요한일서 2:13 내용은 2:12에서 말한 그 이름으로 죄 사함을 얻게 한 예수와의 관계를 다시 언급한 것이다. 또한 1:1-4에서 '우리'가 증언한 복음의 내용인 예수의 사역을 알고 있음을 확인시키는 것이다. 이후 예수의 정체성을 부인한 거짓 교사들의 위험성(2:18-27; 4:1-6; 5:1-12)을 경계하라는 가르침을 잘 받아들일 수 있는 디딤돌을 제공하려는 의도이다.

나이든 연장자에 대해 언급한 저자는 상대적으로 젊은 독자들을 향해서도 서신을 쓰고 있다고 말한다. 젊은이(νεανίσκοι)란 일반적으로 청소년에서 결혼하기 전까지의 연령대이다. 필로(Philo)에 의하면 약 스물둘에서 스물여덟 정도의 나이를 의미한다(*Opif.* 105). 이런 그리스도인들에게 서신을 쓰는 이유는 그들이 악한 자를 이겼기 때문이다. 악한 자는 요한일서에 처음 나온 표현이다. 사탄(마귀)을 의미한다(3:10; 참고, 요 17:15). 악한 자는 하나님의 통치에 반역하는 세상, 곧 어둠의 영역의 통치자 개념이다(요일 3:8; 5:18, 19; 참고, 요 12:31; 14:30). 악한 자를 이겼다는 것은 단순히 사탄과의 일대일 싸움에서 승리했다는 것이 아니다. 십자가와 부활로 승리하신 그리스도(3:8)를 믿음으로 어둠의 영역의 영향력에 대해 승리한 것을 의미한다(4:4; 5:4, 5). 이 내용은 곧바로 요한일서 2:15-17에서 전개될 세상과 그 영향력에 대한 경고와도 관계있다. 그리스도인이 싸울 대상은 세상으로 묘사되는 어둠의 영역이기 때문이다. 2:13에서 이 내용을 언급한 것은 이후 논의될 거짓 교사들과 어둠의 영역의 영향력에 대해 계속 승리하며 살라는 권면의 초석을 놓기 위해서다.

14절 (편지 쓴 이유 반복) 요한일서 2:13에서 말한 것을 부정과거 동사를 사용하여 반복한다. 아이들(παιδία)을 통해 독자 전체의 상황을 기술함으로 시작한다. 하지만 2:12와 다르게, 아버지를 알았기 때문에 서신을 썼다고 말한다. 아버지는 하나님을 의미하며, 알았다는 것은 2:12에서처럼 관계와 사귐을 가지고 있음을 의미한다. 독자의 상태를 하나님 아버지와의 사귐에 초점 맞추어 제시한 것이다. 2:12와 연결시켜 보면 독자들은 예수의 사역으로 인해 죄 사함 얻고 빛의 영역에 들어가 아버지 하나님과의 사귐을 가지고 있는 자들이다. 더 나아가 연장자들에게 처음부터 계신 예수와 사귐을 가지고 있다고 말한 것을 함께 고려하면, 저자는 지금 독자들로 하여금 그들이 빛의 영역에서 하나님과 예수와의 수직적 사귐을 가지고 있음을 확신시키는 것이다. 1:1-3의 내용을 재차 확인한 것이고, 지금까지 설명한 것을 요약한 듯한 인상을 준다.

젊은이들에 대해서는 악한 자를 이겼기 때문에 썼다고 한다. 요한일서 2:13의 반복이다. 하지만 2:14는 그들이 강하다는 것과 하나님의 말씀이 그들 안에 거한다는 것을 첨가한다. 강함은 젊은이의 힘을 상징한다. 하지만 단순히 육체적 차원을 의미하는 것이 아니다. 세상 어둠의 영역에 대한 싸움을 전제로 하는 것이기에 그들의 강함은 영적 차원을 의미한다. 능력의 근원은 그들 안에 거하는 하나님의 말씀이다. 5:4-5는 신자 승리의 비결을 예수에 대한 바른 믿음으로 제시한다. 그렇기에 여기서 말하는 하나님의 말씀이란 저자가 독자들에게 증거한 예수에 대한 바른 진리로 이해할 수 있다(1:1, 2, 5, 10; 2:5). 한편, 하나님의 계명을 말씀이라고 언급한 2:7과 연결시켜 본다면, 2:14의 하나님의 말씀은 사랑의 계명도 포함하고 있음을 짐작할 수 있다. 따라서 악한 자들을 이길 능력의 근원은 독자들이 들은 예수에 대한 진리와 서로 사랑하라는 계명을 아우르는 하나님의 말씀이다.

저자는 이 하나님의 말씀이 독자들 안에 거한다(μένει)고 말한다. 요한일서 2:24는 만일 처음부터 들은 저자의 증거가 독자들 안에 거하면(μείνῃ), 그들이 하나님과 예수 안에 거하게 될 것(μενεῖτε)이라고 한다. 그러므로 2:14에서 하나님의 말씀이 젊은이들 안에 거한다는 것은 그들이 말씀을 통해 하나님/예수와의 교제 안에 있다는 말이며, 그 사귐 안에 있기 때문에 악한 자들을 이길 수 있다는 의미이다. 한마디로 새 영역 안에서, 하나님/예수와의 사귐의 교제 안에서 진리와 사랑의 계명을 따라 사는 것이 승리의 비결, 곧 능력이다. 이 능력은 기본적으로 그리스도의 승리를 기반으로 한다. 저자는 독자들이 이미 이런 것을 가지고 있다고 씀으로써 그들의 위치와 능력을 확신시키고 있다.

3. 해설

요한일서 2:12-14는 여섯 개의 호격을 통해 독자들의 직접적 반응을 유도하고, 서신을 쓰는 이유를 반복 제시함으로써 그들의 정체성을 확인시킨다. 독자들은 예수의 이름으로 죄 사함 받은 자들이며 하나님과 사귐의 관계를 갖고 있는 구원의 새 영역에 속한 자들이다. 또한 처음부터 들었던 복음을 통해 예수를 알고 있고, 그분과 사귐도 갖고 있는 자들이다. 그 사귐을 토대로 예수에 대한 진리와 서로 사랑의 내용을 담고 있는 하나님의 말씀을 지키는 자들이기도 하다. 이것을 통해 그들은 마귀에게 승리하신 그리스도의 승리를 함께 누리는 자들이다.

이런 내용을 전하는 것은 세 가지 목적 때문이다. 첫째, 지금까지 설명한 새 영역 안에서 합당한 삶을 왜 살아야 하는지에 대한 근거를 제공하기 위함이다. 둘째, 곧이어 2:15-17에서 설명할 권면의 토대를 제공하기 위해서다. 셋째, 2:18에서부터 설명될 거짓 교사들의 악영향을 조심해야 하는 이유와 근거를 제공하려는 것이다.

제5장
요한일서 2:15-17
독자를 향한 명령:
세상과 세상에 속한 것들을 사랑하지 말라

요한일서 2:15-17에는 2:12-14와의 연속성과 불연속성이 나타난다. 이인칭 지시어를 통해 독자들에게 직접 어떤 것을 전달하는 것은 같다. 하지만 2:15-17은 2:12-14에서 연속으로 사용된 호격이 사라지고, 대신 명령법이 사용된다. 명령법은 이 서신에서 처음 나오는 것이다. 이는 앞부분과의 불연속성을 보여준다. 이전 부분이 새 영역에 속한 사람이라는 독자들의 정체성과 상태에 집중했다면, 2:15-17은 그에 합당한 삶의 모습을 명령 형식으로 전달한다.

요한일서 2:15-17의 구조는 세상과 세상에 속한 것들을 사랑하지 말라는 명령(2:15a)을 중심으로 두 가지 근거를 제시하는 형식이다. 첫 번째 근거는 어둠의 영역인 세상과 빛의 영역인 하나님과의 배타성이다(2:15b-16). 하나님과 세상 영역을 구분하고 각 영역에 속한 것을 전치사(ἐν, "안에"; ἐκ, "~에 속하여")를 통해 설명한다. 만일(ἐάν)로 시작되는 조건절을 통해 세상 사랑의 의미를 진술하고(2:15b), 그에 대한 설명을 추가하는 형식(2:16)으로 진행한다. 두 번째 근거는 시간적 영원성을 바탕으로 한 세상과 하나님과의 대조이다(2:17). 영원하다는 표현과, 지나가는 것(παράγω)과 거하는 것(μένω)의 대조를 통해 확인할 수 있다. 이 구조는 아래처럼 정리할 수 있다.

<table>
<tr><th colspan="2">구조와 내용</th><th>특징</th></tr>
<tr><td colspan="2">2:15a (명령): 세상과 세상 안에 있는 것들을 사랑하지 말라.</td><td>명령법</td></tr>
<tr><td rowspan="2">2:15b-16
(근거 1)</td><td>2:15b (조건문 - 근거): 만일 누가 세상을 사랑하면, 아버지의 사랑이 그 사람 안에 없다.</td><td rowspan="2">소속 표현
전치사들,
하나님의
사랑</td></tr>
<tr><td>2:16 (근거의 이유): 왜냐하면 세상 안에 있는 모든 것, 곧 육체의 욕망과 눈들의 욕망과 삶의 소유에 대한 자랑은 아버지께 속해 있는 것이 아니라 세상에 속해 있는 것이기 때문이다.</td></tr>
<tr><td>2:17
(근거 2)</td><td>2:17 (근거): 그리고 세상은 지나간다. 세상의 욕망 또한 지나간다. 그러나 하나님의 뜻을 행하는 사람은 영원히 거한다.</td><td>영원성,
지나감과
거함의 대조</td></tr>
</table>

1. 번역

15 세상과 세상 안에 있는 것들을 사랑하지 마십시오. 만일 누가 세상을 사랑한다면, 아버지를 사랑하는 것이 그 사람 안에 없습니다. **16** 왜냐하면 세상 안에 있는 모든 것, 곧 육체의 욕망과 눈들의 욕망과 삶의 소유에 대한 자랑은 아버지께 속해 있는 것이 아니라 세상에 속해 있습니다. **17** 세상도 세상의 욕망도 지나갑니다. 그러나 하나님의 뜻을 행하는 사람은 영원히 거합니다.

2. 주해

15절 (세상과 세상에 있는 것들을 사랑하지 말라) 처음으로 독자들에게 명령법을 사용한다. 세상과 세상 안에 있는 것을 사랑하지 말라는 것이다. 세상이란 하나님의 통치를 거절하는 어둠의 영역을 의미한다(참고, 요일 4:5; 5:4-5, 19). 이 땅에 살고 있는 사람들을 의미하는 요한일서 2:2와는 다른 의미이다. 세상 안에 있는 것들이란 어둠의 영역에 속한 것으로서 하나님의 통치를 거절하는 모든 것이다. 구체적 의미는 왜 세상을 사랑하지 말아야 하는 지를 설명하면서 제시된다.

세상이나 세상 안에 있는 것들을 사랑하지 말아야 하는 이유는 두 가지이다. 한 가지는 어둠과 빛의 영역 간의 배타성 때문이다. 요한일서 2:15b-16에서 설명된다. 핵심은 누구를 사랑할 것인가이다. 2:15b 조건문을 통해 만일 누가 세상을 사랑하면 아버지를 사랑하는 것이 그 속에 없는 것이라고 명시한다. 아버지를 사랑하는 것(ἡ ἀγάπη τοῦ πατρὸς)이라는 헬라어 표현은 속격인 아버지를 '아버지의 사랑'(주격 속격)으로 번역할 수 있고 '아버지를 사랑하는 것'(목적격 속격)으로 번역할 수도 있다. 이 구절에서 세상을 사랑하는 주체가 사람인 점을 고려하면 동일하게 사람이 하나님을 사랑하는 것으로 이해하는 것이 적절하다(Culy, 43; Olsson, 129). 세상을 사랑하지 말아야 하는 이유는 그것이 하나님을 사랑하는 것이 아니기 때문이다.

세상을 사랑하는 것과 하나님을 사랑하는 것은 서로 배타적이다. 온전함을 추구하는 사랑의 관계의 본질과 배타성 때문이다. 적절한 예는 부부 관계이다. 부부는 서로에게만 온전하게 사랑하는 것을 요구한다. 만일 어느 한쪽이 그 온전성을 깨고 다른 남자나 여자에게 사랑을 나누어 주면 그 부부 관계는 위태로워진다. 부부간의 사랑의 관계가 귀하기 때문에 더러움으로 망가지기를 원치 않기 때문이다. 마찬가지다. 믿는 독자와 아버지 하나님은 사랑으로 연결된 관계이다. 아버지를 알았다는 것으로 표현하기도 하고(2:13, 14), 하나님과 사귐의 교제로 표현하기도 한다(1:3). 예수로 인한 새 언약의 관계 안에 있다는 말이다. 그렇기에 독자들은 세상을 사랑하면 안 된다. 세상을 향한 그 사랑이 하나님과의 관계를 망치기 때문이다. 그렇다면 세상을 사랑하는 것이 왜 하나님과의 관계를 파괴하는가? 그 설명은 다음 절에서 제시된다.

16절 (세상과 세상에 있는 것들을 사랑하지 말아야 하는 이유) 하나님과 세상을 겸하여 섬기면 안 되는 이유를 제공한다. 특별히 세상의 본질이 무엇인가에 집중한다. 세상에 있는 모든 것은 두 가지 특징이 있다.

첫째, 그것들은 육체의 욕망과 눈들의 욕망과 삶의 소유에 대한 자랑이다. 이 특징들은 세상에 있는 모든 것들을 수식하기 위해 삽입된 것들이다. 욕망(ἐπιθυμία)이라는 단어 자체는 '강렬히 원하다'는 중립적 의미가 있다. 하지만 신약 서른여덟 번의 경우 중 세 번(눅 22:15; 빌 1:23; 살전 2:17)을 제외하고는 모두 부정적 의미를 전달하는 데 사용되었다. 본문의 표현도 부정적이다. 육체의 욕망이란 어둠의 영역에 있는 사람들이 강렬히 원하는 욕심이나 욕망을 의미한다. 세상 모든 것이 갖고 있는 일반적 특징이다. 이후 묘사된 눈들의 욕망과 삶의 소유에 대한 자랑은 육체의 욕망을 구체화시켜주는 것들이다(Kruse, 95). 육체의 욕망은 눈으로 보는 것들을 통해 욕심을 불러일으킨다. 눈들의 욕망이다. 또한 육체의 욕망은 자신이 소유한 것을 통해 자랑하고 드러내는 것을 추구한다. 삶의 소유의 자랑이다. 이 모든 것의 공통된 특징은 개인 차원에서 시작한다는 점이며, 하나님이 아닌 자기에게 집중되어 있다는 것이다. 자기 욕망이며 자기 자랑이다. 여기에는 하나님도 없고 함께 살고 있는 사람도 없다. 그렇기에 세상에 속한 것들의 이런 특징은 예수께서 가르친 하나님의 가장 큰 뜻인 하나님을 사랑하고 이웃을 사랑하는 것(마 22:37-40; 막 12:29-31; 눅 10:27)과 정면으로 상충된다.

세상의 이런 특징들은 어떤 면에서 아담과 하와가 죄를 범하는 모습과 닮았다. 선악을 알게 하는 나무 열매가 하와에게 먹음직하고 보암직하고 지혜롭게 할 만큼 탐스럽게 보였다는 것이 닮았다는 것이 아니다. 하와의 행동 이면에 있는 동기와 태도와 유사하다는 것이다. 창세기 3:2-3에 의하면 처음에 하와는 선악을 알게 하는 열매에 대한 강한 거부감을 보인다. 그것을 만져서도 안 되는 것이라고 인식하고 있었기 때문이다. 하지만 창세기 3:6에서는 그 나무 열매를 향한 거부감이 없어진다. 오히려 그것을 반드시 먹고자 하는 강한 끌림을 보인다. 그 전환점은 창세기 3:5에 있다. 선악을 알게 하는 기준을 하나님에서 자신에게 돌려 스스로 하나님이 되라고 하는 뱀의 유혹 때문이었다. 뱀의 유혹 이전에는 선악의 모든 판단 기준은 하나님이었다. 하지만 뱀의 유혹으로 하와는 그 기준을 자기 자신으로 바꾸는 세계관과 가치관의 변화를 허락하고 선악을 알게 하는 나무 열매를 먹고 만다. 이 과정에서 선악을 알게 하는 나무의 열매를 먹은 것은 하나님의 말씀을 어긴 죄악(sins)이다. 하지만 근원적 죄(the sin)는 아니다. 근원적 죄는 자기 가치관과 세계 속에 하나님을 빼고 자기 자신을 중심에 둔 것이다(참고, 롬 1:28). 이 근원적 죄는 선악을 알게 하는 태도와 관점, 세상을 대하는 태도를 완전히 바꾸어 버린 것이다. 그래서 하와가 나무 열매를 먹었다. 하나님의 명령보다 자신의 판단이 더 우선적이고 중요하기 때문이었다. 이런 면에서 요한일서 2:16이 묘사하는 세상에 있는 것들의 특징은 창세기에서 뱀이 유혹하는 모습과 닮아 있다. 세상에 있는 모든 것들은 하나님이 아닌 자기 자신을 세상의 중심으로 세우고 싶어 하도록 유혹한다. 엄밀히 말하면 유혹하는 것이 아니다. 근원적 죄를 가진 인간이 그 모든 것을 자기중심으로 소유하고픈 욕심이고, 그것을 드러내어 자기를 높이려는 욕망으로 세상에 있는 것들을 사용하는 것이다. 이것이 세상 어둠의 영역에 속한 모든 것들의 본질이다. 그것들은 하나님이 아닌 자기 자신을 드러내는 통로요 수단이다.

세상에 있는 모든 것들의 둘째 특징은 아버지께 속하지 않았다는 점이다. 이 개념은 기원과 소속을 표시해주는 전치사(ἐκ)와, 아버지와 세상의 대조를 통해 묘사된다. 그것들의 기원은 아버지가 아니라 세상이다. 또한 그것들은 아버지께 속한 것도 아니다. 위에 언급한 첫 번째 특징이 세계관의 중심에 누구를 둘 것인가에 대한 개인적 차원이라면, 두 번째 특징은 하나님 통치와 세상 통치의 대조가 담긴 두 영역 설명을 배경으로 한다. 한마디로 누가 주인이냐는 것이다. 세상에 있는 모든 것의 주인은 사탄이다. 하나님의 통치를 거절하고 반역하고 있는 어둠의 영역에 속해 있기 때문이다.

이런 두 특징을 종합하면 그리스도인들은 빛의 새 영역 안에서 하나님과의 관계 속에 있기에 세상에 있는 모든 것들을 사랑하면 안 된다. 그런 것들을 사랑하는 것은 하나님이 아닌 자기 자신을 사랑하는 것이며, 하나님의 통치를 거절하는 반역에 동조하는 것이기 때문이다. 당연히 하나님을 배제한 것들을 사랑하는 것에는 그분과의 사귐의 교제가 없다.

17절 (세상의 유한함과 하나님을 뜻을 행하는 자의 영원함) 요한일서 2:15b-16에 이어 세상을 사랑하면 안 되는 두 번째 근거를 제공한다. 시간적 영원성 때문이다. 세상은 지나가고 세상 욕망도 지나간다. 하지만 하나님의 뜻을 행하는 자는 영원히 거한다. 이 표현에서 주목할 것이 두 가지 있다. (1) 하나님의 뜻이 영원하다고 표현하지 않고 그것을 행하는 사람이 영원하다고 말한 점이다. 사람은 영원하지 않다. 영원이라는 단어는 오직 하나님께만 합당한 표현이다. 그럼에도 불구하고 이런 식으로 표현한 것은 유한한 세상을 사랑하는 사람과 영원한 하나님을 사랑하는 사람과의 대조에 초점 맞추려는 의도이다. (2) 거한다는 표현이다. 2:10에 의하면, 이 단어는 빛이나 어둠의 영역에 속하여 머문다는 개념이다. 그러므로 하나님의 뜻을 행하는 사람은 이미 빛의 하나님 영역으로 옮김받은 자, 곧 신자 상태를 전제로 한다. 그들이 하나님의 뜻을 행하는 것은 빛의 영역 안에서 세상과 그 안에 있는 것들을 사랑하지 않는 것이며, 더 나아가 진리와 사랑이라는 하나님의 계명을 따라 살아가는 것이다. 그들은 영원하신 하나님과 지속적 사귐을 갖게 된다. 그렇기에 그들은 영원에 거하게 된다.

3. 해설

요한일서 2:15-17은 2:12-14에 이어 독자 전체를 향한 내용을 담고 있다. 특별히 서신에서 처음 사용된 명령법을 중심으로 새 영역에 속한 그리스도인이 어떻게 살아야 하는지를 가르친다. 세상이나 세상에 있는 것들을 사랑하지 말라는 것이다. 세상을 사랑하는 삶은 하나님 대신 자기 자신을 사랑하는 근원적 죄의 연장이며, 기본적으로 하나님을 반역하는 어둠의 영역에 속한 것들을 따르는 것이기 때문이다. 또한 세상과 그 안에 있는 것들은 지나가는 것들이지만, 하나님과 관계를 맺고 그분의 뜻을 행하는 자는 영원히 거하기 때문이다. 이 모든 설명은 빛과 어둠의 두 영역 설명 틀 속에서 새 언약 관계를 갖고 있는 신자의 정체성을 근거로 제시된다. 그러므로 2:12-14가 새 영역에 속한 독자들의 정체성에 대한 것이라면, 2:15-17은 그 정체성에 합당한 삶을 살라고 명령하는 부분으로 이해할 수 있다.

서신 전체 진행상, 요한일서 2:15-17은 빛의 영역 안에서 합당하고 일관성 있는 삶을 살라는 이전 부분의 가르침을 재확인하는 것이며, 동시에 이후 전개될 어둠의 영역에 속한 거짓 교사들의 영향을 조심하라고 권면하기 위한 포석이다.

제6장
요한일서 2:18-27
새 영역 안에 있는 신자의 통합적 삶 1:
거짓 교사들의 가르침을 조심하라

요한일서 2:18은 크게 세 가지 면에서 이전 문단과의 불연속성을 보여준다. 첫째, 독자를 부르는 호격(παιδία)을 사용한 점이다. 주의 환기 효과가 있다. 둘째, 마지막 때라는 시점과 적그리스도라는 새로운 등장인물을 소개한 점이다. 요한일서에서 처음 언급된 것들이다. 특별히 적그리스도는 예수가 메시아라는 신앙 고백을 거절하고 공동체에서 떨어져 나간 배교자들과 관련 있다(2:22). 셋째, 삼인칭 복수 지시어('그들')를 사용한 점이다. 이 역시 사람과 관련해 요한일서에서 처음 사용된 것이다. 적그리스도나 배교자들을 지칭한다(2:18, 19[x5]). 이런 정보들에 의하면, 요한일서 2:12-17이 독자들의 정체성과 삶의 모습에 초점을 두었다면, 요한일서 2:18-27은 잘못된 가르침으로 인해 공동체에 악영향을 끼친 분리주의자나 배교자 문제를 다루는 부분으로 이해할 수 있다.

하지만 문제는 브라운이 지적한대로 문단 끝 지점의 위치이다(Brown, 1982: 362). 현 문단의 끝 지점이 요한일서 2:27인지(Brown, 1982: 329; Kruse, 97; Thomas, 373; von Wahlde, 82-3; NIV; NA 28th), 2:28인지

(Dodd, 47; Jobes, 118), 아니면 2:29인지(Smalley, 1984: 94; Westcott, 68; RSV) 의견이 갈린다.[1] 2:29를 지지하는 사람들은 2:29를 이전 부분(1:9; 2:1, 17, 24) 내용을 아우르면서 이후 내용을 소개하는 전환점이자 시작점으로 여긴다(Smalley, 1984: 94). 한편, 2:28을 주장하는 사람들은 2:28을 종말적 권면의 결론으로 여기고 2:18과 짝을 이루는 수미상관 구조로 볼 것을 제안한다(Jobes, 120-1). 하지만 2:28의 시점은 2:18과 다르다. 2:18이 마지막 때를 언급하기는 하지만 주님이 다시 오시는 역사의 끝을 의미하는 것은 아니다. 반면, 2:28은 주님의 재림을 염두에 둔 완전한 미래 시점이다. 이전에는 한 번도 언급된 적 없는 시점이다. 따라서 2:18과 28을 짝으로 이해하는 것은 무리가 있다. 오히려 이런 미래 시점이 3:1-3에서 계속 나타나는 것을 고려한다면 2:28은 미래 시점에 근거해 현재 상황에 대해 권면하는 새로운 문단의 시작으로 보는 것이 더 적절하다. 비록 결정적이지는 않지만, 2:28에서 사용된 호격(τεκνία) 역시 새로운 문단의 시작으로 볼 하나의 단서가 된다. 이런 이유로 본 주석에서는 2:18-27을 하나의 문단으로 본다.

요한일서 2:18-27의 구조는 등장인물과 단어 정보를 통해 2:18, 19, 20-21, 22-23, 24-27로 나눌 수 있다.

(1) 요한일서 2:18의 주된 단어와 등장인물은 마지막 때와 적그리스도이다. 각각 두 번씩 나타난다. 특히 마지막 때라는 표현은 2:18 처음과 끝에 사용되어 수미상관 구조를 만든다.

(2) 요한일서 2:19 주요 등장인물들은 적그리스도들('그들')과 저자와 동역자('우리')이다. 이 구절의 모든 문장의 주어는 적그리스도들이며 소속과 기원을 의미하는 전치사(ἐκ)를 통해 저자와의 관계를 설명한다. 2:18

---

1. 이 외에 다양한 견해에 대해서는 Anderson, 68-9를 참조하라.

에서 언급한 사람들에 대한 부연 설명이다. 그들을 구체화한다.

(3) 요한일서 2:20-21은 이인칭 복수 지시어('여러분')가 사용된다. 독자에게로 초점이 옮겨진다. 일인칭 단수 지시어('나')가 2:21 주어로 사용되기는 하지만, 여전히 '여러분'의 상태가 초점이다. 기름 부음(χρῖσμα)이라는 표현이 등장하며 진리(ἀλήθεια[x2])와 관련해 독자들이 알고 있다(οἶδα[x3])는 단어가 반복된다. 2:21 끝부분에서 거짓말하는 자가 등장하는데, 2:22로 옮겨가기 위한 포석이다.

(4) 요한일서 2:22-23은 다시 삼인칭 지시어로 바뀌어 적그리스도에게로 초점이 이동한다. 주된 동사는 "부인하다"(ἀρνέομαι[x3])이다. 그들은 예수가 메시아라는 것을 부인하는 자들이다. 거짓말하는 자들이며 하나님과의 관계가 없는 자들이다.

(5) 요한일서 2:24-27은 다시 이인칭 복수 지시어를 통해 독자에게 초점을 맞춘다. 전체적으로 '거하다'는 단어가 중요하다. 총 다섯 번 사용되었고, 명령법 형태로 2:24(μενέτω[삼인칭 명령법])를 시작하고 2:27(μένετε[이인칭 명령법])을[2] 끝낸다. 보다 구체적으로 이 부분은 2:24-25, 26, 27로 구분할 수 있다. 2:24-25는 '처음부터 들었던 것'이 반복되며 일인칭 복수 지시어('우리')가 다시 나타난다. 2:22-23에서 언급된 적그리스도의 상태와 상반된 모습을 보여준다. 더 나아가 2:19에서 나타난 '그들'의 모습과도 대조된다. 둘 다 동일하게 '우리'와 관련된 상태를 말해주기 때문이다. 다시 말해, 2:19의 '그들'은 '우리'에게서 나간 자들이고, 2:24-25의 '여러분'은 '우리'에게서 들은 자들이라는 것이다. 2:26은 일인칭 지시어를 통해 저자가 이런 글을 쓰는 이유를 밝힌다. 요한일서 2:27은 기름 부

2. 이 단어는 이인칭 복수 직설법과 명령법의 형태가 같다. 이에 대한 논의는 요일 2:27 설명을 참조하라.

음과 가르치다(x3)는 동사가 주를 이룬다. 2:27은 '기름 부음'을 통해 2:20-21과 연결된다. 전체적으로 2:24-27은 이 문단 내용을 정리하고 저자가 전한 것과 기름 부음이 가르치는 것을 통해 하나님과 예수 안에 계속 거하라고 당부하는 부분으로 이해할 수 있다. 이런 구조는 아래처럼 정리할 수 있다.

요일 2:27은 2:20-21과 연결

	2:18	2:19	2:20-21	2:22-23	2:24-27
인물 정보	적그리스도	'그들'과 '우리'	'여러분'	적그리스도	'여러분', '우리'
주요 단어들	마지막 때, 적그리스도	소속의 전치사 (ἐκ)	기름 부음, 알다(x3), 진리(x2)	거짓말쟁이, 적그리스도, 부인하다(x3), 아버지와 아들	거하다(x5), 처음부터 듣다(x2), 기름 부음, 가르치다(x3)
관계	적그리스도 소개	2:18 부연, 적그리스도 설명	2:19와 대조, 독자 상태 설명	2:20-21과 대조, 적그리스도 상태	2:22-23과 대조, 전체 정리 및 명령

(설명) (대조)

요일 2:24-25는 2:19와 연결

1. 번역

2:18 아이들이여, 마지막 때입니다. 그리고 여러분이 적그리스도가 오리라는 것을 들은 것과 같이, 이제 많은 적그리스도들이 생겨났습니다. 이것으로 우리는 마지막 때라는 것을 압니다. **19** 그들은 우리에게서 나갔지만, 우리에게 속해 있지 않았습니다. 왜냐하면 만일 그들이 우리에게 속해 있었다면 그들은 우리와 함께 거했을 것이기 때문입니다. 그러나 그들이 나간 것은 그들 모두가 우리에게 속한 것이 아님을 나타내려는 것입니다. **20** 그

리고 여러분은 거룩한 분으로 말미암은 기름 부음을 가지고 있고, 여러분 모두는 알고 있습니다.[3] **21** 나는 여러분이 진리를 모른다고 쓰지 않았습니다. 도리어 여러분이 그것을 알았고 모든 거짓은 진리로 말미암지 않는다는 것을 알고 있다고 썼습니다. **22** 예수가 그리스도임을 부인하는 자 외에 거짓말하는 자가 누구겠습니까? 그 사람이 적그리스도, 곧 아버지와 아들을 부인하는 자입니다. **23** 아들을 부인하는 모든 사람은 아버지를 모시고 있지 않습니다. 아들을 고백하는 사람은 아버지 또한 모시고 있습니다. **24** 여러분, 여러분이 처음부터 들었던 것이 반드시 여러분 안에 거하게 하십시오. 만일 여러분이 처음부터 들었던 것이 여러분 안에 거한다면, 여러분 역시 아들과 아버지 안에 거할 것입니다. **25** 그리고 이것이 그분 자신이 우리에게 약속하신 약속인데, 곧 영원한 생명입니다. **26** 여러분을 속이는 자들에 관해 내가 이것들을 여러분에게 썼습니다. **27** 여러분, 그분에게서 받은 기름 부음이 여러분 안에 거하고 있습니다. 또한 누가 여러분을 가르칠 필요가 없습니다. 오히려 그의 기름 부음이 여러분을 모든 것에 대해 가르치고 있는 것 같이 (그것은 참되며 거짓이 아닙니다), 또한 그것이 여러분을 가르쳤던 것처럼 그분 안에 거하십시오.

3. 어떤 사본들은 이 구절을 주격(πάντες, "모두가")으로 읽고(B P Ψ 398 1838 1852 cop[sa] Jerome Hesychius), 어떤 사본들은 목적격(πάντα, "모두를")으로 읽는다(A C K 049 33 614 1739 *Byz*). 외적 증거에 의하면 이 둘은 결정하기가 쉽지 않다. 하지만 요한일서 2:20 내용을 보면 주격으로 읽는 것이 더 적절해 보인다(반대, Black, 205-8). 2:20의 초점은 앎의 내용이 아닌 '그들'과 대조되는 '너희'이기 때문이다. 이인칭 주격 대명사를 써서 분명한 단절을 말해주는 것에서도 확인된다(Culy, 52; Harris, 113; Yarbrough, 154).

2. 주해

18절 (적그리스도 출현과 마지막 때) 독자를 아이들(παιδία)로 부르며 분위기를 전환한다. 요한일서 2:14에서 독자 전체를 부르는 것으로 사용된 단어이다. 비록 2:18이 이전 부분과 불연속성이 있지만, 전체적으로 독자를 향해 있다는 것에서는 연속성 있음을 보여준다.

저자가 전개하고 싶은 주제는 거짓 가르침으로 교회를 어지럽히고 나간 분리주의자이다. 하지만 그들에 대해 곧바로 설명하는 대신, 마지막 때라는 시간 배경 속에 종말적 대적자인 적그리스도로 소개함으로 시작한다. 이는 "마지막 때이다"(ἐσχάτη ὥρα ἐστίν) 표현이 전체를 감싸고 있는 수미상관 구조를 통해 확인할 수 있다.

A: 마지막 때이다.

B: 적그리스도가 올 것이라고 들은 것 같이

B: 이제 많은 적그리스도들이 생겨났다.

A: 이것으로 지금이 마지막 때라는 것을 우리는 안다.

교회를 어지럽히고 나간 자들을 '마지막 때' 속에 위치시켜 전달한 의도를 확인하기 위해 마지막 때라는 표현을 먼저 살펴볼 필요가 있다. 이 표현은 끝 시점을 의미하는 것으로 신약 전체에서 이 부분에만 나온다. 마지막(ἔσχατος)이라는 단어 때문에 자동적으로 예수의 재림과 심판으로 구성된 역사의 마지막 시점을 의미한다고 생각해서는 안 된다. 단어나 표현 자체가 아니라 그것을 담고 있는 문맥이 내용을 결정하기 때문이다. 요한복음에서 마지막이란 단어는 일곱 번(요 6:39, 40, 44, 54; 7:37; 11:24; 12:48) 사용되는데, 모두 날과 함께 사용된다. 대부분은 역사의 마지막 시점을 의미하지만, 요한복음 7:37은 초막절의 마지막 날을 의미한다. 따라서 마지막이란 표현 자체가 반드시 역사의 끝 시점을 의미하는 것은 아니다. 때(ὥρα)라는 표현 역시 문맥을 고려할 필요가 있다. 요한복음에서 사용된 열아홉 번의 경우 중 분명하게 역사의 마지막 끝 시점을 지칭하는 경우는 요한복음 5:28 밖에 없다(참고, 요 21:22, 23[주의 재림]). 이런 면에서 요한일서 2:18은 '마지막 때'라는 표현 자체가 아니라, 2:18의 다른 요소와 이전에 언급했던 2:8의 내용을 함께 고려해 살펴야 한다.

요한일서 2:8은 어둠이 지나가고 참 빛이 이미 왔다고 말한다. 두 영역 설명 틀 안에서 예수의 성육신과 지상 사역을 통해 하나님 나라인 빛의 영역이 시작되었다는 것이다. 구약에서 "주의 날", 혹은 "그 날"로 표현된 구원 약속의 성취이며(예, 사 11:10; 29:18; 렘 33:15 등등)[4] 역사의 마지막 완성 과정의 시작이다. 요한복음 5:25는 죽은 자가 하나님의 음성을 듣고 살아나는 미래 구원의 완성이 예수의 말씀 들음을 통해 지금 시작되었다고 표현한다(참고, 요 4:21, 23). 이렇게 시작된 종말은 예수의 다시 오심으로 마무리될 것이다(참고, 요일 2:28; 3:2; 요 7:37을 제외한 마지막 날이란 표현들).[5] 따라서 요한일서 2:18의 마지막 때는 구원의 완성을 향한 마지막 과정 혹은 기간을 의미하는 것으로 볼 수 있다. "이제"(νῦν)라는 현재 시점을 의미하는 단어를 함께 사용하고 있기 때문에 완전히 마무리되는 끝 시점이 아니다. 예수를 통해 이미 시작되었지만 아직 끝 지점에 도달하지 않은 중간 시점을 의미하는 것으로 보아야 한다.

요한일서 2:18의 마지막 때를 이해하는 또 다른 단서는 적그리스도이다. 이 단어는 신구약이나 다른 문헌을 통틀어 요한서신에서 처음 사용된

---

4. 구약에서 표현된 "주의 날"에 대해서는 Hiers, 82-3을 참조하라.
5. 요한복음과 서신서의 종말 이해에 대해서는 Keener, 320-3; Köstenberger, 295-8을 보라.

다(요일 2:18[x2], 22; 4:3; 요이 7).[6] 일반적으로 유대 묵시 문헌에서는 마지막 때에 하나님의 일을 방해하는 존재들이 등장한다(예, 단 8:11, 12, 25: 9: 27; *1 Macc* 1:54; *2 Macc* 9:12; *As. Mos.* 8.1-2; 10.1-2). 예수 역시 자신의 재림 전 마지막 때에 거짓 메시아(마 24:5, 24; 막 13:6, 22)와 거짓 선지자(마 24:4, 11, 24, 26; 막 13:21, 22)가 나타날 것을 말한다. 바울도 예수의 가르침처럼 마지막 때에 하나님을 대적하는 불법의 사람이 나타날 것(살후 2:3-4, 8-12)과 주의 재림 때 그를 심판하실 것(살후 2:8)을 데살로니가 교회에게 가르친다. 계시록 13, 19-20장 역시 미래에 하나님의 일을 방해하는 짐승의 출현을 언급한다. 모두 예수로 인한 구원의 시작과 재림 사이 어느 시간을 의미한다. 마찬가지로 요한일서도 적그리스도 출현을 마지막 때의 근거로 제시한다. 이 적그리스도는 예수를 대신하는 거짓 메시아가 아니다(von Wahlde, 84). 한 사람 이상으로서(ἀντίχριστοι πολλοὶ), 계속되는 설명에 의하면 예수가 메시아(그리스도)라는 진리를 부인한 자들이다(2:22). 하지만 단순히 진리를 부인하는 것에서 끝나지 않는다. 이들은 저자 공동체에 속해 있었지만(2:19), 거짓 가르침을 통해 진리를 부인하고 공동체를 떠났다. 2:24-27에서 진리를 전하는 것과 관련해 듣는 것과 가르치는 것을 강조한 것에서 추론할 수 있다. 결국, 이들은 복음서에서 예수가 예고한 그리스도인들을 미혹케 하는 거짓 선지자들 혹은 거짓 교사들의 영향을 받은 자라고 볼 수 있다(참고, 4:2). 요한일서는 거짓 선지자들의 잘못된 가르침으로 진리를 떠나고 교회 공동체를 떠난 자들을 적그리스도로 표현함으로써 현재 때가 예수가 예언한 마지막 때임을 설명하는 것이다.[7]

---

6. 브라운은 이 단어를 요한서신 저자 그룹이 처음 만든 것으로 본다(Brown, 1982: 333).
7. 적그리스도에 대한 자세한 설명은 Köstenberger, 187-96; Kruse, 99-102;

마지막 때가 예수로 인한 구원의 시작과 미래 완성의 중간 시점을 의미한다면, 왜 교회를 어지럽히고 떠난 자들을 그 속에 위치시켜 소개한 것일까? 저자의 표현을 통해 두 가지 의도를 추론할 수 있다.

첫째, 거짓 교사들과 그의 추종자들의 악영향이 심각함을 경고하려는 것이다. 저자는 단순히 그들을 나쁜 사람들이라고 묘사하지 않는다. 종말에 있을 하나님의 일을 막는 대적자인 적그리스도라고 말한다. 또한 그들을 종말에 있을 배교자들의 모습으로 소개한다. 그들의 가르침과 행동이 단순히 개인의 윤리와 지식의 옳고 그름의 문제가 아니라는 것을 전달하려는 것이다. 빛과 어둠의 영역 충돌이다. 그들은 어둠의 영역에 속한 자들로서 하나님의 빛의 통치를 거절하는 반역자들이다. 그들은 또한 역사 속에 이미 시작된 하나님의 구원이 완성되는 것을 막는 자들이다. 그렇기에 빛의 영역에 속해 있는 독자들이 그들의 영향력을 따르는 것은 하나님과의 관계를 저버리는 것일 뿐 아니라, 그분이 완성해가는 구원 과정을 막는 일에도 동참하는 것이다. 하나님과 사귐의 관계를 맺는 자들은 절대로 해서는 안 된다. 이렇듯 거짓 선지자들의 가르침과 그것을 따르는 사람들을 두 영역 차원과 그 안에서 진행되는 하나님의 종말적 구원과 관련해 기술한 것은 그들이 주는 영향력을 심각하게 생각하고 거절하기를 기대하기 때문이다.

둘째, 저자의 가르침에 권위를 부여해서 그 가르침을 굳게 따라야 함을 강조하기 위해서이다. 저자는 마지막 때에 적그리스도가 오리라는 말을 독자가 들었다고 말한다(2:18). 독자들이 저자의 가르침을 이미 알고 있음을 상기시키려는 것이다. 이 표현에 담긴 논리는 이렇다. 저자는 이미 예수의 가르침을 따라 마지막 때에 많은 거짓 선지자와 거짓 메시아가 나

Schnackenburg, 135-9; Strecker, 1996: 236-41을 참조하라.

올 것을 가르쳤다. 그런데 실제로 그런 사람들이 출현했고, 그 가르침을 따르는 자들이 생겨 교회를 떠났다. 저자의 가르침이 사실이라는 것이 입증되었다. 그렇기에 독자들은 진리를 왜곡하는 거짓 교사들을 따르면 안 된다. 사실로 확증된 저자의 가르침이 더 믿음직스러운 것이기 때문이다. 거짓 교사들과의 관계성과 가르침의 차이에 근거해 저자의 가르침에 거하라는 명령은 요한일서 2:19와 24-25에서 설명된다.

19절 (적그리스도들과 '우리'와의 관계) 마지막 때의 증거인 적그리스도를 설명하기 시작한다. 맨 처음으로 제시되는 것은 저자와의 관계성이다. 삼인칭 복수 지시어('그들')와 일인칭 복수 지시어('우리'), 그리고 소속을 나타내는 전치사(ἐκ)로 그 둘의 관계를 설명한다. 거짓 선지자들의 영향을 받은 그들은 "우리에게서"(ἐξ ἡμῶν) 나간 자들이다. 저자는 '우리에게서'라는 표현을 요한일서 2:19 첫 문장의 맨 앞에 위치시킴으로써 소속과 분리의 개념을 강조한다(Culy, 48). 그들은 '우리'와 완전히 분리된 상태이다.

처음에는 그들도 저자의 가르침으로 같은 공동체에 있었다. 이후 예수에 대한 잘못된 가르침에 영향 받아 저자의 가르침을 거절하고 분리해 나간 자들로 보인다. 그들이 진실로 거듭난 사람이었는지에 대해서는 논란이 있다. 진리로 거듭났지만, 거짓 가르침의 영향으로 배교했을 수도 있다. 이단의 가르침으로 비진리 영역으로 넘어간 사람처럼 말이다. 아니면, 비록 저자 공동체에 속해 있었지만, 가룟 유다의 경우처럼(요 6:70-71) 진짜로 거듭나지 않았었고 '우리'와 진정한 관계를 맺은 사람들이 아니었을 수도 있다. 거짓 가르침의 영향으로 바른 진리를 통한 거듭남 자체를 경험하지 못한 채 저자가 속한 공동체를 떠난 사람들일 수 있다. 둘 다 가능하다. 거짓 진리로 인해 떠나 간 사람들을 '우리'에게 속해 있지(ἐξ ἡμῶν) 않았던 자들이라고 표현한 것으로 보아, 아마도 두 번째 경우를 염두에 둔 듯하다. 하지만 첫 번째 경우를 두 번째처럼 이해하고 표현했을 수도 있다. 어쨌든 분명한 것은 그들이 거짓 가르침의 영향으로 진리를 거절하고 공동체를 나갔고, 현재 저자를 포함한 공동체와 아무 상관이 없다. 하지만 그들로 인한 문제가 완전히 정리된 것 같지 않다. 저자 표현에 의하면 그들의 부정적 영향력이 아직도 교회에 남아있는 듯한 인상을 준다.

저자는 계속해서 그들이 왜 처음부터 '우리'에게 속한 자들이 아니었는지를 조건문을 통해 부연 설명한다. 만일 그들이 '우리'에게 속해 있었다면 '우리'와 함께 머물렀을 것이다. 그렇지 않았으니까 원래 '우리'에게 속한 자들이 아니었다는 것이다. 여기서 사용된 조건문은 제이 조건문이다. 즉, 현재 사실과 반대되는 것을 설정해 진행하는 것이다. 그들이 우리에게 속했었다는 전제 자체가 사실과 반대이다. 그들은 관계가 전혀 없던 자들이다. 더 나아가 그들이 나간 것은 그들 모두가 '우리'에게 속해 있지 않았던 상태를 드러내는 것이라고 첨언한다. 그들이 '우리'와 상관없는 자들임을 반복하여 강조한 것이다.

이 부분을 대할 때 '우리'와 '그들'의 관계를 잘 이해해야 한다. 교회를 떠난 사람들을 향해 남아 있는 교회가 매도하고 비판하는 차원으로 이해하는 것은 잘못이다. 이 상황은 단순히 개인이나 공동체 사이의 관계 문제가 아니기 때문이다. 기본적으로 분리해 나간 자들과 '우리'와의 차이는 진리 문제이다. 이 부분에서 사용된 소속에 대한 전치사나 함께 거한다는 표현은 기본적으로 영역 개념과 관련해 접근해야 하며, 서신의 첫 부분인 요한일서 1:1-3 내용과 연결해서 이해해야 한다. 1:1-3에서 저자는 그리스도에 대한 '우리'의 증언과 가르침을 통해 독자들이 '우리'와 사귐의 관계를 맺고 계속 지속하기를 원한다고 말한다. '우리'의 사귐은 빛의 영역 안에 있는 것으로서 하나님과 예수와의 사귐을 가지고 있는 것이기 때문이다. 그렇기에 '우리'에게서 분리해 나간 것은 단순히 저자를 미워해 새로운 공동체를 세운 것이 아니다. 하나님과 예수와의 사귐의 관계를 저버리고 어둠의 영역으로 간 것이다. 분리의 핵심은 어둠에서 빛으로 옮겨갈 수 있는 길인 예수에 대한 저자의 가르침과 증언을 거절한 것이다. 그러므로 요한일서 2:19의 '우리'와 '그들'의 문제는 진리 전쟁과 그 결과로 이해해야 한다. 핵심이 진리 문제라는 것은 이후 설명을 통해 더욱 구체화된다.

20절 (독자와 기름 부음[성령]) 독자들의 상황을 논한다. 요한일서 2:19에서 언급된 '그들'의 상황과 반대이다. "여러분"(ὑμεῖς)이라는 이인칭대명사를 통해 '그들'과의 분명한 차이를 강조한 후(Culy, 51), 독자의 상황을 두 가지로 언급한다. 하나는 거룩한 분의 기름 부음을 가지고 있는 것이고, 다른 하나는 그 기름 부음을 통해 지식을 가지고 있다는 것이다.

기름 부음(χρῖσμα)은 신약 전체에서 이 부분과 요한일서 2:27(x2)에만 나온다.[8] 어떤 학자들은 이 단어를 성령을 의미하는 것으로 여기고(대부분의 학자들), 어떤 학자들은 복음의 가르침을 지칭하는 것으로 이해한다(Dodd, 63; Houlden, 79). 혹은 그 둘 다를 의미하는 것으로 보는 학자도 있다(Marshall, 155). 어떤 학자들은 이 단어를 기독교나 교회에 입문하는 세례(침례)를 상징하는 것으로 보기도 한다(Painter, 197-8). 본 주석에서는 성령을 지칭하는 것으로 본다. 이 단어의 동족(cognate) 동사 용례 때문이다. "기름붓다"(χρίω)란 동사는 신약에서 다섯 번 등장한다(눅 4:18; 행 4:27; 10:38; 고후 1:21; 히 1:9). 즐거움의 기름을 부었다고 말하는 히브리서 1:9 외에는 모두 하나님이 성령을 부어주신 것을 의미한다. 따라서 요한일서 2:18의 기름 부음은 궁극적으로 하나님이 주신 성령을 의미하는 것으로 이해하는 것이 좋겠다(Kruse, 103). 또 다른 이유는 요한복음 14장

---

8. 구약과 중간기 용례에 대한 자세한 설명은 Strecker, 1996: 65-6을 보라.

과의 연관성이다. 마지막 다락방 강화 때, 예수는 제자들에게 성령 보낼 것을 약속한다. 이 성령은 진리의 영이고 제자들과 함께 거할 영이다(요 14:17). 또한 세상이 알지 못하는 영이며(요 14:17) 제자들에게 예수의 가르침을 생각나게 할 영이다(요 14:26). 어둠의 영역에 속하지 않은 영으로서 구원 영역에 있는 자들에게 진리를 가르치고 기억하게 하는 분이라는 것이다. 그런데 요한일서 2:20과 27은 기름 부음의 역할을 진리와 지식과 관련해 가르치는 것으로 언급한다. 또한 이 기름 부음은 어둠의 영역에 있는 거짓 교사들에게는 없는 것으로 말한다. 이런 연관성에 의하면 2:20의 기름 부음은 요한복음에서 약속된 보혜사 성령으로 이해하는 것이 타당하다(Harris, 111).

한편, 또 다른 논쟁거리는 기름 부음의 기원인 '거룩하신 이'를 누구로 볼 것인가이다. 하나님, 예수, 성령 세 후보가 있다. 성령은 상대적으로 가능성이 적다. 기름 부음 자체가 성령을 지칭하기 때문이다. 하나님보다는 예수가 더 타당해 보인다. 요한일서 2:27 표현 때문이다. 2:27 경우는 모두 그의(αὐτοῦ) 기름 부음으로 묘사한다. 여기서 '그'란 예수를 지칭하는 듯하다. 바로 앞 구절인 2:25의 "그"(αὐτὸς)가 예수를 의미하기 때문이다. 따라서 같은 단어가 사용된 2:20도 예수로 이해하는 것이 적절하다. 비록 기름 부음의 궁극적 주체는 하나님이지만(요 14:26), 본문의 기름 부음은 예수를 통해 부어지는 성령이다.

저자는 독자인 '여러분/너희'에게 이런 기름 부음이 있다고 말한다. 요한복음 14-16장에서 약속한 성령을 이미 받았다는 것이다. 그들은 어둠의 영역에 속한 자들이 아니라는 말이다. 또한 기름 부음을 통해 세상이 알 수 없는 지식을 알 수 있는 자들이라는 의미이기도 하다. 그래서 저자는 독자들의 두 번째 상태를 그들 모두가 앎과 지식을 소유한 자들이라고 말한다.[9] 기름 부음을 소유하고 있다고 말한 것은 거짓 진리를 가르치고 따르는 자들의 말을 들을 필요가 없음을 강조하려는 것이다. 이 기름 부음이 새 영역 신자들에게 교사의 역할을 하기 때문이다. 하지만 요한일서 2:20은 그에 대한 구체적 설명이 없다. 단지 독자 모두가 안다고 말할 뿐이다. 그 내용은 2:21을 거쳐 2:23에서 분리해 나간 자들을 다시 언급하면서 구체화된다.

21절 (진리를 알고 있는 독자들) 일인칭 단수 지시어('나')를 사용해 독자 상태를 구체화하고 거짓 가르침 따르는 자들과의 대조를 분명히 한다. 짧은 단문들 나열로 되어있지만, 그 구조를 이해하는 것은 쉽지 않다. 연속 사용된 접속사 '호띠'(ὅτι) 때문이다. '내가 여러분에게 쓰지 않았습니다'라고 말하고는 연속된 세 개의 절을 모두 '호띠'로 연결한다. 이 접속사를 인과 관계('왜냐하면')로 해석할 수도 있고, 명사절로서 동사의 목적어 역할('~것을', that)로 이해할 수 있다. '호띠'를 어떻게 이해하는가에 따라 아래와 같은 번역들이 가능하다.

(1) 모든 '호띠'를 이유로 번역하는 경우(NSAB; NIV; NEB; ESV; 개역개정; 새번역; Brooke, 57; Jobes, 119; Strecker 67 n.36; Yarbrough, 152).[10]

---

9. 스트리트(D. R. Streett)는 기름 부음으로 인해 신자가 모든 것을 알게 되는 상태를 예레미야 31:34에 언급된 새 언약과 연결시킨다. 새 언약에 대한 약속 안에 내재화된 율법이 모든 것을 가르치기에 다른 것을 배울 필요가 없다는 것을 말하고 있기 때문이다(Streett, 170). 요한일서와 새 언약과의 연결에 대해서는 Olsson, 307-13을 참조하라.

10. 주절 번역에 대해 약간의 차이가 있다. 예를 들어, NIV와 TNIV는 세 번째 것을 주절에 대한 이유 2의 확장으로 본다. 한편, ESV나 개역개정, 새번역은 주절을 부정문이 아닌 긍정문으로 번역한다.

내가 여러분에게 쓰지 않았다.	주절
왜냐하면(ὅτι) 여러분이 진리를 알지 못했기 때문이다.	이유 1
반대로 왜냐하면(ὅτι) 여러분이 진리를 알고 있었기 때문이다.	이유 2
그리고 왜냐하면(ὅτι) 모든 거짓은 진리에서 나지 않기 때문이다.	이유 2의 확장

(2) 모든 '호띠'를 명사절을 이끄는 것으로 번역하는 경우(Bultmann, 1973: 38 n.13; Brown, 1982: 350; Harris, 115; Olsson, 139; Schnackenburg, 144; Painter, 199; von Wahlde, 82).

내가 여러분에게 쓰지 않았다.	주절
여러분이 진리를 알지 못했다는 것을(ὅτι)	주절 내용 1
반대로 여러분이 진리를 알고 있었다는 것을(ὅτι) (썼다)	주절 내용 2
그리고 모든 거짓은 진리에서 나지 않는 것을(ὅτι)	주절 내용 2의 확장

(3) 처음 두 개는 이유로 번역하고 마지막은 주절의 명사절을 이끄는 것으로 번역하는 경우(KJV; RSV)

내가 여러분에게 쓰지 않았다.	주절
왜냐하면(ὅτι) 여러분이 진리를 알지 못했기 때문이다.	이유 1
반대로 왜냐하면(ὅτι) 여러분이 진리를 알고 있었기 때문이다.	이유 2
그리고 (내가 쓴다) 모든 거짓은 진리에서 나지 않는다는 것을(ὅτι)	주절 내용

(4) 처음 두 개는 이유로 번역하고 마지막은 세 번째 절의 '안다'의 내용으로 번역하는 경우(CEV; NRSV; REV, RSV; Culy, 53-4; Dodd, 55; Smalley, 1984: 109-10).

내가 여러분에게 쓰지 않았다.	주절
왜냐하면(ὅτι) 여러분이 진리를 알지 못했기 때문이다.	이유 1
반대로 왜냐하면(ὅτι) 여러분이 진리를 알고 있었기 때문이다.	이유 2
그리고 모든 거짓은 진리에서 나지 않는다는 것을(ὅτι) (여러분이 알고 있다.)	이유 2의 확장

복잡한 구조이다. 처음 나오는 '호띠'를 어떻게 볼 것인지가 중요하다. 이에 따라 두 번째 경우와 나머지로 구분할 수 있기 때문이다. 주목할 것은 주절이 '~을 쓰지 않았다'는 부정문이고 첫 '호띠' 내용 역시 '진리를 알지 못했다'는 부정문이라는 점이다. 만일 첫 '호띠'가 이유를 이끄는 접속사라면 '내가 여러분에게 쓰지 않았습니다. 왜냐하면 여러분이 진리를 알지 못했기 때문입니다'는 말이 된다. 저자는 지금 글을 쓰고 있다. 그럼에도 불구하고 독자들이 진리를 알지 못했기 때문에 쓰지 않았다고 말한 것이 된다. 내용이 이상하다. 차라리 둘 다 긍정문으로 쓰면 어색하지 않다. '내가 여러분에게 썼습니다. 왜냐하면 여러분이 진리를 알고 있기 때문입니다'가 되기 때문이다. 이런 어려움 때문에 많은 번역들은 주절을 긍정문으로 기술한다(예, NIV; TNIV; ESV; 개역개정). 하지만 주절은 분명히 부정문이다. 더 나아가 서신에서는 독자들이 진리를 알지 못했다는 내용이 없다. 오히려 그들이 진리를 알고 있다고 거듭 말한다. 그러므로 첫 '호띠'를 이유를 제공하는 것으로 번역하는 것은 적절치 않다. 반면, '호띠'를 주절 동사의 목적절을 이끄는 것으로 본다면 '내가 여러분에게 (여러분이 진리를 모른다고) 쓰지 않았습니다'가 되어 자연스럽다. 그리고 이후 나오는 두 번째 '호띠'절을 첨가하면 내용은 훨씬 명확해진다. '내가 여러분에게 (여러분이 진리를 모른다고) 쓰지 않았습니다. 오히려 여러분이 그것을 알았다고 (썼습니다).' 그리고 마지막은 '까이'(καὶ, "그리고") 통해 두 번째 '호띠'절을 확장시킨 것으로 이해하는 것 역시 어색하지 않다. 이런 이유로 본 주석에서는 두 번째 견해를 취한다.

이런 번역에 의하면 요한일서 2:21을 통해 전달하려는 메시지는 두 가지이다. 하나는 독자들로 하여금 이미 진리를 알고 있음을 확증시키는 것이다. 2:18-27은 전체적으로 거짓 가르침을 따르는 '그들'과 독자인 '여러분'과의 대조에 집중하기 때문에 일인칭 지시어 '나'를 통해 독자 상황을 부연한 2:21은 내용 흐름상 생략해도 큰 지장 없다. 그럼에도 불구하고 굳이 진리를 안다(οἴδατε)는 것에 대해 부정과 긍정 표현을 첨가한 것은 독자들이 이미 진리를 알고 있다는 것을 분명히 하려는 것이다. 거짓 교사들과 그들을 따르는 자들의 영향을 받을 필요가 없다는 것을 주지시키려는 의도이다.

저자가 전하려는 또 다른 메시지 역시 거짓 가르침을 따르는 자들의 영향력과 관련 있다. 모든 거짓은 진리로부터 말미암지 않았다고 말하는 세 번째 '호띠'절에서 추론할 수 있다. 거짓 교사들의 가르침은 참 진리가 아님을 전달하는 동시에, 진리와 거짓의 대조를 통해 독자들과 거짓을 따르는 자들의 상황을 비교하려는 의도가 있다. 결국, 요한일서 2:21 역할은 독자들이 이미 진리를 알고 있다는 것을 분명히 함으로써 그들로 하여금 거짓 교사들과 그들을 따르는 자들의 위험을 경계하도록 하는 것이다.

22절 (예수의 정체성을 부인하는 적그리스도) 요한일서 2:21에서 언급된 '모든 거짓'이란 표현을 연결점 삼아 교회를 어지럽히는 자들을 '거짓말하는 자'로 묘사하고 그들의 특징을 소개한다. 2:18-19는 복수 지시어를 통해 거짓 가르침을 따르는 자들을 서술했지만, 2:22는 단수 지시어를 사용한다. 단수를 통해 일반화시키는 방법을 사용한 것이다.

거짓 가르침을 따르는 자들의 특징은 여러 수사적 방법으로 설명된다. 먼저 확인할 수 있는 것은 의도가 담긴 질문을 사용한 점이다. 그들의 특징을 소개할 때 "예수가 그리스도(메시아)라는 것을 부인하는 자 외에 거짓말 하는 자가 누구겠습니까?"라는 질문으로 시작한다(요일 2:22a). 질문 자체에 독자들의 대답이 이미 들어 있는 형태이다. 그들의 관심을 불러일으키고 질문자가 확신하고 있는 사실을 강하게 전달하려는 방식이다. 이 질문에 의하면 참과 거짓을 가르는 기준은 예수가 그리스도(메시아)라는 명제이다.

여기서 언급된 그리스도(Χριστός)는 요한일서를 이해하는 열쇠 중 하나다. 어떻게 이해하는가에 따라 요한일서가 다루고 있는 거짓 교사들과 그들을 추종한 배교한 자들 이해가 달라진다. 뿐만 아니라, 요한일서 상황을 재구성하는 것과도 관련 있다. 많은 학자들은 요한일서 교회들을 포함해 그레코-로만 사회에 뿌리박은 교회들 안에서 그리스도라는 표현은 이미 유대교 이해를 넘어 신성(神性)을 드러내는 정형화된 고유명사라고 생각한다(예, de Jonge and Swellengrebel, 144; Stott, 111; Painter, 200). 그렇기에 교회 문제의 핵심 쟁점은 신성을 가진 그리스도를 인간 예수로 보는 것, 곧 예수의 육체성의 문제라고 본다. 이 경우 거짓 가르침을 전하는 자들의 정체를 크게 세 가지로 생각한다. 하나는 예수 그리스도의 인간성과 육체성을 부인하는 가현설주의고(Jones, 2009: 166-7, 211-4, 257-9; Smith, 131-2; 참고, Smalley, 1984: 212), 또 다른 하나는 육체의 예수와 신성의 그리스도를 구분해 설명하는 케린투스주의다(Akin, 121; Bultmann, 1973: 38; Dodd, 55; Marshall, 157-8; Stott, 111; Westcott, 75). 세 번째는 요한복음을 잘못 이해해 예수의 신성을 강조한 나머지 예수의 인성(人性)과 지상 사역을 경히 여기는 무리다(Brown, 1982: 368-9; Harris, 28;, von Wahlde, 86-7).

하지만 여기서 말하는 그리스도라는 호칭은 유대교의 메시아를 의미하는 것으로 보는 것이 적절하다. 몇 가지 이유가 있다. 첫째, 이 부분을 담고 있는 문맥이 예수의 신성과 인성 문제를 다루고 있다는 단서가 없다.[11] 둘째, 그리스도라는 단어를 신성과 연결시키면 저자 논리에 문제가

11. 요일 2:1은 예수 그리스도를 하나님 앞에서 중보하시는 분으로 언급한다. 부활하셔서 천상에 계신 분으로 소개하지만, 그리스도라는 단어 자체가 그분의 신성을 말하는 것인지는 의문이다. 단순히 그분의 현재 상황을 말하는 것으로 보는 것이 더 적절하다. 또한 2:2에서 그분의 지상 사역인 십자가를 통한 죄 사함을 언급한 것으

생긴다. 이 경우 본문에서 말한 거짓 가르침의 핵심, 곧 '예수가 그리스도이다'를 부인하는 것은 예수를 '신성을 가진 그리스도'로 고백하지 않는다는 말이다. 그렇다면 참 가르침의 핵심은 예수의 신성을 고백하는 것이다. 문제는 이 고백이 '예수 그리스도'의 신성을 말한 가현설주의의 주장과 차이 없으며, 어떤 면에서 그리스도의 신성을 주장하는 케린투스주와 맥을 같이한다는 점이다(Streett, 168). 동일한 문제가 위의 세 번째 경우에도 나타난다. 그래서 이 문제를 인식한 브라운은 이 부분의 핵심을 그리스도라는 단어가 아닌 '예수'라는 것에 둔다(Brown, 1982: 352). 즉, 신성을 가진 그리스도가 바로 예수라는 것을 고백해야 한다는 것이다. 이렇게 이해하기 위해서는 그리스도를 주어로 예수를 보어로 보고 '그리스도가 예수다'로 읽어야 한다. 하지만 원문 표현 '이에수스 … 에스띤 호 크리스또스'(Ιησοῦς ... ἔστιν ὁ Χριστός)의 자연스런 읽기는 인칭대명사 예수(Ιησοῦς)를 주어로 관사가 있는 그리스도(ὁ Χριστός)를 보어로 해서 "예수가 바로 '그리스도'다"로 읽는 것이다. 그렇기에 예수에 대한 정체성을 그리스도로 이해하느냐에 따라 진리와 거짓이 구분되는 것으로 보는 것이 훨씬 자연스럽다. 또한 그리스도의 신성에 대한 이슈가 아니라, 유대교에서 말한 약속된 메시아인가 아닌가의 문제로 이해하는 것이 더 타당하다(Olsson, 155-6; 참고, Griffith, 2002: 187; Streett, 105-6, 157-66; Witherington, 2006: 524).[12]

거짓 교사들과 그 추종자들의 특징을 제시하는 두 번째 방법은 단언과 확증을 사용하는 것이다. 요한일서 2:22b은 '그 사람은 적그리스도, 곧 아버지와 아들을 부인하는 자입니다'라고 단언한다. 이 표현은 2:22a에서

로 보아 예수가 메시아임을 말하는 것으로 볼 수 있다. 즉, 메시아인 예수는 지금 천상에서 신자를 위해 중보하고 있다는 말이다.

12. 이에 대한 자세한 논증은 Streett, 132-72를 보라.

언급한 거짓말쟁이와 2:18에서 제시한 적그리스도를 연결시킨 것이다. 그들은 마지막 때에 나타날 적그리스도요 거짓말쟁이이다. 예수가 메시아라는 것을 부인한 자들이다. 또한 2:19와 연결해 보면 그들이 저자와의 관계를 끊고 공동체를 분리해 나간 것은 아들에 대한 진리를 거절했기 때문임을 알 수 있다. 주목할 것은 적그리스도의 상태를 아들이라는 단어와 연결시킨 점이다. 적그리스도가 부인하는 예수의 정체성을 2:22a에서는 그리스도(메시아)와 연결시켰지만, 2:22b은 하나님의 아들과 연결시킨다. 이 두 칭호는 이후 내용에서도 고백과 믿음, 혹은 거절의 동사를 통해 예수 정체성 이해의 핵심 요소로 언급된다. 예수를 하나님의 아들로 고백하는 것은 2:23을 포함해 3:23; 4:15; 5:5, 10, 13에 나오고, 그리스도(메시아)로 고백하는 것은 이 부분 외에도 3:23; 4:2; 5:1; 요이 7 등에서 나타난다. 신약의 다른 서신들과 비교하면 상당히 독특하다. 하나님의 아들과 그리스도(메시아)라는 호칭을 통해 예수의 정체성을 고백하고 믿는 것이 요한일서가 말하려는 중요 주제임을 보여준다. 흥미로운 것은 요한복음 전체의 기록 목적을 소개하는 요한복음 20:31에서 메시아로서의 예수 정체성을 드러내는 호칭으로 이 두 표현이 사용된 점이다. 그러므로 요한일서에서 대적자 문제를 처음 다루는 이 부분에서 하나님의 아들과 그리스도를 언급한 것은 요한복음에서와 마찬가지로 거짓 가르침을 전하는 자들과 그들을 따르는 자들의 핵심 문제가 '예수가 참 메시아인가'라는 질문임을 짐작하게 한다(Streett, 157-60).

예수의 메시아됨은 단순히 하나님의 아들과 그리스도라는 호칭 문제가 아니다. 예수의 정체성과 사역, 그리고 그에 대한 인간 반응과 결과를 담고 있다. 정체성이란 예수를 누구로 인식하느냐이다. 연관된 여러 질문들이 있다. 구약에서 약속했던 육신의 아기(예, 사 9:6-7)로 이 땅에 오신 분(요일 1:1-2; 4:2-3; 5:6)으로 인정할 것인가? 그분이 하나님의 아들인 것과 세상의 구세주라는 것(1:2-3; 4:14-15; 5:9-10, 20)을 인정할 것인가? 그분이 어둠의 영역에 하나님의 빛을 비춘 참 빛(2:8)인가? 그분을 장차 다시 오실 분(2:28; 3:2)으로 인정하는가? 더 나아가 그분이 참 하나님이시고 영원한 생명(5:20)이신가? 이 모든 것은 예수가 참 메시아인가라는 물음 속에 포함된 것들이다.

사역이란 메시아로서 예수가 이룬 하나님의 구원에 대한 것이다. 여기에는 그의 피로 이룬 대속 사역(요일 1:9; 2:1-2; 3:5, 16; 4:10)이나 어둠의 영역을 깨고 빛의 영역을 시작한 사역(3:8)이 담겨 있다. 뿐만 아니라 예수의 사역이 하나님의 사랑을 드러낸 것(3:16; 4:9-10)이라는 이해도 들어 있다. 사역에 대한 이 모든 입장은 그의 정체성을 어떻게 이해하는가에 따라 달라진다.

인간의 반응과 그에 대한 결과는 예수의 정체성과 사역에 대한 반응과 결과이다. 바르게 인식하고 믿음으로 반응하면 죄를 용서받게 되고(요일 1:9; 2:2, 12; 3:5; 4:10) 생명을 얻게 되며(2:25; 5:1, 11-12, 13) 새 영역에서 하나님과 예수와의 관계 속에 있게 된다(1:3; 2:13-14, 23; 3:24; 4:12, 15, 16: 5:20). 세상 어둠의 영역에 대해서도 보호받고 승리할 수 있다(2:13-14; 3:6, 9; 5:4-5, 18). 여기에는 세상을 사랑하지 말고(2:15-17) 계명을 따라 살라는 요구도 들어 있다(2:3; 9-11; 3:11-18, 23; 4:1, 7, 11-12, 21; 5:1-3). 이 모든 과정은 예수의 정체성을 어떻게 인식하느냐에서 시작된다. 그렇기에 예수가 메시아(그리스도)라는 인식은 하나님의 모든 구원 과정을 경험하는 열쇠가 된다. 거짓 교사들은 바로 이런 진리를 부인하는 자들이다.

저자는 적그리스도를 말할 때, 단순히 아들을 부인하는 자라고 말하지 않는다. 아버지와 아들을 함께 부인하는 자라고 한다. 아들에 대한 입장이 아버지와의 관계를 경험하는 핵심임을 말하고 싶기 때문이다. 이에 대한 부연 설명은 2:23에서 제시된다.

23절 (아들에 대한 반응과 하나님 아버지와의 관계성) 요한일서 2:22와 연결해 거짓 가르침 따르는 자들의 특징을 계속 서술한다. 특별히 아버지와 아들을 부인하는 것에 대해 집중한다. 기본 전제는 아들을 고백하는 자들은 아버지를 모시고 있다는 것이다. 아들에 대한 반응이 아버지와의 관계를 결정한다는 말이며 하나님과 언약 관계를 맺고 있다는 말이다(Streett, 156-7). 낯선 개념이 아니다. 요한복음에서 예수는 자신의 정체성과 사역이 아버지 하나님과 연결되어 있음을 이미 전파했다. 하나님의 아들로서 예수는 특별한 사역을 위해 보냄 받은 메시아이다.[13] 그를 보내신 분은 아버지이며 보냄받은 아들은 보낸 아버지와 하나이다(요 10:30; 14:10; 참고, 요 1:1). 그렇기에 메시아인 아들(요 20:31)을 믿는 것은 보내신 아버지를 믿는 것이고, 아들을 통해 아버지와의 교제에도 함께 참여하게 된다(요 17:3). 이런 개념은 요한일서 앞부분에서도 제시되었다. 특히 서신 처음(요일 1:1-3)은 바로 이런 내용을 독자들에게 확인시키는 것으로 시작했다. 예수에 대한 인식이 구원이라는 새 영역으로의 옮김을 결정지을 뿐 아니라, 하나님과 사귐의 관계를 경험하는 궁극적 핵심임을 말해준다(참고, 요이 9). 거짓 가르침을 따르는 자들은 바로 이 점을 놓치고 있는 자들이다. 이런 면에서 거짓 교사와 그들을 따르는 자들의 핵심 문제는 구약에서 약속된 하나님의 아들과 그리스도라고 표현되는 메시아 예수의 정체성과 사역을 부인한 점이다. 그들은 하나님과의 사귐이나 구원과는 전혀 상관없는 자들인 것이다.

거짓 가르침을 따르는 자들의 모습은 두 가지 수사적 방법으로 묘사

13. '보냄받았다'는 표현은 총 마흔네 번 사용되었다. ἀποστέλλω(x17)와 πέμπω(x25), δίδωμι(x2)를 통해 전달된다. 요한복음에 나오는 보냄 받은 아들로서의 메시아에 대해서는 Schnelle, 681-6을 보라.

된다. 수사적 방법으로 내용을 진행시킨 요한일서 2:22와 연장선에 있다. 하나는 대조법 사용이다. 아들을 부인하는 모든 자는 아버지가 없고, 아들을 고백하는 자는 아버지가 있다. 부인하는 자와 고백하는 자를 대조함으로써 분명한 차이를 전달한다. 더 나아가 아들을 고백하는 자를 언급할 때는 강조 표현(καὶ, "참으로")을 첨가해 그 중요성을 부각시킨다. 또 다른 수사적 방법은 반복이다. '예수를 거절하다'는 표현이 반복된다. 사실 이 내용은 요한일서 2:22에서부터 계속 되었던 것이다. 이와 반대인 '고백하다'란 긍정 표현을 포함하면 모두 네 번 등장한다. 거짓 가르침의 핵심이 예수가 메시아임을 부인하는 것임을 강조하는 것이다.

요한일서 2:22-23에서 거짓 가르침을 따르는 자들의 특징을 설명한 것은 그들과 논쟁하기 위함이 아니다. 대화 상대자는 그들이 아니기 때문이다. 또한 그들의 정체나 현재 모습에 대한 자세한 설명도 하지 않는다. 오히려 저자의 관심은 독자들이다. 거짓 가르침 문제의 핵심이 무엇인지를 보여주어 조심하라고 권면하려는 것이다. 또한 독자들이 이미 받은 가르침과 믿음의 내용을 분명히 해서 흔들리지 말 것을 전하려는 것이다. 저자의 이런 의도는 2:24-27에서 구체화된다.

24절 (처음부터 들은 진리에 거하라) 이인칭 복수 주격 대명사(ὑμεῖς)를 사용해 독자들에게 다시 초점 맞춘다. 이미 요한일서 2:20-21에서 이인칭 지시어를 사용했기에 굳이 주격 대명사를 쓸 필요가 없다. 그럼에도 불구하고 사용한 것은 강조이다. 거짓 가르침을 따르는 자들과 독자의 대조를 분명히 전달하려는 의도이다.

앞부분과 달리 요한일서 2:24는 "거하게 하라"(μενέτω)는 명령형으로 시작한다. 독자들이 처음부터 들은 것을 그들 안에 거하게 하라는 주문이다. 2:18에서 시작된 거짓 가르침을 따르는 자들의 문제를 정리하고 어떠한 삶을 살 것인가를 요청하는 것이다. 주목할 것은 거함의 주체가 가르침이라는 점이다. 저자의 초점이 바른 가르침에 있음을 말해준다.

"처음부터"(ἀπ' ἀρχῆς)는 저자가 독자들에게 복음을 처음 전한 시점을 가리킨다(참고, 요일 2:7). '듣다'라는 표현은 요한일서에서 주로 가르침과 관련해 사용된다. 이 표현이 일인칭 지시어와 함께 사용되면 저자가 들은 예수의 가르침이나 복음과 관련 있으며(1:1, 3, 5), 이인칭 지시어와 함께 사용되면 독자들이 저자에게 들은 것과 관련 있다. 그 내용은 예수를 믿는 진리와 서로 사랑하라는 계명(2:7; 3:11), 그리고 적그리스도에 대한 것(2:18; 4:3)이 있다. 삼인칭 지시어와 함께 사용되면 저자가 전하는 진리와 세상이 전하는 비진리에 대한 사람들의 반응과 관련 있다(4:5-6).[14] 이인칭 지시어와 사용된 2:24 경우는 저자의 가르침과 관련 있다. 요한일서 2:22-23과 연결시켜 보면, 그 가르침은 구체적으로 예수의 정체성과 사역에 대한 것이다. 따라서 2:24 명령은 저자에게서 들은 예수에 대한 바른 진리와 가르침에 계속 거하라는 것이다. 거짓 교사들의 가르침에 휘둘리지 말라는 명령이기도 하다.

계속해서 저자가 전한 복음의 가르침을 붙잡으면 어떻게 되는지를 서술한다. 왜 그 가르침에 거해야 하는지를 설명하려는 것이다. "만일 여러분 안에 여러분이 처음부터 들었던 것이 거한다면, 여러분 역시 아들과 아버지 안에 거할 것입니다." 이 조건문 표현은 주목할 거리들을 담고 있다.

첫 번째는 여러 강조 표현들이다. 그 중 하나는 반복이다. '너희(여러분) 안에'와 '거한다'와 '여러분이 들었다'는 표현들이 사용되는데, 모두 요한일서 2:24a에서 언급된 것들이다. 2:24a에서 했던 명령과 결과를 연결하고, 그 내용이 중요하다는 것을 전달한다. 또 다른 강조 표현은 "여러

14. 가르침과 상관없는 유일한 부분은 요일 5:14-15이다. 삼인칭으로 표현된 하나님이 신자들의 기도를 들으신다는 내용을 담고 있다.

분 역시"(καὶ ὑμεῖς)이다. 앞에서 이인칭 지시어를 사용했기에 이인칭 복수 주격 대명사(ὑμεῖς)를 또 사용할 필요가 없다. 게다가 동일 표현을 2:24를 시작할 때 이미 사용했었다. 그럼에도 주격 대명사를 사용한 것은 독자들에게 초점 맞추고 싶은 강조 표현이다. 뿐만 아니라 강조형 '까이'(καὶ)를 함께 사용한 것은 저자에게 들은 가르침 안에 거하면 어떻게 된다는 것을 더 힘주어 전달하려는 것이다. 틀림없이 그들은 하나님과 예수 안에 거하게 될 것이다.

두 번째 주목할 점은 조건문 주절과 종속절의 주어 차이이다. 조건문의 주절은 '너희(여러분)'를 주어로 하여 독자들이 받는 결과에 주목했다. 하지만 '만일'로 시작되는 종속절의 주어는 독자가 아니라 그들이 받은 가르침이다. 독자들을 향한 저자의 관심이 그 가르침에 있음을 말해준다.

세 번째 주목 거리는 아들과 아버지 안에 거하게 될 것이라고 말한 점이다. 거하게 된다는 것은 사귐의 교제를 갖게 된다는 말이다. 하지만 동일한 사귐의 교제를 의미하는 요한일서 1:3에서는 아버지와 아들의 순서로 되어 있다. 또한 2:22에서 적그리스도가 부인하는 내용 역시 아버지와 아들의 순서이다. 하지만 2:24는 순서가 다르다. 아들을 먼저 언급한 것은 아들을 부인하는 거짓 교사들의 경우와 다르게 아들을 통해 사귐의 교제가 가능하다는 것을 말하려는 의도로 보인다.

이상의 관찰들을 정리하면, 저자의 초점은 독자들이 처음부터 받은 바른 가르침에 천착하는 것이다. 주된 내용은 하나님의 아들에 대한 내용이며, 그 가르침이 독자들로 하여금 새 영역에 머물게 하고 신적 존재들과의 사귐을 얻게 했다. 요한일서 1:1-4에서 저자가 제시한 것과 동일하다. 2:22-23에서 제시된 거짓 가르침을 따르는 자들의 특징과 그들의 결과적 상황과는 완전 반대이다.

25절 (진리 안에 거하는 자에게 약속한 영원한 생명) 요한일서 2:24에서 언급한 아들과 아버지 안에 거하는 것이 무엇인지를 부연 설명한다. 바로 영원한 생명이다. 이는 단순히 시간적으로 오래 사는 개념이 아니다. 요한복음 17:3에서 말한 것처럼 아버지와 아들을 아는 것이다. 구원의 새 영역에서 영원하신 하나님과 예수와의 사귐의 관계 그 자체를 말하는 것이다(요일 3:15; 5:11, 13). 새 언약 관계 아래 있다는 의미이다.

이 영원한 생명은 그분이 저자('우리')에게 약속하신 것이라고 표현된다. 확실성을 설명하고 싶은 것으로서, 저자가 만든 이야기가 아니라 예수가 제자들에게 이미 약속했던 것이다(요 4:14; 5:24; 6:35, 40, 47, 51; 8:12; 10:28; 11:25; 14:6; 17:2; 참고, 요 3:16, 36). 저자가 전한 예수에 대한 가르침은 참이며, 그것을 듣고 믿는 자들은 반드시 약속의 성취인 영원한 생명을 경험하게 될 것이다. 이런 면에서 저자의 가르침은 거짓 교사들의 것과 완전히 다르다. 그 확실성의 기원이 예수이기 때문이다. 또한 그 가르침의 결과가 영원한 생명의 사귐을 경험케 하는 것이기 때문이다. 그러므로 독자들 입장에서는 거짓 교사의 가르침에 휘둘릴 이유가 없다.

26절 (미혹하는 자들 이야기를 쓴 이유) 이인칭을 중심으로 진행하다가 잠깐 일인칭 문장으로 전환한다. 왜 이런 이야기를 하는지를 상기시킨다. 속이는 자들 때문이다. 무슨 이야기가 진행되고 있는지를 확인시키는 것은 이 주제의 중요함을 강조한 것이다. 저자의 가르침에 거하라는 것과 그 결과 아버지와 아들과의 사귐의 교제를 갖는 것, 곧 영원한 생명에 대한 것 모두 거짓 교사들의 속임수와 잘못된 가르침에 빠지지 않게 하기 위함임을 확인시킨다.[15] 주제 강조와 함께 전체적으로 독자를 향한 저자의 목회적 관심과 사랑이 묻어 있다.

---

15. 이 외에도 '속이다'라는 단어는 죄와 관련해서 1:8과 3:7에 사용된다. 모두 죄를 가볍게 여기거나 죄를 행하는 것을 대수롭지 않게 여기는 것에 대한 것이다. 역시 거짓 교사들 모습과 관련 있어 보인다.

27절 (기름 부음이 가르친 진리 안에 거하라) 요한일서 2:24-25에 이어 계속 독자에게 집중한다. 이 구절 구조는 약간 복잡하다. 헬라어의 주절과 종속절로 구분해 나열하면 아래와 같다.

a:	그리고 여러분은,	주절 1
b:	그분에게서 받은 기름 부음이 여러분 안에 거하고 있다(μένει).	주절 2
c:	그리고 여러분은 필요가 없다.	주절 3
d:	(ἵνα)누가 여러분을 가르칠	주절 3의 종속절
e:	오히려(ἀλλ᾽) 그의 기름 부음이 여러분을 모든 것에 대해 가르치고 있는 것 같이(ὡς)	주절 4의 종속절(1)
f:	(그리고 그것은 참되며	첨가문
g:	그리고 그것은 거짓이 아니다.)	첨가문
h:	또한 그것이 여러분을 가르쳤던 것처럼(καθὼς)	주절 4의 종속절(2)
i:	그분 안에 거하라(μένετε).	주절 4

위의 분석에서 요한일서 2:27a는 독자들에게 집중한 것이고 27b는 그들 안에 기름 부음이 거하고 있음을 확인시키는 주절이다. 2:27c-d는 기름 부음을 가지고 있는 자들은 다른 사람이 그들을 가르칠 필요가 없다는 내용의 주절과 종속절이다. 문제는 그 이후 연속해서 나오는 종속절을 어떻게 이해할 것인가이다. 마샬(Marshall, 163)은 2:27f-g를 주절로 보고 그의 기름 부음이 모든 것을 가르치고 있기 때문에 그것이 참되고 거짓이 아니라는 식으로 이해한다. 하지만 2:27e 대조 접속사 '알라'(ἀλλά)를 요한일서 2:27d 반대 상황을 이끌어 마지막 주절인 2:27i와 연결하는 것으로 보는 것이 적절하다. 이 안에서 2:27e의 비교 접속사 '호스'(ὡς, "~같이")와 2:27h '까또스'(καθὼς, "~처럼")를 요한일서 2:27i에 대한 두 개의 종속절로 보고 2:27f-g를 첨가로 보는 것이 좋다. 그러면 2:27e-i는 기름 부음의 가르침이 참이고 거짓이 아니기 때문에, 그것이 독자들에게 가르치고 있는 것처럼(27e) 그리고 가르친 것처럼(27h) 독자들은 그분 안에 거해야 한

다는 것이 된다(Smalley, 1984: 125).[16]

요한일서 2:27은 등위 접속사 "그리고"(καὶ)로 시작한다. 이전 부분과 연결점을 말해준다. 하지만 이인칭 복수 주격 대명사(ὑμεῖς)를 다시 쓴 것은 내용에 약간의 단절이 있음을 알리고 독자 주의를 환기시키는 강조 형태이다. 2:24-25가 저자에게서 들은 가르침에 집중한 것이라면, 요한일서 2:27은 주님의 기름 부음에 대한 내용이다.

계속해서 저자는 그분의 기름 부음이 독자들 안에 거하고 있다고 말한다. 그분이란 예수를 지칭하고(요일 2:20, 25), 현재형 동사는 계속성을 나타낸다. 요한일서 2:20 내용을 반복한 것이며, 독자들 상태를 재확인시키는 것이다. 더 나아가 독자들은 다른 사람들에게서 가르침받을 필요가 없다고 한다. 완전한 지식을 가지고 있기 때문에 어떤 교육도 필요 없다는 말이 아니다. 이 표현 역시 2:20-21에 근거한 것이다. 그들은 주의 기름 부음을 통해 이미 예수에 대한 진리를 알고 있는 자들이다. 기름 부음의 사역은 저자가 전한 예수에 대한 바른 복음을 깨닫게 하고 생각나게 하는 것이다. 또한 주의 가르침과 계명을 삶에 적용하게 하는 것까지 포함한다. 그렇기에 다른 사람들, 특히 거짓 교사들의 가르침 같은 것은 필요 없다. 독자들에게 필요한 것은 기름 부음을 통해 가르쳐진 예수에 대한 진리를 계속 붙잡고 예수 안에 거하는 것이다. 그 가르침은 참되고 거짓 없기 때문이다. 저자는 그분 안에 계속 거해야 한다는 명령형으로 그간의 설명을 마무리 짓는다.

마지막 절의 "그분 안에 거하라"(μένετε ἐν αὐτῷ)는 명령은 요한일서 2:24와 달리 이인칭이다. 독자인 '너희'가 직접 어떤 것을 하는 것이 초점

16. 스몰리(S. S. Smalley)는 요일 2:27h를 예수가 가르친 것으로 이해한다. 하지만 기름 부음인 성령으로 이해하는 것이 문맥상 더 타당하다. 예수가 가르쳤다는 내용이 없기 때문이다.

이다. 여기에는 몇 가지 번역의 어려움이 있다.

번역의 첫 번째 어려움은 동사 '메네떼'(μένετε) 이해이다. 이인칭 복수 직설법으로 '너희는 거하고 있다'로 번역할 수도 있고(Brooke, 63-4; Brown, 1982: 361; Harris, 122; Westcott, 81; KJV; NASB), 이인칭 복수 명령법으로 '거하라'로 번역할 수도 있다(Bultmann, 1973: 38; Culy, 61; Olsson, 140; Smalley, 1984: 127; Yarbrough, 164-5; KJV와 NASB를 제외한 대부분의 영어번역; 개역개정). 직설법을 주장하는 사람들은 요한일서 2:28에 나오는 동일 표현을 중요 근거로 제시한다. 같은 명령법 표현이 2:27과 28에 연이어 나오면 그 내용이 어색해지기 때문에 2:27의 경우를 직설법으로 보는 것이 적절하다는 것이다. 하지만 앞서 언급한 대로 2:28은 새로운 문단의 시작으로 보는 것이 더 타당하다. 요한일서에서 한 번도 사용되지 않은 완전한 미래 시점이 등장하기 때문이다. 그렇다면 한 문단 끝을 명령법으로 하고, 다른 문단을 명령법으로 시작하는 것은 어색한 것이 아니다. 2:27의 구조 역시 명령법으로 보는 것에 더 무게를 두게 한다. 위의 구조 분석에서 보듯, 2:27e-i의 내용은 기름 부음이 가르친 것에 따라 독자들이 '그분 안에 거하고 있다'고 해석하는 것보다 '그분 안에 거하라'는 명령형이 훨씬 적절하다(Smalley, 1984: 125). 적그리스도라 부르는 사람들의 심각한 영향력을 배경으로 이미 2:24에서 명령형을 사용했었기 때문에, 결과 상황을 다루는 2:27 이 부분에서 명령으로 마무리하는 것이 훨씬 더 강한 전달력이 있기 때문이다.

두 번째 어려움은 '엔 아우또'(ἐν αὐτῷ)이다. 대명사 '아우또'는 남성일 수도 있고 중성일 수도 있다. 같은 형태이다. 중성이라면 요한일서 2:27이 다루고 있는 기름 부음(중성)을 의미하고(Olsson, 145-6), 남성이라면 예수를 의미할 것이다(모든 성경 번역). 약간 까다롭다. 하지만 위의 구조 분석처럼 2:27e-i가 기름 부음의 가르침에 따라 거하라는 명령과 관련된 것이라면, 그 거함의 대상은 기름 부음일 리 없다. 오히려 기름 부음이 가르친 예수 안에 거하라는 것이 더 적절하다. 그렇다면 '아우또'는 2:27e에서 말한 기름 부음을 주신 그분(αὐτοῦ)과 동일한 예수이다. 또한 2:28이 '그분 안에 거하라'는 동일 표현을 사용한 점도 2:27 '아우또'를 예수로 이해하게 한다. 2:28 경우는 분명히 예수를 지칭하기 때문이다. 문단 맨 마지막 내용으로 새로운 문단을 시작하는 형태로 볼 수 있다(Kruse, 109; von Wahlde, 89). 이상의 관찰을 정리하면, 저자의 마지막 명령은 거짓 교사들의 악한 영향력을 피하고 바른 진리를 통해 예수와의 관계성을 계속 지속하라는 것이다. 역시 독자들을 생각하는 저자의 목회적 관심이 묻어 있다.

결론적으로 요한일서 2:24-27은 적그리스도라 명명한 거짓 가르침을 따르는 자들의 영향력을 피하고 바른 가르침에 계속 머물 것을 말한다. 구원 얻고 새 영역에서 하나님과 예수와의 사귐의 관계를 유지하는 비결이기 때문이다. 이를 위해 바른 가르침의 두 가지 통로를 제시한다. 하나는 저자가 독자들에게 전한 증거이고, 다른 하나는 저자를 통해 제시된 예수의 가르침을 주의 기름 부음, 곧 성령이 깨닫게 하는 것이다. 이 두 가지 통로 외에는 진리가 전달되는 방법이 없다. 그러므로 거짓 교사들과 그들을 따르는 자들은 진리의 통로가 아니다. 그들의 가르침은 구원과 상관이 없다. 결코 따라서는 안 된다.

3. 해설

요한일서 2:18-27은 교회에 악영향을 주는 거짓 가르침을 따르는 자들에 대한 문제를 본격적으로 다룬다. 마지막 때에 나타나게 될 하나님의 일을 방해하는 세력이라고 묘사하며 시작한다. 그들은 저자 공동체에 있었지만 스스로 분리해 나간 자들이다. 핵심 문제는 예수에 대한 진리이다. 예수를 구약에서 약속한 메시아(그리스도)로 인정하지 않았던 것이다. 예수에 대한 진리를 부인하는 자들이기에 구원의 새 영역에 속하지 않은 자들이다. 당연히 하나님과 예수와의 사귐이 없는 자들이다. 저자의 진짜 관심은 그런 거짓 교사나 그들의 가르침을 따르는 자들과 논쟁하려는 것이 아니다. 그들의 영향력으로부터 독자들과 교회를 지키고 싶은 것이다. '그들'이라 불리는 거짓 가르침을 따르는 자들과 '여러분(너희)'이라고 불리는 독자들을 교차적으로 대조시킨 구조에서 확인할 수 있다. 요한일서 1:1-4와 함께 이 부분에 나온 독자와 거짓 가르침을 따르는 자들의 차이는 아래처럼 정리할 수 있다.

	거짓 교사들(분리주의자들)	독자들
1. 저자('우리')와의 관계	'우리'에 속하지 않았고 분리해 나간 자들(2:19)	교제가 있음(1:3)
2. 하나님과 예수와의 관계	적그리스도(2:18, 22), 아버지와 아들이 없음(2:22, 23)	사귐의 교제가 있음(1:3; 2:24)
3. 하나님과 예수와의 관계 차이의 원인	예수가 메시아(그리스도)인 것을 부인(2:22-23)	저자가 전한 복음을 들음(1:3; 2:24) 성령의 가르침을 따름(2:20, 27)
4. 하나님과 예수와의 관계 결과	생명이 없음	영원한 생명이 있음(2:25; 참고, 1:2[x2])

전체적으로 저자가 독자들에게 확인시키려는 것은 두 가지다. (1) 예수가 메시아(그리스도)라는 진리의 내용이다. 예수의 정체성과 사역 내용이 담겨있다. 거짓 교사나 그들을 따르는 자들과 다르게 독자들은 이런 진리를 이미 가지고 있음을 확인시킨다. 또한 명령형을 사용하여 그 가르침이 독자들 안에 계속 머물게 하라고 당부한다(요일 2:24). 미혹되거나

흔들리지 말라는 것이다. (2) 가르침의 기원 혹은 통로이다. 요한일서 2:18에서 시작한 설명을 정리하고 명령법으로 독자에게 당부하는 요한일서 2:24-27에서 알 수 있다. 바른 가르침의 통로는 저자와 주의 기름 부음인 성령이다. 저자는 독자들에게 처음부터 예수에 대한 진리를 전하고 가르친 자이고, 성령은 저자를 통해 증거된 바른 진리를 깨닫고 적용하게 한다. 바른 가르침의 통로를 말한 것은 거짓 교사는 올바른 진리의 통로가 아니기에 절대로 듣고 따라서는 안 된다는 것을 강조한 것이다. 이처럼 바른 가르침의 통로와 그를 통한 바른 진리를 강조한 것은 독자들로 하여금 새 영역 안에서 하나님과 예수와의 사귐을 놓치지 않게 하려는 것이다. 마지막 명령인 '그분 안에 거하라'는 것에서 확인된다.

마지막 때가 예수의 초림과 재림 사이의 기간이라면 본문에 언급된 것처럼 진리를 왜곡해 이상하게 가르치는 거짓 교사와 그들을 따르는 적그리스도 같은 사람들은 계속 있을 수 있다. 실제로 그런 진리 전쟁은 우리 시대에도 벌어지고 있다. 그렇기에 요한일서 저자가 제시한 두 가지, 곧 바른 진리를 증거한 사도들의 가르침과 성령의 조명을 의지하여 예수에 대한 바른 이해를 붙잡는 것은 시대를 초월해서 여전히 따라야 하는 명령이다.

제7장
요한일서 2:28-3:10
새 영역 안에 있는 신자의 통합적 삶 2: 그분처럼 의롭게 살라

요한일서 2:28-3:10은 한 문단으로 볼 수 있다. 몇 가지 단서들이 있다. 하나는 2:28이 보여주는 이전 문단과의 불연속성이다. 비록 "그분 안에 거하라"(μένετε)는 명령이 2:27과 연결되지만, 그 연결은 곧바로 주님의 나타나심이라는 표현을 통해 주제의 불연속성으로 바뀐다. 역사 끝에 있을 완전한 미래 시점을 의미하며, 요한일서에 처음 나온 것이다. 이와 함께 비록 결정적이지는 않지만, 독자를 부르는 '자녀들'이란 호격 사용 역시 문단 구분의 근거가 될 수 있다.

문단 끝 부분에 대해서는 이견이 있다. 어떤 학자들은 요한일서 3:3(Marshall, 164; Schnackenburg, 151)이나 3:12(Westcott, 95)로 본다. 하지만 3:10을 문단의 끝으로 보는 것이 훨씬 설득력 있다(Brown, 1982: 418; Kruse, 112; Olsson, 160; NA 28th). 2:29와 3:10이 보여주는 상관성 때문이다. 둘 다 의를 행하는 것과 하나님의 자녀로서의 관계성을 말한다.[1]

1. 요일 2:29: πᾶς ὁ ποιῶν τὴν δικαιοσύνην ἐξ αὐτοῦ γεγέννηται("의를 행하는 모든 사람

또한 3:10 마지막은 사랑을 행하는 것에 대해 언급하는데, 이후 전개될 3:11 이하 내용을 이끄는 것이다. 문단 마지막 부분에서 다음 문단 주제를 암시하며 끝맺는 방법이다. 이런 면에서 2:28에서 3:10을 한 문단으로 보는 것이 적절하다.

내용적으로 요한일서 2:28-3:10은 2:18-27에서 다루었던 적그리스도나 가르침, 진리 등의 단어가 없다. 대신 예수의 재림(παρουσία), 출생과 관련한 "낳다"(γεννάω, 2:29; 3:9[x2])와 "하나님의 자녀"(3:1, 2, 10[x2]), "마귀"(διάβολος)라는 단어가 처음 등장한다. 한동안 언급되지 않았다가 다시 사용된 단어들도 있다. 의나 죄와 관련된 단어들은 1:5-2:11 이후 보이지 않다가 이 문단에서 다시 나타난다. 이런 형태들은 2:28-3:10의 초점이 두 영역 틀 속에서 신자 삶에 대해 설명하는 것임을 짐작케 한다. 특별히 주의 재림이라는 관점으로 신자의 현재 삶에 대한 권면이 진행되며, 죄 문제와 관련한 의로움 모습이 새 영역에서의 정체성과 관계성을 중심으로 서술된다. 2:18-27이 거짓 교사들 문제에 대해 바른 가르침과 진리에 거할 것을 다루었다면, 2:28-3:10은 그 바른 가르침에 따라 예수 안에 거하는 삶이 무엇인지를 설명하는 부분이다.

요한일서 2:29-3:10 구조는 단어와 시점, 비교와 대조 등의 수사 기법을 중심으로 2:28-29, 3:1-3, 4-6, 7-10으로 구분할 수 있다.

(1) 요한일서 2:28-29는 예수 안에 거하라는 명령으로 시작한다. 미래 주님의 재림 때 부끄럽지 않기 위해 현재 주 안에 거해야 함을 명령하고 2:28), 그에 대한 원리를 제시한다. 새 영역에 속한 정체성과 예수를 따라 행하는 것 사이의 관련성을 의를 중심으로 설명한다(2:29). ① 신자의 정

이 그분에게서 태어났습니다")

요일 3:10: τέκνα τοῦ θεοῦ("하나님의 자녀") ... πᾶς ὁ μὴ ποιῶν δικαιοσύνην οὐκ ἔστιν ἐκ τοῦ θεοῦ("의를 행하지 않는 모든 사람은 하나님께 속해 있지 않습니다").

체성과 상태, ② 주의 재림과 관련한 미래 시점, ③ 신자의 현재 행위, 그리고 ④ 예수의 중심성이라는 네 가지 주제가 등장한다.

(2) 요한일서 3:1-3은 2:28-29를 구체화하는 부분이다. 2:28-29에서 언급된 신자의 삶에 대한 네 요소들이 다 제시된다. 특별히 하나님의 구원 사역의 과거, 현재, 미래 시점을 통해 그분의 자녀됨이라는 정체성을 설명하고 신자의 현재 모습에 집중할 것을 권한다.

(3) 요한일서 3:4-6은 예수에 관한 미래 시점이나 출생에 대한 단어가 없다. 대신 죄와 관련된 단어가 중심을 이룬다. 이 부분은 2:28-29가 제시한 신자의 삶의 요소 중 미래 시점에 대한 것을 제외한 세 가지를 공유하고 있다. 신자의 정체성과 행위와의 관계를 죄와 관련해 설명한다. 2:28-29에서 언급한 예수를 본받아 의를 행하라는 권면과 관련 있다. 행함 차원에 방점이 있다

(4) 요한일서 3:7-10은 3:4-6처럼 현재 시점에서 신자와 죄와의 관계를 다룬다. 신자의 삶의 네 요소 중 미래 시점을 제외한 세 가지를 보여준다. 의를 행하는 것과 죄를 행하는 것 사이의 대조를 하나님의 자녀와 마귀의 자녀라는 정체성과 관계성 대조와 연결지어 서술한다. 3:7-10은 3:4-6처럼 정체성과 의로운 행위와의 연관성을 통해 2:28-29와 연결하지만, 3:4-6과 달리 하나님의 자녀라는 정체성 차원에 더 집중한다.

요한일서 2:28-3:10의 구조는 다음과 같이 정리할 수 있다.

구조와 내용		신자 삶에 대한 주제들	기능 및 역할
2:28 -29	- 명령: 주의 재림 때를 위해 주 안에 거하라(2:28). - 근거와 원리: 의로우신 예수처럼 의를 행하는 자는 그에게서 난 자이다(2:29).	- 신자의 정체성, 상태, 예수와의 관계(주제 1) - 미래 시점(주제 2) - 신자의 행위(주제 3) - 예수(주제 4)	2:27과 연결해 예수 안에 거하는 삶 설명
3:1 -3	- 아버지가 베푸신 사랑으로 자녀 됨(3:1) —과거와 현재 - 자녀됨의 현재와 미래 상태(3:2) - 예수처럼 깨끗하게 하라(3:3).	- 주제 1, 2, 3, 4	주제 1과 2에 집중해 2:28-29를 설명

3:4 -6	- 죄 짓는 자(3:4) - 죄 사함에 대한 예수의 사역(3:5) - 죄와 신자의 현재 상태(3:6)	- 주제 1, 3, 4 (죄를 중심으로 주제 1과 3을 연결)	주제 3에 집중해 2:28-29와 연결
3:7 -10	- 아무도 속이지 못하게 하라(3:7) - 의를 행하는 자의 상태(3:7) - 죄 짓는 자의 상태(3:8) - 마귀에 대한 예수의 사역(3:9) - 행위를 통한 하나님의 자녀들과 마귀의 자녀들의 구별(3:10)	- 주제 1, 3, 4 (죄를 중심으로 주제 1과 3을 연결)	주제 1에 집중해 2:28-29와 연결

1. 번역

2:28 그리고 자녀들이여, 이제 그분 안에 거하십시오. 그분이 나타나시게 될 때 우리가 담대함을 갖게 되고 그분의 재림 때 우리가 그분 앞에서 부끄러움 당하지 않게 하기 위해서입니다. **29** 만일 여러분이 그분이 의롭다는 것을 안다면, 의를 행하는 모든 사람이 그분에게서 태어났다는 것 역시 압니다.[2] **3:1** 보십시오. 얼마나 큰 사랑을 아버지께서 우리에게 주셨습니까! 우리가 하나님의 자녀로 부름받았고, 실제로 그러합니다. 세상이 우리를 알지 못하는 이유는 그분을 알지 못하기 때문입니다. **2** 사랑하는 자들이여, 지금 우리는 하나님의 자녀들입니다. 그리고 우리가 어떻게 될 지는 아직 나타나지 않았습니다. 만일 그분이 나타나시게 되면 우리는 그분과 같이 될 것을 우리는 압니다. 우리가 그분이 계신 그대로 그분을 볼 것이기 때문입니다. **3** 그리고 그분을 향해 이런 소망을 가진 모든 사람은 자신을 깨끗

2. 주절의 "안다"(γινώσκετε)라는 이인칭 동사는 명령법과 직설법이 동일한 형태이기에 번역에 논란이 있다. 직설법이 타당하다. 신자 됨의 결과로 앎에 대한 지식이 제시될 때는 명령보다는 상태 묘사인 직설법이 더 적절하기 때문이다(요일 2:3, 2:5, 2:20, 2:21, 3:16, 3:19, 3:24, 4:2. 4:13, 5:2; Harris, 126). 또한 요일 2:28-3:10에서는 인지적 지식을 추구하라는 권면도 없다.

하게 합니다. 그분이 깨끗하신 것처럼 말입니다. **4** 죄를 행하는 모든 사람은 또한 불법을 행합니다. 그리고 죄는 불법입니다. **5** 그리고 여러분은 그분이 나타나시게 된 것이 죄를 없애기 위한 것임을 알고 있습니다. 그리고 죄가 그분 안에 없습니다. **6** 그분 안에 거하는 모든 사람은 죄를 짓지 않습니다. 죄를 짓는 모든 사람은 그분을 보지도 못했고 그분을 알지도 못했습니다. **7** 자녀들이여,[3] 아무도 여러분을 속이지 못하게 하십시오. 의를 행하는 자는 의롭습니다. 그분이 의로운 것처럼 말입니다. **8** 죄를 행하는 자는 마귀에게 속해 있습니다. 왜냐하면 처음부터 마귀는 죄를 지었기 때문입니다. 이것을 위해서 하나님의 아들이 나타나시게 된 것입니다. 마귀의 일들을 없애기 위해서입니다. **9** 하나님에게서 난 모든 사람은 죄를 행하지 않습니다. 그분의 씨가 그분 안에 거하고 있기 때문입니다. 그리고 그 사람은 죄를 지을 수 없습니다. 왜냐하면 하나님으로 말미암아 태어났기 때문입니다. **10** 이것으로 하나님의 자녀들과 마귀의 자녀들이 분명해집니다. 의를 행하지 않는 모든 사람과 그의 형제를 사랑하지 않는 사람은 하나님에게 속해 있지 않습니다.

3. ECM/NA 28th은 NA 27th(τεκνία)와 달리 παιδία(아이들아)를 원문으로 보았다. 이 두 단어는 요한일서에서 독자들을 부를 때 함께 사용된 표현이다. ECM 서론(ECM, 30)에서는 3:7을 바꾸었다는 것을 기술하지 않았지만, NA 28th에서는 바꾸었다. 특별하게 중요한 외적 증거가 추가된 것이 없는데 왜 바꾸었는지 모르겠다. 오히려 내적으로 3:7과 10이 의를 행하는 것과 관련해 수미상관 구조를 이루는 것을 감안하면, 3:10의 '떼끄니아'가 3:7에도 사용된 것으로 보는 것이 더 타당할 것이다.

2. 주해

28절 (주의 재림과 독자들) 28절은 앞 절과 연결해 독자들의 삶 차원에 집중한다. '자녀들'이란 호격을 통해 주의를 끌고 '그분 안에 거하라'는 명령으로 시작한다. 이는 2:27 마지막 부분 내용의 반복이다. 표현은 동일하지만, 기능은 다르다. 2:27 경우는 거짓 교사 문제와 관련한 설명을 정리하고 바른 가르침에 거하라는 마무리 명령이다. 반면, 2:28은 새 영역에 거하는 신자의 삶에 대해 설명하려는 것이다. 이 둘의 차이는 명령의 이유 혹은 목적 차이에서도 확인된다. 2:27은 저자와 성령의 가르침을 갖고 있기에 그것에 따라 예수 안에 거하라고 말하지만, 2:28은 예수의 다시 오심에 근거해 그 앞에서 부끄러움 당치 않기 위해(ἵνα) 예수 안에 거하라고 명령한다.

예수의 다시 오심은 요한일서에서 처음 등장하는 주제이다. 하지만 재림에 대한 교리를 가르치려는 것이 아니다. 거하라는 명령의 목적을 설명하려는 것이다. 또한 주의 나타나심과 재림은 조건절이나 시간을 나타내는 부사부로 표현되어 있다. '우리'가 담대함을 갖게 되는 것과 그분 안에서 부끄러움 없게 될 것이라는 주절 내용을 설명하는 기능이다. 결국 미래 모습에 근거해 그분 안에 거해야 하는 신자의 현재 삶이 초점이다.

독자를 향한 명령과 그 목적을 통해 신자 삶의 네 가지 요소를 확인할 수 있다. (1) 첫째 요소는 새 영역 안에 있는 신자의 정체성과 상태이다. '그분 안에 ~하라'라는 명령 내용과 '우리'와 관계된 신자 상태를 언급한 목적절에서 이를 확인할 수 있다. 요한일서 2:28 명령은 독자들이 빛의 새 영역으로 옮기는 과정에 대한 것이 아니다. 이미 옮겨진 상태에서 지속적인 거함을 요구하는 것이다. 이제(νῦν)라는 표현과 지속의 의미를 담은 현재 명령법이 그 증거다. 그들은 이미 예수 안에 거하여 관계를 갖고 있는 자들이다. 목적절 내용 또한 새 영역 안에 있는 상태에 대한 것이다. 그들은 주님의 재림 때 담대함과 부끄러움 없는 상태를 얻게 될 것이다. 이는 없던 구원을 얻는다는 것이 아니다. 새 영역 안에서의 교제가 계속 유지되고 깊어지는 조건을 의미하는 것으로 볼 수 있다. (2) 둘째 요소는 정체성에 합당하게 살아가는 삶이다. 이는 신자 행위와 관련된 것으로, '거하라'는 명령 이행이 여기에 해당한다. (3) 셋째 요소는 미래 시점이다. 신자의 삶은 과거와 현재 모습만 있는 것이 아니다. 오늘과 연결된 미래가 있다. 특히 예수의 재림을 통해 구원 역사가 완성되는 미래이다. 그 미래를 기대하고 새 영역 안에서 오늘을 사는 것이 신자의 삶이다. (4) 넷째 요소는 예수다. 저자의 선포와 성령의 가르침을 통해 믿고 알게 된 예수(2:24-27)는 신자가 지속적으로 그 안에 거해야 하는 대상이며 교제 대상이다. '그분 안에 ~하라'라는 명령 내용에서 확인할 수 있다. 그분은 또한 다시 오실 것이다. 그 때도 그분은 신자가 여전히 관계를 맺어야 할 대상이다. "그분 앞에서"(ἀπ' αὐτοῦ)라는 표현에서 읽을 수 있다. 이 네 주제를 요약하면 신자는 새 영역 안에서 예수를 중심으로 관계를 맺고 있는 자로서 주님의 재림과 그 이후까지 지속되는 상태를 위해 오늘 자신의 정체성에 합당하게 행하는 삶을 살아야 하는 자들이다.

29절 (독자의 의로움과 하나님과의 관계성) 저자는 28절의 명령과 연결해 조건문 형태로 신자의 삶에 대한 원리를 제공한다. 만일 독자들이 그분이 의롭다는 것을 안다면, 의를 행하는 모든 자는 그분에게서 태어난 자임을 안다. 조건절과 주절 모두 "안다"(εἰδῆτε와 γινώσκετε)는 동사를 사용한다. 독자들이 알고 있는 지식임을 확인시키는 것이다. 전체 내용은 신자 삶에 대한 것으로 세 가지 요소를 담고 있다.

(1) 첫 번째 요소는 정체성과 상태이다. 신자는 그분에게서 태어난 자

이다. "낳다"(γεννάω)는 단어는 요한일서에서 처음 사용된 것이다.[4] 육체적 출생이 아니다. 구원의 새 영역에서 새로운 삶과 신분을 얻는다는 의미이다(Olsson, 318). 요한복음 1:12에서 예수 믿는 자에게 주어지는 하나님의 자녀가 되는 권세와 연결된 개념이며, 요한복음 3:3에서 예수가 니고데모에게 설명한 거듭남과 같은 의미이다. 하지만 요한일서 2:28의 표현을 잘 이해하기 위해서는 두 가지 사항을 더 살펴보아야 한다.

하나는 '그분에게서'라는, 태어남의 기원을 언급한 점이다. 자녀 됨의 기원과 주체는 모두 하나님으로 제시되고 있기에(예, 요일 3:1-2) '그분'은 하나님을 의미한다. 소속과 기원을 말해주는 전치사(ἐκ, "~에게서")는 새 영역에서의 태어남이 하나님으로 말미암아 된 것이며, 그분에게 속해 있다는 관계 차원이 있음을 말해준다. 따라서 그분에게서 태어났다는 말은 어둠의 영역에서 빛의 영역으로 옮겨와 하나님과 새로운 수직적 사귐의 관계를 갖고 있다는 말이다.

또 다른 고려 사항은 태어나는 과정을 제시하지 않았다는 점이다. 대신 저자는 "안다"(γινώσκετε)라는 주절 동사의 내용으로 제시한다. 다시 말해, 독자들이 거듭남의 구원을 얻어야 한다고 요구하거나 명령하지 않았다는 말이다. 이미 새 영역 안에 속해 있다는 것을 알고 확증하는 것과 관련 있다. 뿐만 아니라, '안다'라는 동사의 주어는 의를 행하는 사람이다. 사람의 상태가 초점이다. 그렇기에 '태어남'과 관련한 저자의 초점은 어둠에서 빛으로 옮겨가는 구원 과정이 아니라, 이미 빛의 영역에 속해 있는 자들의 정체성과 상태이다.

(2) 신자의 삶에 대한 두 번째 요소는 행함이다. '의를 행하는 자는'이

4. 이 단어는 어머니가 아이를 낳는 개념일 수도 있고, 아버지가 아이를 갖게 하는 의미일 수도 있다. 후자 이해가 적절하다. 요일 3:1에서 하나님을 아버지로 표현하고 있기 때문이다. 또한 3:8에서 하나님의 씨를 언급하고 있기 때문이다(Olsson, 317)

란 표현에서 확인할 수 있다. 이후 계속된 설명에 의하면 의를 행한다는 것은 정결함(요일 3:3)이나 죄를 행하지 않는 모습(3:6, 9), 서로를 사랑하는 모습(3:10)을 포함한다. 하지만 이 행함을 새 영역으로 옮겨가는 것과 연결시켜서는 안 된다. 요한일서 2:29 기능은 이미 그분 안에 거하고 있는 자들을 향해 계속 그 안에 잘 거하라고 명령한 2:28의 부연 설명이기 때문이다. 따라서 의를 행하는 자가 하나님께로부터 난 자임을 알게 된다는 표현은 신자의 행함이 새 영역으로 옮겨진 자의 정체성과 상태를 외적으로 드러내는 표지라는 말이다. 1:5-2:11이 새 영역에서의 정체성 고백과 삶의 일치를 설명한 점을 고려하면, 2:29 표현 역시 행위와 정체성 연결 또는 신자의 삶의 일관성과 온전성을 말하고 있는 것으로 볼 수 있다.

(3) 세 번째 요소는 예수이다. '만일'이라는 조건절을 통해 의로우신 분으로 묘사된다. 헬라어 원문은 주어가 없고 삼인칭 상태 동사 '에스띤'(ἐστιν)과 "의로운"(δίκαιός)이라는 형용사로만 표현된다. 그가 의롭다는 것이다. 요한일서 이전 부분에서는 의로움을 하나님(1:9)과 예수(2:1)와 관련해 언급했었기 때문에, 삼인칭 '그'는 하나님도 될 수 있고 예수도 될 수 있다. 문맥적으로도 하나님은 이후 3:1에서 자녀 됨과 관련해 언급되고, 예수는 2:28에서 재림하는 분으로 소개된다. 결정하기가 쉽지 않다. 두 가지 이유 때문에 예수로 이해하는 것이 좋겠다. 주어 없이 삼인칭 동사만으로 표현한 것은 바로 앞부분에 언급된 등장인물과의 긴밀한 연결을 의미한다(참고, Givón, 249). 또한, 2:29 기능이 2:28에서 언급한 '그분' 안에 거하라는 명령을 부연하는 것임을 고려하면, 일차적으로 이후보다는 이전 내용을 받는 것으로 이해하는 것이 좋다. 따라서 조건절에서 묘사한 의로운 이는 예수를 지칭하는 것으로 보아야 한다(Harris, 126; Olsson, 161; Smalley, 1984: 133; 반대, Kruse, 113). 예수가 의롭다는 것은 독자들이 이미 알고 있는 지식이다. 이는 저자의 가르침과 증거의 결과일

것이다. 하지만 그 지식을 언급한 것은 예수에 대한 교리를 가르치기 위함이 아니다. 그분을 신자 삶의 모본으로 소개하려는 것이다. 이는 조건절에서 예수를 묘사할 때 사용한 의로운(δίκαιος)라는 단어와 주절에서 말한 신자가 행하는 "의로움"(δικαιοσύνην)이란 단어 연결을 통해 확인할 수 있다. 그분의 의로움처럼 의를 행하는 삶을 말하려는 것이다. 예수는 지식의 내용일 뿐 아니라, 삶의 실제적 모본이다.

이상의 요소들은 모두 요한일서 2:28에서 소개된 것들이다. 미래 시점이 없는 것은 현재 삶의 모습에 집중하고 싶은 것이다. 이 요소들에 의하면 진리의 가르침을 통해 예수의 의로우심을 아는 것처럼 그를 본받아 의를 행하는 것이 신자의 삶이며, 새 영역에 속해 있는 하나님의 자녀라는 정체성에 부합한 모습이다. 이것이 2:28에서 언급한 그분 안에 거하라는 명령의 내용이다. 더 나아가 이런 내용은 독자들에게 그런 삶을 살아가라고 하는 간접 명령도 담고 있다. 조건절과 주절 모두에서 '독자들이 안다'는 어구를 사용한 것은 그들이 이미 이런 내용의 지식을 갖고 있기에 그런 삶을 사는 것이 옳다는 것을 전달하려는 것이다.

3장 1절 (하나님의 사랑으로 자녀가 된 신자들) 3:1은 2:28-29와 연결해 그분 안에 거하는 것이 무엇인지 구체적으로 설명한다. 특별히 미래 시점(2:28)과 하나님으로부터의 출생(2:29)과 연결해 신자의 삶에 대해 권면하기 시작한다. '보십시오'(ἴδετε)라는 말로 독자의 주의를 집중시키고, 이내 하나님의 사랑과 그로 인해 얻게 된 자녀 됨의 결과를 소개한다. 자녀 됨이 이 부분의 주제인 것은 하나님을 아버지라고 부른 것과 신자를 하나님의 자녀라고 말한 것에서 확인된다.

하나님의 자녀가 되는 것은 그분의 사랑의 부르심 때문이다. 시간상 과거 사건이고 요한일서 2:29에서 말한 "그분에게서"라는 표현의 내용이다. 그분의 부르심으로 인해 '우리'는 실제로 하나님의 자녀가 되었다. 새 영역 안에서 하나님과 관계를 맺고 있는 현재 상황이다. 하나님이 시작한 과정으로 묘사한 것은 새 영역으로 옮기는 구원 과정의 주체가 그분임을 확인시키고 그분과의 관계가 중요함을 보여주려는 것이다. 일인칭 복수 지시어('우리')를 사용한 것은 저자와 독자가 함께 경험하는 것으로 묘사하기 위해서다. 하지만 또 다른 의도가 있다. 세상과의 구별됨 역시 저자와 독자가 함께 공유하고 있음을 드러내려는 것도 있다. 이후 첨가된 세상과 관련된 표현에서 확인할 수 있다.

저자는 세상이 그분을 알지 못하기 때문에 '우리'를 알지 못한다는 내용을 추가한다. 세상과 '우리'를 대조한 것이다. 세상은 독자들에게 사랑하지 말라고 한 대상(요일 2:15-17)이며 거짓 교사들과 그 추종자들의 영향력이 있는 영역, 곧 어둠의 영역이다. 반면, 저자와 독자는 빛의 영역에 속한 자들이다. 이런 대조는 "안다"(γινώσκω)라는 단어를 통해 전달된다. 이 단어가 등장인물에 대해 사용되면 서로의 관계성을 나타내기에 세상과 '우리'와의 대조는 이 둘이 서로 관계가 없음을 말해준다. 이런 모습은 궁극적으로 하나님과의 관계성 차이에 기인한다. 세상은 그분을 알지 못하기 때문이라고 추가한 말에서 알 수 있다. 여기서 그분이란 문맥상 하나님을 의미한다. 세상이 하나님을 알지 못한다는 것은 그분과 관계가 없다는 말이다. 결국 세상이 '우리'와 관계없는 것은 그들에게는 '우리'가 맺고 있는 하나님과의 관계성이 없기 때문이다. 하나님과의 관계성을 중심으로 세상과 '우리'를 설정한 것은 세상을 사랑하지 말라는 요한일서 2:15-17 내용을 상기시키는 것이다. 더 나아가 이후 설명될 그분 안에 거하는 삶이 세상을 따르는 것과 관련 없음을 말하려는 것이기도 하다.

2절 (주의 재림과 하나님 자녀의 미래) 요한일서 3:1 후반부에 언급한 세상과의 대조에서 하나님의 자녀라는 신자의 현재 상태로 다시 돌아와 논의를 진행한다. '사랑하는 자들이여'라는 호격을 사용하여 독자의 주의를 집중시키고, 이내 '우리'가 현재 하나님의 자녀인 것을 재진술한다. 3:1의 반복이다. 강조의 표현이며, 곧 진행될 미래 상태 설명의 시작점을 말하려는 것이다.

신자의 미래 상태는 아직 나타나지 않았다. 하지만 그분이 나타나시게 되면 '우리'가 그분처럼 될 것을 '우리'가 알고 있다.[5] 저자의 초점은 주님의 재림 그 자체가 아니다. 그 때 경험하게 될 신자의 상태이다. 일인칭 복수 동사(ἐσόμεθα)를 통해 독자와 함께 경험하는 것임을 설명한다. 이는 신자의 몸이 주님의 영광스러운 부활의 몸을 덧입는 온전한 상태를 의미한다(참고, 고후 3:18; 빌 3:21). 하지만 저자는 이에 대한 자세한 설명을 하지 않는다. 대신 신자의 미래 상태가 왜 확실한지에 대한 이유를 첨가한다. 그가 계신 그대로 볼 것이기 때문이다. 본다는 것은 관계성을 내포하는 것이다. 미래에서도 그분과의 관계성이 지속되고 온전하게 됨을 암시한다. 하지만 이 내용 역시 정확히 어떤 과정으로 그렇게 되는지 설명하지 않는다. 전체적으로 미래에 있을 현상을 자세히 설명할 의도는 없어 보인다. 오히려 저자의 관심은 주님의 재림 때 있을 신자의 변화에 대한 지식은 이미 독자와 공유하고 있는 것임을 확인시키는 것이다. 이 점은 "우리가 안다"(οἴδαμεν)는 표현에서 짐작할 수 있다. 저자와 독자가 공유하고 있는 지식은 크게 세 가지이다. 첫째, 주님의 재림이 있다는 것이다. 둘째, 신자의 미래 상태는 현재와 다르다는 것이다. 셋째, 주님과의 관계는 미래에도 지속된다는 것이다. 이런 지식의 공유를 설명한 것은 그것을

---

5. '나타나다'란 동사의 주어가 없기에 그 과정 주체에 대한 논란이 있다. 어떤 학자들은 요일 3:2a에서 말한 아직 나타나지 않은 상태가 나타난 것으로 여긴다(Brown, 1982: 393-4; Harris, 131-2; Olsson, 159). 하지만 재림 예수로 보는 것이 적절하다(Culy, 69; Jobes, 141; Kruse, 116). 나타남으로 인해 '그분'을 보게 되고 '그분'처럼 된다는 표현 때문이다. 그렇기에 예수가 나타나서 그분을 보게 되고 그분처럼 변화된다고 이해하는 것이 더 자연스럽다.

토대로 현재의 삶을 어떻게 살아갈 것인가를 설명하기 위해서다.

3절 (미래 소망으로 깨끗한 삶을 살라) 요한일서 3:2와 연결해 독자의 삶에 대해 권면한다. 그분을 향해 이런 소망을 가진 모든 사람은 자신을 깨끗하게 한다. 앞 구절에서 언급한 예수 재림의 미래 소망을 현재 삶과 연결시킨 것이다. 3:1에서 시작된 논의의 결론이다. 이 소망의 핵심은 장차 일어날 사건 그 자체가 아니다. 그것을 가능케 하실 '그분'이다. 그분을 향한(ἐπ᾽ αὐτῷ) 소망이라고 표현하고 있기 때문이다. 이것 역시 관계를 중심으로 한 개념이다. 더 나아가 신자의 정결한 삶의 핵심 또한 예수와 관련있다. 저자는 '그분이 깨끗하신 것처럼'이라는 표현을 첨가함으로써 왜 그런 삶을 살아야 하는지에 대한 이유를 부연한다. 이 또한 의로우신 예수를 아는 지식과 그로 인한 관계 때문이다. 결국, 신자의 삶이란 예수로 인한 새 영역에서의 사귐에 근거해 그에 합당한 삶을 사는 것이라는 말이다. 삶의 행위를 정체성과 상태와 결합시킨 권면이다.

결론적으로 요한일서 3:1-3은 2:28-29에서 제시한 신자의 삶에 대한 요소들을 고스란히 담고 있다. (1) 첫 번째 요소는 하나님의 자녀라는 정체성과 상태이다. 하나님의 사랑의 부르심으로 시작된 것으로 과거와 현재, 미래의 상태를 보여준다. 과거 상태란 하나님의 자녀가 아니었던 상태와 그분 부르심의 계획을 말한다. 현재 상태란 하나님의 부르심으로 그분의 자녀가 되어 새 영역에 속해 있는 상태이다. 미래 상태란 예수가 다시 오실 때에도 지속되는 하나님 자녀의 정체성과 상태이다. 하나님이 계획하고 이루실 구원의 전체 과정을 대략적으로 설명한 것으로 볼 수 있다. 여기서 하나님의 자녀라는 정체성의 핵심은 하나님과 예수와의 관계이며, 이 관계를 통해 세상과의 관계가 결정된다. 신자는 세상에 속한 자가 아니라 하나님께 속한 그분의 자녀이다. (2) 두 번째 요소는 정체성에 걸맞는 삶의 모습이다. 하나님의 자녀라는 현재 정체성과 상태가 있기에 그리고 미래의 온전한 상태를 소망하기에 지금 삶을 깨끗하게 하는 것이다. 새 영역 안에서 하나님과 예수와의 수직적 관계에 근거한 개인 차원의 거룩이다. (3) 세 번째 요소는 미래 시점이다. 예수의 재림으로 인한 구원의 미래 상황이다. 하나님의 자녀라는 신자의 정체성은 변하지 않는다. 하지만 그 상태는 현재 것과 비교해 더 온전한 것으로 변화한다. (4) 네 번째 요소는 예수이다. 여기에는 예수의 정결함과 그분의 재림 사역에 대한 지식이 포함된다. 예수는 신자가 품고 있는 소망의 핵심이며, 재림 이후 신자가 만나 온전한 교제를 나누게 될 대상이기도 하다. 또한 현재 신자가 정결한 삶을 살아야 하는 거룩함의 모범이다. 3:1-3은 이 네 요소를 다 가지고 있다. 하지만, 신자의 정체성과 상태를 삶의 행위와 연결시킬 때 미래 시점을 근거로 제시하는 독특성이 있다.

4절 (죄를 짓는 자는 불법을 행하는 자다) 미래 시점이 사라진다. 요한일서 3:3에서 언급한 정결한 삶을 죄와 연결해 설명한다. 죄에 대한 주제는 요한일서 3:10까지 지속된다. 내용상 3:4-6과 7-10으로 구분할 수 있다. 3:4는 그 시작이다. 죄를 행하는 모든 사람은 또한 불법을 행한다. “행하는 모든 사람”(πᾶς ὁ ποιῶν)이란 표현은 2:29에서 언급한 것과 동일 형태이다. 하지만 두 가지 면에서 다르다. 하나는 행하는 내용이다. 요한일서 2:29는 의를 행하는 것이지만, 3:4는 죄를 행하는 것이다. 또 다른 차이점은 행함과 정체성과의 연결이다. 2:29와 달리 3:4는 죄를 행하는 자의 정체성에 대한 것이 없다. 오직 죄를 행하고 불법을 행하는 것에 집중한다. 구조를 통해서도 확인된다. 헬라어 원문에 의하면 3:4a은 (1) 모든 행하는(ποιῶν) 사람 - (2) 죄를 - (2′) 불법을 - (1′) 행한다(ποιεῖ)는 구조이다(Smalley, 1984: 154). ‘행한다’ 동사를 처음과 끝에 배치시킨 것은 그 주제를 부각시키려는 것이다. 비록 3:6에서 행위와 정체성을 연결하지만, 3:4-6의 주된 초점이 행위에 있음을 짐작할 수 있다. 이런 공통점과 차이점은 3:4가 죄를 행하는 경우를 언급함으로써 의를 행하는 신자의 삶에 대한 2:29의 설명을 구체화하고 있음을 알게 한다.

죄를 행하는 문제는 새로운 주제가 아니다. 이미 요한일서 1:5-2:2와 2:12에서 언급했기 때문이다. 이후로도 이 문제는 4:10; 5:16(x2), 17(x2)에서 다루어진다. 특별히 서신 전체 본론을 죄 문제를 다루는 것으로 시작하고 마무리하는 것은 주목할 만하다. 독자들의 문제 상황이 죄와 관련한 것임을 짐작케 한다. 한편, 2:18-27에서 거짓 교사들의 가르침 문제를 다루고, 이후 신자의 삶을 설명하는 현 문맥에서 다시 죄 행하는 것을 언급한 것 역시 독자들 상황을 짐작케 한다. 아마도 그들은 거짓 교사들의 영향으로 죄를 인식하지 못하거나 혹은 죄 행하는 것을 대수롭지 않게 여겼던 것으로 보인다.

그렇다면 여기서 죄를 행하는 것은 무엇을 의미하는가? 요한일서 3:4a 구조는 죄를 행하는 것과 불법(ἀνομία) 행하는 것을 연결시킨다. 이런 연결은 죄는 곧 불법이라는 3:4b의 첨언에서도 확인된다. 불법이란 문자적으로 법이 없다는 것이다. 이 법은 기본적으로 어떤 규범을 의미하지만, 본문 의미는 인간 사회의 규범을 지칭하는 것이 아니다. 모세를 통해 주신 율법처럼 창조주 하나님의 뜻이 반영된 기준을 의미한다. 물론 인간 사이의 윤리와 도덕 등의 내용을 포함하지만, 기본적으로 하나님과의 관계를 중심으로 설정된 것이다. 그렇기에 성경은 죄를 행하는 것을 하나님의 법을 깨는 불법과 동일 개념으로 묘사하곤 한다(LXX 시 31:1-2[한글성경 시 32:1-2]); LXX 시 50:4[한글성경 시 51:2]; 롬 4:7-8; 히 10:17; 참고, 히 1:9는 의와 불법을 대조시킴). 하나님의 뜻과 기준을 어기는 이런 개념은 기본적으로 한 개인이 그분을 향해 어떤 반응을 보이는 식의 상호작용 관점을 가지고 있다. 특별히 부정적 형태의 상호작용 반응을 의미한다. 불법을 행하는 개념에는 또 다른 차원이 있다. 두 영역 설명 틀 안에서 가지는 의미이다. 신약 여러 곳에서는 불법을 종말에 나타날 하나님의 뜻을 거절하는 것(마 7:22-23; 24:11-12; 고후 6:14-15)이나 방해하는 세력(살후 2:3, 7)으로 묘사하기도 한다. 모두 종말적 두 영역 개념을 중심으로 하나님의 구원 역사를 방해하는 어둠의 영역에 속한 것을 의미한다. 이런 개념은 3:4를 담고 있는 문맥에서도 나타난다. 요한일서 3:5에서는 예수의 사역을 죄를 없애는 것으로 묘사하는데, 동일한 사역을 요한일서 3:8에서는 마귀의 일을 없애는 것으로 말한다. 마귀가 어둠의 영역의 통치자임을 고려한다면, 죄란 어둠의 영역 안에서 그 통치자를 따르는 의미를 가지고 있다고 볼 수 있다. 이 개념은 3:8과 10에서 재차 언급된다. 요한일서 3:6에서 죄를 행하는 것을 예수를 알지 못하는 것, 곧 사귐과 관계로 연결한 것에서도 확인할 수 있다. 따라서 죄를 행하고 불법을 저지르는 것은 단순히 하나님의 뜻이나 계명에 대한 행위 차원의 문제가 아니다. 보다 궁극적으로 그분 자체를 거절함으로써 그분의 통치나 그분과의 관계를 거절하는 것이다(Bultmann, 1973: 50; Jobes, 143; Olsson, 325; Marshall, 176-7; Schnackenburg, 171; Smalley, 1984: 155). 이런 면에서 이 구절에서 말한 죄는 하나님을 거절하는 근원적 죄(the sin)와 그로 인해 파생된 죄악들(sins)을 말하며, 개인의 행함이라는 상호작용 차원과 소속과 관계와 통치라는 두 영역 차원을 함께 가진 포괄적인 것이다.

5절 (죄 사함을 위한 예수의 사역) 요한일서 3:4와 연결해 죄를 짓지 말아야 하는 이유를 제공한다. 예수 때문이다. 저자는 구체적으로 두 가지 차원에서 그 이유를 서술한다.

하나는 예수의 지상 사역 때문이다. 그분이 나타나신 것은 죄를 없애기 위해서이다. 나타나셨다(ἐφανερώθη)란 표현은 요한일서에서 예수의 성육신과 지상 사역(1:2)이나 미래의 재림 사역(3:3)을 의미할 때 사용된다. 여기서는 지상 사역을 의미한다. 죄를 해결하는 사역은 이미 2:1-2에서 '우리'와 세상 죄를 위한 속죄제물로 소개된 바 있다. 예수가 메시아(그리스도)라는 진리를 증거할 때 전했던 내용일 것이다. 또한 신약 모든 저자가 공유하고 있는 예수의 십자가와 부활 사역의 핵심 내용이기도 하다(예, 롬 4:25; 고전 15:3; 벧전 2:24). 예수의 이 사역은 단순히 죄 사함 받게 하는 것에서 그치지 않는다. 어둠의 영역에서 죄의 노예였던 자들을 해방시켜 빛의 영역으로 옮기게 한 사역이기도 하다(3:8).

죄를 짓지 말아야 하는 또 다른 이유는 그분의 상태 때문이다. 그분 안에는 죄가 없다. 이 표현은 단순히 존재론적으로 예수의 무죄성을 증명하려는 것이 아니다(Lieu, 2008: 130). 신자의 삶과 관련한 모본으로 소개하려는 것이다. 상호작용 관점에서 보면 예수는 하나님을 거절하거나 반대하지 않았고 그분의 뜻을 따랐다는 의미이다. 또한 두 영역 관점에서 보면 비록 어둠의 영역에 오셨지만, 참 빛으로서(요일 2:8) 세상에 속하거나 동화되지 않았다는 것이다. 정체성과 삶의 통일성과 일관성을 계속 유지한 분이라는 의미이다. 하나님께는 어둠이 조금도 없다고 표현한 요한일서 1:5와 같은 개념이다.

이 두 가지를 종합하면 신자가 죄를 짓지 말고 살아야 하는 이유는 예수의 사역으로 인해 죄를 용서받고 어둠에서 빛으로 옮겨왔기 때문이다. 그뿐만 아니라, 새 영역에서의 삶의 모본인 예수 때문이다. 예수 역시 하나님 아버지처럼 일관성과 온전성을 보이신 분이기 때문에 그분과 관계하고 있는 신자들 역시 그렇게 살아야 한다. 주목할 것은 이런 지식을 새로운 것으로 소개하고 있지 않다는 점이다. "너희들(여러분)이 안다"(οἴδατε)라는 동사를 사용해 독자들로 하여금 이런 지식을 이미 소유하고 있음을 상기시키고 있기 때문이다. 그렇기에 그들에게 필요한 것은 이미 가르침 받아 경험하고 있는 예수에 대한 지식과 교제를 계속 유지해서 하나님을 거절하고 관계를 깨버리는 죄를 행하지 않는 것이다.

6절 (신자의 죄 행함과 예수와의 관계성) 요한일서 3:5에서 제시한 이유를 근거로 두 부류 사람들을 비교하여 논의를 일단락 짓는다. 두 가지 수사적 기법으로 진행된다. 하나는 대조법이다. 그분 안에 거하는 긍정적 경우와 죄를 짓는 부정적 경우가 대조된다. 또 다른 기법은 교차대구(inverted parallelism)이다. 그분과의 관계를 양 끝에 배치시키고 죄 짓는 것을 가운데 위치시킨 형태이다. 아래와 같다.

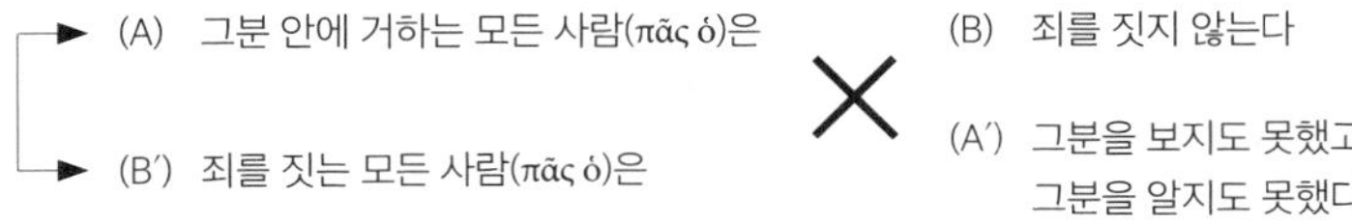

이 구조에 의하면 요한일서 3:6 초점은 사람의 상태이다. 긍정적 경우와 부정적 경우의 대조가 사람을 중심으로 진행되기 때문이다. 그리고 사람들 상태의 핵심은 그분과의 관계성과 죄를 행하는 것과의 연관성이다.

첫 번째 사람들은 긍정적 경우이다. 그분 안에 거하는 모든 사람은 죄를 짓지 않는다. 여기서 그분은 예수를 의미한다. 바로 앞 구절에서 죄와 관련한 예수의 사역을 언급했기 때문이다. 거한다는 것은 영역 안에서 관계를 맺고 있다는 말이다. 그렇기에 이 긍정적 경우는 새 영역에 속한 신자들로서 예수에게 초점 맞추고 그분과의 관계 안에 있는 사람들이다. 특별히 "그분 안에 거한다" 표현은 2:28에서 명령형으로 전한 내용과 같다. 그렇기에 2:28에서 말한 "거하라"는 명령을 따르는 사람의 경우를 의미하는 것으로 볼 수 있다. 그들은 죄를 짓지 않는다.

두 번째 사람들은 부정적 경우이다. 죄를 짓는 모든 사람은 그분을 보지도 못하고 알지도 못한다. 여기서의 그분도 예수이다. 보고 아는 것은 단순한 감각과 인지 작용을 말하는 것이 아니라 관계를 맺고 있다는 표현이다(예, 2:3-4; 3:1). 그렇기에 죄를 짓는 자는 그분과의 관계가 없다는 것이다. 예수와 관계가 없다는 것은 구원의 새 영역과 상관없음을 의미하기에 이 사람은 기본적으로 어둠의 영역에 속한 자로 볼 수 있다.

이런 이해에도 불구하고 이 구절은 해묵은 난제들을 담고 있다. 하나는 예수 안에 거하는 첫 번째 사람들이 죄를 짓지 않는다는 표현이다. 이 말은 신자는 죄를 지을 수 있는 존재가 아니라는 말로 들릴 수 있으며, 나아가 예수 믿는 자는 죄를 전혀 짓지 않는 완전무결한 삶을 살게 된다는 것으로 이해할 여지를 줄 수 있다. 하지만 이런 이해는 신자의 실제 삶과 다르고 성경 다른 곳의 가르침과 상충된다. 요한일서 자체 내용과도 충돌된다. 요한일서 1:8-10은 신자가 죄를 범하지 않았다고 고백하면 거짓말을 하는 것이라고 말한다. 2:1에서도 저자가 서신을 쓰는 이유 중 하나를 독자들이 죄를 짓지 않게 하기 위해서라고 말하는데, 이것은 죄 지을 가능성을 전제로 한 것이다. 또한 5:16 역시 신자(형제)가 죄를 지을 가능성을 말한다. 그렇다면 이 모순처럼 보이는 첫 번째 사람의 경우를 어떻게 이해해야 하는가? 또 다른 문제는 죄 짓는 두 번째 사람들의 정체이다. 기본적으로 그들은 예수와 관계없는 어둠의 영역에 속한 자들이다. 하지만 신자도 죄를 범한다. 그렇다면 두 번째 경우에 신자도 포함된다는 것인데, 이것은 첫 번째 사람이 죄를 짓지 않는다는 것과 또 충돌된다. 그렇다면 두 번째 경우 사람을 누구라고 보아야 하는가?

이 두 문제는 서로 연결되어 있다. 핵심은 죄를 짓는 것에 대한 이해이다. 학자들은 여러 해석들을 제기했다. 한 견해는 헬라어 문법을 통한 접근이다. 동사의 현재시제 형태(ἁμαρτάνει, ἁμαρτάνων[분사])에 주목하며 지속적이고 반복적으로 죄를 짓는 상태를 표현한 것으로 본다(Akin, 143-4; Burge, 1996: 150; Kruse, 120; Stott, 127; NIV). 신자는 지속적이고 반복적인 죄를 짓지 않으며, 그런 죄를 짓는 사람은 예수를 모른다는 것이다. 하지만 동일하게 현재분사로 신자가 죄 짓는 것을 말한 요한일서 5:16 경우는 반복적이고 습관적인 것을 의미한다고 보기 어렵다(Jobes, 145). 또한 헬라어 동사의 상(aspect)에서 현재시제 형태는 행위의 반복과 빈도를 말하는 것이 아니다. 과정 자체에 초점을 두고 아직 끝나지 않은 상태로 묘사하려는 것이다(Porter, 1992: 29). 쉽게 말해, 죄 짓는 과정 자체가 있다는 것이다. 그렇기에 현재형 자체에만 집중해서 반복적이고 습관적 행위 개념을 이끌어내는 것에는 어려움이 있다(Culy, 73; Olsson, 165). 또 다른 견해는 외적 배경, 곧 교회를 흔드는 거짓 교사들의 정체를 바탕으로 이해하는 것이다(Brown, 1979: 124-7; Dodd, 78-81). 하지만 이는 본문 접근 순서가 바뀐 것이다. 배경 상황은 본문 자체를 토대로 재구성되는 것이기 때문이다. 배경을 중심으로 본문을 접근하는 것은 본문 내용을 왜곡할 가능성이 있기에 조심해야 한다. 한편, 본문에 대한 또 다른 이해는 신학적으로 접근하는 것이다. 일례로 죄를 짓지 않는다는 표현을 미래에 있을 신자의 이상적 상태로 이해하는 것이다(Wallace, 524-5). 그러나 현 문맥은 신자의 현재 상황을 말하고 있다.[6] 보다 타당한 것은 요한일서가 갖고 있는 종말론적 두 영역 개념과 사람이 하나님/예수와 상호작용하는 개념을 중심으로 요한일서 3:6 구조와 문맥 상황을 통해 이해하는 것이다(참고, Olsson, 323-8).

요한일서 전체는 빛과 어둠의 영역 개념을 전제로 한다. 죄를 다루고 있는 요한일서 3:6의 문맥 역시 어둠에서 빛으로 옮겨온 신자의 정체성과 상태를 전제로 한다. 이 두 영역 개념은 소속과 관계를 핵심으로 한다. 이런 큰 틀 안에서 사람과 신적 존재인 하나님/예수의 관계는 행위와 반응의 요소가 있는 상호작용의 모습으로 표현된다. 죄를 짓는 것은 기본적으

6. 이 외에 여러 견해들에 대해서는 Brown, 1982: 412-6; Olsson, 326-8을 보라.

로 행위 요소를 담고 있는 상호작용 개념이다. 하지만 앞서 요한일서 3:4에서 설명했듯, 단순히 개인의 윤리 행위를 의미하는 것이 아니다. 그 행위와 반응의 핵심은 하나님과의 관계성을 근거로 그분에 대해 부정적으로 상호작용하는 것이다. 또한 종말론적 두 영역 관점에서 보면 죄를 행한다는 것은 새 영역 주인과의 관계와 그분의 뜻을 거절하고 어둠의 영역과 관계 맺는 불법을 행하는 것이다. 요한일서 3:6의 죄를 짓는 개념도 같은 관점으로 접근해야 한다.

이런 이해는 요한일서 3:6 구조에서도 나타난다. 위에서 살펴본 것처럼 예수 안에 거하는 자는 죄를 행하는 자와 대조된다. 동일 개념의 반대 표현으로 볼 수 있다. 여기서 거한다는 것은 영역 개념 표현이고 행한다는 것은 상호작용 개념 표현이다. 이 둘이 관계를 중심으로 연결된 것이다. 그러므로 죄를 짓는 것은 상호작용 차원에서 행위로 관계를 거절한 것이고, 영역의 차원에서도 관계를 거절하고 그 안에 머무는 것을 깨뜨리는 것이다. 이런 연결은 예수와의 관계와 죄를 짓는 것을 교차대구로 전개한 것에서도 확인할 수 있다.

주변 문맥 역시 이런 사고를 지지한다. 요한일서 3:8에서는 죄 짓는 것을 마귀의 일로 묘사하고, 그것을 행하는 자를 마귀에게 속한 자라고 말한다. 3:4 표현과 연결하면 죄를 짓는 것 = 불법을 행하는 것 = 어둠의 영역에 있는 것 = 마귀의 일을 하는 것 = 마귀와 관계 맺는 것 = 하나님/예수의 관계를 거절하는 것이란 등식이 성립된다. 그러므로 그분 안에 거하는 자는 죄를 짓지 않는다는 말은 상호작용 관점에서 그분과 관계 맺는 긍정적 반응과 거절하는 부정적 반응이 양립할 수 없다는 의미이다. 또한 두 영역 틀 관점에서 예수와 관계 맺는 것(거하는 것)과 마귀와 관계 맺는 것(죄를 짓는 것)이 양립할 수 없다는 기본 원리를 말하는 것으로 볼 수 있다. 한 사람이 두 주인을 섬길 수 없다는 예수의 가르침처럼(마 6:24)

예수와 마귀를 동시에 섬길 수는 없다는 것이다(참고, Witherington, 2006: 506). 예수와 죄가 양립하지 않기 때문이다(요일 3:5). 그렇기에 예수 안에 있다는 것은 그 관계를 거절하는 죄를 짓지 않고 있는 것이다. 반면, 어둠의 영역에 있는 3:6의 두 번째 사람들의 경우처럼 죄를 짓는 것은 하나님과의 관계를 거절하는 것이다. 하지만 빛의 영역에 있는 신자의 경우에도 적용될 수 있다. 신자가 죄를 지으면 적어도 그 순간에는 예수가 아니라 마귀와 관계를 맺고 있는 것이다. 구원을 잃고 존재가 어둠의 영역으로 다시 옮겨지는 것은 아니지만, 마치 어둠의 영역에 속한 모습을 보이게 된다는 것이다.[7] 새 영역에서의 정체성과 상태 사이의 일관성이 없어진 것이다. 1:9처럼 회개와 고백으로 관계를 회복해야 하는 상태이다. 결론적으로 3:6 표현은 신자가 결코 죄를 짓지 않는다는 것을 전하려는 것이 아니다. 또한 죄의 개념상 두 번째 사람의 경우가 신자의 상황에 반영되어도 첫 번째 사람의 경우와 상충되지도 않는다. 종말론적 '이미와 아직'의 차원에서 어둠이 지배하는 세상에 발붙이고 살아가고 있기에, 그리고 아직 완전히 성화되지 않은 육신을 가지고 있기에 이 땅에서 신자에게 완전이란 없다. 저자도 여러 부분에서 인정하고 있는 사실이다. 오히려 저자가 말하려는 것은 예수와의 관계는 그것을 거절하는 죄와 양립할 수 없다는 것이다. 그렇기에 그분과의 관계 유지를 위해 죄가 아닌 의의 삶을 살아야 한다는 것이다.

요한일서 3:4-6의 중심 주제는 죄에 대한 것이지만, 3:1-3처럼 2:28-29와 연결해 신자 삶의 여러 요소를 소개한다. (1) 첫 번째 요소는 정체성과 상태이다. 신자는 "그분 안에 거하는 모든 자"이다(3:6). 2:28처럼 새 영역에서 예수와 관계를 맺고 있음을 말한다. (2) 두 번째는 행함이다. 죄

7. 요일 5:16에는 구원을 잃는 사망에 이르는 죄를 언급하지만, 현 문맥에서는 그것을 염두하고 있지 않은 듯하다.

를 짓지 않는 것이 여기에 해당한다. (3) 세 번째는 예수이다. 어둠의 영역에 오셔서 십자가와 부활의 사역을 통해 죄 문제를 해결한 분이다. 이 사역으로 신자는 어둠에서 빛으로 옮겨진다. 또한 그분 안에는 죄가 없다. 죄와 양립할 수 없는 분이기에 죄에 거하는 것은 그분 안에 거하는 것이 아니다. 또한 그분이 보여준 자신의 정체성과 상태 사이의 일관성은 그분과 관계 맺고 살아가는 모든 신자의 모본이다. 결론적으로 3:4-6은 정체성과 행위의 연결을 중심으로 새 영역 안에 있는 신자의 삶을 설명한 것이다. 죄와 관련한 행위 차원에 더 많은 부분을 할애한 것은 이전에 언급한 의를 행하는 것과 대조하기 위해서이다.

7절 (아무도 미혹하게 하지 말라) 관계를 중심으로 행함과 정체성에 대해 정리하기 시작한다. '자녀들이여'라는 호격으로 주의를 집중시키고 아무도 속이지 못하게 하라고 명령한다. "속이다"(πλανάω)는 단어는 요한일서 1:8과 2:26, 3:7에 나온다. 이 중, 속임의 대상이 독자인 것은 2:26과 3:7이다. 2:26은 거짓 교사들에게 속지 말라는 내용이며, 주된 이슈는 예수에 대한 진리 문제였다. 3:7이 동일 표현을 사용하고 있다는 것은 이 부분 역시 거짓 교사들의 영향력과 관련 있음을 시사한다. 더 나아가 요한일서 1:8은 3:7처럼 죄에 대한 문제를 논한다. 죄가 없다고 하면 스스로를 속이는 것이라고 한다. 이상을 정리하면, 거짓 교사들은 진리의 가르침을 왜곡하여 독자들을 속일 뿐 아니라, 죄와 관련해 신자의 삶에도 악영향을 끼치고 있음을 짐작할 수 있다.

이런 악영향에 대해 저자는 신자의 삶에 대한 바른 가르침을 전한다. 의를 행하는 자는 예수가 의로운 것처럼 의롭다는 것이다. 이 표현은 여러 면에서 이전 부분과의 연관성을 보여준다. 가깝게는 의를 행하는 자는 3:4와 6에서 말한 죄를 행하는 자와 반대이다. 멀게는 "의를 행한다는 것"과 "그분이 의롭다"는 표현은 2:29에서 언급한 것과 동일하다. 따라서 3:7

은 2:29와 연결해 신자의 삶의 모습이 어떠해야 함을 다시 기술한 것이며, 왜 죄에 대해 속으면 안 되는 지를 대조 방법으로 설명한 것이다.

바른 가르침은 두 가지 주목할 내용을 담고 있다. 첫째, 신자의 상태이다. 의를 행하는 자는 의롭다. 이 말은 사람이 의를 행함으로 구원을 얻게 된다는 말이 아니다. 기본적으로 새 영역에 속해 있는 사람들을 전제로 하기 때문이다. 죄를 행하는 사람을 언급한 요한일서 3:4와 6과의 대조나, 의를 행하는 사람을 언급한 2:29와의 내용 연결이 그 증거이다. 따라서 의를 행하는 것은 죄를 행하는 것, 곧 관계를 거절하고 깨뜨리는 것과 반대 모습이다. 새 영역 관계 안에 거하고 유지하는 것을 말한다. 그런 사람은 의롭다. 새 영역에서의 삶의 모습에 일관성과 온전함이 있다는 것이다. 구약도 동일한 개념을 말한다. 신명기 6:25에서는 하나님과의 언약 관계(옛 언약)를 맺은 이스라엘 백성들이 율법을 통한 하나님의 뜻을 순종함으로 그 관계를 유지하는 것을 의로움이라고 말한다. 관계를 중심으로 한 행위와 정체성/상태의 일관성 있는 삶을 묘사한 것이다.

바른 가르침의 두 번째 요소는 예수이다. '그분이 의로운 것처럼'이라는 표현에서 확인할 수 있다. 2:28처럼 단순히 의로운 속성만을 의미하는 것이 아니다. 새 영역의 주인으로서 일관성 있는 삶의 모습을 의미하는 것이기도 하다. 그렇기에 그분의 의로우심은 신자가 새 영역에서 일관성 있고 온전하게 살아가는 모본이며 동기이다.

8절 (죄를 짓는 자는 마귀에게 속해 있다) 요한일서 3:7에서 언급한 신자의 바른 삶을 죄를 행하는 경우를 통해 설명한다. 죄를 행하는 자는 마귀에게 속해 있다. 소속과 기원을 의미하는 전치사(ἐκ)를 사용해 행함과 정체성을 연결한다. 마귀에게 속해 있다는 것은 영역 개념을 전제로 어둠의 영역에서 마귀와의 관계 가운데 있음을 의미한다. 그 안에는 하나님과의 관계가 없다. 마귀는 처음부터(ἀπ' ἀρχῆς) 죄를 지은 자이기 때문이다. 하나님과의 관계성을 거절하고 자기에게 집중하고 자기를 높였다는 것이다. 예수는 이런 마귀를 진리가 없는 자이고 하나님과 상관없이 자기 것으로 거짓말하는 거짓의 아비라고 묘사한다(요 8:44). 그렇기에 사람이 죄를 행한다는 것은 마귀가 했던 것처럼 하나님과의 관계를 거절하는 것이다. 또한 하나님께 반역하는 마귀의 통치 영역에 속한 자라는 정체성을 드러내는 것이다. 죄의 핵심인 하나님과의 관계성을 잘 보여준다. 이런 면에서 죄를 행하는 것은 자기를 중심으로 살아가는 세상이나 세상에 있는 것들을 사랑하는 것과 동일한 본질을 가지고 있다(요일 2:16). 모두 하나님으로 말미암은 것이 아니다.

하나님의 아들 예수가 나타남은 어둠의 영역과 죄와의 이런 연관성 때문이다. 그는 마귀의 일을 멸하기 위해 오셨다. 요한일서 3:5처럼 죄와 관련한 예수의 사역을 의미한다. 하지만 두 구절 사이의 초점이 약간 다르다. 3:5는 사람의 죄에 집중한다. 상호작용 관점에서 사람이 행한 죄를 없애고 그 결과 두 영역 관점에서 빛의 영역으로 옮겨가게 한 것을 말한다. 반면, 3:8은 마귀에게 초점 맞춘다. 어둠의 영역의 통치자이고 하나님께 반역한 마귀의 일을 깨뜨렸다. 하나님의 대적자에 대한 종말적 승리의 시작이다.

예수의 사역을 마귀와의 충돌로 설명하는 것은 낯선 것이 아니다. 신약 저자들이 공통적으로 가지고 있던 관점이다. 바울은 골로새서 2:15에서 예수 십자가의 의미를 어둠의 영역에 대한 승리로 묘사한다. 히브리서 2:14 역시 예수 사역을 마귀에게 노예 된 상태에서 해방시키는 것으로 말한다. 이런 이해의 기원은 예수의 사역과 가르침에 있다. 요단강에서 성령의 임함을 받은 예수의 첫 행보는 광야에서 사탄과 대결하는 것이었다(막 1:13). 이후 예수가 하나님 나라를 선포한 것은 마귀가 통치하는 어둠의 영역에 대해 하나님의 회복의 다스림이 가까이 와 있음을 알리는 것이었다(막 1:15). 귀신 축출과 병 고침 사역 역시 하나님 통치의 실재를 드러내는 증거이다(눅 11:20; 행 10:38). 요한복음에 의하면 예수의 수난 역시 마귀와의 충돌이며(요 13:1-2, 27), 십자가는 그 대결을 승리로 이끄는 영광의 길이다(요 12:31; 16:11; 19:30). 마가복음 3:22-31은 예수의 이런 사역을 잘 표현한다. 이 부분은 예수가 자기 사역의 모습이 어떠한지를 설명한 부분이다. 귀신을 쫓아내고 하나님의 통치를 드러냈음에도 불구하고 종교 지도자들은 예수의 메시아 됨을 부인한다. 이에 예수는 비유를 통해 자기 사역의 본질을 설명한다. "사람이 먼저 강한 자를 결박하지 않고는 그 강한 자의 집에 들어가 세간을 강탈하지 못하리니 결박한 후에야 그 집을 강탈하리라"(개역개정 막 3:27). 이 비유에는 집이라는 영역 개념과 그것을 다스리는 통치자, 그리고 그 안에 속한 세간으로 언급되는 사람들이 있다. 예수는 남의 집, 곧 사탄이 다스리는 영역에 침입한 자다. 그의 사역은 집주인 사탄을 결박시키고 그 안에 속한 사람들을 끄집어내는 것이다. 다시 말해, 빛의 영역에 있던 예수가 사탄이 지배하는 어둠의 영역으로 들어와 사탄을 결박하고 그 속에 있는 자들을 빛의 영역으로 인도하는 것이 그의 사역이다.

현 문맥에서 예수 사역의 이런 면을 소개한 것은 그분의 구속 사역을 단순한 개인 구원이 아닌 영역 개념 차원에서 전하고 싶기 때문이다. 다시 말해, 마귀의 일을 깼다는 것은 신자를 어둠에서 빛의 영역으로 옮기고 하나님과의 새로운 관계 속에 있게 하며 그분 안에서 사는 새로운 삶을 허락했다는 말이다. 새로운 정체성과 관계와 삶이다. 그렇기에 신자는 마귀와 관계를 맺는 일, 곧 죄를 행하면 안 된다.

9절 (하나님께로부터 난 자들은 죄를 짓지 않는다) 죄를 행하는 요한일서 3:8과 반대되는 긍정적 경우를 소개한다. 정체성과 죄와의 관계를 다룬다. 하나님에게서 난 자를 주어로 죄를 행하지 않는다는 것을 두 번 언급하고, 그에 대한 이유를 두 번 언급한 구조이다. 그 내용은 교차대구 형태로 전달된다(Vellanickal, 268; Kruse, 125).

a 하나님에게서 난(γεγεννημένος) 모든 자는 b 죄를 행하지 않는다.	(주절1)
c 그분의 씨가 그분(하나님) 안에 거하고 있기 때문이다.	(이유의 종속절1)
b′ 그리고 죄를 지을 수 없다.	(주절2)
a′ 하나님에게서 났기(γεγέννηται) 때문이다.	(이유의 종속절2)

이 구조에 의하면 '하나님에게서 난 자'라는 정체성과 죄와 관련한 행위의 연결이 초점이다. 둘이 반복되어 나오기 때문이다. 이 내용은 여러모로 요한일서 3:6과 유사하다. 하나님에게서 난 사람은 새 영역에 속한 하나님의 자녀를 의미하기에(2:29; 3:1-2) 3:6에서 말한 예수 안에 거하는 자와 같은 신분이다. 또한 신자의 정체성을 양 끝에 두고 죄를 행하는 것을 다루는 구조 역시 동일하다. 정체성에 어울리게 죄를 행하지 않는다는 표현도 같다. 이 두 구절이 같은 의미를 전달하고 있음을 알 수 있다.[8]

요한일서 3:6에 비해 3:9가 갖고 있는 두드러진 차이점은 교차대구 구조 가운데 위치한 "그분의 씨(σπέρμα)가 그분 안에 거한다"는 표현이다. '스뻬르마'란 식물이나 동물이 가진 다음 세대 생명의 근원이다. 자녀나 후손 등을 상징하기도 하고 유전적 특성 혹은 본질을 나타낼 때 사용되기도 한다(BDAG, 936-7). 이런 용법 때문에 본문 표현에 대한 여러 견해들이 있다. 어떤 학자들은 영적으로 태어나고 자라는 과정의 통로 혹은 거룩한 삶의 원리로 보고 하나님의 말씀(Dodd, 77-8)이나 성령(Brown, 1982: 411; Burge, 1987: 176; Kruse, 125; olsson, 321; Schnackkenburg, 175) 혹은 그 둘을 포함한 개념으로 생각한다(Marshall, 186; 참고, Smalley, 1984:

8. 따라서 이 부분 역시 요일 3:6과 같은 어려움을 가지고 있기에 여러 의견들이 있다. 이에 대해 3:6을 참조하라.

173). 특별히 성령은 신자의 거듭남을 언급한 요한복음 3:5-8과도 연관성 있고, 요한일서 안에서 하나님과 신자의 상호 거함을 연결하는 존재로 등장하기에 많은 학자들이 지지하는 견해이다. 또 다른 학자들은 하나님을 통해 심겨진 영적 본성으로 여기기도 한다(Culy, 77; Strecker, 1996: 103; Smalley, 1984: 173). 한편, '스뻬르마'를 상징적으로 자녀나 후손으로 이해해서 그리스도나 신자를 지칭하는 것으로 보기도 한다. 어렵다. 명확히 정의하고 있지 않기 때문이다. 본 주석은 자녀 됨의 상태를 가진 신자로 이해한다(Grffith, 139; Perkins, 41-42; Yarbrough, 195). 몇 가지 이유가 있다.

첫째, 요한일서 3:9c에 두 번 사용된 남성 대명사(αὐτός) 해석이다. 일반적으로 '스뻬르마'와 연결된 것을 하나님으로 보고 '엔 아우또'(ἐν αὐτῷ, "그 안에")를 '신자 안에'로 이해한다. 그래서 하나님의 '스뻬르마'가 신자 안에 거하는 것으로 해석한다. 하지만 두 번째를 하나님으로 보는 것도 가능하다. 즉, 하나님의 '스뻬르마'가 하나님 안에 거한다로 번역할 수 있다. 하나님 자녀의 상태를 가진 신자가 그분 안에 거한다는 의미가 된다(Argyle, 62-3; RSV 각주). '스뻬르마'에 대해 하나님의 말씀이나 성령 등의 이차적 추론을 하지 않고 바로 읽을 수 있는 자연스러운 독법이다.

둘째, 요한일서 3:6과의 연결점이다. 3:9와 긴밀한 연결을 갖고 있는 3:6은 신자의 정체성과 삶을 연결할 때 신적 도움 혹은 영향에 대해 언급하지 않는다. 모든 주어가 사람이기 때문이다. 그분 안에 거하는 것과 죄를 짓는 것, 그리고 그분을 아는 것도 다 사람을 행위의 주체로 기술한다. 주변 문맥도 마찬가지이다. 자녀 됨이라는 신자의 정체성과 상태는 하나님이 만드셨지만, 삶의 행위에 대해서는 모두 사람이 하는 것으로 묘사한다. 그렇기에 3:9 하나님의 씨와 관련한 것도 사람, 즉 하나님의 자녀 됨을 가진 신자가 하는 어떤 것일 수 있다. 그렇다면 3:6에서 '엔 아우또'와 "거하다"는 표현으로 신자가 예수 안에 거하는 개념을 언급한 것처럼, 동일한 표현을 가진 3:9 역시 신자가 하나님 안에 거하는 것으로 생각할 수 있다.[9] 순환 논리이지만, 이런 이해는 이 두 구절의 관련성을 더해준다.

셋째, 이 견해를 반대하는 증거가 별로 설득력 없다는 점이다. 다드(C. H. Dodd)는 '스뻬르마' 앞에 관사가 없는 것과 이 단어가 하나님의 자녀를 의미하면 하나님께로부터 난 자에 대한 불필요한 중복이라고 여기고 이 견해를 거부한 바 있다(Dodd, 75). 하지만 이미 여러 학자들이 인정한 것처럼 이 견해는 설득력이 없다(Brown, 1982: 409; Bruce, 92; Harris, 144; Marshall, 186 n. 32). 관사 유무는 결정적 단서가 아니며, 불필요한 중복이 아닌 반복을 통한 강조일 수 있기 때문이다. 특별히 3:6과의 연결성을 고려하면 오히려 더 큰 강조 표현일 수 있다. 자녀들이라는 단어를 왜 안 쓰는가라는 질문(Brown, 1982: 409)도 결정적 반론은 아니다. 오히려 왜 성령이나 기름 부음(2:27)으로 안 썼는지를 물어야 한다. 성경에는 하나님의 자녀 됨에 대한 성령의 역할을 '스뻬르마'로 표현한 적이 없다. 드라이덴(J. de Waal Dryden)은 이 단어에 대한 어휘 연구를 통해 '스뻬르마'가 하나님의 자녀들을 말하는 것으로 본다(de Waal Dryden, 85-100).

만일 본 주석의 이해처럼 '스뻬르마'가 자녀 됨의 상태를 가진 신자를 의미한다면, 요한일서 3:9와 3:6의 차이점은 표현 차이 외에는 없다(Griffith, 2002: 139). 기본 의미는 하나님께로부터 나서 그분의 자녀 됨의 상태를 가진 신자는 그분 안에 거하기 때문에 죄를 짓지 않는다는 것이다. 3:6에서 말한 것처럼 죄를 전혀 짓지 않는 완전무결함이 아니다. 하나님에게서 나서 그분과 관계를 맺고 있는 자에게는 그 관계를 유지하는 것과 거절하는 죄의 행위가 서로 양립할 수 없음을 말하려는 것이다. 더 나아

9. 요일 3:24와 4:13은 성령으로 인해 하나님이 신자 안에 거하고 신자가 하나님 안에 거하는 개념을 언급한다. 하지만 현 문맥의 초점은 상호 거함이 아니라 신자가 하나님 안에 거하는 개념이다.

가 죄를 지을 수도 없다는 표현은 그 양립이 불가능한 것을 강조하기 위한 것으로 이해할 수 있다. 역시 신자의 정체성과 상태에 걸맞은 삶의 행위를 촉구하는 간접 권면이다.

10절 (하나님의 자녀와 마귀의 자녀 사이의 정체성 대조) 요한일서 3:7에서 시작된 설명을 정리한다. "이것으로 하나님의 자녀들과 마귀의 자녀들이 분명해집니다." '이것'이란 가깝게는 바로 앞 구절 설명을 의미한다. 하지만 3:7에서 시작된 논의를 의미할 수 있고, 멀게는 2:29에서 시작된 내용을 의미할 수도 있다. 이 두 구절 모두 "의를 행하는 모든 자"(πᾶς ὁ ποιῶν τὴν δικαιοσύνην)라는 표현을 3:10과 공유하고 있기 때문이다. 더 나아가 2:29와는 태어남과 자녀 됨의 표현도 공유하고 있다.

이전 설명들에 대한 마무리는 하나님의 자녀들과 마귀의 자녀들이라는 정체성의 대조로 한다. 이전 설명처럼 이들의 정체성과 상태는 그들의 행함을 통해 표현된다. 요한일서 3:10은 부정적 상황에 초점 맞춘다. 의를 행하지 않는 모든 사람은 하나님에게 속한 자들이 아니다. 역시 의를 행하지 않으면 구원받지 못한다거나 구원을 잃어버린다는 말이 아니다. 의를 행하지 않는 자는 하나님과의 관계 안에 없다는 것이고, 마귀의 자녀처럼 일관성 없고 온전함이 없는 상태라는 것이다. 죄를 행한다고 말하지 않고 의를 행하지 않는다고 한 것은 의를 행하는 모습과 정체성과의 연결이 중요함을 강조하려는 것으로 보인다.

이외에도 요한일서 3:10은 형제를 사랑하지 않는 것을 의를 행하지 않는 또 다른 모습으로 소개한다. 2:10에 의하면 형제를 사랑하는 자는 빛 안에 거한다고 한다. 사랑의 행위를 정체성/상태와 연결된 일관성의 한 모습으로 말한 것이다. 그렇기에 그와 반대 경우인 3:10은 빛 안에 거하는 모습이 아니다. 비록 '그의 형제'라는 표현이 신자 상황을 의미하는 듯하지만 사랑을 행하지 않는 것은 그가 어둠의 영역에 속한 마귀의 자녀 모습을 보이고 있다는 것이다.

요한일서 3:7-10 역시 2:28-29와 신자의 삶에 대해 주제적 연결을 가지고 있다. (1) 첫째는 정체성과 상태이다. 신자는 하나님에게서 태어난 자녀이다. 그 자녀 됨은 하나님의 씨로 소개된다. 하나님과 예수와의 관계를 가지고 있으며, 어둠의 영역에 속한 마귀의 자녀가 아니다. 그 관계 상태는 의로움으로 표현된다. (2) 둘째는 정체성을 드러내는 행함이다. 신자는 죄를 짓지 말고 의를 행하는 삶의 모습이 있어야 한다. 죄는 하나님의 관계를 거절하고 자신에게 집중하는 차원을 가지고 있기에 마귀의 일과 닮아 있다. 따라서 죄를 행하는 것과 하나님과의 관계에 거하는 것은 양립할 수 없다. 이 행함에는 동료 신자를 사랑하는 모습도 포함되어 있다. (3) 셋째는 예수이다. 예수는 어둠의 영역에 와서 마귀의 일을 없앰으로써 신자를 빛의 영역으로 옮기는 사역을 했다. 또한 그분의 의로움은 새 영역에 거하는 신자의 삶의 동기이며 모본이다.

3. 해설

요한일서 2:28-3:10은 거짓 교사들의 잘못된 가르침과 영향력을 버리고 바른 진리를 붙잡고 살아가는 삶에 대해 다룬다. 그분 안에 거하라는 명령을 시작으로 어떻게 거하는지를 설명한다. 크게 네 가지 요소를 통해 그 삶의 모습을 제시한다. (1) 신자의 정체성과 상태, (2) 주의 재림에 대한 미래 관점, (3) 신자의 현재 행위, 그리고 (4) 삶의 중심인 예수이다. 이 요소들은 각 단락 내용을 구성할 뿐 아니라, 각각의 특성과 기능을 소개해주기도 한다. 2:28-29는 시작하는 부분이기에 네 요소가 다 등장한다. 3:1-3 역시 네 요소가 다 등장하지만 특별히 주의 재림이라는 시간 요소를 중심으로 정체성과 행위의 연결을 요청한다. 3:4-6은 미래 시점 요소가 사라지고 다른 세 요소만 나온다. 신자의 현재 삶에 집중한 것이다. 특별히 죄를 행하는 것을 다룸으로써 정체성과 삶의 바른 연결을 요구한다. 초점은 정체성을 드러내는 행함에 있다. 마지막 3:7-10은 3:4-6과 마찬가지로 미래 요소가 없다. 죄를 행하는 것을 하나님의 자녀라는 정체성과 연결지어 설명한다. 하나님의 자녀와 마귀의 자녀의 대조를 통해 정체성에 더 방점을 둔다.

신자의 삶에 대한 이런 요소들은 중요한 두 가지를 통해 설명된다. (1) 하나는 하나님의 구원 과정이다. 요한일서 3:1은 신자를 자녀로 만드는 하나님의 사랑과 부르심을 말한다. 그분의 계획은 죄 사함과 마귀를 없애는 예수의 지상 사역(3:5, 9)을 통해 이루어졌고, 신자를 그분의 자녀로 만드셨으며(3:2), 예수의 재림으로 완성될 것이다(3:2). 거짓 교사들의 가르침과 달리 진리를 아는 자들의 구원과 삶은 하나님의 사랑과 은혜의 계획 안에서 예수로 시작해 예수로 끝난다. 과거 시점인 하나님의 부르심으로 시작되고, 미래 시점의 완성을 기대하며, 현재 시점인 오늘을 그분과 관계하며 사는 것이 신자의 삶이다. (2) 다른 하나는 상호작용과 두 영역 설명틀 사용이다. 신자는 기본적으로 어둠의 영역에 속했던 과거를 가지고 있다. 하나님과의 관계는 없었으며 오직 하나님을 거절하는 마귀의 삶을 따라 죄를 행하며 살았었다. 하지만 예수를 믿는 상호작용 과정으로 죄 사함 받고 새 영역에 거하여 새 언약 관계 안에 사는 사람이 되었다. 그렇기에 그 새 영역 안에서는 옛 영역의 모습인 죄를 행하는 것이 아니라, 하나님과 예수와의 사귐을 지속하는 삶을 살아야 한다.

결론적으로 요한일서 2:28-3:10은, 어둠에서 빛으로 옮겨 온 하나님의 자녀라는 정체성과 그분과 사귐의 관계를 맺고 있는 상태에 어울리는 '그분 안에 거하는 삶'을 주문한다. 이는 1:5-2:11에서 다루었던 새 영역에서의 일관성과 온전성을 권하는 것과 연결된다. 하지만 2:28-3:10은 그 모본을 하나님이 아닌 예수로 소개한다.

제8장
요한일서 3:11-18
새 영역 안에 있는 신자의 통합적 삶 3:
서로 사랑하라

요한일서 3:11-18은 이전 부분과의 연속성과 불연속성을 가지고 있다. 사랑을 행하는 것은 3:10과의 연속성을 말해준다. 하지만 2:18-3:10에서 자주 나타난 죄에 대한 단어들이 없고 사랑의 가르침에만 집중한다. 불연속성이다. 3:11-18은 그분 안에 거하는 신자 삶의 모습(2:28)을 사랑의 관점에서 다루는 부분으로 볼 수 있다.

이 문단은 단어와 등장인물 등을 통해 요한일서 3:11, 12-15, 16-18로 구분할 수 있다. (1) 3:11은 서로 사랑하라는 것은 이미 독자들이 들었던 소식임을 말한다. (2) 3:12-15는 살인자 가인이라는 새로운 등장인물을 시작으로 사랑과 미움, 생명과 죽음을 대조하여 신자와 세상의 상태를 비교한다. 세상은 죽음의 영역에 속해 있지만 신자는 생명의 영역에 속해 있다. 사랑과 미움(살인)은 각 영역에 속한 상태를 드러내주는 표지이다. 신자는 생명의 영역에 속해 있기에 죽음의 영역에 속한 세상 행위를 따르지 말라고 한다. (3) 3:16-18은 신자인 '우리'에게 집중한다. 예수의 사랑에 근거해서 형제 사랑의 삶으로 살아갈 것을 권한다. 이 내용은 아래처럼 정리할 수 있다.

구조와 내용		등장인물, 단어	기능
3:11	독자들이 들은 소식: 서로 사랑하라.	우리, 소식, 여러분(독자들)	주제 진술
3:12-15	신자와 세상의 대조를 통한 권면: 신자를 미워하는 세상 모습과 다르게 살라.	가인, 그의 형제(아벨), 세상, 사랑함과 미워함, 살인과 생명, 우리, 여러분(너희)	주제 전개(1): 세상과의 대조를 통한 권면
3:16-18	사랑의 근거와 실제: 예수의 사랑처럼 형제를 사랑하라.	예수, 우리, 형제	주제 전개 (2): 신자의 삶

1. 번역

3:11 왜냐하면 이것이 여러분이 처음부터 들었던 소식, 곧 우리가 서로 사
랑해야 한다는 것이기 때문입니다. **12** 가인과 같지 마십시오. 그는 악한 자
에게 속해 있었고 그의 형제를 죽였습니다. 그리고 그는 무슨 이유에서 그
를 죽였을까요? 왜냐하면 그의 일들은 악했지만 그의 형제의 일들은 의로
웠기 때문입니다. **13** 그리고 형제들이여, 세상이 여러분을 미워해도 놀라
지 마십시오. **14** 우리들은 죽음에서 생명으로 옮겨간 것을 알고 있습니다.
왜냐하면 우리가 형제들을 사랑하고 있기 때문입니다. 그러나 사랑하지 않
는 사람은 죽음에 거하고 있습니다. **15.** 그의 형제를 미워하는 모든 사람은
살인자입니다. 그리고 모든 살인자는 그 안에 거하는 영원한 생명이 없다
는 것을 여러분은 알고 있습니다. **16** 그분이 우리들을 위해 자신의 목숨을
버리신 이것으로 우리가 사랑을 알게 되었습니다. 우리 자신도 형제들을
위해 목숨을 버리는 것이 마땅합니다. **17** 그러나 누구든지 세상의 재물을
가지고 있으면서, 궁핍한 그의 형제를 보고도 그에 대해 자신의 마음을 닫
으면, 어떻게 하나님의 사랑이 그 사람 안에 거할 수 있겠습니까? **18** 자녀

들이여, 우리가 말이나 혀로만 사랑하지 말고 행함과 진리로 합시다.

2. 주해

11절 (서로 사랑하라) 이 절은 요한일서 3:10 마지막 부분과 연결해 사랑의 삶이란 주제로 옮겨간다. 첫 단계는 독자들이 처음부터 들었던 소식을 상기시키는 것이다. 서로 사랑하라는 것이다. 처음부터 들은 소식이란 저자에게 처음 복음을 듣고 가르침 받은 시점을 말한다(1:5; 2:7). 예수에 대한 진리의 가르침과 사랑의 삶에 대한 가르침은 처음부터 분리되지 않았다. 사랑의 주제를 이런 식으로 시작하는 것은 이 주제에 대해서도 거짓 교사들의 가르침과 영향력을 따르지 말고 이미 알고 있는 참 가르침을 따라 행해야 함을 말하고 싶기 때문이다.

12절 (형제를 죽인 가인과 같이 하지 말라) 서로 사랑하라는 주제를 전하기 위해 신자의 정체성과 상태를 세상과 비교한다. 요한일서 3:15까지 진행된다. 3:12-15는 신자는 사망에서 생명으로 옮김받은 자라는 지식을 중심으로(3:14) "그의 형제"와 살인에 대한 단어를 맨 앞(ἔσφάζω, "살인하다", 3:12)과 뒤(ἀνθρωποκτόνος, "살인자", 3:15)에 배치시키고 사랑함과 미워함, 사망과 생명의 대조를 하나씩 끼워 넣은 교차대구 구조이다.

a 3:12: 형제를 살인한 가인은 악한 자에게 속해 있다. (부정적)	그의 형제, 살인
b 3:13: 세상이 '너희(독자들)'를 미워한다. (부정적)	미워함
c 3:14a-c: '우리'는 어둠에서 생명으로 옮겨진 자들이다. 형제를 사랑하기 때문이다. (긍정적)	우리, 사랑함, 생명
b′ 3:14d: 사랑하지 않는 자는 죽음에 거한다. (부정적)	사랑하지 않음, 죽음
a′ 3:15: 형제를 미워하는 자는 살인자이다. 그는 생명에 거하지 못 한다. (부정적)	그의 형제, 살인자, 죽음

이런 구조는 신자와 세상의 상태를 뚜렷하게 대조해 보여준다. 그들은 정체성 차원과 사랑과 관련된 행함의 차원에서 차이가 있다. 신자는 생명의 영역에 속해 있지만, 세상은 죽음의 영역에 속해 있다. 신자는 사랑으로 그 상태를 말해주는 반면, 세상은 미워함으로 보여준다. 사랑하라는 권면 전에 이런 대조를 언급한 것은 사랑의 삶이 정체성과 연결되어 있음을 상기시키고 세상과 다른 모습으로 살라고 말하고 싶기 때문이다.

요한일서 3:12는 창세기 4장에 있는 가인의 예로 시작한다. 그는 아담과 하와의 맏아들로서 인류 최초의 살인자이다. 가인을 언급한 것은 타산지석의 가르침을 전하기 위해서다. '우 까토스'(οὐ καθὼς, "~처럼 ~하지 말라")를 사용해 본받지 말아야 할 예로써 소개하기 때문이다.

가인의 부정적 모습은 두 가지이다. 첫째, 악한 자에게 속한 것이다. 악한 자는 마귀를 지칭한다(요일 2:13-14; 5:18-19). 소속과 기원의 전치사(ἐκ)를 통해 가인의 정체성이 마귀와 관련 있음을 묘사한다. 하나님과 관계없는 어둠의 영역에 있는 자다. 악한 자를 이긴 신자의 상태와 반대이다(2:13-14). 둘째, 그의 형제를 죽인 것이다. 첫 번째가 정체성과 상태에 대한 것이라면, 두 번째는 행함에 대한 것이다. 이 모습은 요한일서 3:10에서 언급한 마귀의 자녀들 모습과 닮았다. "그의 형제"라는 동일 표현을 사용하여 하나는 사랑하지 않는다고 말하고(3:10) 또 다른 하나는 죽였다고 말하기 때문이다(3:12).

스스로 질문하고 답하는 형식으로 가인의 부정적 행동에 대한 이유를 추가한다. 무슨 이유에서 그(형제)를 죽였을까? 가인의 일들은 악했지만 그의 형제의 일들은 의로웠기 때문이다. 이런 문답식 대화법은 독자의 참여를 유발시켜 저자가 전하려는 내용에 집중하게 하는 효과가 있다. 초점은 가인의 악한 행위와 그의 형제 아벨의 의로운 행위 사이의 대조이다.

성경의 다른 곳은 이 둘의 차이를 하나님께 드린 제사 차이로 묘사한다.[1] 예를 들어, 히브리서는 믿음으로 아벨이 가인보다 더 나은 제사를 드려 의로운 자라는 증거를 얻었다고 말한다(히 11:4; 참조, 창 4:3-4). 단순히 윤리적 행동 차이가 아니라, 하나님과의 관계성 차이이다. 요한일서도 같은 관점으로 제시한다. 가인의 부정적 모습을 정체성과 행위와의 연결로 제시했기 때문이다. 또한 요한일서 2:28-3:10에서 의를 행하는 것을 빛의 영역에 속한 자들의 온전한 모습이라고 말했다. 이런 면에서 가인을 예로 든 것은 하나님과의 관계성을 중심으로 신자의 정체성과 행함의 연결이 중요하다는 것을 전달하기 위해서이다. 아울러, 부정적 예를 통해 긍정적 모습을 추구하도록 유도하려는 것도 있다. 긍정적 모습의 모본은 새 영역에서 일관성과 온전함을 보인 하나님과 예수이다.

13절 (세상이 미워하는 것에 놀라지 말라) 조건문을 통해 가인의 경우를 독자의 현재 상황과 연결시킨다. 만일 세상이 독자들을 미워해도 놀라지 말라고 한다. 악한 자에게 속한 가인이 아벨을 살해한 것처럼, 어둠의 영역에 속한 세상이 의로운 신자들을 미워할 수 있다는 것이다. 가인과 아벨의 경우를 두 영역 충돌의 예로 사용한 것이다. 비록 주절이 '놀라지 말라'는 명령형으로 제시되었지만, 이 부분의 초점은 조건절의 내용인 '세상이 독자들을 미워하고 있다'는 것이다. 주절과 조건절이 바뀐 이차화 형태로 제시되기 때문이다. 일반적으로 헬라어 조건문은 '만일'이라는 조건절 + 주절 순서로 되어 있고 이때 초점은 주절에 있다. 하지만 이 순서를 바꾸면 강조형이 되고, 이때 초점은 조건절에 있다. 요한일서 3:13은 정상적인 순서가 바뀐 형태이다. 저자의 관심은 가인의 경우처럼 세상이 독자들을 미워할 수 있다는 것이다.

---

1. 성경 이외의 자료에 나온 묘사에 대해서는 Olsson, 330-1을 참조하라.

14절 (형제 사랑과 생명/사망과의 관계성) 독자들의 상태를 설명함으로 세상이 미워하는 것에 놀라지 말아야 하는 이유를 언급한다. '우리'가 사망에서 생명으로 옮김받은 자들임을 알기 때문이다. 사망과 생명은 어둠과 빛처럼 두 영역을 묘사하는 전형적 표현이다. 각 영역에 속한 자들의 결과 상황에 집중한 것이다. 옮김받았다는 것은 구원받았다는 의미이고, 생명은 구원의 영역에서 맺은 하나님과의 사귐의 관계를 의미한다(요 17:3). 따라서 사망에서 생명으로 옮겨진 것은 구원받아 하나님과의 새로운 관계 가운데 있음을 말한다(참고, 요 5:24).

일인칭 복수형('우리')은 세상의 미워함이 독자들에게만 해당하는 것이 아님을 전달한다.[2] 또한 '안다'라는 표현은 구원에 대한 지식과 그 이후 경험하게 될 세상의 반응은 저자와 독자가 이미 공유하고 있는 지식임을 상기시키는 것이다. 사실 이런 상황은 예수가 이미 경험했던 것이고(요 1:10-11; 3:19; 7:7) 제자들에게도 가르쳤던 것이다(요 15:18-19; 17:14). 저자는 예수로부터 이런 지식을 받아 복음을 전하고 가르치면서 독자에게 전했던 것이다(참고, 요일 1:3). 또한 지금 독자들과 함께 경험하고 있는 실재이기도 하다는 것이다. 저자의 가르침이 진리임을 간접적으로 보여주는 것이기도 하다.

저자와 독자가 새 영역에 거하는 사람들인 것은 형제 사랑하는 행위를 통해 알 수 있다. 비록 인과접속사 '호띠'(ὅτι, "왜냐하면")를 통해 이유를 제공하고 있지만, 이 말은 사랑하기 때문에 죽음에서 생명으로 옮겨간다는 것이 아니다. 행위는 사람을 구원에 이르게 하지 못한다. 구원은 오직 예수의 진리로만 가능하다. 그렇기에 새 영역으로 옮겨진 것은 형제 사랑하는 것을 통해 입증되고 증명된다고 이해해야 한다(Olsson, 190). 이

2. 여기서 '우리'는 강조형이다. 문장 맨 앞에 언급되었기 때문이다(Olsson, 180).

사랑은 기본적으로 하나님으로 인한 수직적 사랑에 근거해 수평적으로 동료 신자들에게 전달되는 것이다(요일 3:16; 4:10-11). 핵심은 신자가 하나님과 예수와 맺은 사귐의 관계이다.

요한일서 3:14b(d)은 사랑을 행하는 '우리'에서 그렇지 않은 사람들 상황으로 옮겨간다. 3:13에서 말한 세상이 독자들을 미워한다는 내용과 상응하는 부분이다. 사랑하지 않는 자는 죽음에 거한다. 이 역시 사랑을 행하지 않으면 물리적으로 죽게 된다거나 어둠의 영역으로 되돌아가 거기 거한다는 의미가 아니다. 독자들의 정체성과 사랑 행위의 관련성을 말하는 것이다. 동료 신자를 사랑하는 것은 수직적 사랑에 근거하기 때문에 어둠의 영역에서는 있을 수 없는 현상이다. 그렇기에 사랑을 행하지 않는 자는 어둠의 영역에 속한 자들의 상태와 같다. 정체성과 상태는 행위에 의해 인증되고, 행위는 그 정체성과 상태에 걸맞아야 함을 거듭 말하는 것이다.

15절 (형제를 미워하는 자는 그 속에 영생이 없다) 요한일서 3:14b에 이어 형제를 사랑하지 않는 자의 모습을 다룬다. 그의 형제를 미워하는 모든 사람은 살인자다. 3:13과 14b 연결에 의하면 미워하는 것은 사랑하지 않는 것이다. 하지만 그 사람을 살인자로 규정하는 것은 다소 놀랍다. 미워하는 것 자체가 살인은 아니기 때문이다. 이 표현은 형제에게 노하는 자마다 심판받게 된다는 예수의 가르침(마 5:21-22)을 반영하는 것일 수 있다. 하지만 요한일서 3:12에서 언급한 가인의 경우와 연결해 설명하고 싶은 의도로 보인다(Kruse, 136). 가인이 악한 자에게 속해 있고 형제를 미워했기 때문에 살인이라는 결과를 만든 것처럼, 사랑하지 않는 자는 그의 형제들을 미워하는 자이며 형제를 살인한 가인의 전철을 밟고 있는 자라는 말이다. 그 과정의 끝은 살인이다. 모든 사람이 그 과정의 끝을 행하는 것처럼 말한 것은 과장일 것이다(Brown, 1982: 447; Culy, 85). 하지만 완전히 틀린 말은 아니다. 3:14b에서 사랑하지 않는 자는 죽음의 영역에 속한 자들의 상태와 같다고 말했기 때문이다. 또한 2:9와 11에서 형제를 미워하는 자는 어둠 안에 있는 자라고 이미 말했다. 살인을 실제로 했는가의 유무를 떠나 형제를 사랑하는 과정에 있지 않은 사람은 살인자가 속한 영역이 보여주는 과정에 참여하고 있는 자다.[3] 그 영역에 속한 자가 받을 최종적 판결과 그 결과를 받게 될 것이다.

이 개념은 요한일서 3:15b에서 부연된다. 모든 살인자는 그 안에 영원한 생명을 소유하고 있지 않음을 독자들이 알고 있다. 영원한 생명이란 빛의 영역을 상징하고 그 안에서 맺은 하나님과의 사귐의 관계를 의미하기에, 형제를 사랑하는 않는 살인자들은 하나님의 영역에 속하지 않았을 뿐 아니라 그분과의 관계도 없다. 당연히 그 끝은 심판과 죽음이다. 저자는 독자들이 이런 지식을 이미 알고 있다고 말한다. 세상의 반응에 굴하지 않고 사랑의 삶을 통해 새 영역에 속한 자로서의 정체성과, 하나님과의 사귐을 드러낼 것을 권하려는 것이다.

16절 (예수의 희생을 경험한 신자는 형제를 사랑해야 한다) 세상과 신자의 상태를 대조한 이후, 사랑의 행함에 대해 구체적으로 권면한다. 사랑의 기원을 재확인시킴으로 시작한다. 그분(ἐκεῖνος)이 '우리들'을 위해 자신의 목숨을 버리신 이것으로 '우리'가 사랑을 알게 되었다. 헬라어 원문은 뒤에 나오는 예수의 희생적 죽음의 내용을 대명사 '이것'으로 받아 문장 제일 앞에서 소개한 형태이다. 대명사의 일반적 기능은 앞에서 언급한 내용을 대신하는 것이다. 그렇기에 뒤의 내용을 미리 받는 형태는 내용 흐름을 약간 깨는 강조 표현이다(Reed, 94 n. 123). 독자들에게 예수 사역의

3. 요한일서와 거의 동시대 랍비인 엘리에제르 벤 히르카누스(Eliezer ben Hyrcanus)는 "그의 형제를 미워하는 사람은 피를 흘리는 사람에 속해 있다"고 말한다(*Derek Erets Rabba* 11.13). Olsson, 183에서 재인용.

의미를 강조해 서술한다.

예수가 '우리'를 위해 자기 목숨을 버렸다는 것은 십자가 사역을 의미한다. "위해서"라고 번역한 '휘뻬르'(ὑπέρ)는 예수의 사역과 관련해 "~을 대신하여"라고 번역할 수 있고 "~을 위해서"라고 번역할 수 있다. '대신하다'는 인간의 죄를 대신해 하나님의 징계를 받은 개념을 담고 있고, '위하다'는 대상에 향한 관심과 사랑을 의미한다. 비록 전자의 개념도 담고 있기는 하지만 요한일서 3:16은 후자로 번역하는 것이 타당하다. 이유가 있다. 이 부분에 언급된 예수의 십자가 사역은 이미 2:1-2에서 제시된 내용이며, 3:5와 8에서도 언급된 것이다. 하지만 그 초점이 다르다. 이전 것들은 죄와 관련해 제시되었지만, 3:16은 죄에 대한 언급이 없다. 대신 예수의 희생을 다른 사람을 향한 사랑으로 묘사한다. 따라서 방향성과 대상을 담고 있는 '위해서'가 적절하다. 또 다른 이유는 곧바로 나오는 '우리' 역시 형제를 위해(ὑπέρ) 목숨을 버리는 것이 마땅하다는 표현 때문이다. 여기서 '휘뻬르'는 다른 형제들을 대신하는 것이 아니라 그들을 향한 관심과 사랑의 방향을 말한다. 그러므로 3:16 초점은 죄 용서와 관련한 예수의 대속사역이라기 보다는 그의 희생적 사랑에 있다고 보아야 한다(Culy, 86-7).

예수의 희생적 사랑을 언급한 것은 어떤 교리를 가르치기 위함이 아니다. 그것에 근거해 실제로 사랑의 삶을 살 것을 권면하기 위해서다. 예수의 희생적 사랑 묘사에 이어 동일한 단어들('위해서', '목숨', '버리다')을 사용해서 '우리' 역시 형제를 위해 목숨을 버리는 것이 마땅하다고 말한 것에서 알 수 있다(요일 3:16b). 예수 사랑의 수직적 체험이 수평적 사랑으로 연결되어져야 한다는 것이다. 이 연결은 예수를 지칭하는 '에께이노스'(3:16a)와 "우리"(3:16b)의 비교를 통해 분명하게 전달된다. 예수는 사랑의 삶의 기원이자 모본이고, 신자는 그 사랑에 반응해야 하는 사람이다. 이런 면에서 예수의 사랑에 대한 신자의 반응은 구원 얻는 과정에서 나타나야 하고, 그 이후 그분과 관계를 맺고 사는 새 영역에서의 삶에서도 나타나야 한다.

17절 (사랑의 예: 궁핍한 형제를 돌봄) 예수의 사랑에 실제적으로 반응할 것을 부정적 예로써 설명한다. 어떤 사람이 형제를 도와줄 세상 재물이 있으면서 궁핍한 형제를 보고 마음을 닫는 경우이다. 저자는 이런 상황에 대해 "어떻게 하나님의 사랑이 그 사람 안에 거하겠는가?"라고 질문한다. 독자들에게서 부정대답을 유도하려는 것이다. 여기서 하나님의 사랑이라는 표현(ἡ ἀγάπη τοῦ θεου)은 하나님의 사랑으로 번역할 수도 있고 하나님을 향한 인간의 사랑으로 번역할 수도 있다. 아마도 후자로 번역하는 것이 좋을 듯하다(Olsson, 181). 이 구절의 초점이 인간의 사랑이며 그 방향이 동료 신자들이기 때문이다. 그러므로 이 구절은 '수평적 형제 사랑을 거절하고 있는 사람 안에 수직적 하나님의 사랑이 거한다고 말할 수 있겠는가?'라는 질문으로 이해할 수 있다. 마치 열매로 그 나무가 어떤 것인지를 알 수 있다고 말한 예수의 가르침처럼(마 7:15-23) 사랑의 표현은 신자 안에 있는 신적 사랑의 유무와 그 사랑 안에 거하고 있는지 유무를 말해주는 외적 표지라는 것이다.

18절 (말과 혀로만이 아닌 행함과 진실함의 사랑) 요한일서 3:17과 반대 경우이다. 실제로 사랑의 삶을 살라고 권면한다. '자녀들'이란 호격을 통해 주의를 집중시키고, 말과 혀로만 사랑하지 말고 행함과 진리로 하라고 말한다. 두 가지 주목할 것이 있다.

하나는 이인칭 복수 명령법('너희가 사랑해라')이 아닌 가정법 일인칭 복수 동사(ἀγαπῶμεν)를 사용해 '우리'가 사랑하자고 말한 점이다. 사랑은 독자들만 해야 하는 것이 아니다. 저자를 포함한 모든 신자가 행해야 하는 것을 말한다.

다른 하나는 진리로 행하라는 것이다. 어떤 학자들은 행함과 진리가 신실함이라는 하나의 의미를 전하는 것(hendiadys)으로 생각한다(Bultmann, 1973: 56; Culy, 90-1; Kruse, 13-9). 우리말 개역개정과 새번역도 그렇게 이해하고 진실함으로 번역했다. 하지만 행함과 진리는 구별해야 한다. 바로 다음 구절인 요한일서 3:19는 진리 안에 거하는 것을 독립 개념으로 제시하기 때문이다. 3:18의 진리는 사랑을 행하는 요소이기도 하고 다음 문단과의 연결점을 제공하는 것으로 이해해야 한다(Jobes, 59; Olsson, 182; Smalley, 1984: 199). 요한일서에서 진리는 복음의 가르침과 관련 있다. 예수에 대한 정체성과 사역의 내용, 그리고 그 결과에 대한 지식을 담고 있다(Jobes, 69). 따라서 신자의 사랑은 그 복음의 가르침에 근거해야 함을 말하는 것이다. 문맥적으로도 3:11-18은 참 가르침에 거하라는 내용(2:18-27)의 연장이기에, 이 부분의 사랑을 예수에 대한 바른 진리에 기초한 삶의 모습으로 이해하는 것이 옳다. 진리와 사랑을 함께 붙잡아야 하는 것으로 소개한 것은 바울서신에서도 나타난다. 고린도전서 13:5-6에서, 사랑은 악한 것을 생각하지 아니하며 진리와 함께 기뻐한다고 말한다. 또한 빌립보서 1:9에서도 빌립보 성도들의 사랑에 지식과 통찰력에 더해서 그들이 잘 분별하며 살도록 해주시기를 기도한다고 말한다. 신자의 삶에 사랑과 진리의 요소가 함께 있기를 기대하는 바울의 목회적 마음이다. 요한일서의 저자 역시 동일하게 독자들을 향한 목회적 마음으로 사랑의 권면을 전한다.

3. 해설

요한일서 3:11-18은 계속해서 신자의 삶을 다루는 부분이다. 2:28-3:10

이 의를 행하는 것을 죄 문제를 통해 다루었다면, 이 부분은 사랑의 행함을 통해 다룬다. 서로 사랑하라는 가르침은 독자들이 이미 들어 알고 있는 것임을 상기시킨 후(3:11), 형제를 미워해 살인한 가인의 경우를 토대로 신자를 미워하는 세상 모습을 소개한다(3:12-15). 세상이 신자를 미워하는 이유는 자기편이 아니기 때문이다. 신자는 어둠에서 빛으로 옮김받은 자로서 생명에 속한 자들이다. 하나님과의 관계를 거절한 죽음의 영역이 신자를 미워하는 것은 당연하다. 이는 예수가 이미 경험한 것이고 또한 가르쳤던 것이다. 저자 또한 독자들에게 전달했던 내용이기도 하다. 이후 저자는 신자를 향한 예수의 십자가 사랑을 형제 사랑의 기원과 모본으로 소개하고(3:16), 그것에 근거해 진리와 함께 하는 사랑을 행할 것을 구체적 예를 들어 권면한다(3:17-18).

요한일서 3:11-18은 사랑에 대한 몇 가지 요소를 보여준다.

(1) 사랑은 단순히 어떤 것을 행하는 차원이 아니다. 두 영역 관점에서 정체성과 상태와 연결되어 있으며, 핵심은 하나님과의 관계성이다. 세상이 미워하는 이유가 신자의 정체성과 상태가 다르기 때문이라는 설명에서 확인할 수 있다. 사랑함을 통해 어둠에서 빛으로 옮긴 자의 상태가 드러난다는 표현 역시 정체성/상태가 사랑의 행위와 연결되어 있음을 말해준다.

(2) 사랑은 예수를 통한 하나님의 수직적 사랑을 기원으로 하며, 그에 대한 반응으로 새 영역에 속한 다른 신자들을 향한 수평적 전달의 모습을 가지고 있다. 인간이 먼저 할 수 있는 것이 아니다. 오직 신적인 사랑을 경험한 자들이 할 수 있는 것이다. 하나님과의 관계성을 중심으로 하고 있기 때문이다.

(3) 사랑은 구체적 모습으로 표현되어야 한다. 도울 힘이 있는데 형제의 필요에 눈감는 것은 사랑이 아니다. 말과 혀가 아닌, 보다 실제적이고

구체적 모습으로 표현되어야 한다. 그것이 새 영역에 속한 자의 일관성 있고 온전한 삶의 한 모습이다.

(4) 사랑은 진리와 함께 간다. 비록 이 부분에서 자세히 설명한 것은 아니지만, 진리에 근거한 사랑을 마지막 권면으로 언급한 것은 의미가 있다. 또한 전체 논리 흐름도 사랑을 바른 진리에 근거한 삶의 모습으로서 소개하고 있기 때문에 진리와 사랑은 함께 가야하는 것으로 이해하는 것이 옳다.

제9장
요한일서 3:19-24
새 영역 안에 있는 신자의 통합적 삶 4: 계명 지킴으로 인한 담대함과 상호 거함과 기도 응답의 확신

요한일서 3:19-24는 3:11-18과의 연속성과 불연속성을 가지고 있다. 불연속성에 대해서는, 이전과 달리 3:19-24는 사랑 자체가 중심 주제가 아니다. "사랑하다"(ἀγαπάω)는 동사가 한 번밖에 안 나온다(요일 3:23). 그것도 단지 계명 내용으로 소개될 뿐이다. 이전 부분이 네 번 사용한 것(3:11, 14[x2], 18)에 비한다면 분명한 차이점이다. 또한, 이전에는 한 번도 언급되지 않았던 기도에 대한 표현(3:22)과 신자와 하나님 간의 상호 거함에 대한 표현들 역시 불연속성을 보여주는 단서들이다(3:23-24). 이로써 3:19-24가 다른 주제를 다루는 새로운 문단임을 알 수 있다. 하지만 이전 문단과의 연결이 전혀 없는 것은 아니다. 3:18에서 진리에 근거한 사랑을 언급했는데, 그 진리를 3:19에서 말하고 있기 때문이다. 이전 문단의 마지막 부분을 통해 새로운 문단의 주제를 이끄는 방식이다.

요한일서 3:19-24는 단어와 표현들을 중심으로 하는 꼬리 물기 방식으로 구성되어 있다. 3:19-20은 3:18에서 언급한 진리(ἀλήθεια)라는 단어와 연결해 진리에 속해 있음과 그것을 하나님 앞에서 소유하고 있는 확신을 말한다. 3:21-22는 3:20에서 말한 마음이 정죄하지 않는다는 표현을 사용해 하나님 앞에서의 담대함과 그에 따른 기도 응답의 확신을 서술한다. 계명을 지키고 있기 때문이다. 3:23-24는 3:22에서 말한 계명에 대해 그 내용과 계명 지킴의 결과를 설명한다. 신자의 삶에 대한 설명으로서, 계명 지킴으로 인한 신자와 하나님/예수와의 상호 거함, 그리고 그런 관계로 인한 담대함과 기도 응답을 다룬다.

구조와 내용		연결점
3:19-20	이것으로 우리가 진리 안에 있음을 알 것이고, 그분 안에서 우리의 마음을 확신할 수 있을 것이다. 우리의 마음이 정죄할 때도 하나님은 우리보다 크고 모든 것을 알기 때문이다.	3:18의 '진리'와 연결
3:21-22	만일 우리의 마음이 우리를 정죄하지 않으면 담대함을 얻고 그분께 구하는 것을 받을 것이다. 계명을 지키고 있기 때문이다.	3:20의 '우리의 마음이 정죄하는 것'과 연결
3:23-24	그 계명은 예수 그리스도를 믿는 것과 서로 사랑하는 것이다. 계명을 지키면 하나님과 우리 사이에 상호 거함이 성령을 통해 가능하게 된다.	3:22의 '계명'과 연결

1. 번역

3:19 그리고[1] 이것으로 우리는 우리가 진리에 속해 있음을 알게 될 것입니다. 그리고 그분 앞에서 우리의 마음을 확신하게 될 것입니다. **20** 우리의 마음이 정죄할 때도 말입니다. 하나님은 우리의 마음보다 크시며 모든 것을 알고 계시기 때문입니다. **21** 사랑하는 여러분, 만일 우리의 마음이 우리를 정죄하지 않는다면, 담대함을 우리가 하나님 앞에서 가지고 있는 것입니다. **22** 그리고 우리가 구하는 무엇이든 그분에게서 받을 것입니다. 왜냐

1. 어떤 사본들(A B 436 1067)에는 "그리고"(καὶ)가 없다. 하지만 외적 증거에 의하면 "그리고"를 넣어 읽는 것이 더 신빙성 있어 보인다(ℵ C Ψ 81 322) (Culy, 91).

하면 그분의 계명들을 우리가 지키고 있으며 기뻐하시는 것들을 그분 앞에 서 행하고 있기 때문입니다. **23** 그리고 이것이 그분의 계명입니다. 곧 그분의 아들 예수 그리스도의 이름을 우리가 믿는 것이며 서로 사랑하는 것입니다. 그분이 우리에게 계명을 주신 것처럼 말입니다. **24** 그리고 그분의 계명을 지키는 사람은 그분 안에 거합니다. 그리고 그분도 그 사람 안에 거합니다. 그리고 이것, 곧 그분이 우리에게 주신 성령으로 말미암아 우리는 그분이 우리 안에 거하는 것을 압니다.

2. 주해

19절 (사랑으로 행한 신자는 진리에 속해 있다) 요한일서 3:18까지의 내용과 연결해 논의를 진행시킨다. 두 가지 연결점이 있다. 첫째는 "이것으로"(ἐν τούτῳ)이다. 이 표현이 앞의 내용을 받는지 뒤의 내용을 받는지는 논란이 있다. 3:16 경우 동일 표현을 사용해 뒤의 내용을 미리 받아 앞에서 언급한 형태를 보였기 때문이다. 3:19는 앞의 내용을 받고 그에 근거해 이후 논의를 진행시키는 형태로 보아야 한다. 3:16은 '안다' 동사 목적어로 사랑을 썼기에 '이것으로'는 뒤에 나오는 '호띠'(ὅτι)절을 받는 것으로 이해할 수 있다. 하지만 3:19의 경우는 동사의 목적어가 따로 없다. 동사 뒤에 오는 '호띠'(ὅτι)절을 목적어로 보고 "이것으로"는 '안다' 동사의 근거를 제공하는 부사 역할로 이해해야 한다(Harris, 163; Kruse, 140). '이것'의 내용은 요한일서 3:11-18에서 말한 행함 있는 사랑이다. 이 사랑의 행함은 계속 설명해 온 그분 안에 거하는 의로운 삶의 또 다른 모습이다. 둘째 연결점은 '안다'는 내용 속에 담긴 "진리"(ἀλήθεια)이다. 이 단어는 3:18에서 사랑 행위의 근거로 제시된 것이다. 이런 연결은 3:19 이하 내용이 사랑으로 표현되는 신자의 의로운 삶을 근거로 진행됨을 말해 준다.

사랑으로 표현되는 신자의 의로운 삶은 저자와 독자에게 두 가지를 제공한다. 모두 미래형 동사로 표현된다. (1) 그들이 진리에 속해 있다는 정체성과 상태를 알려 줄 것이다. 이 진리는 예수의 정체성과 사역에 대한 지식과 그로 인해 얻게 될 결과들을 포함하는 것으로 구원의 새 영역을 의미한다고 볼 수 있다. 그분 안에 거하는 의로움과 사랑의 삶은 새 영역에 속한 자로서의 정체성을 드러낸 준다. (2) 그분(하나님) 앞에서 그들에게 마음의 담대함과 확신을 줄 것이다. 문맥상 하나님 앞에서란 그분의 심판을 포함한 역사의 마지막에 있을 상황을 의미한다(참고, 요일 2:28; 3:2). 그 상황에서 '우리' 마음이 확신을 얻게 될 것이다. 새 영역에서 하나님과 예수와의 관계에 속해 있음을 삶의 모습으로 드러내고 있기 때문이다. 비록 종말적 관점을 보이지만, 저자의 실제 관심은 신자의 현재 상황이다. 계속해서 설명되는 기도 응답과 계명지킴으로 인한 상호 거함은 신자의 현재 상황을 말해주는 것이기 때문이다.

20절 (진리 안에서 마음을 굳세게 할 수 있는 이유) 요한일서 3:19b에 대한 정황을 부여하고 그에 대한 이유를 제공한다. 이 구절은 상반절과 하반절이 두 개의 '호띠'(ὅτι)로 시작된다. 해석이 어렵다.[2] 여러 견해들이 있다. 3:20a의 '호띠'를 이유를 이끄는 것('왜냐하면')으로 볼 수도 있고 부연하는 것('곧'[that]이나 '즉')으로 번역할 수도 있다(Brown, 1982: 457; Culy, 91; Harris, 165). 하지만 더 가능성 있는 설명은 3:20a 것을 '호 띠'(ὅ τι) 두 단어로 보고 '에안'(ἐὰν)과 함께 강세가 약간 있는 부정관계대명사 형태로 이해하는 것이다. "우리의 마음이 우리를 정죄할 때마다"로 번역

2. ὅ τι ἐὰν καταγινώσκῃ ἡμῶν ἡ καρδία,
ὅτι μείζων ἐστὶν ὁ θεὸς τῆς καρδίας ἡμῶν καὶ γινώσκει πάντα.

할 수 있다(Jobes, 166; Smalley, 1984: 200, 202; Westcott, 117; Yarbrough, 210; NASB). 3:20b 것도 부연하는 것으로 볼 것인지(Brown, 1982: 457; Culy, 91; Harris, 165) 이유를 이끄는 것으로 볼 것인지에 따라 의견이 갈리지만(Jobes, 166; Yarbrough, 208), 본 주석은 이유를 설명하는 것으로 본다. 상대적으로 어색함이 덜하기 때문이다.[3] 이상을 연결하면, 3:20a은 3:19b을 꾸미는 조건이며 '우리의 마음이 우리를 정죄할 때마다 그분 앞에서 마음을 확신하게 된다'로 이해할 수 있다. 3:20b은 그에 대한 이유를 제공하는 것으로 "하나님은 우리의 마음보다 크시고 모든 것을 아시기 때문이다"로 번역할 수 있다(NIV 1984; NRSV).

'우리' 마음이 정죄한다는 것은 신자 자신이 평가하고 판단하는 것이다. 죄책감 등의 모습을 의미할 수도 있고 혹은 사랑의 행위가 완전하지 못함에 대한 자책일 수도 있다(참고, 요일 3:17). 그럼에도 불구하고 요한일서 3:19b처럼 그분 안에서 '우리' 마음을 확신할 수 있는 것은 두 가지 때문이다. 첫째, 3:19a에서 말한 이유 때문이다. 신자가 정체성과 삶의 일관성을 추구하는 모습은 그분과의 관계 안에 있음을 말해주는 것이다. 그런 자에게는 심판이 없다. 둘째, 3:20b에 있는 '우리' 보다 크고 모든 것을 아시는 하나님 때문이다. 신자의 연약함은 새 영역으로 옮겨진 이후에도 완전히 해결되지 않는다. '이미와 아직' 상태 때문이다. 하나님은 신자를 아신다. 그분의 자비와 은혜는 신자가 스스로 책망하거나 평가하는 것보다 크다. 예수의 십자가와 부활로 인한 은혜는 구원 얻는 순간에만 효력이 있는 것이 아니다. 새 영역에서 삶을 살아가는 과정에서도 여전히 유

3. 그렇다고 어려움이 전혀 없는 것은 아니다. 신약에는 '호 띠 에안'이라는 표현이 등장하지 않기 때문이다. 또한 요일 3:21 '에안'은 "만일"이라는 뜻으로 사용되었기 때문이다. 대부분 학자들이 인정하는 것처럼 어느 해석을 따라도 어려움이 있는 구절이다.

효하다. 특별히 죄 사함과 관련한 예수의 피의 효력은 언제나 신자에게 새로움을 줄 수 있다. 그의 구속 사건이 갖고 있는 종말적 개념 때문이다. 그의 죽음은 역사의 마지막에 죄인들에게 임할 하나님의 심판, 곧 최후 심판을 미리 받은 것이다(참고, 롬 3:25). 시간적으로 신자가 지은 죄는 예수의 십자가 사건 이후 것이지만, 최후 심판 관점에서는 과거 사건이다. 최후 심판을 미리 치룬 십자가 앞에서는 신자의 모든 죄는 다 과거 사건이다. 새로운 것이 아니며 이미 십자가를 통해 해결된 것들이다. 하나님의 죄 사함 은혜는 신자의 현재 모습보다 크고 넓다. 그렇기에 예수의 십자가로 인한 은혜를 다시 붙잡아 하나님과의 관계 속에 거하는 것을 놓치지 않는 것이 중요하다(요일 1:9; 2:1-2). 결국 리유가 지적하듯, 이 부분의 초점은 염려되는 상황에서도 하나님을 신뢰하라는 것이다(Lieu, 2008: 156).

21절 (마음이 책망할 것이 없는 결과 1: 하나님 앞에서의 담대함) 요한일서 3:19-20에 이어 신자의 담대한 확신을 말한다. '사랑하는 자들아'라는 호격으로 시작하고, 앞서 언급했던 마음이 정죄하는 문제를 다시 다룬다. 하지만 3:20a과 달리 부정적이지 않다. 정체성과 삶의 연결을 통해 새 영역 안에서 하나님과의 관계를 계속 유지하고 있으며, 모든 것을 아시는 은혜로운 하나님 때문에 스스로의 정죄와 자책 문제가 해결된 상태이다. 그렇기에 하나님 앞에서 담대함을 가지고 있다고 말한다. 주목할 것은 '하나님 앞에서'라는 표현이다. '우리의 마음'과 대조되는 것으로 하나님의 평가와 자신의 평가를 대조한 것이다. 3:21은 근거 없이 스스로 평안하다고 위로하라는 말이 아니다. 하나님의 은혜와 그에 근거한 진리와 사랑의 삶을 근거로 하나님과의 관계와 그분의 평가에 집중하라는 것이다.

22절 (마음이 책망할 것이 없는 결과 2: 기도 응답) 하나님 앞에서의 담대함에 근거한 삶의 모습을 말한다. 그것은 바로 기도의 삶이다. 만일 누가 하나님께 간구하면 그분에게서 받는다. “간구한다”(αἰτέω)는 기도 상황을 말하는 것이다. 이 단어는 요한일서에 처음 사용된 것이다. 지금까지 논의에 의하면 기도 응답은 신자의 정체성/상태와 행함을 연결한 결과이다. 그에 대한 일관성 있는 연결은 새 영역에서 맺고 있는 하나님과의 사귐이 온전하다는 것을 보여주는 것이기 때문에 하나님으로부터 기도 응답이 가능하다. 이런 생각은 ‘호띠’를 통해 이유를 소개하는 것에서도 확인할 수 있다. ‘우리’가 그의 계명들을 지키고 있기 때문이며, 그분 앞에서 기뻐하시는 것을 행하기 때문이라고 한다. 단순히 행위로 보응받는 개념을 말하는 것이 아니다. 그 행위는 관계를 중심으로 한 정체성과 상태를 드러낸다는 말이다. 특별히 ‘그분 앞에서’라는 말은 그분과의 관계성이 초점임을 보여준다. 이런 면에서 기도 응답은 새 영역에서의 정체성과 상태 - 행함(계명지킴)으로 표현한 일관성 - 그분이 기뻐하시는 것을 행함으로 인한 관계 유지 - 하나님과의 관계로 인한 담대함 - 그 관계를 통한 하나님의 응답 과정을 보여준다. 결국, 기도란 단순히 무엇을 구하는 차원에 국한된 것이 아니다. 오히려 기도는 관계성을 중심으로 한 하나님과의 상호작용이다. 그 응답 역시 관계를 통해 경험하게 된다.

한 가지 더 추가하자면, 기도 응답의 삶 또한 두 영역 관점과 관련 있다. 요한복음 14-16장에서 제시된 예수의 마지막 가르침에서 확인할 수 있다. 예수는 곧 떠날 것이지만, 제자들은 적대적인 세상 속에 남겨져 있다(요 15:18-21; 16:20). 이런 상황에서 예수는 제자들을 돕는 힘으로 성령과 기도 응답을 약속한다(요 14:13-15; 15:16; 16:23-24). 요한일서 역시 동일한 관점에서 기도 응답을 다룬다. 세상의 미워함을 언급한(3:11-15) 후 곧바로 새 영역에서 일관성 있게 거하는 신자에게 기도 응답을 말하기 때문이다. 따라서 기도 응답은 새 영역에 속해 있지만 여전히 세상에 발붙이고 살아야 하는 신자에게 주신 은혜의 통로이며 하나님과의 관계를 유지하고 세상에 대해 승리할 수 있는 방법이다.

23절 (하나님의 두 가지 계명) 요한일서 3:22와 연결해 계명이 무엇인지를 설명한다. 계명의 내용은 두 가지이다. 첫째, 하나님의 아들 예수 그리스도의 이름을 믿는 것이다. 동사를 사용하여 예수 믿는 것을 다룬 것은 이 부분이 처음이다. 그러나 완전히 새로운 주제는 아니다. 서론에서부터 예수에 대한 가르침과 그에 대한 반응을 다루어왔기 때문이다.

믿음의 내용은 예수이다. 비록 하나님의 아들과 예수와 그리스도가 함께 서술되어 있지만, 하나님의 아들이고 그리스도(메시아)인 예수의 이름을 믿는 것이다(Köstenberger, 386; Streett, 229). 흥미로운 것은 요한일서에서 사용된 예수에 대한 여러 호칭 중 오직 이 두 경우만 '예수는 ~이다'로 표현된다는 점이다. 그리스도(메시아)에 대한 것은 2:22-23과 5:1에 나온다. 2:22-23에서는 거짓 교사들의 잘못된 가르침 내용과 관련해 언급되고, 5:1에서는 신자로 하여금 하나님과 아버지-자녀 관계를 갖게 하는 요인으로 소개된다. 예수를 하나님의 아들로 소개한 것은 5:5에 있다. 5:5에서는 예수를 세상에 대한 승리의 원동력으로 소개한다. 이런 호칭들로 예수를 묘사한 것은 거짓 교사들의 가르침과 관련 있는 듯하다. 예수에 대한 잘못된 이해가 그들 가르침의 핵심이었기에, 저자는 예수의 바른 정체성을 믿음의 내용으로 제시하는 것이다. 이 정체성은 단순히 호칭 문제가 아니다. 메시아로서의 사역 내용을 함께 담고 있다. 이런 면에서 예수 믿는 계명은 그에 대한 정체성과 사역에 대한 참 반응을 말하는 진리 계명이다.

계명의 기원은 예수의 가르침이다. 요한복음은 예수에 대한 믿음의 반응을 강조한다. "믿다"(πιστεύω) 동사를 98번 사용하는데, 성경에서 가장 많이 사용한 것이다. 서론에서 예수의 정체성과 사역에 대한 반응을 믿음과 불신의 대조로 기술하고(요 1:7, 11, 12), 끝부분에서 예수를 믿어 얻게 될 영원한 생명을 기록 목적으로 소개한다(요 20:31). 이런 강조 속에 요한복음 6:29는 하나님이 보내신 예수를 믿는 것이 하나님의 일이라고 말한다. 하나님의 계명이 그분의 뜻이라면, 하나님의 일로 표현된 예수를 믿는 것은 하나님의 계명이다. 예수는 자신을 하나님이 보내신 분, 즉 하나님의 계시자로 묘사한다. 예수를 믿는다는 것은 단순히 그분에 대한 정보나 지식에 동의하는 것이 아니다. 그분을 보내어 구원 계획을 성취하시는 하나님 아버지에 대한 전인격적 동의와 반응이다. 마찬가지로, 요한일서 3:23의 계명은 예수의 정체성과 사역에 대한 전인격적 반응을 요구하는 것이다. 거기에는 예수를 통한 하나님의 사랑(요일 3:1)과 먼저 시작하신 그분의 구원 활동에 응답하는 것이 포함되어 있다. 그렇기에 오직 믿음의 반응을 통해서만 죄 용서(2:2; 3:5; 4:10)와 어둠의 영역에서의 해방(3:8; 5:4-5)과 그분과 사귐의 관계 가운데 들어가는 것(2:3)이 가능하다(참고, 요 5:24).

계명의 또 다른 내용은 서로 사랑하는 것이다. 저자는 '우리에게 주신 계명처럼'이란 표현을 첨가한다. 요한일서 2:7처럼 다락방 강화 때 예수가 전했던 사랑의 계명(요 13:34; 15:12, 17)을 상기시키는 것이다. 이 계명 역시 낯선 것이 아니다. 이미 요한일서 2:9-11과 3:11-18에서 언급했었기 때문이다.

진리와 사랑의 내용을 담은 하나님의 계명은 신자의 구원과 삶에 꼭 필요하다. 신자는 진리 계명을 순종함으로 죄 사함이라는 상호작용 관점의 구원과 새 영역으로 옮김받는 두 영역 관점의 구원을 경험할 수 있다. 또한 진리는 새 영역에 계속 머무르고 하나님/예수와의 사귐을 유지하게 하는 근간이다. 거짓 교사의 가르침을 따르지 말라고 권하는 것이 바로 이런 이유 때문이다. 서로 사랑하라는 계명은 새 영역 안에서의 삶과 관련 있다. 하나님과의 수직적 사랑 관계로 인해 성도와의 수평적 사랑 관계를 이어나가는 것이기 때문이다.

한 가지 더 주목할 것은 이 계명의 내용을 일인칭 복수형('우리')으로 표현한 점이다. 단순히 독자에게만 해당하는 것이 아니다. 저자를 포함한 모든 세대의 모든 신자들이 지켜야 할 계명으로 소개한다. 이런 점에서 이 두 계명은 21세기를 사는 오늘도 신자가 되기 위해 그리고 신자로서의 삶을 지속적으로 잘 살아가기 위해 반드시 지키고 따라야 한다.

24절 (계명 지킴과 성령을 통한 상호 거함) 요한일서 3:23과 연결해 계명 지키는 자의 상태를 설명한다. 사랑과 진리의 계명을 지키는 자는 그분 안에 거하고 그분도 그 사람 안에 거한다. 거한다는 것은 관계 안에 있다는 것이며 새 영역에서의 사귐의 모습이다(1:3). 하지만 3:24는 이전과 다르게 상호 거함 개념을 제시한다(참고, 4:13, 15, 16). 신자가 주님 안에 있고 주님이 신자 안에 있다. 요한일서에 처음 나온 것이지만, 낯선 개념은 아니다. 요한복음 6:56에서 예수는 자신을 생명의 떡으로 비유해 자기 살과 피를 먹는 자는 자기 안에 거하고 예수 역시 그 사람 안에 거한다고 가르쳤다. 요한복음 15:4에서는 포도나무와 가지 비유를 통해 예수와 신자의 상호 거함을 제시했고, 마지막 기도 부분인 요한복음 17:26에서도 동일 개념을 언급했다. 특별히 요한복음 15:10에서는 계명 지킴을 통한 상호 거함을 이야기하는데, 요한일서 3:24 내용과 같다. 더 나아가 요한복음 15:7은 예수와 신자의 상호 거함을 기도 응답 약속으로 연결시킨다. 이는 계명 지킴을 통해 신자 상태(3:24)와 기도 응답(3:22)을 연결시킨 것과 동일한 형태이다.

신자와 예수의 상호 거함은 예수와 하나님 아버지의 상호 거함에 근거한다. 요한복음 10:38; 14:10, 11; 17:21은 예수가 하나님 안에 거하고 하나님이 예수 안에 거하는 것을 언급한다. 요한일서의 상호 거함은 예수와 하나님의 관계성이 신자에게 연장된 것으로 이해할 수 있다. 특별히 요한복음 14:20은 예수가 하나님과 상호 거함이 있고, 신자는 예수와 상호 거함이 있다고 말해 이 세 그룹의 연결성을 잘 보여준다.[4]

이런 상호 거함, 특히 그분이 신자 안에 거하는 것은 성령을 통해 알게 된다. “이것으로”(ἐν τούτῳ)는 뒤에 나오는 성령에 대한 내용을 미리 받은 것이다(Culy, 99). 약간 강조를 둔 형태이다. 성령이란 단어는 요한일서 이 부분에서 처음 등장한다(참고, 4:13). 하지만 새로운 개념은 아니다. 이미 ‘기름 부음’으로 독자들에게 소개되었기 때문이다(2:20, 27). 이 성령은 그분이 ‘우리’에게 보내신 분인데, 요한복음에 의하면 성령을 보낸 주체는 하나님(요 14:26)과 예수(요 15:26)이다. 상호 거함에 있는 두 존재가 성령을 보낸 것이다. 성령은 하나님/예수와 신자를 연결할 뿐 아니라, 그에 대한 보증이 되기도 한다. 이는 바울이 로마서(8:9, 14, 16)와 갈라디아서(4:6)에서 제시한 것과 동일하다. 얼핏 보기에 성령의 이런 역할은 앞서 요한일서 2:20과 27에서 제시한 가르침 사역과 별개처럼 보이지만, 사실은 서로 긴밀히 연결되어 있다. 성령의 가르침이 예수의 정체성과 사역, 곧 진리에 대한 것이기 때문이다. 그 진리를 받아들임으로 신자가 되며 새 영역으로 옮김받아 하나님/예수와 함께하는 상호 거함을 경험한다. 성령은 이런 옮김의 구원 과정, 또는 이후 하나님과의 관계의 보증이다. 이에 대한 구체적 설명은 요한일서 4장에서 제시된다.

---

4. 이런 면에서 요일 3:24에 나오는 “그”라는 대명사가 정확히 누구를 지칭하는지 알기가 어렵다. 동일한 상호 거함의 개념이 등장하는 요일 4:15는 하나님과 신자를 대상으로 한다. 하지만 하나님과 예수가 상호 거함 가운데 있기 때문에 현 본문의 대명사는 어느 하나로 규정하기가 어렵다. 하나님과/예수를 함께 의미하는 것으로 보는 것이 더 좋겠다(Culy, xxvii, 98).

3. 해설

요한일서 3:19-24는 진리와 사랑의 계명을 지키는 신자의 삶을 다룬다. 계명 지킴은 하나님/예수와의 상호 거함을 가능케 하고, 그 관계는 신자에게 담대함과 기도 응답의 확신을 준다. 2:18에서 시작된 독자를 향한 권면이 일단락 된다. 전체적으로 거짓 교사들의 가르침을 주의하고 예수에 대한 바른 진리에 거하라는 것으로 시작한다(2:18-27). 바른 진리를 통해 새 영역 안에 거하는 삶을 의와 죄(2:28-3:10), 사랑(3:11-18), 계명 지킴으로 인한 상호 거함, 그리고 그것을 통한 담대함과 기도 응답의 차원에서 설명했다. 이런 설명에 의하면 신자의 구원과 삶에 대해 다음과 같은 원리들을 생각할 수 있다.

(1) 하나님의 사랑으로 구원 과정이 시작되었다(3:1-2).

(2) 죄 사함과 마귀의 일을 멸한 예수의 사역으로 구원의 문이 열렸다(3:5, 8).

(3) 구원 소식은 저자 같은 사도들의 전파와 가르침으로 신자들에게 전해졌다(2:24). 이 과정에서 성령도 함께 일하신다(2:20).

(4) 신자는 진리 계명을 지킴으로써 구원받는다. 진리 계명은 예수가 메시아라는 정체성과 그의 사역을 믿음으로 받아들이라는 것이다(3:23).

(5) 신자의 구원은 죄 사함(상호작용 관점)과 마귀에게 해방되어 빛의 영역으로 옮겨지는 것(두 영역 관점)을 포함한다.

(6) 새 영역에 속한 신자는 하나님/예수와 상호 거함 관계를 갖고 있으며, 성령은 그 관계의 보증이다(3:23-24).

(7) 상호 거함 관계를 갖고 있는 신자는 죄를 떠나 의로움과 진리와 행함의 요소를 가진 사랑의 삶을 통해 자신의 정체성과 상태에 합당한 일관성과 온전함의 모습을 보여야 한다.

(8) 구원의 새 영역으로 옮겨진 신자는 어둠의 영역인 세상과 영적으로 충돌하는 삶을 살게 된다(3:13).

(9) 사도들과 성령이 전한 예수에 대한 진리 계명을 굳게 지킴으로 어둠의 영역에 속한 거짓으로부터 자신을 지켜야 한다(2:18-27).

(10) 새 영역 안에서 하나님과의 언약 관계에 충실한 삶은 그분 앞에서 마음의 담대함을 얻게 하고 기도 응답의 약속을 경험하게 한다(3:19-22).

(11) 장차 주님의 재림 때 예수의 온전함처럼 신자는 온전하게 되어 하나님/예수와의 완전한 사귐을 갖게 될 것이다(2:28; 3:2).

이상의 원리들을 시간 순서대로 아래 표처럼 정리할 수 있다.

과거	1) 구원 과정 시작: 하나님의 사랑의 선행(先行) 작업 2) 예수의 사역과 복음전파: (1) 예수의 사역: 죄 사함과 마귀의 일을 멸함 (2) 복음 전파: 사도들이 예수의 정체성(메시아)과 사역을 증거 3) 신자의 믿음과 결과: (1) 믿음: 사도들의 증거를 받아들임 (2) 결과: 죄 사함과 생명의 영역으로 옮김받음
현재	4) 새 영역에서의 삶 (1) 기본 상태: 하나님/예수와의 상호 거함과 세상과의 영적 충돌 (2) 신자 삶의 모습: 수직적(하나님/예수), 수평적(동료 신자들) 관계에 충실 a. 진리 계명으로 영적 싸움에서 승리해야 한다. b. 죄를 떠난 의로움과 사랑의 계명으로 정체성/상태와 행함을 연결해야 한다 c. 마음의 담대함을 얻고 기도 응답의 약속이 있다.
미래	예수의 재림 때 온전한 관계를 갖게 될 것이다.

제10장
요한일서 4:1-6
진리의 계명에 대해:
영들을 분별함으로 진리에 거하라

요한일서 4:1-6의 역할은 이전 부분과의 연속성과 불연속성에서 확인할 수 있다. 먼저 연속성과 관련해, 4:1-6은 3:19-24와 두 가지 주요한 연결점을 가지고 있다. 첫째, 4:1에서 언급한 "영"(πνεῦμα)이란 단어와 "믿는다" 동사의 사용이다. 이 단어들은 모두 3:24에서 처음 사용된 것들이기에 4:1이 이전 부분과 긴밀하게 연결되어 있음을 말해준다. 둘째, 예수에 대한 바른 인식이 중요함을 말한 것이다(4:2-3). 이것은 3:23에서 언급한 두 가지 계명 중 진리에 대한 것과 연결된다. 한편, 불연속성과 관련해서는 '영'과 '믿는다' 단어의 용법이 다르다는 것이다. 3:19-24에서 '영'은 오직 성령을 의미하지만, 4:1-6에서는 거짓과 진리의 영이 등장한다. '믿는다' 동사도 예수를 믿는다는 긍정 형태로 3:23에서 제시된 것과 달리, 4:1에서는 모든 영을 다 믿지 말라는 부정 명령형으로 제시된다. 이런 연속성과 불연속성에 의하면, 4:1-6의 기능은 3:23에서 언급한 예수에 대한 진리 계명과 3:24에 언급한 성령에 대한 부연이다. 거짓 영과 진리의 영을 구별하라고 권한다.

요한일서 4:1-6 구조는 명령을 담고 있는 4:1과 그에 대한 구체적 방법을 소개하는 4:2-6으로 구분될 수 있다. 4:1은 이인칭 명령형으로 거짓 영과 참된 영을 분별하라고 말한다. 4:2-6은 영 분별에 대한 설명이다. 이 부분은 영을 '안다'라는 표현을 맨 앞(4:2a)과 뒤(4:6b)에 배치시킨 수미상관 방식으로 전체를 감싸고 있다. 그 안에 두 개의 대조를 배치시킨다. 둘 모두 거짓 영과 진리의 영을 대조시켜 분별 방법을 보여준다. 첫 번째 대조는 4:2b-3에 있다. 예수에 대해 바르게 고백한 하나님께 속한 자(4:2b)와 그렇지 않은 자(4:3)의 대조를 삼인칭으로 전달한다. 두 번째 대조는 4:5-6a에 있다. 세상과 하나님에 대한 소속을 전제로 '그들'이라는 삼인칭 복수 지시어와 '우리'라는 일인칭 복수 지시어를 대조한다. 특별히 말하고 듣는 과정을 중심으로 진짜 진리를 전하는 자가 누구인지 구별할 것을 말한다. 이 두 개의 대조는 하나님과의 관련성을 중심으로 긍정적(4:2b) - 부정적(4:3) - 부정적(4:5) - 긍정적(4:6a) 교차대구 형식으로 전개된다. 마지막으로 이런 교차대구로 표현되는 대조 한가운데에 이인칭 지시어('자녀들', '여러분')를 통해 독자들 상황을 설명한 것이 있다. 하나님께 속한 자들이고 '그들'로 표현된 거짓 선지자들을 이긴 자들이라 말한다. 4:1-6 전체 구조는 아래처럼 정리할 수 있다(Olsson, 201).

구조와 내용	특징
4:1 모든 영들을 다 믿지 말고 검증하라.	모든 영을 다 믿지 말고 검증하라
4:2a 하나님의 영을 '안다.' 4:2b 고백하는 자는 하나님께 속함(긍정적) 4:3 고백하지 않는 자는 하나님께 속하지 않음(부정적)	영 분별 1: 예수에 대한 고백을 통해(4:2-3)
4:4 '여러분(너희)'	독자: 하나님께 속한 자들, 그들을 이긴 자
4:5 세상에 속한 '그들'(부정적) 4:6a 하나님께 속해 있는 '우리'(긍정적) 4:6a 하나님의 영과 거짓의 영을 '안다.'	영 분별 2: 전하는 자의 소속과 가르침을 주고받는 과정을 통해 (4:5-6)

1. 번역

4:1 사랑하는 여러분, 모든 영들을 다 믿지 마십시오. 오히려 그 영들이 하나님께 속해 있는지를 검증하십시오. 왜냐하면 많은 거짓 선지자들이 세상에 나왔기 때문입니다. **2** 이것으로 여러분이 하나님의 영을 압니다. 예수가 육체로 오신 그리스도라고 고백하는[1] 모든 영은 하나님께 속해 있습니다. **3** 그리고 예수를 고백하지 않는 모든 영은 하나님께 속해 있지 않습니다. 그리고 이것이 적그리스도의 영입니다. 그가 오리라는 말을 여러분이 들었는데, 그는 이미 지금 세상에 있습니다. **4** 여러분은 하나님께 속해 있습니다, 자녀들이여. 그리고 여러분은 그들을 이겼습니다. 왜냐하면, 여러분 안에 계신 분이 세상에 있는 자보다 크기 때문입니다. **5** 그들은 세상에 속해 있습니다. 그 때문에 그들은 세상에 속한 것으로 말합니다. 그리고 세상은 그들의 말을 듣습니다. **6** 우리는 하나님께 속해 있습니다. 하나님을 아는 자들은 우리의 말을 듣습니다. 하나님께 속해 있지 않은 자는 우리의 말을 듣지 않습니다. 이것으로 우리는 진리의 영과 거짓의 영을 압니다.

2. 주해

1절 (영들을 분별하라) 요한일서 3:23에서 언급한 진리 계명과 연결해 참과 거짓에 대한 분별을 다룬다. '사랑하는 여러분'이란 호격을 사용해 주의를 환기시키고, 모든 영을 다 믿지 말고 그 영이 하나님께 속한 것인지를 검증하라고 명령한다. 영(πνεῦμα)을 말한 것은 3:24에서 언급한 것

1. 이 부분의 번역에 대해서는 많은 논쟁이 있다. 주해를 참고하라.

과 다른 종류가 있음을 알리는 것이다. 3:24의 영은 하나님께 속한 영, 즉 하나님의 영으로서 신자인 '우리'에게 주어진 성령이다. 그 영은 신자와 하나님의 상호 거함을 가능케 한다. 하지만 하나님께 속해 있지 않은 영도 있다. 빛의 영역과 관련 없는 영이 있다는 것이다. 두 종류의 영을 언급한 것은 소위 성령과 악령의 능력 대결을 말하려는 것이 아니다. 3:23의 진리 계명과 관련해 참된 가르침과 거짓 가르침의 출처와 기원을 말하기 위해서이다. 분별하라는 명령의 이유에서 이를 확인할 수 있다.

모든 영을 다 믿지 말고 하나님께 속한 것인지를 검증해야 하는 이유는 거짓 선지자가 세상에 나왔기 때문이다. 구약의 선지자는 영(성령)을 통해 메시지를 대언하는 자들이다. 하지만 모든 선지자들이 하나님의 영으로 진리를 전한 것은 아니다. 예레미야 27:15에서 처럼 하나님이 보내지 않았음에도 그분 이름으로 거짓 예언을 하는 자들도 있었다(참고, 신 13:1-18; 사 9:15; 렘 5:31; 14:14; 23:14, 25, 26; 27:14, 15, 16; 28:15; 애 2:14; 겔 13:9; 22:28; 미 2:11; 슥 13:2). 이들은 성령의 계시를 받은 참 선지자와 정반대 가르침을 전해서 사람들을 현혹시키고 진리를 흐리게 했던 자들이다. 그 결과는 하나님 백성 공동체의 심판과 파멸이었다. 저자가 구약의 특정한 이야기를 염두에 두고 있는지는 확실치 않다. 하지만 마치 구약 상황처럼 그리고 예수가 이미 경고했던 것처럼(마 7:15-16; 24:11, 24; 막 13:21-23) 하나님께 속하지 않은 영을 가진 거짓 선지자들이 세상에 와서 진리를 흐리게 하고 있는 것으로 현 상황을 인식한 것은 분명하다. 아마도 순회하며 거짓 교리를 가르치는 자들일 것이다(Streett, 251-2). 이런 상황은 구약 상황에서처럼 공동체의 존립과 관련 있는 심각한 것이다. 그렇기에 이 상황에서 무엇보다 중요한 것은 진짜 영과 가짜 영을 분별하는 것이다.

2절 (예수의 참 정체성을 인정하는 영이 진짜다) 진짜 영과 가짜 영을 구별하는 방법에 대해 설명한다. "이것으로"(ἐν τούτῳ)라는 표현은 앞의 내용을 받을 수도 있고, 뒤의 내용을 받을 수도 있다. 요한일서 4:2에서는 바로 뒤에 나오는 내용을 앞에서 미리 받는 것이다(Yarbrough, 223). 뒤에 나오는 검증 내용을 부각시키기 위한 강조 표현이다.

영을 분별하는 방법은 요한일서 4:2b-3에서 진짜 영과 가짜 영의 대조를 통해 설명된다. 핵심은 예수와 관련한 진리 고백이다. 우선, 성령의 일을 4:2b에서 제시한다. 예수가 육체로 오신 그리스도라고 고백하는 모든 영은 하나님께 속해 있다. 이 부분을 잘 이해하기 위해 몇 가지 추가 설명이 필요하다.

첫째, '모든 영'이란 표현이다. '쁘뉴마'(πνεῦμα)를 사용했지만, 이 영은 성령이 아니라 사람의 영을 지칭하는 것으로 이해해야 한다(Kruse, 146; Witherington, 2006: 532). 영이란 단어를 사용한 것은 그 사람의 지식과 고백의 기원이 영이기 때문으로 보인다. 바른 진리의 지식과 고백은 하나님의 영의 활동 결과이다.

둘째, 고백이란 말이다. 요한일서 3:23에서 말한 예수를 믿는다는 것과 동일한 의미이다. 2:23에 의하면 예수를 고백하는 것은 예수가 하나님의 아들임을 인정하는 것이다. 따라서 4:2의 고백은 단순한 인지적 끄덕임이나 입술의 말이 아니다. 인격 중심에서 나오는 전인격적 동의와 인정을 의미한다.

셋째, 소속 전치사 '에끄'(ἐκ)를 사용해 하나님께 속했다고 언급한 것이다. 이는 앞에서 자주 사용된 것이다. 구원의 새 영역에서 하나님과 관계를 갖고 있음을 의미한다.

넷째, 고백 내용이다. 헬라어 표현은 '이에순 크리스똔 엔 사르끼 엘렐루토따'(Ἰησοῦν Χριστὸν ἐν σαρκὶ ἐληλυθότα)이다. 이 표현은 여러 논쟁거리를 담고 있다. 크게 네 가지 질문으로 요약할 수 있다. (1) 고백 내용의 구조를 어떻게 이해할 것인가? (2) 그리스도를 어떻게 이해할 것인가? (3) 강조점은 어디에 있는가? (4) 육체로(ἐν σαρκὶ) 오셨다는 것은 무슨 의미인가? 하나씩 보기로 하자.

먼저 고백 내용의 구조에 대해서는 세 가지 견해가 있는데 그에 따라 번역이 다를 수 있다(Brown, 1982: 492-4; Olsson, 198-9; Westcott, 140-1). (1) 이 표현 전체를 고백한다는 동사의 목적어로 보는 것이다. "예수 그리스도가 육체로 오신 것"이라고 번역할 수 있다(Brown, 1982: 485; von Wahlde, 140; NAB; NJB). (2) 예수 그리스도는 목적어이고 육체로 오신 것이 꾸며주는 것으로 보는 것이다. "예수 그리스도, 육체로 오신 분"으로 번역할 수 있다(Bultmann, 1973: 61; Culy, 101; Marshall, 205; Smalley, 1984: 214). (3) 예수를 주요 목적어로 보고 나머지를 예수를 설명하는 것으로 이해하는 것이다. "예수, 육체로 오신 그리스도"로 이해할 수 있다(Houlden, 107; Stott, 156). 결정하기 쉽지 않다. 본 주석에서는 세 가지 이유 때문에 마지막 견해가 적절하다고 판단한다.

첫 번째 이유는 요한일서가 예수를 그리스도로 인정하는 것을 중요하게 여기고 있기 때문이다. 대표적 예는 2:22와 5:1이다. 2:22는 교회를 어렵게 한 사람들의 문제를 본격적으로 다루기 시작하는 부분이다. 그들의 핵심 문제는 예수의 정체성에 대한 것으로 예수를 그리스도로 고백하지 않는 것이다. 5:1에서는 하나님께 속한 자로서의 신분과 정체성을 예수를 그리스도로 믿는 것과 연결시킨다("예수가 그리스도임을 믿는 모든 사람은 하나님으로부터 태어났습니다. …"[사역]). 이 두 부분 모두 고백이나 믿음의 단어를 사용해 예수를 그리스도로 인식하는 것이 하나님과의 관계에서 진짜와 가짜를 결정하는 시금석임을 말한다. 마찬가지로 4:2 역시 고백과 믿음이란 단어들을 사용해 거짓 선지자를 구별하라고 말하는 문맥이다. 그러므로 4:2의 고백의 내용은 '예수가 그리스도인가?'라는 질문과 관련된 것으로 보는 것이 타당하다.

두 번째 이유는 그리스도라는 단어 앞에 관사가 없는 것 자체가 크게 문제되지 않기 때문이다. 요한일서 4:2에서는 그리스도 앞에 관사가 없다. 두 번째 견해처럼 그리스도와 예수를 구분하지 않고 하나의 고유명사처럼 읽을 수 있다. 또한 2:22와 5:1에서 그리스도 앞에 관사를 사용한 것 역시 4:2와 다른 용례라고 주장하는 근거로 제시되기도 한다(Brooke, 493; Brown, 1982: 493; Schnackenburg, 200-1). 하지만 관사가 없다고 해서 예수와 그리스도를 반드시 함께 붙여 읽어야 할 근거는 없다. 위에서 언급했듯, 요한일서에서는 그리스도(메시아)를 예수와 구분해서 보는 것을 중요시하고 있기 때문이다. 4:2에서 그리스도 앞에 관사가 없는 것은 바로 앞에서 언급한 3:23 표현과 관련 있는 듯하다. 이 부분에서는 관사 없는 그리스도를 예수 뒤에 붙여 "예수 그리스도"라고 표현했다(Ἰησοῦ Χριστοῦ). 하지만 3:23의 그리스도는 하나님의 아들처럼 예수를 설명하는 또 다른 호칭으로 보는 것이 적절하다. 즉, '하나님의 아들이자 그리스도인 예수'로 이해해야 한다. 마찬가지로 관사 없이 그리스도라는 단어를 예수와 함께 사용한 4:2 역시 그리스도와 예수를 분리해 설명하는 것으로 볼 수 있다.[2]

예수와 그리스도를 분리해 읽어야 하는 세 번째이자 결정적 이유는 요한일서 4:3의 표현 때문이다(Stott, 156). 저자는 4:2와 반대 경우를 말하면서 '예수 그리스도'라고 말하지 않고 예수만을 말한다. 이는 고백의 핵심은 예수이며, 그리스도라는 예수의 정체성을 어떻게 이해할 것인가가 초점임을 말해준다(Griffith, 1998: 270; Neufeld, 119; Streett, 247). 따라서

2. 스트리트(D. R. Streett)는 관사 없는 그리스도라는 단어가 메시아의 의미로 사용한 신약과 교부들의 여러 증거들을 설득력 있게 제시한다(Streett, 243-6).

예수를 고백의 목적어로 보고 그리스도를 예수에 대한 보어로 이해하는 번역이 서신 전체나 현 문맥에서 타당한 것으로 보인다(Köstenberger, 401; Olsson, 198-9; Streett, 228; Witherington, 2006: 522).

고백 내용에 대한 두 번째 질문은 그리스도에 대한 이해이다. 요한일서 2:22에서처럼 그리스도를 어떻게 이해하는가에 따라 서신 정황이나 내용 이해가 달라질 수 있다. 그리스도를 신성을 가진 예수의 호칭으로 본다면 4:2의 내용은 가현설주의나 케린투스주의를 반박하는 것으로 이해할 수 있다. 하지만 이 표현을 구약과 유대교에서 기대한 메시아를 지칭하는 것으로 볼 수도 있다. 이 경우 요한일서의 배경을 유대인과의 갈등 상황으로 이해할 수 있다. 본 주석은 후자가 더 타당하다고 여긴다. 몇 가지 이유가 있다. 우선, 교회에 문제를 일으킨 적그리스도를 다루는 2:22에서 예수가 그리스도임을 고백하는 것은 그분의 신성을 고백한다는 말이 아니다. 그보다는 메시아인 예수의 정체성과 사역에 대한 것을 의미한다(2:22 설명 참조). 그렇다면, 거짓 가르침을 구별하라는 내용을 담고 있는 4:2의 그리스도 표현 역시 예수의 신성을 나타내는 것으로 보기 어렵다. 만일 요한일서 2장이 메시아를 다루고 4장은 신성의 예수를 의미한다면 서신 전체 논지의 일관성이 없어지기 때문이다.[3] 그뿐만 아니라, 그리스도라는 단어를 자동적으로 예수의 선재성(preexistence)이나 신성과 연

3. 어떤 학자들은 여러 대적자 그룹을 제시하기도 한다. 예를 들어 앤더슨(P. N. Anderson)은 요일 2장은 예수를 메시아로 부인하는 유대인들에 대한 것이고 4장은 예수의 인성을 부인하는 가현설주의자에 대한 도전으로 이해한다(Anderson, 46-7; 참고, Freyne, 59-67; Smalley, 1984: xxiii-xxiv). 한편, 어떤 학자들은 요일 2:22과 4:2가 동일한 대적자를 다루지만, 초점이 다르다고 주장하기도 한다. 요일 2장은 예수의 메시아 됨이 초점이지만, 4장은 예수의 인성 혹은 어떻게 오신 것이 초점이라는 것이다(Dodd, 99; Culpepper, 1998: 268; Strecker, 1996: 62). 이에 대한 적절한 반론은 Brown, 1982: 49-50, 490을 참조하라.

결해야 하는지도 의문이다(Schnackenburg, 201). 요한복음에서는 여러 경우에 그리스도 대신, 말씀(예, 요 1:1-2, 14)이나 하나님의 아들(예, 요 1:14, 18; 3:17)을 통해 예수의 선재성을 표현하기 때문이다. 더 나아가, 만일 요한일서 4:2의 그리스도를 예수의 신성을 나타내주는 것으로 보고 그 고백 내용을 '예수는 신성을 가진 그리스도다'로 여긴다면, 저자가 말한 것은 어떤 면에서 케린투스주의나 가현설주의자와 닮은 것이 된다. 그들은 이미 그리스도를 신성을 가진 자로 인정한 자들이기 때문이다. 단지 그들 주장은 그 신성을 가진 그리스도가 인간 예수와 가짜로 연합했다거나, 연합한 것처럼 보인다고 주장할 뿐이다. 그렇기에 그리스도를 '신성을 가진 자'라는 의미로 접근하는 것은 본문 이해에 도움이 안 된다(Streett, 180, 189-92).

고백 내용에 대한 세 번째 질문은 그 강조점이 어디에 있느냐이다. 이것은 네 번째 질문인 육체로(ἐν σαρκὶ) 오셨다는 의미에 대한 것과 관련 있다. 많은 학자들은 예수가 어떤 모습으로 오셨는가를 논쟁의 핵심으로 여기고 '육체로' 오신 것을 그 대답으로 제시했다고 생각한다. 즉, 케린투스주의(Akin, 172-3; Marshall, 205; Stott, 154; Yarbrough, 35, 38, 224) 혹은 초기 가현설주의자들(Bultmann, 1973: 62; Dodd, xliv, xxx; Kruse, 147; Smith, 68)을 반박하기 위해 예수가 인성을 가진 육체로 오신 것을 강조했다는 것이다. 또 다른 학자들은 예수의 육체로 오심을 단순히 성육신에 대한 것이 아닌 지상 사역(Brown, 1982: 493, 505, 508; Houlden, 107; Painter, 260, 299)이나 십자가 사역(de Boer, 1991: 330-46; Schnackenburg, 201; Sloyan, 3)을 의미하는 것으로 여긴다. 요한복음을 잘못 이해해 성령과 그리스도의 신성을 지나치게 강조한 나머지 예수의 지상 사역을 폄하한 그룹을 반박하려고 그분의 육체로 오심을 언급했다는 것이다. 하지만 고백의 핵심 강조는 예수의 메시아 됨이다. 육체로 오셨다는 것은 육신을 통해 약속된 메시아가 오셨음을 의미하는 표현으로 이해하는 것이 타당하다. 이유가 있다.

'육체로'라는 표현을 가장 중요한 강조 혹은 핵심으로 볼 문법적 근거가 적다. 단순히 분사 앞에 위치해 그리스도를 수식하는 역할이기 때문이다. 결국, 이 표현이 주변 문맥과 서신 전체에서 어떤 역할을 하는지를 고려해야 한다. 하지만 쉽지 않다. 이 표현이 오직 이 부분과 요한이서 7에만 등장하기 때문이다. 요한일서 전체에서 한 번 밖에 사용되지 않았다는 사실은 예수의 육체로 오심이 정말 중요한 핵심 이유인지 의구심을 갖게 한다. 특별히 적그리스도라 불리는 거짓 선지자들과 그들의 가르침을 분별하는 과정에서 예수의 육체로 오심이 중요한 주제였다면, 적어도 그 문제를 본격적으로 다루기 시작한 요한일서 2:18-27에서는 언급했어야 했다. 하지만 그 문맥에는 그런 단서가 전혀 없다. 마찬가지로 4:2의 표현도 너무 간결하다. 만일 예수가 육체 형태로 오신 것이 핵심 논쟁점이라면 보다 구체적으로 자세하게 설명해야 하지 않겠는가? 이것이 바로 교회에 문제가 생기고 교인들이 공동체를 떠나가는 심각한 상황을 만든 핵심 이유이기 때문이다. 4:2는 너무 짧고 간결하다. '육체로'라는 단어를 제외하면, 예수가 어떻게 왔는지를 핵심 논쟁점으로 볼 다른 단서가 전혀 없다. 오직 헬라어 두 단어만으로 전체를 해석하기에는 정보가 너무 적다(de Boer, 1991: 328; Streett, 196-8).

또 다른 이유는 육체로 오셨다는 표현이 신약 여러 곳에서 성육신에서 부활까지의 예수 사역을 의미하는 것으로 사용된 점이다(Streett, 248). 특별히 여러 곳에서 예수의 지상 사역과 부활 이후 상태를 육체로 오신 분과 높이 들린 분의 대조를 통해 소개하고 찬양한다(예, 롬 1:3-4; 벧전 3:18; 딤전 3:16; 참고, 빌 2:6-11; 엡 4:8-10 등등). 주목할 것은 그 모든 찬양과 고백을 반드시 대적자들과의 논쟁 상황과 연결시켜야 한다는 법이 없다는 점이다. 또한 육체로 오셨다는 표현이 십자가의 죽음이라는 특별한 의미로 사용되지도 않았다(Streett, 225). 예를 들어, 바울은 로마서 1:3-4에서 예수를 육신으로는 다윗의 혈통으로 나셨고 성결의 영으로는 죽은 자들 가운데서 부활하사 능력으로 하나님의 아들로 선포된 자라고 말한다. 이런 표현을 특정한 대적자를 염두에 두고 썼을 것 같지 않다. 어느 학자도 그렇게 생각하지 않는다. 또한 '육신으로' 표현을 십자가 죽음과 연결시키는 것도 무리가 있다. 결론적으로, 육체로 오신 메시아 예수라는 요한일서 4:2의 표현은 구약에서 약속된 메시아가 출현했다는 고백으로 볼 수 있다. 물론 그 안에는 예수의 정체성과 사역에 대한 인식이 포함되어 있기는 하지만, 육체성 자체를 부인하는 사람들이나 십자가 사역을 폄하하는 특정 사람들을 반박하기 위한 표현으로 생각할 필요는 없다(Streett, 248).

세 번째 이유는 요한일서 4:3에서 '예수'만을 고백의 내용으로 소개한 점이다. 만일 예수의 육체로 오심이나 특정 지상 사역의 폄하가 핵심 논쟁이라면 그에 대한 추가 설명을 해서 상술했어야 했다. 하지만 그런 언급이 없다. 대신 예수만을 언급한 것은 예수의 정체성, 특별히 2:22에서 언급한 메시아로서의 예수를 중요시했다고 볼 수 있다.

이상의 내용을 정리하면, 요한일서 4:2에서 제시하는 것은 거짓 선지자들의 영과 성령을 분별하는 열쇠는 진리를 가르치는가 그렇지 않은가이며, 그 핵심은 예수가 구약의 성취로 이 땅에 오신 메시아임을 참으로 고백하는가이다. 이 내용은 2:22-23에서처럼 메시아로서의 예수 정체성과 그분의 사역 전체에 대한 가르침을 수반한다. 또한 3:23의 예수를 하나님의 아들과 그리스도(메시아)로 인식하고 믿는 진리 계명을 고백하는 것이기도 하다. 고백 내용이 고백하는 자들의 소속과 정체성을 결정한다. 예수에 대한 바른 고백은 신자들이 하나님께 속해 있다는 바른 정체성을 드러내준다.

3절 (예수의 정체성을 인정하지 않는 영은 적그리스도의 영이다) 영을 분별하는 방법 중 가짜 영에 대한 것을 다룬다. 예수를 고백하지 않는 모든 영은 하나님께 속해 있지 않다. 요한일서 4:2b처럼 예수에 대한 고백이 사람들의 소속과 정체성을 결정한다. 하지만 이들은 예수에 대한 고백이 없는 자들이다. 그렇기에 이들은 4:1에서 말한 세상에 나타난 거짓 선지자들의 영을 소유한 자들이다. 더 나아가 예수의 메시아 됨을 부인하는 이 거짓 영은 바로 적그리스도의 영이다.

저자는 요한일서 4:3b에서 적그리스도의 상황을 추가로 설명한다. 세상에 올 것이라고 가르침받은 것처럼 실제로 세상에 존재하고 있다는 것이다. 2:18-27의 반복이다. 두 가지 의도를 짐작해 볼 수 있다. 첫째, 저자 가르침이 사실이라는 것을 다시 인식시키는 것이다. 저자가 가르친 대로 실제로 적그리스도가 나타났기 때문이다. 그렇기에 독자는 그들 가르침이 아니라 저자의 가르침에 집중해야 한다. 이 의도는 4:5-6에서 구체적으로 제시된다. 둘째, 독자들이 거짓 영의 본질을 분명히 인식해야 한다. 적그리스도는 2:18-27에서 교회 내에 문제 상황을 일으킨 핵심으로 언급했던 자들이다. 4:3에서 예수의 메시아 됨을 부인하는 거짓 영을 적그리스도와 연결시킨 것은 교회를 어렵게 한 자들의 본질을 다시 주지시키려는 의도이다.

4절 (독자들은 하나님께 속해 있다) 이인칭 지시어('여러분')와 호격('자녀들아')을 사용해 독자에게로 화제를 돌린다. 진짜 영과 거짓 영이 함께 있는 상황에서 독자들이 서 있는 현 위치와 상태를 말해주기 위해서다. 저자가 제시하는 독자의 상황은 두 가지다.

첫째, 하나님께 속해 있다. 빛의 구원의 영역에서 하나님과의 새 언약 관계 안에 있다는 말이다. 요한일서 4:2-3에 따르면 이런 소속과 관계성은 예수가 메시아라는 진리에 대한 고백에서 나온다. 또한 3:23-24에서처럼 하나님의 진리 계명을 올바르게 지키는 것으로 유지된다. 따라서 독자들은 예수에 대한 진리를 바르게 믿고 있는 사람들인 것이다.

둘째, 세상에 있는 자들을 이겼다. 독자들은 어둠의 영역에 속한 자들을 이긴 자들이다. 하지만 승리의 궁극적 원천은 독자들에게 있지 않다. 그들 안에 계신 분이 세상에 있는 자보다 크시기에 이긴 것이다. 결국 승리의 비결은 관계성이다. 누구와 함께 하는가가 열쇠이다. 독자들이 세상에 속하지 않고 하나님께 속해 있기 때문에, 그리고 하나님과 관계를 맺고 있기 때문에 승리한 것이다. 그럼에도 불구하고 독자들의 승리에 인간적 요소가 없는 것은 아니다. 진리에 대한 독자들의 믿음도 중요한 요소이기 때문이다. 독자들이 하나님께 속해서 관계를 맺고 있는 것은 예수에 대한 진리를 바르게 고백했고 그 고백을 믿음으로 유지하고 있기 때문이다(참고, 요일 3:23-24; 4:2). 그렇기에 독자들의 승리는 궁극적으로 하나님 때문이지만, 그들이 예수에 대한 진리에 믿음으로 바르게 응답한 인간적 요소도 있다. 실제로 저자는 이 두 요소 중 후자에 집중하고 있는 듯하다. 거짓 선지자와 적그리스도가 악영향을 끼치는 상황을 계속 소개한 점과 모든 영을 다 믿지 말라고 명령한 것(4:1)에서 확인할 수 있다. 또한 요한일서 여러 곳에서 승리라는 단어를 하나님의 말씀(2:13-14)이나 신자의 믿음(5:4-5) 같은 진리 차원과 연결한 것에서도 짐작할 수 있다. 결국, 4:4에서 이인칭 지시어로 독자 상태를 언급한 것은 거짓이 교회를 어지럽히고 있는 상황에서 하나님과의 관계가 승리의 궁극적 비결임을 확인시키기 위함이다. 또한 그 관계를 유지하기 위해 하나님의 진리 계명(예수에 대한 바른 진리를 믿는 것)을 계속 지키라고 권면하고 싶기 때문이기도 하다.

5절 (세상에 있는 자는 적그리스도의 말을 듣는다) 삼인칭 복수형을 사용해 거짓 선지자들과 적그리스도에 대한 주제로 다시 옮겨간다. 거짓의 영과 진리의 영을 구별하는 또 다른 방법을 소개하려는 것이다. 요한일서 4:2b-3처럼 대조 방법을 사용하여 설명한다. 하지만 그 방식이 다르다. 이전 부분이 예수에 대한 고백에 따라 소속과 정체성을 확인하는 방식이었다면, 4:5-6은 각 사람의 소속을 전제로 가르침과 듣는 과정에 초점 맞추어 설명한다.

요한일서 4:5는 거짓 영에 대한 것이다. 거짓 선지자들/적그리스도들의 소속을 밝히는 것으로 시작한다. 그들은 세상에 속한 자들이라고 말한다. 어둠의 영역에 속한 자로서 하나님과의 관계가 없다는 것이다. 4:3에서 제시한 것처럼, 예수의 정체성에 대한 바른 고백이 없기 때문이다. 그들에 대한 설명은 여기서 그치지 않는다. 그들은 세상에 속한 말을 하고 세상은 그들의 말을 듣는다고 한다.

평범하고 당연해 보이는 두 번째 설명에는 몇 가지 함의가 담겨 있다.

첫째, 거짓 선지자들/적그리스도들이 여전히 가르침을 행한다는 것과 그들의 말을 듣고 따르는 자들이 있다는 것이다. 요한일서 2:18-27에서 언급한 교회의 문제 상황을 보여준다.

둘째, 가르침을 주고받는 과정이 모두 세상과 관련 있다. 여기서 사용된 '세상'이란 용어를 구별해서 이해해야 한다. '세상에 속해 있다'는 표현에서는 '세상'이 어둠의 영역을 의미하는 것이지만, '세상이 그들의 말을 듣는다'라는 표현에서, '세상'은 그 영역에 속한 사람들을 가리킨다. 거짓 선지자들/적그리스도들은 세상에 속한 것을 가르친다. 왜냐하면(διὰ τοῦτο) 세상에 속해 있는 자들이기 때문이다. 그들의 이야기를 듣는 자들 역시 세상에 속한 사람들이다. 그들의 이야기를 듣고 그 결과 세상에 속한 자들이 되는 것이 아니다. 이미 세상에 속한 자들이기에 그들의 이야기를 듣는 것이다. 같은 편이기 때문이며 공통의 이야기를 하는 것이기에 듣는 것이다. 결국, 가르치는 자나 듣고 따르는 자나 처음부터 빛의 영역에 속한 자들이 아니다. 어둠의 영역에 속한 자들이기에 예수의 정체성에 대한 바른 가르침을 전하지 않았고, 그 영역에 속한 자들이기에 그런 엉터리 가르침을 듣고 따르는 것이다. 교회 공동체에서 나간 자들은 처음부터 빛의 영역에 있는 '우리'에게 속해 있지 않았다고 말하는(2:19) 근거이기도 하다.

셋째, 이런 특징들은 거짓의 사람들과 진리의 사람들을 구분하는 기준이 된다. 거짓 교사와 그들을 따르는 자들 모두 세상에 속한 사람들이기에 얼마나 많은 사람들이 추종하는가는 중요하지 않다. 그들의 영향력과 상관없이 그들의 가르침을 조심해야 한다. 세상에 속한 내용이기 때문이다. 조심하는 최선의 방법은 진리를 바르게 전하는 자의 말을 듣는 것이다. 또한 그 가르침을 누가 듣는가에 따라 가르치는 자들의 참/거짓을 구별할 수 있다. 진리를 모르고 진리를 거절하는 세상에 속한 사람들이 그들의 가르침을 따르는 것은 그 가르침이 진리에 속하지 않은 것임을 반증하기 때문이다. 이는 또한 누구와 교제하고 있는가의 문제이기도 하다. 이런 사실은 요한일서 4:6과의 대조에서 더 뚜렷하게 나타난다.

6절 ('우리'는 하나님께 속해 있다) 일인칭 복수 대명사(ἡμεῖς)를 통해 요한일서 4:5와 뚜렷하게 구별되는 상황임을 보여준다. 역시 소속을 밝히는 것으로 시작한다. '우리'들은 하나님께 속해 있다. 세상에 속한 그들과 다르다. 다른 소속과 정체성은 가르침을 듣는 사람들의 차이로 연결된다. 하나님을 아는 사람들은 '우리' 가르침을 듣고, 하나님께 속하지 않은 사람들은 듣지 않는다. 이 설명 역시 평범한 듯하지만 몇 가지 함의가 있다.

첫째, 가르침과 들음을 통해 거짓 선지자들/적그리스도들과 저자와 저자에게 속한 자들을 대조하고 싶은 것이다. 그들도 가르치고 '우리'도 가르친다. 하지만 그들은 세상에 속한 것과 연관되어 있고, '우리'는 하나님께 속한 것과 관련 있다. 비록 '말한다' 표현이 없지만, 요한일서 4:5와 비교하면, 그들과 달리 '우리'는 하나님께 속한 것을 말하고 있음을 짐작할 수 있다. '우리' 가르침이 참임을 말하려는 것이다.

둘째, 분별의 방법을 소개하려는 것이다. 저자의 표현에서 주목할 것은 가르침과 듣는 과정을 말할 때 '우리'를 주어로 사용하지 않은 점이다. '우리'가 가르쳐서 하나님을 아는 사람들이 만들어진다고 말하지 않는다. 가르침을 듣는 사람이 주어이다. 누가 '우리' 가르침을 듣는가가 초점이다. 하나님을 아는 사람은 듣지만, 하나님께 속해 있지 않은 자는 듣지 않는다. 하나님을 안다는 것은 구원 영역으로 옮겨졌고 그 안에서 하나님과의 관계를 갖고 있다는 것이다(요일 2:3, 4, 13, 14[x2]; 3:1, 6; 4:7, 8; 5:20). 하나님께 속해 있는 상태다. 이 상태는 오직 저자 같은 복음의 증인들이 전하는 예수에 대한 진리를 믿음으로 받아들일 때만 가능하다(2:24; 4:3). 따라서 하나님을 아는 사람들이 듣는다는 것은 진리를 이미 알고 있는 사람들이 '우리' 말을 듣기 때문에 '우리'가 말하는 것이 참이라는 말이다. 어찌 보면 순환논리처럼 보이지만, 하나님을 아는 사람들의 범위를 넓히면 잘 이해될 수 있다. 즉, 대상이 되는 독자 교회 이외에도 예수에 대한 진리를 올바로 믿어 하나님을 알고 있는 여러 다른 성도들이나 교회들 역시 '우리'의 말을 듣기 때문에 '우리'가 진짜 진리를 전하는 자라는 말이다. 이런 면에서 가르침을 전하는 자가 참인지를 분별하는 또 다른 방법은 누가 그 말을 듣고 따르는지를 보면 된다. 예수에 대한 진리로 하나님과의 관계 안에 있는 자가 듣고 따르면 진짜다. 하지만 세상에 속한 사람들이 따르면 가짜다. 이런 면에서 '우리'는 진짜다. 요한일서 4:5-6a에 나타난 거짓 선지자들과 '우리'의 대조는 다음과 같이 정리할 수 있다.

	그들	우리
소속	세상에 속해 있다.	하나님께 속해 있다.
가르침의 내용	세상에 속한 것을 말한다.	[하나님께 속한 것을 말한다]
가르침을 듣는 자	세상[사람]이 듣는다.	하나님을 아는 자가 듣는다. 하나님께 속하지 않는 자는 듣지 않는다.

요한일서 4:6b은 이것으로 '우리'가 진리의 영과 거짓의 영을 안다는 표현으로 마무리 한다. '이것으로 영을 안다'는 표현은 4:2a에서 사용되었던 것과 같다. 수미상관 표현으로 4:2a에서 시작된 설명이 4:6b에서 끝났음을 말해준다. 4:2-6 전체가 영을 분별하는 방법을 다루고 있음을 전달한다.

3. 해설

요한일서 4:1-6은 3:23에서 말한 예수를 믿는 진리 계명과 3:24에서 언급한 신자와 하나님/예수와의 상호 거함을 가능케 한 성령이라는 주제와 연결된 부분이다. 진리를 전하는 진짜 영과 그렇지 않은 가짜 영을 분별할 것을 명령하고 두 가지 분별 방법을 제시한다. 두 가지 방법을 소개한다. 첫째, 가르침의 내용을 확인하는 것이다. 핵심은 예수가 구약의 성취로 이 땅에 오신 메시아임을 참으로 고백하는가이다(참고, 2:22-23). 예수를 하나님의 아들 메시아로 믿으라는 진리 계명(3:23)에 어떻게 반응하는가와 연결되어 있다. 둘째, 그 가르침을 누가 듣고 따르는가를 확인하는 것이다. 거짓 선지자들은 세상에 속한 사람들이 듣고 따른다. 같은 영역에 속해 있고 동일하게 비진리를 소유하고 있기 때문이다. 하지만 진리를 통해 하나님께 속해 있는 자, 그분과의 교제가 있는 자들은 저자와 저자에게 속한 자들인 '우리'를 따른다. 역시 동일 영역에 속해 있는 자이고 진리를 알고 있는 자이기에 진리를 전하는 자를 분별하고 따른다는 것이다.

이와 같은 영 분별 방법을 소개한 것은 두 가지 의도 때문인 듯하다. 하나는 독자들로 하여금 거짓 교사들의 가르침을 분별하고 저자의 가르침에 계속 붙어 있으라고 권면하기 위해서이다. 이 의도는 요한일서 2:18-27과 비교하면 더 확실해진다.

표현들	2:18-27	4:1-6
적그리스도	- 적그리스도(2:18-19, 22) - 거짓말 하는 자(2:22)	- 적그리스도(4:3) - 거짓 선지자들(4:1)
세상에 왔다 (ἔρχομαι)	- 적그리스도가 세상에 왔다(2:18)	- 거짓 선지자들이 세상에 왔다(4:1). - 올 것이라고 말한 적그리스도가 세상에 있다(4:3).
소속의 언어 (ἐκ)	- 그들은 우리에게 속하지 않음(2:19) - 그들은 진리에 속하지 않음(2:21)	- 그들은 세상에 속함(4:5) - 우리들은 하나님께 속해 있음(4:6)
거짓과 진리 (고백의 내용)	- 그들은 예수의 메시아 됨 부인(2:22) - [우리는 예수의 메시아 됨 전함]	- 거짓 영은 예수의 메시아 됨을 부인(4:3) - 진리의 영은 예수의 메시아 됨을 고백(4:2)
거짓과 진리 (분별의 방법)	- 우리의 가르침을 따르라(2:24). - 성령의 가르침을 따르라(2:20, 27)	- 우리의 말을 듣는 자를 보라(4:6). - 모든 영을 다 믿지 말고 영을 분별하라(4:1).

이 비교에 의하면 요한일서 4:1-6의 내용은 거짓 교사들의 잘못된 가르침으로 야기된 교회 공동체의 실제 상황을 전제로 한다(2:18). 거짓 선지자들과 적그리스도를 거짓 영과 연결한 것도 2:18-27에서 저자와 성령의 가르침을 연결한 것과 무관하지 않다. 교회를 흔든 자들의 기원이 거짓 영이고 하나님과 진리와 상관없는 것임을 상기시키고 누가 진리를 전하는 자임을 확인시키려는 것이다. 진리 편에 계속 서라는 것이다. 사실 이 의도는 처음부터 제시된 것이다. 1:1-4에서 예수의 목격자요 증인인 저

자와 계속 교제케 하려고 서신을 쓴다고 말하고 있기 때문이다. 결국, 이 부분에서 영을 분별하는 방법을 소개한 것은 교회의 어려운 상황을 해결하기 위해 제시한 저자의 실제적 권면으로 보아야 한다. 핵심은 진리를 전하는 저자의 가르침을 놓치지 말라는 것이다. 이런 면에서 영적 전쟁의 핵심은 진리 전쟁이다.

두 번째 의도는 독자를 향한 저자의 목회적 관심의 표현이다. 거짓과 진리의 영의 대조 한 가운데 독자의 상황을 위치시킨 것에서 추론할 수 있다. 독자들은 예수에 대한 바른 진리를 듣고 믿은 자들이기에 하나님께 속한 자들이다. 그들은 거짓 선지자들의 잘못된 가르침에 넘어가지 않은 자들이며 하나님과 진리로 어둠의 영역에 대해 승리한 자들이다. 요한일서 2:13-14에서 언급한 것처럼 악한 자들을 이긴 자들이다. 이런 상태를 교차대구의 중심 위치에서 설명한 것은 그들을 향한 칭찬과 더불어 계속해서 진리 편에서 서기를 기대하기 때문으로 보인다. 독자를 향한 특별한 배려를 읽을 수 있다.

제11장
요한일서 4:7-21
사랑의 계명에 대해:
하나님이 먼저 사랑하셨으니 서로 사랑하라

요한일서 4:7-21을 한 문단으로 볼 두 가지 이유가 있다. 첫째, 중심 단어들이 이전 부분과 다르다. 4:7-21의 주된 표현은 사랑(동사[x15], 명사[x12])이다. 진리를 통한 영 분별을 다룬 4:1-6에는 없던 것이다. 이와 더불어 신자의 사랑을 하나님/예수와의 상호 거함(μένω[x6])으로 연결시킨 것 역시 4:1-6에는 없다. 둘째, '사랑하다' 표현으로 문단을 시작하고 마무리한 수미상관 구조이다. 4:7-21이 동일 주제를 전달하는 한 문단임을 의미한다. 5:1에서 예수에 대한 진리를 다시 언급함으로써 이전 부분과 불연속성을 보이는 것에서도 확인할 수 있다.

하지만 이전 부분과 무관하지는 않다. 기본적으로 요한일서 3:23-24에 대한 두 번째 부연 설명이기 때문이다. 3:23-24는 예수에 대한 진리와 사랑의 계명, 그로 인한 하나님과 신자의 상호 거함, 그리고 성령을 소개했다. 내용상 4:1-6은 영 분별을 통한 진리 계명과 관련 있고, 4:7-21은 서로 사랑하라는 계명과 상호 거함과 관련 있다(참고, 4:21). 이런 점에서 4:1-6과 7-21은 3:23-24에서 말한 하나님의 두 계명에 대한 설명이라는 점에서 공통점이 있다.

요한일서 4:7-21은 크게 네 부분으로 나눌 수 있다.

첫 번째 부분은 요한일서 4:7-11이다. 일인칭 복수 지시어('우리')와 '사랑하다' 동사와 상호대명사 '알렐루스'(ἀλλήλους, "서로")를 사용하여 시작(4:7a)하고 마무리(4:11)하는 수미상관 구조를 갖고 있다(Jobes, 193). '우리'가 서로 사랑하자는 내용이다. 이런 구조 안에 왜 그런 삶을 살아야 하는지에 대한 논리적 설명들도 제공된다. 첫째 이유는 4:7b-8에서 설명된다. 사랑이 하나님께 속한 것이기 때문에 사랑하는 것은 그분과의 관계성을 말해준다는 것이다. 사랑하는 자는 하나님께로부터 나서 그분과의 관계를 가지고 있지만, 사랑하지 않는 자는 하나님을 알지 못한다. 하나님은 사랑이기 때문이다. 둘째 이유는 4:9-10에 있다. 신자를 향한 하나님의 사랑이다. 사람들의 죄를 해결하기 위해 자신의 아들을 속죄제물로 세상에 보내신 것이다. 하나님이 시작한 과정이다. 이런 시작을 토대로 하나님의 사랑을 받은 자들은 다음 과정을 해야 한다. 하나님이 '우리'를 이렇게 사랑했기에 '우리'도 서로를 사랑하는 것이다(4:11). 4:9-10을 정리하고 4:7의 내용을 다시 언급한 것이다.

두 번째 부분은 요한일서 4:12-16이다. 신자 사이의 수평적 사랑의 결과와 그 근간이 되는 하나님과의 수직적 관계성을 설명한다. 특별히 '거하다'라는 표현으로 신자와 하나님과의 상호 거함을 다룬다. 이는 4:7-11과 17-21에는 없는 것이다. 시작은 4:12이다. 만일 신자들이 서로 사랑하면 하나님이 신자 안에 거하시며, 그분의 사랑이 온전하게 된다. 논리적으로 서로 사랑할 것을 권하는 4:11의 다음 단계이다. 4:13-16은 4:12에서 언급한 과정의 근간인 신자와 하나님의 상호 거함을 설명한다. 4:13은 성령을 통한 상호 거함의 지식을 말한다. 4:14-16은 상호 거함을 가능케 하는 인간적 요소들을 언급한다. 하나님이 보내신 아들을 목격한 사람들의 증거와 그 증거에 믿음으로 응답하는 것이다. 이 과정의 핵심은 예수를 하나님의 아들이자 하나님 사랑의 핵심으로 인식하고 고백하는 것이다. 예수에 대한 진리를 믿음으로 하나님과의 관계를 얻고 신자와 하나님 간의 상호 거함 관계를 경험하게 된다. 이 관계를 근거로 신자가 다른 신자들을 사랑하면 하나님의 사랑이 온전하게 되는 결과가 만들어진다(4:12).

세 번째 부분은 요한일서 4:17-18이다. 신자가 서로 사랑하는 것과 하나님의 미래 심판의 관련성이다. 신자들이 서로 사랑함으로 하나님의 사랑이 온전하게 되면, 그 온전한 사랑이 심판 날에 담대함을 준다. 이 담대함은 신자와 하나님/예수의 상호 거함에 근거한다. 그 관계가 있기에 두려움이 없다. 따라서 사랑 안에는 두려움이 없고, 온전한 사랑이 두려움을 내어쫓는다.

네 번째 부분은 요한일서 4:19-21이다. 두려워하는 사람과 대조되는 '우리' 상태를 설명한다. 먼저 보이신 하나님의 사랑에 근거해 동료 신자들을 실제적으로 사랑한다. 이런 모습은 빛의 새 영역에서 고백과 삶을 일치시키는 모습이며, 구원을 허락하신 하나님이 새 언약 관계를 맺은 신자에게 기대하는 계명을 지키는 것이다. 4:7-11에서 설명한 것을 다시 언급한 것이다. 아울러 이 사랑이 하나님의 계명임을 언급함으로써 4:7-21 전체가 3:23에서 언급한 하나님의 두 계명 중의 하나를 다루고 있음을 분명히 한다.

이런 네 부분들은 크게 세 가지 특징을 통해 요한일서 4:7-21 주제를 전달한다. (1) 맨 첫 부분과 마지막 부분을 같은 내용으로 상응하게 한 수미상관 구조이다. 하나님이 먼저 '우리'를 사랑하셨기에 '우리'가 서로 사랑해야 한다는 내용이다. 이 부분 전체가 신자의 서로 사랑을 다루고 있음을 보여준다. (2) 이전 부분의 내용을 발판으로 다음 부분을 진행하는 꼬리 물기 방식이다. 전체적으로 통일성 있는 내용을 전한다. 4:12-16은 이전 부분(요일 4:11)에서 언급한 서로 사랑하라는 표현을 통해 신자와 하나님/예수의 상호 거함으로 연결시킨다. 4:17-18 역시 이전 부분(4:12)에서 언급한 하나님의 사랑이 온전하게 된다(τετελειωμένη)는 표현을 발판 삼아 온전한 사랑을 미래 심판과 연결시킨다. (3) 설명 내용이 과거와 현재, 미래의 시간 흐름을 갖고 있다. 첫 번째 부분(4:7-11)과 네 번째 부분(4:19-21)에는 하나님이 예수를 통해 먼저 사랑하신 과거 모습과 그것에 근거해 서로 사랑하자는 현재 시점의 권면이 있다. 두 번째 부분(4:12-16)의 초점은 신자의 서로 사랑과 하나님/예수와의 상호 거함이다. 현재 상황에 대한 것이다. 아울러 그런 상황을 가능케 한 과거의 사건, 즉 예수에 대한 진리와 하나님의 사랑에 대한 반응도 있다. 세 번째 부분(4:17-18)은 사랑의 현재 시점과 하나님의 심판의 미래 상황이 담겨 있다. 이상을 정리하면 아래와 같다.

구조와 내용		특징 및 연결점
4:7-11	1) 4:7-8: 서로 사랑하라는 권면과 이유: 사랑은 하나님과 관계있고, 하나님이 사랑이기 때문에 서로 사랑하자. 2) 4:9-10: 하나님 사랑의 모습: 아들을 속죄제물로 세상에 보내셨다. 3) 4:11: 결론: 하나님이 먼저 사랑했기에 우리도 서로 사랑하자.	시간적 특징: - 과거(하나님의 사랑) - 현재(신자의 사랑)
4:12-16	1) 4:12: 신자 간의 사랑과 현재 상태: 서로 사랑하면 하나님이 신자 안에 거하시며 하나님의 사랑이 온전하게 됨 2) 4:13-16: 신자들의 서로 사랑의 근거인 상호 거함에 대해: 성령으로 인해 상호 거함이 확증되고(4:13) 하나님이 보내신 아들에 대한 증거를 믿는 과정을 통해 얻게 됨(4:14-16)	1) 시간적 특징: - 과거(예수에 대한 진리와 하나님의 사랑을 믿어 관계를 얻음) - 현재(상호 거함과 하나님 사랑이 온전케 됨) 2) 앞부분과의 연결점: 서로 사랑하라(4:11)
4:17-18	- 신자의 서로 사랑과 하나님의 심판: 서로 사랑함으로 하나님의 사랑이 온전해지고, 온전한 사랑이 심판 때 담대함을 줌	1) 시간적 특징: - 미래(하나님의 심판) - (현재: 온전한 사랑) 2) 앞부분과의 연결점: - 온전한 사랑(4:12)

4:19-21	- 하나님이 먼저 '우리'를 사랑하셨기에 우리도 서로 사랑하는 것이 마땅하다.	1) 시간적 특징 - 과거(하나님의 사랑) - 현재(신자의 사랑) 2) 앞부분과의 연결점 - 하나님 사랑에 근거한 신자의 사랑(4:11)

1. 번역

4:7 사랑하는 여러분, 우리가 서로 사랑합시다. 왜냐하면 사랑은 하나님께
속한 것이기 때문입니다. 그리고 사랑하는 모든 사람은 하나님께로부터 태
어났고 하나님을 알기 때문입니다. **8** 사랑하지 않는 사람은 하나님을 모릅
니다. 왜냐하면 하나님은 사랑이시기 때문입니다. **9** 이것으로 하나님의 사
랑이 우리 안에 나타났습니다. 곧 하나님이 그의 유일한 아들을 세상에 보
내셨습니다. 우리가 그를 통해 살게 하기 위해서입니다. **10** 사랑은 여기에
있습니다. 곧 우리가 하나님을 사랑한 것이 아니라, 오히려 그분이 우리를
사랑하셔서 그의 아들을 우리 죄들을 위한 속죄제물로 보내셨습니다. **11** 사
랑하는 여러분, 만일 하나님이 이처럼 우리를 사랑하셨다면 우리 역시 서
로 사랑해야만 합니다. **12** 어느 때나 하나님을 본 사람이 없습니다. 만일 우
리가 서로 사랑하면, 하나님이 우리 안에 거하시고 그분의 사랑이[1] 우리 안

1. 헬라어 표현인 ἡ ἀγάπη αὐτοῦ에 대한 여러 해석이 있다. αὐτοῦ("그")를 하나님으로 보고 신자를 향한 하나님의 사랑(예, Brown, 1982: 521; Strecker, 1996: 157)이나 하나님을 향한 신자의 사랑(Dodd, 113)으로 보기도 한다. 또는 αὐτοῦ를 신자로 보고 동료 신자를 향한 사랑(Westcott, 152)으로 보기도 한다. 맨 처음 해석이 적절해 보인다. 세 번째 경우는 타당치 않다. 요일 4:7-21은 신자를 단수 지시어를 사용해 표현하지 않기 때문이다. 두 번째 경우 역시 신빙성이 적다. 본문 초점은 신자가 하나님을 사랑하는 것이 아니기 때문이다.

에서 온전하게 됩니다. **13** 그분이 자신의 성령으로부터 우리에게 주셨다는
이것으로 우리가 그분 안에 거하고 그분이 우리 안에 거하는 것을 압니다.
14 그리고 우리는 아버지가 그 아들을 세상의 구원자로 보내셨음을 보았고
증거합니다. **15** 만일 누구든지 예수가 하나님 아들임을 고백한다면, 하나님
은 그 사람 안에 거하시고 그 역시 하나님 안에 거합니다. **16** 그리고 우리
는 하나님이 우리를 향해 갖고 계신 그 사랑을 알았고 믿었습니다. 하나님
은 사랑입니다. 그리고 그 사랑 안에 거하는 사람은 하나님 안에 거하고 하
나님도 그 사람 안에 거하십니다. **17** 이것으로 사랑이 우리와 함께 온전하
게 됩니다. 우리가 심판의 날에 담대함을 갖기 위해서입니다. 왜냐하면 우
리 또한 그분과 같은 모습으로 이 세상에 있기 때문입니다. **18** 두려움은 사
랑 안에 없습니다. 그러나 온전한 사랑은 두려움을 내어 쫓습니다. 왜냐하
면 두려움은 형벌을 가지고 있기 때문입니다. 그리고 두려워하는 자는 사
랑 안에서 온전하게 되지 못합니다. **19** 우리는 사랑합니다. 왜냐하면 그분
이 먼저 우리를 사랑하셨기 때문입니다. **20** 만일 누군가 하나님을 사랑한
다고 말하고 그의 형제를 미워한다면, 그는 거짓말쟁이입니다. 왜냐하면
보이는 자신의 형제를 사랑하지 못하는 사람이 보이지 않는 하나님을 사랑
할 수 없기 때문입니다. **21** 하나님을 사랑하는 사람은 자기의 형제를 또한
사랑하라는 이 계명을, 우리는 그분으로부터 받았습니다.

2. 주해

7절 (서로 사랑하자) 독자들을 사랑하는 자들이라 부르며 화제를 전환한다. 요한일서 4:1과 같은 방법이다. 진리에서 사랑에 대한 주제로 바뀐다. 일인칭 복수형을 사용하여 신자 사이에 서로 사랑하기를 권한다. 비록

명령법 대신 가정법으로 표현하고 있지만, 권면의 어조는 분명하다. 흥미로운 것은 요한일서에서 신자들 사이의 사랑을 권면할 때 이인칭 대신 일인칭 복수형('우리')을 사용하여 표현한다는 점이다(3:10, 14, 18, 23; 4:7, 10, 12, 19; 5:2). 사랑 나눔의 과정에 저자와 저자에게 속한 자들이 포함되어 있음을 의미한다. 저자와의 사귐을 권하는 서신의 기록 목적에도 부합된 표현이다(참고, 1:3). 서로 사랑하라는 것은 독자들에게만 적용되는 것이 아니라 하나님/예수와 수직적 사귐을 가진 모든 신자의 의무임을 말하고 싶은 것이다.

신자가 서로 사랑해야 하는 이유는 사랑과 하나님과의 연관성 때문이다. 교차대구 구조를 통해 요한일서 4:7b부터 8절까지 그 내용이 기술된다. 사랑이 하나님께 속해 있다는 것과 하나님이 사랑이라는 것을 양 끝에 배치시키고, 사랑을 행하는 사람과 그렇지 않은 사람을 가운데 배치시킨 구조이다.

A 사랑은 하나님께 속한 것이다(4:7b)
  B 사랑을 행하는 사람(4:7c)
  B′ 사랑을 행하지 않는 사람(4:8a)
A′ 하나님은 사랑이다(4:8b)

요한일서 4:7b은 신자가 서로 사랑해야 하는 근본 이유를 기술한다. 사랑이 하나님께 속한 것이기 때문이다. 이때 소속 전치사(ἐκ)를 사용한다. 하나님의 영역, 즉 구원의 영역에 속해 있다는 것이다. 따라서 사랑을 행하는 자는 하나님의 영역과 관련 있고, 행하지 않는 자는 하나님과 관련이 없다는 논리 전개가 가능하다. 4:7c은 사랑을 행하는 자의 모습을 말한다. 그들 모두는 하나님께로부터 난 자이며 하나님을 안다. 사랑을 했기 때문에 하나님의 영역에서 새롭게 태어났다는 말이 아니다. 하나님의 영역에 속해 있기 때문에 그와 관련된 삶의 모습을 보인다는 말이다. 하나님의 영역에 있는 자들의 특징이 사랑하는 것이고, 사랑하는 사람들은 자신의 소속이 하나님께 있음을 드러낸다는 말이다. 마치 2:29에서 의를 행하는 자마다 하나님으로부터 새로 태어난 사람임을 드러낸다고 말한 것과 같다. 더 나아가 사랑하는 자들은 하나님을 안다고 한다. 하나님과 관계를 갖고 있음을 말해주는 전형적 표현이다. 결국 4:7b-7c을 통해 말하려는 것은 사랑은 하나님의 영역에 속한 것이기에 서로 사랑하는 수평적 관계는 그들이 구원 영역 안에 있다는 것과 그 안에서 하나님/예수와 수직적 관계를 갖고 있음을 드러낸다는 것이다. 그렇기에 새 영역에 속한 신자는 4:7a에서 말한 서로 사랑하라는 권면을 들어야 한다.

8절 (사랑하지 않는 자는 하나님을 알지 못한다) 요한일서 4:7c에서 말한 것과 반대 경우이다. 사랑하지 않는 사람은 하나님을 알지 못한다. 사랑하지 않으면 하나님에 대한 지식을 가질 수 없다는 말이 아니다. 4:7c 상황과 다르게 하나님과의 관계성이 없다는 것을 보여준다는 말이다. 구원의 영역에 속한 증거가 없다는 것이다. 왜냐하면 하나님은 사랑이기 때문이다. 그분의 속성이 사랑이다. 결국, 4:8을 통해 말하려는 것은 하나님이 새 영역의 주인이고 그분의 속성이 사랑이기 때문에 그분과 새 언약 관계 안에 있고 그분을 안다고 하는 사람은 그분처럼 사랑을 행할 것이다.

9절 (예수를 통해 나타난 하나님의 사랑 1: 독생자를 보내심) 요한일서 4:8에서 말한 하나님은 사랑이라는 표현에 대한 설명이다. 4:10까지 지속된다. 이는 왜 하나님이 사랑인가, 하나님의 사랑이 무엇인가에 대한 대답이다.

요한일서 4:9는 이것으로 하나님 사랑이 '우리' 안에 나타나게 되었다고 소개함으로 시작한다. 4:2처럼 "이것으로"(ἐν τούτῳ)를 먼저 언급하고 나중에 그 내용을 설명하는 방식이다. 독자로 하여금 바로 뒤에 나오는 내용에 주목하게 하려는 것이다. 그 내용은 하나님이 예수를 세상에 보내시고 예수를 통해 '우리'를 살리려 하신 것이다. 단순한 표현이지만 생각할 것이 여럿 있다.

첫째, 하나님의 사랑을 일련의 과정으로 묘사한 점이다. 하나님의 사랑이 '우리' 안에 나타나게 되었다는 표현을 통해 알 수 있다. 이는 과정의 시작 단계이다. 예수를 구원의 통로로 제공한 것으로 과거 사건이다. 이후 제시되는 설명들은 하나님의 사랑과 관련된 다음 단계들이다. 하나님의 사랑을 전하는 자들의 증거를 믿어 하나님 안에 거하고 하나님이 신자 안에 거하는 되는 것과(요일 4:14-16) 신자가 하나님의 사랑에 반응해서 서로 사랑해야 하는 과정이다(4:11, 19-21). 현재 시점 사건들이다. 더 나아가 이런 과정은 하나님의 사랑을 온전하게 만들며(4:12) 장차 하나님의 심판 때 담대함을 갖게 되는 미래 단계도 있다(4:17-18). 이 모든 과정은 하나님의 구원의 과거, 현재, 미래의 과정을 다른 방식으로 표현한 것이다. 결국 저자는 서로 사랑하라는 계명을 구원의 커다란 과정 속에서 전달하고 있으며, 독자로 하여금 동일한 관점에서 그 계명을 이해하고 실천할 것을 주문하고 있다.

둘째, 사랑과 관련한 첫 단계의 주도권은 사람에게 있지 않다. 두 가지 표현을 통해 전달한다. 하나는 수동태 동사(ἐφανερώθη)를 사용해 '나타나게 되었다'고 표현한 것이다. 이 표현은 하나님의 사랑이 누군가에 의해 계시되었음을 의미한다. 현 문맥에서 그 주체는 하나님이다. 그분이 사랑의 과정을 시작했고 나타냈다는 말이다. 또 다른 증거는 '우리'를 하나님의 사랑의 대상으로 묘사한 점이다. 문법상 "우리' 안에"(ἐν ἡμῖν)라는 표현은 명사 하나님의 사랑과 연결해서 "우리를 향한 하나님의 사랑"으로 이해할 수도 있고(KJV; NJB; TEV), 동사와 연결해서 하나님의 사랑이 '우리' 안에 나타났다고 볼 수도 있다(NIV; NRSV; REB; 개역개정; 새번역). 후자가 더 적절할 듯하다. 바로 뒤에 나오는 요한일서 4:10이 사랑의 주체와 관련해 '우리'와 하나님을 구분해 설명하기 때문이다. 따라서 하나님의 사랑과 '우리'를 분리해서 그분의 사랑이 '우리'에게 시작되었음을 말하는 것으로 이해해야 한다.[2] '우리'는 하나님의 사랑의 대상이다. 결국, 이런 표현들을 담고 있는 4:9가 말하려는 것은 사랑에 대한 과정을 시작하신 분이 바로 하나님이라는 것이다. 그분이 주도권을 갖고 있다. 동일한 단어를 사용해 생명이신 예수를 하나님께서 나타내 보이셨다(ἐφανερώθη)라고 말한 1:2와 같은 관점과 개념을 전달한다.

셋째, 자신의 유일한 독생자를 통해 '우리'로 생명 얻게 하려고 하나님이 아들을 세상에 보내셨다는 표현이다. 하나님의 사랑의 첫 단계로서 두 가지 요소를 담고 있다. (1) 예수의 정체성 이해이다. 이 표현은 요한복음에서 예수의 정체성을 소개할 때 사용한 것과 유사하다. "보내다"(ἀποστέλλω) 단어는 요한복음에서 예수가 하나님의 계시자로서 이 땅에 보냄받은 메시아임을 소개할 때 사용된 것이다. 제자들 믿음의 핵심이기도 하다(요 17:8, 25). 하나밖에 없고 유일하다는 의미의 '모노게네스'(μονογενής)는 예수가 하나님과의 독특한 관계를 가지고 있음을 묘사할 때 사용한 단어이다(요 1:14, 18; 3:16, 18). 특별히 이런 유일한 아들을 세상에

2. 이와 연관된 질문은 '안에'라는 표현을 어떻게 이해할 것인가이다. 내적 영역을 의미하는 것으로 보기도 하고(NASB) 외적으로 신자인 '우리에게'(NIV; NRSV; REB; ESV)의 의미로 볼 수도 있다. 아마도 후자가 더 적절할 듯싶다. 요일 4:9b에 하나님이 아들을 세상에 보냈다고 말했기 때문이다. 외적인 영역 속에 보낸 것이다. 세상에 물리적으로 나타난 예수가 제자들 가운데 나타난 하나님의 사랑의 증거라고 이해할 수 있다는 것이다. 이에 대한 여러 논의들은 Anderson, 148-9; Brown, 1982: 516을 참조하라.

보내는 모습은 요한복음 3:16의 내용이기도 하다.[3] 요한일서 4:9에서 이런 표현들을 사용한 것은 요한복음처럼 예수를 이 땅에 보냄받은 하나님의 아들이자 계시자로 이해하고 있음을 보여준다. 요한일서 4:2에서 말한 육체로 오신 메시아 예수와 같은 개념이다. (2) 예수의 사역 이해이다. 이 점은 두 영역 설명 틀을 통해 제시된다. 요한일서 이전 부분 설명에 의하면 세상은 하나님께 반역하는 어둠의 영역을 의미한다. 그렇기에 세상에 보내졌다는 것은 어둠의 영역에 있는 자들을 위한 구원의 통로로 보내졌다는 것이다. 이 역시 요한복음과 공유하고 있는 개념이다(참고, 요 1:5, 9; 14:6). 하나님이 아들을 보낸 것은 사람들로 하여금 생명을 얻게 하기 위해서이다. 이 생명은 빛의 영역에서 신자가 갖게 되는 하나님/예수와의 관계와 그로 인한 결과를 의미한다(요 17:3). 생명이신 예수가 이 땅에 나타남으로 시작되었고(요일 1:2) 저자를 포함한 전도자들의 증거를 믿고 생명을 영접함으로써 경험하게 되는 것이다. 그러므로 요한일서 4:9가 보여주는 예수의 사역은 어둠의 영역에 있는 사람들이 구원의 영역으로 옮겨와 하나님/예수와 새로운 관계(언약 관계)를 누리게 하는 것이다. 진리 차원과 관련된 구원이다. 낯선 개념이 아니다. 요한복음 3:16의 내용이며, 요한일서에서도 1:1-4에서 제시한 이후 계속해서 언급된 내용이다. 결국, 하나님의 사랑의 첫 단계를 예수의 정체성과 사역을 담고 있는 표현으로 제시한 것은 예수에 대한 진리와 하나님과 성도들의 사랑이 서로 분리되지 않음을 보여준다. 올슨(B. Olsson)이 묘사한 것처럼 하나님의 사랑에는

---

3. "하나님이 세상을 이처럼 사랑하사 독생자를 주셨으니 이는 그를 믿는 자마다 멸망하지 않고 영생을 얻게 하려 하심이라"(개역개정). 비록 요 3:16에서는 "주다"(δίδωμι)라는 동사가 사용되었지만, 이 역시 요한복음 다른 곳에서 하나님이 예수를 세상에 보내신 것을 표현할 때 사용된 것이기에 의미상의 차이는 없다(예, 요 6:32).

아들을 중심으로 한 진리의 계시와 그를 통한 구원, 그리고 그로 인한 신자의 삶이 포함되어 있다(Olsson, 218). 이런 면에서 3:23에서 말한 예수에 대한 진리 계명과 서로 사랑하라는 계명은 동전의 양면처럼 함께 가는 것으로 이해할 수 있다.

넷째, '우리'와 세상의 관련성이다. 요한일서 4:9는 예수를 세상에 보내신 것을 하나님의 사랑의 표현으로 묘사했지만, 그 사랑의 실제 경험자 혹은 대상자는 '우리'라고 말한다. '우리'와 세상을 구분하려는 의도로 보인다. 4:5-6에서 말한 것처럼 '우리'와 세상은 다른 영역에 속해 있다. 비록 어둠에 속해 있었던 사람들을 위해 하나님이 아들을 보냈지만, 모든 사람들이 다 빛의 영역으로 가는 것은 아니다. 예수에 대한 바른 진리와 그에 대한 믿음으로만 가능하다(참고, 2:20; 4:2, 15; 5:5). 이런 방식으로 '우리'와 세상을 구분한 것은 독자들이 바른 진리를 통해 세상이 아닌 저자와 저자에게 속한 사람들과의 교제를 지속하기를 기대하기 때문이다(1:1-4). 또한 그 교제는 하나님의 사랑을 성도들에게 표현하는 것, 곧 서로 사랑의 계명을 행하는 것임을 말하기 위해서이다.

10절 (예수를 통해 나타난 하나님의 사랑 2: 예수를 속죄제물로 삼으심) 요한일서 4:9와 연결해서 하나님의 사랑을 설명한다. 4:9와 마찬가지로 "이것으로"(ἐν τούτῳ)라는 표현으로 시작한다. 기능도 동일하다. 뒤에서 설명할 것을 미리 받아 표현하는 것이다(Culy, 108). 4:10은 4:9와 관련해 두 가지를 부연 설명한다.

첫째, 사랑과 관련한 주도권이다. 상관접속사('~이 아니고 ~이다')와 '우리'와 '그'의 대조를 통해 '우리'가 하나님을 사랑한 것이 아니라 하나님이 '우리'를 사랑했다고 말한다. 수동태 동사를 사용해 하나님이 사랑의 과정을 시작했음을 간접적으로 말한 요한일서 4:9에 대한 부연이며 과정의 시작자인 하나님을 강조한 것이다. 이런 강조는 이후 4:11부터 진행될 설명, 즉, 하나님이 먼저 보인 사랑에 반응해서 신자들이 서로 사랑할 것을 권하는 내용의 근간이 된다.

둘째, 하나님이 아들을 세상에 보냈다는 것에 대한 설명이다. 요한일서 4:9와 동일하게 '그분의 아들'과 '보내다' 동사를 사용해 그 과정을 묘사한다. 하지만 4:10은 그 아들을 '우리' 죄들을 위한 속죄제물 삼기 위해 보내셨다는 말을 첨가한다. 속죄제물(ἱλασμός)은 제사의식을 배경으로 인간들의 죄를 대신하는 제물을 의미한다. 특별히 일 년에 한 번 백성들의 죄를 해결하는 대속죄일과 관련 있다(레 16장). 예수가 사람들의 죄 문제를 해결하기 위한 하나님의 방법으로 보내졌다는 것이다. 핵심은 십자가와 부활이다. 이미 2:2에서 같은 단어를 사용해 설명한 개념이다. 하지만 속죄제물이란 단어는 단순히 죄 사함 개념만 있는 것은 아니다. 그것을 통한 관계의 회복, 즉 화목의 개념도 있다.[4] 그렇기에 예수를 속죄제물로 보낸 하나님의 사랑은 어둠의 영역에 있던 자들을 사랑해서 예수를 통해 그들 문제의 핵심인 죄를 해결하고 하나님과 사랑과 평화의 관계를 얻게 한 것으로 이해할 수 있다.

11절 (하나님의 사랑에 근거해 서로 사랑하자) '사랑하는 여러분'으로 주의를 환기시키고, 하나님이 이처럼 '우리'를 사랑하셨기에 '우리'가 서로 사랑하는 것이 마땅하다고 말한다. 하나님이 주도한 사랑의 과정 시작(요일 4:9-10)을 근거로 신자들에게 서로 사랑하라고 권면하는 것이다. 4:7에서 시작한 설명을 일단락 짓는다.

'~처럼 ~하라' 표현으로 하나님의 사랑에 반응하라고 주문한다. 요한일서 3:16이 예수의 사랑에 반응해 형제와 자매를 사랑할 것을 명령했다면, 4:11은 하나님의 사랑에 반응하라고 말한다. 그런데, 3:16에서처럼

4. 요일 2:2 설명 참조.

4:11이 제시하는 사랑의 방향이 이상하다. 상식적으로 하나님의 사랑을 경험했다면 그에 대한 반응은 하나님께 향해야 한다. 하지만 저자가 제시하는 방향은 다른 신자들이다. 하나님이 자신을 사랑했기에 다른 사람들을 사랑해야 한다는 소위 당위성만으로는 설명이 부족하다. 다른 설명이 필요할 듯하다. 하나님과의 관계를 중심으로 그분을 향한 사랑 표현은 한 가지만 있지 않다는 것을 인식해야 한다. 신자는 속죄제물이신 예수를 믿고 빛의 새 영역에서 하나님과 수직적 관계를 맺고 살아간다. 당연히 자신을 사랑한 하나님께 사랑의 방향을 고정해야 한다. 그런데 새 영역에는 또 다른 존재들이 있다. 함께 하나님의 자녀 된 사람들이다. 그들 역시 하나님이 사랑하는 자들이고 하나님과의 수직적 관계를 가지고 있는 사람들이다(참고, 5:1). 그들을 사랑하는 것은 단순히 사람들을 사랑하는 것이 아니다. 그들을 사랑하면, 그들이 관계 맺고 있는 하나님을 사랑하는 것이다. 이런 면에서 신자들의 수평적 사랑은 자신들을 사랑하신 하나님을 향한 수직적 사랑의 연장이다. 또한 하나님이 기뻐하시는 것에 반응하는 사랑의 올바른 방향이기도 하다. 신자의 수평적 사랑을 의무(ὀφείλω, "~해야 한다")로 표현한 것은 너무도 적절하다.[5]

12절 (신자의 사랑과 하나님 사랑의 완성) 요한일서 4:12부터 사랑과 관련한 주제가 약간 달라진다. 신자와 하나님의 상호 거함에 대한 것으로 사랑과 새 영역 안에서의 관계에 초점 맞춘 것이다. 이 주제는 4:16까지 진행된다. 하지만 이전 부분의 내용과 무관하지 않다. 4:12도 4:11처럼 신

5. 올슨은 하나님의 사랑과 신자의 사랑의 연관성을 언약 배경으로 해석한다(Olsson, 217). 타당한 지적이다. 요한복음에서도 메시아를 통한 하나님의 구원은 언약에 근거한 사랑과 신실함의 발로라고 말하고 있기 때문이다(요 1:14, 17). 또한 서로 사랑하라는 새 계명도 예수를 통한 새 언약과 관련 있다(요 13:34). 요한일서와 언약과의 관련성은 Olsson, 307-13을 참조하라.

자가 서로 사랑하는 내용을 담고 있기 때문이다. 또한 4:11과 12 사이에는 논리 순서도 있다. 4:11은 하나님이 시작한 사랑의 과정에 근거해 신자들이 서로 사랑하라고 말하지만, 4:12는 신자가 서로 사랑하면 어떻게 되는지를 보여준다. 순서적으로 4:11이 먼저이고 4:12는 이후 과정이다.

육체의 눈으로 볼 수 없는 분이라는 하나님의 속성을 전제로 설명을 시작한다(4:12a). 구약에서부터 계속 제시된 것이고(예, 출 33:20) 요한복음도 공유하고 있는 전제이다(요 1:18; 5:37; 6:46). 어느 때나 하나님을 본 사람이 없다. 그렇기에 하나님이 먼저 계시하지 않는 한 누구도 그분과 올바른 관계를 맺을 수 없다. 이 전제를 바탕으로 저자는 만일 '우리'가 서로 사랑하면 하나님이 '우리' 안에 거하시고 그분의 사랑이 '우리' 안에 온전하게 된다(요일 4:12b)고 말한다. 얼핏 보기에 이 조건절 내용은 하나님의 속성을 말한 요한일서 4:12a과 연결성이 없어 보인다. 또한 하나님이 '우리' 안에 거한다는 표현도 이상하다. 보통 신자가 하나님 안에 거한다고 말해왔기 때문이다. 이것들을 이해하는 열쇠는 "만일 우리가 서로 사랑하면"이라는 조건절 내용에 있다. 신자가 서로 사랑할 것을 주문한 4:11의 내용이다. 사랑과 관련한 다음 과정을 설명하기 위해 끌어온 것이다. 따라서 보이지 않는 분이라는 하나님의 속성과 '우리'가 서로 사랑한다는 표현 사이에 4:9-11의 내용을 채워 읽어야 한다. 하나님은 보이지 않는 분이지만, 그의 아들 예수를 최고의 계시자로 세상에 보내셨다(4:9-10; 참고, 요 1:18; 14:9; 요일 1:2). 사랑의 과정이 시작된 것이다. 그 결과 메시아 예수를 믿는 자들은 새 영역에서 하나님과 관계를 맺게 되었고, 그 안에서 동료 신자들을 사랑한다는 내용(4:7, 11)이 전제되어 있다.

만일 '우리'가 서로 사랑하면 하나님이 '우리' 안에 거하신다는 말은 수평적 사랑을 해야 수직적 관계가 생긴다는 것이 아니다. 수직적 관계는 이미 전제되어 있기 때문이다. 신자 사이의 수평적 사랑은 하나님/예수와의 수직적 관계가 지속되고 있다는 증거라는 말이다(Brooke, 120; Kruse, 161). 형제를 사랑함으로 사망에서 생명으로 옮겨졌음을 안다는 요한일서 3:14은 사랑함으로 진리에 속해 있음을 알게 된다는 3:19과 동일한 개념이다. 이는 끝나지 않은 과정을 의미하는 현재형 동사(μένω)를 사용한 것에서도 추론할 수 있다. 한편, 하나님의 사랑이 온전해진다는 말도 그분의 사랑의 부족함이 채워진다는 말이 아니다. 신자를 향한 하나님의 사랑이 수평적 서로 사랑으로 인해 확장되어 사랑의 관계가 충만해짐을 의미한다(참고, Jobes, 195; Kruse, 162). 2:5의 표현처럼 새 영역 안에서 하나님/예수와의 꼬이노니아(교제)가 더 풍성해진다는 말이다. 결국 4:12는, 예수를 통해 시작된 하나님의 사랑의 과정에 참여해 수평적 사랑의 확장을 행하는 자(참고, 4:11)가 하나님과의 관계 안에 있다는 증거와 그 관계의 온전함을 경험할 수 있음을 보여준다. 사랑하는 자는 하나님과 새 언약 관계를 갖고 있다고 말한 4:7-8 내용이 더 강화된 것이다(Olsson, 220).

13절 (성령을 통한 상호 거함) 하나님과의 상호 거함에 대한 구체적 설명을 제공한다. 요한일서 4:16까지 그 설명이 이어진다. 4:13은 성령으로 인한 상호 거함의 지식 혹은 인식에 대해 다루고, 4:14-16은 상호 거함을 얻는 과정을 다룬다.

"이것으로"(ἐν τούτῳ)라는 표현으로 시작한다. 이는 앞부분의 내용(4:12)을 받을 수도 있고(Kistemaker, 335) 뒤에 나오는 성령에 대한 내용을 담고 있는 두 번째 '호띠'(ὅτι)절(4:13b)을 미리 받는 것일 수도 있다(Brown, 1982: 521; Yarbrough, 245-6). 만일 앞부분의 내용을 받는 것이라면, 신자들이 서로 사랑한 결과(4:12), '우리'가 하나님과 상호 거하고 있음을 알게 된다는 의미가 된다. 이런 이해는 논리 진행을 어색하게 만든다. 이미 앞부분은 상호 거함을 전제로 그 다음 과정의 모습을 설명했기 때문이다. 만일 이런 논리를 따르면, 이후 과정을 통해 이전 과정과 그 전제를 알 수 있다고 말하는 것이 된다. 어색하다. 또한 이런 해석은 바로 뒤에 나오는 성령의 역할을 담고 있는 부분의 위치와 기능을 애매하게 만든다. 이미 앞에서 인간적 서로 사랑을 통해 하나님과의 상호 거함을 알 수 있다고 말했기에 성령의 역할이 축소된다. 보다 적절한 이해는 뒷부분의 내용을 미리 받는 것으로 보는 것이다. 성령으로 말미암아 하나님이 '우리'에게 주셨다는 것을 상호 거함에 대한 지식의 근거로 삼는 것이다.[6] 만일 이런 해석이 타당하다면 요한일서 4:13의 역할은 4:12의 내용을 이어받아 그 다음 과정으로 진행시키는 것이 아니다. 실제로 4:12의 다음 과정은 4:17에서 나타난다. 4:13은 앞부분이 제시한 "만일 우리가 서로 사랑하는 것"의 전제가 되는 신자와 하나님과의 상호 거함을 부연 설명하는 것으로 볼 수 있다. 그러므로 4:13은 하나님의 사랑에 대한 과정 진행을 잠시 멈추고 상호 거함에 대한 부연 설명을 제공함으로 과정 진행의 근거를 든든히 하는 부분으로 볼 수 있다.

신자가 하나님 안에 거하고 하나님은 신자 안에 거하는 상호 거함의 지식은 성령을 통해 알 수 있다. 요한일서 3:24에서 언급한 내용을 반영한다(Harris, 191). 이 두 구절 사이에 표현의 차이가 있다. 3:24는 하나님이 '우리'에게 보내신 성령을 통해서 알게 된다고 묘사한 반면, 4:13은 성령으로부터 '우리'에게 주신 것을 통해 알게 된다고 말한다.[7] 하지만 내용의

---

6. 여러 학자들은 두 번째 ὅτι를 이유를 제공하는 부분으로 여긴다(Brooke, 121; Bultmann, 1973: 70; Painter, 272; Smalley, 1984: 249; Strecker, 1996: 158). 하지만 "이것으로"(ἐν τούτῳ)와 관련한 요일 4:12와 13 연결성을 고려한다면 '이것'의 내용을 받는 부분으로 이해하는 것이 적절하다(Brown, 1982: 521; Harris, 191).

7. 성령과 관련한 전치사 ἐκ를 어떻게 이해할 것인가에 대한 논의들이 있다. 어떤 이들은 원인 제공자 또는 기원으로 보고 성령을 통해 제공되는 어떤 것으로 해석한다(Westcott, 153). 다른 이들은 '부분'을 의미하는 것으로 보고 하나님이 성령의 한 부분을 주는 것으로 이해한다(Brown, 1982: 522; Lieu, 2008: 186). 이 경우 비록 일부이지만, 성령 전체를 말하는 것과 동일한 것으로 이해하기도 한다. 하지만 '에크'

근본적 차이는 없다. 3:24가 진리와 사랑의 계명을 통한 상호 거함을 성령과 연결시킨 것처럼, 4:13의 성령도 진리와 사랑을 배경으로 등장한다. 진리는 이미 4:1-6에서 성령과 연결되었다. 사랑과의 연관성은 4:13을 담고 있는 문맥이 사랑을 주제로 하고 있다는 점에서 확인할 수 있다. 따라서 4:13은 3:24에서 언급한 내용을 풀어 설명하는 과정에서 상호 거함과 관련한 성령의 역할을 다루는 부분이자, 4:12에서 말한 서로 사랑의 근거가 되는 하나님과의 상호 거함에 대한 증거와 보증자 설명 부분으로 이해할 수 있다.

성령이 신자와 하나님 사이 상호 거함의 증거이고 보증자라는 개념은 구약에서 제시한 새 언약 약속과 그에 대한 성취와 연결되어 있다. 예레미야 31:31에서 약속된 새 언약은 에스겔 36:26-27에서 성령에 대한 약속과 함께 제시된다. 새 언약에 대한 구약의 약속이 예수의 죽음과 부활을 통해 이루어졌다(마 26:28; 막 14:24; 눅 22:20; 고전 11:25; 참고, 요 13:34[새 계명]). 이 과정에서 성령은 예수의 사역과 함께 했다(요 1:32; 3:34). 이 성령은 새 언약의 성취 이후 하나님과 예수에 의해 신자들에게 보내질 영이고(요 14:26; 15:26) 믿는 자들이 받을 영이기도 하다(요 7:39: 16:13; 20:22; 참고, 행 2:1-4). 예수를 이 땅에 보내신 하나님의 사랑을 증거하는 진리의 영이며(요 14:26; 15:25; 16:13; 요일 2:20, 27; 4:1-6; 5:6, 8) 신자가 하나님의 영역에 속해 있음을 증거하고 보증하는 영이기도 하다(요일 3:24; 4:13). 결국, 성령은 예수를 통해 하나님과의 언약 관계 안으로 들어가게 하고 그 관계 안에 계속 거하게 하는 과정의 열쇠를 제공하는 분이다.

로 시작하는 전치사구가 "그가 주었다"(δέδωκεν)는 동사의 목적어로 사용할 수 있는지는 의문이다. 오히려 목적어가 생략된 형태로 보고 전치사구를 기원으로 보는 것이 적절할 듯하다(Derickson, 449-50).

14절 (예수에 대한 '우리'의 목격과 증거) 요한일서 4:13과 연결해 하나님과의 상호 거함을 얻는 과정을 설명한다. 4:16까지 지속된다. 하나님의 일하심이 있지만, 주로 인간 역할에 초점을 맞춘다. 4:14는 '우리'라는 저자의 역할에서 시작한다(Akin, 183; Kruse, 163-4; Schanckenburg, 242)[8]. 그들은 하나님이 아들을 세상의 구원자로 보내신 것을 보았고 증거했다. 여기에는 현 문맥과 요한일서 전체 내용과 관련해 몇 가지 생각할 것이 담겨 있다.

첫째, 과정의 순서이다. 하나님이 아들을 세상에 보내셨다는 것은 요한일서 4:9-10에서 설명한 하나님의 사랑 표현이다. 하나님이 사람들을 구원하는 실제 과정을 예수를 통해 시작한 것이며 신자의 서로 사랑과 관련한 과정의 시작이다. 따라서 시간 순서상 아들을 통한 하나님의 사랑 표현이 먼저이고, 저자 그룹의 목격과 증언은 그 다음 과정이다.

둘째, 예수가 메시아임을 강조하는 점이다. 세상의 구원자라는 표현은 오직 요한복음 4:42와 이 부분에만 나온다. 요한복음 4:1-42는 예수의 사마리아 전도를 다루는 부분이다. 전도 과정은 사마리아 여인과의 대화(요 4:1-26)와 여인으로 인한 마을 사람들의 반응(요 4:28-30, 39-42)으로 구성되어 있다. 모두 예수의 정체성을 인식하는 것과 관련 있다. 여인과의 대화 과정에서 예수는 야곱보다 큰 자(요 4:12), 생명의 물을 줄 수 있는 자(요 4:13-14), 선지자(요 4:19), 하나님을 아버지로 모신 자(요 4:21, 23), 그리스도(요 4:25-26)로 표현된다. 마을 사람들을 전도하는 과정에서는 그리스도(요 4:29)와 세상의 구원자(요 4:42)로 언급된다. 흥미로운 것은 두 부분 모두 예수에 대한 정체성을 인식하고 고백함으로 마무리한다는

8. 어떤 학자들은 저자 그룹과 독자를 포함한 것으로 생각하기도 한다(Bruce, 111; Marshall, 220; Rensberger, 120; Westcott, 153). 하지만 '증거하다' 동사는 독자보다 저자 그룹에 어울리는 표현이다.

점이다. 요한복음의 전체 기록 목적인 예수의 정체성 설명과도 잘 어울린다(참고, 요 20:31). 요한일서 4:14가 요한복음의 표현을 썼다는 것은 요한복음과의 깊은 관련성을 보여준다. 예수가 하나님의 아들이며 아버지를 계시하는 약속된 메시아임을 보여주는 것에 관심 있음을 말해준다. 이 관심은 교회의 문제 상황과 관련 있다. 교회를 분열시킨 거짓 교사들의 영향력을 다루는 부분(요일 2:22)과 거짓 영과 진리의 영을 구분하라는 부분(4:2-3)에서 예수의 바른 정체성 이해의 중요성을 언급했기 때문이다. 그뿐만 아니라, 바로 다음 구절 요한일서 4:15에서 저자 그룹의 증거에 대한 반응이 예수의 정체성에 대한 고백과 연결됨을 말한 것에서도 확인할 수 있다.

셋째, 저자와 증인들의 중요성을 부각시킨 점이다. 일인칭 복수 대명사("우리")를 따로 사용한 것은 강조이다(Culy, 113). '우리'가 보았다는 표현은 요한일서 4:12의 내용과 연결될 수 있다. 아무도 하나님을 본 사람이 없다. 하지만 저자와 증인들은 그 하나님의 사랑을 보았다. 예수를 보고 경험한 것이다.[9] 그렇기에 저자와 증인들이 아니면 아무도 그 하나님의 사랑을 알 방법이 없다고 말하는 것으로 이해해도 된다. 비록 예수를 통해 하나님이 계시하는 과정이 우선이지만, 하나님의 사랑을 알 수 있는 인간적 통로는 저자와 같은 진리의 목격자와 전달자의 증거 밖에 없다는 것이다. 이 역시 거짓 교사들의 영향력으로 어려움을 당하는 교회 상황과 관련 있다. 그들의 증거가 아닌 저자의 증거를 따르라는 간접 권면이다. 이런 이해는 동일한 표현이 있는 1:1-3의 내용에서도 확인할 수 있다. 하나님께서 계시하신 생명을 보고 만지고 경험한 저자의 증거를 통해 하나

9. 어떤 이들은 믿음의 눈으로 본 것이라고 여긴다(Smalley, 1984: 252; Thompson, 124). 하지만 요일 1:1-3과의 연관성을 고려하면, 실제로 본 경험을 의미하는 것으로 보아야 한다(Derickson, 452).

님/예수와 함께 하는 교제에 계속 참여하기를 기대하며 서신을 쓴다는 것이다. 실제로 4:14의 문맥은 하나님과 신자와의 상호 거함을 다루고 있기 때문에, 더욱 1:1-3에서 언급한 서신 목적과 부합된 표현으로 볼 수 있다.

결론적으로 요한일서 4:14는 신자와 하나님과의 상호 거함, 즉 구원 과정에 대한 인간적 요소의 시작을 소개하지만, 서신의 전체 목적과 어울리는 내용을 담고 있기도 하다. 저자가 참 진리의 통로이며 하나님의 사랑을 통해 그분과의 교제를 경험할 수 있는 통로임을 말한다. 거짓 교사들이 아닌, 저자의 가르침을 따르라는 간접 명령 효과를 가지고 있다. 이런 의도는 4:15를 통해서도 나타난다.

15절 (예수의 정체성 시인과 상호 거함) 요한일서 4:14 이후 과정이 설명된다. 예수가 하나님 아들이라고 고백하는 사람은 하나님이 그 안에 거하시고 그 사람 역시 하나님 안에 거한다. 이는 상호 거함을 경험하고 있는 사람에 대한 설명이다. 그들은 저자와 증인들 그룹이 전하는 하나님 사랑에 대한 진리를 긍정적으로 받아들인 자들이다. 반응의 핵심은 예수가 하나님의 아들이라는 정체성 인식과 고백이다. 이 점은 요한일서에서 계속 제시된 내용이다(요일 1:1-3; 2:22-23; 3:23; 4:2-3. 참고, 요일 5:1, 5, 6-12), 결국, 4:14-15는 신자와 하나님과의 상호 거함이 새 영역으로 옮김받은 구원 결과의 한 모습이며, 오직 예수에 대한 바른 증거와 그에 대한 합당한 반응으로만 경험되는 것임을 말해준다.

16절 (하나님을 사랑하는 것과 상호 거함) 요한일서 4:15와 연결해 상호 거함의 결과를 경험하는 사람, '우리'의 예이다. 4:14와 마찬가지로 일인칭 복수 대명사를 사용해 '우리'를 강조한다(Lieu, 2008: 191). 하지만 그 내용은 다르다. 요한일서 4:14의 경우는 복음의 진리를 전하는 저자를 지칭하지만, 4:16의 '우리'는 저자와 독자를 포함한 신자이다(Akin, 184;

Harris, 194). 증거 과정이 아니라, 진리를 받는 과정을 말하는 것이기 때문이다. 받아들임의 과정은 저자를 포함한 모든 신자들이 하나님의 영역으로 옮겨가기 위해 반드시 거쳐야 한다.

받아들임 과정은 신자를 향한(ἐν ἡμῖν) 하나님의 사랑을 알고 믿는 것으로 묘사된다. '엔 헤민'에 대한 번역이 어렵다. 어떤 학자들은 장소 개념으로 보고 "우리 안에"로 번역한다(Brooke, 122; Westcott, 155). 신자 공동체 혹은 신자 안에 이미 존재하는 하나님의 사랑이란 의미이다. 다른 학자들은 방향 혹은 지시 의미로 "우리를 향한"으로 이해한다(NASB; ESV를 포함한 대부분의 영어 성경; 개역개정). 후자가 적절해 보인다. 요한일서 4:16은 받아들이는 과정, 즉 하나님과의 언약 관계 밖에 있던 사람들이 하나님의 사랑을 받아들여 그분과의 관계 안으로 들어가는 과정을 말하는 것이기 때문이다.

우리를 향한 하나님의 사랑은 아들 예수를 구원자로서(요일 4:15) 세상에 보낸 것이다(4:9-10). 예수를 통해 죄 문제를 해결하고(2:2; 3:5; 4:10) 마귀의 일을 멸하며(3:8) 하나님과의 관계를 회복하고(4:10) 생명을 얻게 하려는 것이다(4:9). 이런 사랑의 과정을 시작하신 그분, 그 하나님은 바로 사랑이다. 결국, 하나님의 사랑이 진리이고, 진리가 예수를 통한 하나님의 사랑이다. 그 사랑을 믿고 그 안에 거한다는 것은 예수에 대한 진리를 믿고 그 안에 거한다는 말이며, 하나님 안에 거한다는 말이다. 그러므로 그 사랑 안에 거하는 자는 하나님 안에 거하고 하나님도 그 사람 안에 거한다. 이것이 진리를 통한 상호 거함의 과정이다.

17절 (하나님의 사랑과 미래 심판 날의 담대함) 하나님의 사랑과 관련한 다음 과정을 설명한다. 이것으로 사랑이 우리와 함께 온전하게 된다는 것으로 시작한다(요일 4:17a). 이전 부분과 두 가지 연결점을 가지고 있다. 첫째, "이것으로"(ἐν τούτῳ)라는 표현이다. 요한일서 4:9, 13의 경우와 달리 앞부분의 내용을 받아 연결한다(Culy, 115; Harris, 196-7; 반대, Brooke, 124; Schnackenburg, 222). '이것'에 해당할 만한 내용이 뒤에 없기 때문이다. 따라서 4:17은 4:16(13-16)의 내용을 발판으로, 다음 과정으로 진행시키고 있다고 볼 수 있다. 하나님의 사랑인 예수에 대한 진리를 받아들여 상호 거함 관계를 얻게 된 이후 과정이다. 둘째, "사랑이 온전해진다"(τετελείωται)는 표현이다. 같은 표현이 4:12에 있다. 상호 거함을 근거로 신자가 서로 사랑하게 되면 하나님의 사랑이 온전하게 됨을 말한다. 이 두 연결점을 고려하면 4:17a은 예수로 인한 하나님의 사랑과 진리를 믿고 상호 거함의 관계를 얻은 신자들이(4:13-16) 수평적 서로 사랑을 통해 수직적 하나님의 사랑의 온전함을 경험하는 상태를 말한다. 과거와 현재 시점을 포함하고 있으며, 지금까지 설명의 마지막 단계이다.

이런 설명을 발판으로 요한일서 4:17b은 하나님의 사랑에 대한 미래 상황과 연결시킨다. '우리'가 심판 날에 담대함을 갖는 것이다. 요한일서에서 세 번째로 언급된 종말 상황이며(참고, 2:28; 3:2), 하나님의 사랑과 관련한 최종 결과이다.[10] 역사의 마지막에는 주님의 재림이 있고(2:28) 이후 하나님의 심판이 있을 것이다. 선악 간에 사람들이 행한 대로 평가하실 것이다(참고, 마 16:27; 롬 2:6-11; 갈 6:6-7; 벧전 1:17; 계 20:13; 22:12). 하지만 신자인 '우리'는 담대할 수 있다. 하나님과의 언약 관계 안에 있는 그분의 자녀이기 때문이다. 그 관계가 하나님의 최후 심판을 넘어가게 한다.

이 담대함의 이유가 요한일서 4:17c에서 다시 제시된다. 그분이 계신

10. 담대함(παρρησία)이란 단어는 요한일서에 네 번 나온다. 신자의 현재와 미래 상황과 관련 있다. 현재 상황은 상호 거함과 관련한 담대함이고(3:21; 5:14) 미래 상황은 주님의 재림과 심판 때의 담대함이다(2:28; 4:17). 모두 예수에 대한 진리나 그것에 근거한 신자들의 사랑의 결과 상태이다.

것처럼 '우리'도 이 세상에 있기 때문이라고 말한다. 약간 명료하지 못한 문장이다. '그분'과 '우리'가 세상에서 존재하는 방식이 동일하다고 말하려는 듯하다. 하지만 그분이 누구를 지칭하는지 불분명하며 그 존재 방식 또한 명확치 않다. 이 표현을 이해하기 위해 몇 가지를 고려해야 한다. 첫째, '이 세상'이란 표현이다. 이전 설명에 의하면 하나님께 반역하는 어둠의 영역이다. 비록 신자는 어둠의 영역에서 빛으로 옮겨져 하나님과의 관계를 갖고 있지만, 육체는 여전히 세상에 발붙이고 살고 있다. 그렇기에 이 세상이란 현재 신자가 살고 있는 삶의 장((場)이며 여전히 어둠의 영향력이 존재하는 곳이다. 둘째, 그분과 '우리'의 존재 방식이다. 현 문맥이 사랑을 다루고 있음을 고려한다면, 그 존재 방식은 사랑이다. '그분'이 사랑의 방식으로 존재하는 것처럼 신자인 '우리' 역시 동일한 방식으로 존재한다는 것이다. 이 존재 방식은 어둠의 영역이 보여주는 것(예, 미움과 살인[요일 3:13, 15])과 다르다. 셋째, '그분'의 정체이다. 하나님일 수도 있고 예수일 수도 있다. 하나님의 사랑 방식은 4:9-10에서 설명되었고, 4:14-16에서 상호 거함의 전제로 제시되었다. 4:11은 하나님의 그 사랑에 반응하여 신자들이 서로 사랑하라고 명령한다. 한편 예수의 사랑 방식은 3:16에서 소개되었다. '우리'를 위해 목숨을 버린 방식으로 신자들이 서로 사랑하는 것이 마땅하다고 했다. 하나님과 예수 중 하나를 결정하기가 어렵다. 하지만 꼭 하나를 선택해야 하는 것은 아니다. 예수는 하나님을 드러내는 계시자이고 하나님의 은혜와 진리의 총화이기에 굳이 둘을 분리할 필요는 없다. 어쩌면 4:17c의 지시대명사는 중의적 의미를 담고 있는 듯하다. 이상을 종합하면 신자가 담대한 이유는 비록 '우리'가 이 세상에 살고 있지만 하나님과 예수의 사랑 방식을 따라 다르게 살고 있기 때문이다. 이는 세상을 사랑하거나 따르는 삶의 방식으로 살고 있지 않음을 드러내는 것이며(참고, 2:15-17), 궁극적으로 세상이 아니라 하나님/예수와 상호 거함의 관계를 맺고 있음을 보여주는 것이기도 하다. 그렇기에 그런 삶의 방식은 세상의 모든 것이 사라질 하나님의 심판 때에도 흔들리지 않는 담대함의 이유가 된다.

18절 (사랑 안에 두려움이 없다) 4:17과 연결해 신자가 왜 심판 때에 담대함을 갖게 되는지를 부연 설명한다. 사랑 안에 두려움이 없기 때문이다. 두려움은 담대함의 반대 상태이다. 사랑 안에 두려움이 없는 이유는 온전한 사랑이 두려움을 내어쫓기 때문이다. 온전한 사랑이란 새 영역 안에서 하나님과의 관계를 전제로, 신자가 서로 사랑함으로 그분의 사랑이 온전하게 되는 것이다(4:12, 17). 하나님과의 상호 거함의 관계가 깊은 상태이고 그분과 샬롬의 관계가 있다는 말이다. 두려움은 하나님과의 관계가 막혀 있기에 생긴 것이고 그 결과로 형벌이 뒤따른다. 하지만 온전한 사랑의 상태는 관계를 거절하고 그분의 진노의 원인이 되는 죄 문제가 해결된 상태이다. 예수를 속죄제물로 보내신 하나님의 사랑이 있고, 그것을 믿음으로 받아 죄 사함 받는 과정이 내재되어 있기 때문이다(2:1-2; 3:5-6; 4:9-10, 14-16). 그뿐만 아니라, 그 관계 안에서 지은 죄 역시 하나님께 고백하는 과정과 예수의 대속을 의지함을 통해 용서 받을 수 있다(1:9; 2:1-2). 이런 관계 안에서 하나님은 두려움이 아니라 사랑의 대상이다. 그렇기에 두려워하는 자는 사랑 안에서 온전함을 이룰 수 없다. 하지만 사랑 안에 있는 자, 하나님과의 관계 안에 있는 자는 두려움이 없고 심판 때에도 담대할 수 있다.

19절 (하나님의 먼저 사랑과 신자의 사랑) '우리'의 상태이다. 요한일서 4:18의 마지막에 언급한 두려워하는 자와 대조된다. 사랑 안에 거하는 자이다. 이는 4:21까지 지속된다. 4:7부터 시작된 논의를 마무리하고 독자들에게 서로 사랑할 것을 권면한다. '우리'는 서로 사랑하고 있다는 진술로 시작한다. 본문에는 사랑의 대상이 없다. 어떤 사람들은 그 대상을 하나님이나(Houlden, 120) 사람들로 보기도 하며(Schnackenburg, 225) 혹은 하나님과 사람들을 포함한 것으로 보기도 한다(Harris, 199). 어렵다. 하지만 신자들의 서로 사랑을 말하는 것으로 이해하는 것이 좋겠다. 4:18까지 하나님을 사랑하는 것이 주된 초점으로 나온 적이 없기 때문이다. 일인칭 복수 대명사 "우리"(ἡμεῖς)를 사용한 것은 두려워하는 자와의 대조를 강조하려는 것이다. 서로 사랑하고 있기에 하나님의 사랑이 온전해짐을 경험할 수 있는 사람이며, 장차 주님이 다시 오셔서 심판하실 때도 담대함을 가질 수 있는 사람들이다. 하지만 그들의 수평적 사랑의 시작점은 따로 있다. 먼저 '우리'를 사랑한 그분이다. 이유를 제공하는 '호띠'(ὅτι)절을 통해 분명히 밝힌다. 여기서 "그분"(αὐτὸς)은 일차적으로 사랑의 과정을 시작한 하나님을 의미한다. 4:9-10, 14-16에서 그분의 역할을 설명했기 때문이다. 하지만 자기 목숨을 주심으로 사랑을 보이신 예수를 전혀 배제할 수 없다(3:16). 4:13의 경우처럼 대명사를 통해 중의적 의미를 전달하는 것으로 이해할 수 있다. 하나님이 먼저 사랑하셨기에 사랑을 알게 되고 그 사랑에 반응해 '우리'가 서로 사랑을 하고 있다는 것이다. 4:11 내용의 반복이고, 이 문단의 시작인 4:7을 다시 언급한 것이다.

20절 (하나님의 사랑과 형제 사랑과의 연결성) 요한일서 4:19와 연결해 하나님의 사랑과 형제 사랑과의 연결성을 설명한다. 만일 누군가 하나님을 사랑한다고 말하면서 자기 형제/자매를 미워하면 거짓말쟁이다(요일 4:20a). 고백과 행동과의 연결을 조건절을 통해 제시한 것이다. 두 가지를 고려해 이해해야 한다.

첫째, 여기서 말한 사랑과 미움은 단순히 감정 대조가 아니다. 어둠과 빛의 영역의 대조이다. 요한일서 2:9-11과 3:13-14에서 설명한 것처럼 미워함은 어둠의 영역에 속한 자의 특징이고 반대로 사랑은 빛의 영역에 속한 자의 특징이다. 빛의 영역에 속해 있다고 말하는 자들이 어둠의 영역에 속한 행동을 하는 것은 모순이다. 거짓말쟁이임을 드러내는 것이며, 일관성 없고 온전함이 없는 모습이다(참고, 1:10; 2:4). 이런 모습은 하나님의 온전하심과도 거리가 멀다(참고, 1:5).

둘째, 하나님을 사랑하는 수직적 사랑과 형제/자매를 사랑하는 수평적 사랑의 관계성이다. 요한일서 4:12처럼 하나님의 사랑은 신자의 서로 사랑을 통해 확장되고 온전하게 된다. 하나님이 다른 신자들 역시 사랑하시기에 그들을 사랑하는 것은 그들을 사랑하시는 하나님을 사랑하는 것이기 때문이다. 형제/자매를 사랑하는 것은 하나님을 사랑하는 수직적 사랑의 또 다른 표현이다. 따라서 하나님을 사랑한다고 말하면서도 자신의 형제/자매를 사랑하지 않는 것은 모순이다. 하나님을 사랑한다고 말하는 자는 반드시 형제/자매를 사랑해야 한다.

하나님 사랑과 신자 사랑을 연결해야 하는 구체적 이유가 요한일서 4:20b에서 추가된다. 보이는 형제/자매를 사랑하지 않는 자가 보이지 않는 하나님을 사랑할 수 없기 때문이다. 보이는 것과 보이지 않는 것을 대조해, 사랑하지 않는 자 - 보이는 그의 형제 - 보이지 않는 하나님 - 사랑하지 못한다 구조로 설명한다. 하나님은 보이지 않는 분이다. 이는 4:12에서도 언급된 하나님의 속성이다. 스스로 계시하는 과정이 없다면 볼 수도 없고 알 수도 없다. 하지만 사람들은 서로 보이는 존재이다. 보이는 존재를 사랑하지 않으면서 보이지 않는 존재를 사랑한다는 것은 어불성설이다. 실제적 예이다. 그러므로 하나님의 사랑을 받은 자라면 그것이 동료 신자들을 향한 사랑으로 드러나게 된다.

21절 (주의 계명대로 형제를 사랑하라) 요한일서 4:20과 연결해 하나님의 사랑을 받은 자가 서로 사랑하는 것이 마땅함을 부연한다. 신자는 사랑에 대한 계명을 하나님으로부터 받았기 때문이다. 하나님을 사랑하는 자는 그 형제들 역시 사랑해야 한다는 것이다. 이것은 낯선 계명이 아니다. 어둠의 영역에 있던 사람들을 빛의 영역으로 옮겨 새로운 관계를 맺게 하신 하나님이 기대하는 삶의 모습이다. 또한 3:23에서 말한 하나님의 두 계명 중 하나이며, 요한복음 13:34에서 예수가 제자들에게 준 새 계명 내용이다. 신자가 계명을 가지고 있다는 것은 지켜야 할 의무가 있다는 말이다. 그렇기에 요한일서 4:19-21에서 서로 사랑하는 '우리' 모습을 말한 것은 그런 삶이 지속되기를 기대하는 마음의 반영이다. 하나님이 시작하신 사랑의 과정에 믿음으로 응답해 상호 거함의 깊은 관계의 실재를 경험하고, 그것에 따라 구체적으로 형제/자매를 사랑하는 삶이다. 하나님의 기대를 담고 있는 계명을 이행하는 것이며, 새 영역에서 맺고 있는 하나님/예수와의 관계에 어울리는 일관성 있고 온전한 모습이다. 신자가 당연히 보여야 할 삶의 모습이다. 하나님 사랑에 반응하여 동료 신자를 사랑하라는 4:7-11의 명령의 반복이며, 3:23의 두 번째 계명인 사랑 계명의 설명에 대한 마무리이다.

3. 해설

요한일서 4:7-21은 4:1-6과 더불어 3:23에서 언급한 하나님의 두 계명을 설명한다. 4:1-6이 예수에 대한 진리 계명에 집중했다면, 4:7-21은 신자 간에 서로 사랑하라는 계명에 집중한다. 서로 사랑하라는 주제는 크게 두 가지 방법으로 제시된다.

첫째, 서로 사랑하라는 내용을 문단 맨 앞과 뒤에 배치시킨 수미상관 구조이다. 전체적으로 4:1-6 내용과 구분점을 만들고, 4:7-21 전체 주제를 분명히 하는 효과를 준다.

둘째, 신자가 서로 사랑해야 하는 이유를 하나님의 사랑과 관련한 과정 속에 소개한다. 과정의 시작은 하나님이 아들을 세상에 보내신 것이다(4:9-10, 14-16). 예수를 죄 사함의 통로로 보내신 것이고 그를 통해 하나님과의 관계가 회복되는 길, 곧 생명의 길을 허락하신 것이다. 보이지 않는 하나님이 사랑을 계시하셨다(참고, 4:12). 다음 단계는 '우리'라고 불리는 저자와 증인들이 아들을 보내신 하나님의 사랑을 알고 경험하여(4:15) 증거하는 것이다(4:14). 이 증거로 인해 다음 과정이 만들어진다. 저자의 증거, 곧 진리를 믿는 사람들이 나타난다(4:15-16). 진리의 핵심은 예수에 대한 정체성이다. 예수가 하나님의 아들이며 약속된 메시아임을 고백하는 것이다(4:15). 다음 단계는 믿음과 고백의 결과이다. 빛의 영역으로 옮겨져 하나님과의 새 언약의 관계 안으로 들어간다. 신자가 하나님 안에 거하고 하나님이 신자 안에 거하는 상호 거함의 꼬이노니아다. 다음 과정은 이 관계를 근거로 신자가 서로 사랑하는 것이다(4:7, 11, 19-21). 수직적 하나님과의 관계가 수평적으로 확장되는 과정이다. 더 나아가 신자의 서로 사랑은 하나님의 사랑이 확장되고 온전하게 되는 과정을 낳는다(4:12, 17). 마지막으로 그 온전한 사랑은 장차 임할 주님의 재림이나 하나님의 심판 때 담대함을 준다(4:17). 새 영역 안에서 하나님/예수와 깊은 사랑의 관계를 갖고 있기 때문이다.

주목할 것은 하나님의 사랑의 이런 과정은 두 가지 요소를 함께 갖고 있다는 점이다. 첫째, 과거-현재-미래의 시간 순서로 진행된다. 독자를 중심으로 하나님이 아들을 세상에 보내신 것이나 저자나 증인들이 그것을 보고 경험하여 증거하는 과정은 과거 상황이다. 그 증거를 믿어 빛의 영역에서 하나님/예수와 관계를 맺고 있는 것은 현재 상황이다. 또한 신자가 서로 사랑하는 것과 그 결과 하나님의 사랑이 온전하게 되는 것도 현재 또는 가까운 미래로 볼 수 있다. 마지막으로 주님의 심판은 먼 미래 상황이다. 둘째, 각 단계별로 저마다 역할을 가진 신적, 인적 주체들이다. 신적 주체들은 하나님과 예수와 성령이다. 하나님은 과거에 아들을 세상에 보냄으로 사랑의 과정을 시작한 분이다. 또한 현재 신자와 관계를 맺고 있으며, 장차 모든 것을 심판하실 분이다. 예수는 아버지에 의해 세상에 보냄 받은 분이며, 십자가 사역을 통해 신자로 하여금 하나님의 사랑을 실제로 경험하고 상호 거함의 관계를 가능케 하는 열쇠이다. 과거 사건이지만, 그 정체성을 믿는 자들은 현재 하나님과의 관계를 얻는다. 비록 요한일서 4:7-21에는 언급되지 않았지만, 그분은 미래에 다시 오실 분이기도 하다(2:28; 3:2). 성령은 저자와 증인들의 증거와 관련해 진리의 통로이며(참고, 2:20, 27) 현재 신자와 하나님과의 상호 거함 관계의 보증이다. 인간적 주체와 관련해서는 하나님의 사랑인 예수를 경험하고 증거하는 저자와 그 증거를 듣고 진리를 믿어 구원을 얻는 신자들이 있다. 이들은 예수에 대한 과거 진리를 통해 하나님과의 관계 안에 거하고 수평적 서로 사랑을 하는 현재 상황과 그 관계로 인해 미래 심판 때에 담대함을 가질 수 있는 사람들이다. 결국 이 두 요소를 담고 있는 하나님의 사랑과 관련한 과정은 구원의 제반 과정을 다른 관점에서 묘사한 것이다. 이런 과정은 아래처럼 정리할 수 있다.

시간 순서	과정	등장인물들
독자 상황을 기준으로 한 과거	1) 하나님이 아들 예수를 메시아로 세상에 보내심(4:9-10, 14-16) 2) 저자와 증인들이 예수를 목격하고 증거함(4:14) 3) 저자와 증인들이 전한 예수에 대한 진리를 믿음으로 받아들임(4:15)	1) 신적 등장인물 - 하나님: 구원 과정을 시작하신 분 - 예수: 구원 과정의 핵심이자 하나님 사랑의 총화 - 성령: 진리를 경험하고 증거하게 하는 동력 2) 인간적 등장인물 - 저자와 증인들: 진리이신 예수를 경험하고 증거함
독자 상황을 중심으로 한 현재와 가까운 미래	4) 믿음의 결과로 빛의 영역에서 하나님과의 교제를 얻게 됨(4:15) 5) 하나님과의 상호 거함을 근거로 수평적 서로 사랑을 함(4:7, 11, 19-21). 6) 신자의 서로 사랑으로 하나님의 사랑이 온전해짐(4:12, 17).	1) 신적 등장인물 - 하나님과 예수: 신자와 상호 거함 관계를 맺음 - 성령: 신자와 하나님/예수와의 관계 보증 2) 인간적 등장인물 - 신자들: 저자와 증인들의 증거를 믿는 자들

주의 재림과 그 이후 미래	7) 온전한 사랑이 심판 때 담대함을 줌(4:17).	1) 신적 등장인물 - 하나님: 심판의 주체 2) 인간적 등장인물 - 신자들: 하나님과 온전한 관계를 갖고 있는 자들

수미상관 구조 속에 하나님의 사랑에 대한 일련의 과정을 담아 권하는 방법은 신자의 서로 사랑에 대한 몇 가지 원리를 추론하게 한다.

첫째, 신자의 서로 사랑은 하나님이 먼저 시작하시고 완성하실 구원의 큰 그림 속에서 접근해야 한다. 하나님의 사랑과 관련한 과정을 서로 사랑의 근거로 계속 제시한 것에서 추론할 수 있다. 사랑과 구원에 대한 진리와 지식은 별개가 아니다. 오히려 진리에 든든히 서서 그것에 근거해 사랑의 삶을 추구하는 것이 맞다. 요한일서 3:23에서 예수에 대한 진리 계명과 신자의 서로 사랑 계명을 동전의 양면처럼 묘사한 것과도 일치한다.

둘째, 구원의 핵심은 하나님과의 새로운 관계이다. 죄 사함받는 것도 중요하고 천국에 가는 것이나 심지어 마지막 심판 때에 용서받는 것도 중요한 과정이다. 하지만 구원의 핵심 본질은 아니다. 요한일서 4:7-21이 그 모든 과정을 꿰뚫어 제시하는 것은 하나님의 사랑의 총화인 예수를 통해 얻게 된 하나님/예수와 신자 사이의 상호 거함의 관계이다. 창조주 하나님과의 잃어버린 관계가 다시 맺어진 것이며, 빛의 새 영역에서 아버지와 자녀의 관계로 회복되는 것이다. 이 수직적 관계는 수평적 서로 사랑을 통해 더 깊어지고 온전해진다. 이 관계는 지금부터 영원까지 최후 심판 이후에도 지속될 것이다. 구약에서 약속되었던 새 언약 관계가 예수를 통해 실현된 것이고 장차 완성될 것이다. 요한복음은 이 구원의 모습을 영원한 생명이라고 말하고 하나님/예수를 아는 관계로 말한다(요 17:3).

셋째, 신자의 서로 사랑은 그 기원과 동력이 하나님께 있다. 수평적 사랑은 사람이 하지만 그 사랑의 과정의 시작은 사람이 아니다. 구원 과정에서 어둠에서 빛으로 옮김받는 것이 사람의 주도권에 의해 이루어지지 않은 것처럼, 사랑의 삶의 과정 역시 하나님의 주도권에 대한 응답이다. 겸손함이 필요하다. 또한 그 삶의 동력이 하나님과의 관계이기에 수평적 사랑을 위해 수직적 관계에 집중하는 것은 반드시 필요한 일이다.

넷째, 신자는 실제로 사랑의 삶을 살아야 한다. 요한일서 4:7-21에 의하면, 예수를 통한 하나님의 사랑으로 빛의 영역에서 새 언약 관계를 얻은 자는 반드시 수평적 서로 사랑의 삶을 살아야 한다. 이는 하나님과 관계있음을 드러내는 증거일 뿐 아니라 신자를 사랑하시는 하나님의 사랑이 온전해지는 길이다. 그렇기에 신자의 서로 사랑은 지켜야 할 계명일 뿐 아니라 하나님의 사랑을 경험한 사람들의 합당한 반응이며 하나님 안에 있다는 증거이기도 하다.

제12장
요한일서 5:1-5
새 영역 안에서의 삶:
진리와 사랑, 예수를 믿음으로 인한 승리

요한일서 5:1-5 위치에 대한 다양한 견해들이 있다. 5:1을 새로운 문단의 시작으로 볼 것인지 이전 문단의 일부로 볼 것인지에 대한 논의이다. 많은 학자들은 이전 문단의 연장으로 본다(Brown, 1982: 512; Bultmann, 1973: 75; Jobes, 201; Kruse, 156; Lieu, 2008: 175; Marshall, 226; Schnackenburg, 227; Smalley, 1984: 235; Strecker, 1996: 174; von Wahlde, 172)[1] 하지만 4:7-21과 구분되는 문단으로 볼 두 가지 증거가 있다. 첫째, 수미상관 구조이다(Yarbrough, 268). 이 단락은 예수가 그리스도임을 믿는 것으로 시작해서 하나님의 아들을 믿는 것으로 끝맺는다. 둘 다 메시아의 정체성을 의미하는 것이다. 이런 방식의 연결은 요한일서 이전 부분에는 없던 것이다(참고, Culpepper, 1981: 25-6). 비록 완전한 단절은 아니지만, 5:1-5가 이전 부분과 불연속성이 있음을 보여준다. 둘째, 내적 증거

---

1. 이전 문단이 어디까지 지속되는지에 대해서는 그 안에서도 여러 이견이 있다. 요일 5:3까지 보는 이도 있고(Jobes), 5:4나(Bultmann, Lieu, Marshall, Smalley) 5:4a(Brown, Kruse), 또는 5:5로 보기도 한다(von Wahlde, 172).

이다. 크게 두 가지가 있다. 하나는 주제 연결의 통일성이다. 5:1-5는 몇 가지 주제가 꼬리 물기 방식으로 진행된다. 처음 제시되는 주제는 예수를 그리스도로 믿는 것과 하나님으로부터 태어나는 것과의 연결이다. 요한일서 5:1a 내용이다. 태어남은 하나님을 사랑하는 것과 동료 신자를 사랑하는 것과 연결되고(5:1b), 사랑에 대한 주제는 하나님의 계명을 지키는 것으로 이어진다(5:2-3). 하나님의 계명을 지키는 것은 태어남과 연결해 세상을 이기는 것으로 이어지고(5:4a), 세상을 이기는 것은 예수의 정체성을 믿는 것으로 연결되어(5:4b-5) 5:1a의 내용과 이어진다(Olsson, 229). 이런 꼬리 물기 과정은 두 가지 시간적 배경을 가지고 있다. 새 영역에 들어가는 구원의 시작 과정과 이후 그 영역 안에 거하면서 발생하는 과정이다. 예수를 그리스도로 믿어 하나님으로부터 태어나는 것을 말하는 5:1a은 구원의 시작 과정이고, 나머지 과정은 새 영역 안에서 벌어지는 것이다. 내적 증거와 관련된 두 번째 증거는 5:1-5가 다루는 주제 중 4:7-21에서 언급하지 않았던 것이 있다는 점이다. 예수를 믿음으로 인해 하나님의 자녀가 되는 것이나 세상을 이기는 것 등이 그것이다. 이런 증거들에 의하면 5:1-5를 이전 문단과 구별되는 새로운 문단으로 볼 수 있다(Akin, 188; Cully, 119; Derickson, 481; Painter, 289; Yarbrough, 268).

하지만 이런 불연속성에도 불구하고 앞부분과의 연속성도 있다. 요한일서 5:1-5의 주제들이 이전 부분과 관련 있기 때문이다. 먼저 예수에 대한 정체성과 믿음은 가깝게는 4:15와 4:1-6의 내용이다. 또한 4:1-21의 모체가 되는 3:23의 내용이며, 2:22를 거쳐 1:1-3으로 연결된다. 믿음과 하나님으로부터 태어남을 연결한 것은 이 부분이 처음이다. 하지만 태어남의 주제 역시 가깝게는 4:7에서 사랑과 연결해 언급되었고, 죄를 다루는 문맥과(3:9) 의에 대한 문맥에서(2:29) 언급된 것이기도 하다. 하나님을 아버지로 부른 것도 태어남의 주제와 무관하지 않다(2:14; 참고, 1:2, 3; 2:1,

15, 16, 22, 23, 24; 3:1; 4:14). 사랑에 대한 주제는 바로 앞 문단 4:7-21의 내용이었고, 3:23의 두 계명 중 하나로 연결된다. 이는 3:11-18의 주제이며 2:7-11의 내용이기도 하다. 계명에 대한 주제는 4:21을 시작으로 3:22-24와 2:7-11을 거쳐 2:3-4로 연결된다. 마지막으로 세상을 이기는 주제는 가깝게는 거짓 선지자와 참 증인을 다루면서 언급된 것이고(4:3-4), 멀게는 본격적으로 독자들에게 권면을 시작하는 2:13-14에서 제시한 것이다. 요한일서 본문 중에서 이런 주제를 한꺼번에 담고 있는 것은 5:1-5밖에 없다. 이런 관찰에 의하면, 5:1-5은 예수에 대한 진리 문제를 다루는 4:1-6과 사랑을 다루는 4:7-21을 거쳐 3:23-24과 직접적으로 연결되어 있을 뿐 아니라, 하나님을 아버지로 모시고 세상을 이긴 자로 독자들을 묘사한 2:13-14과도 연결되어 있다. 따라서 2:12-13에서 독자를 향해 본격적인 권면을 시작한 것이 진리와 사랑의 내용을 거쳐 5:1-5에서 정리되고 있다고 볼 수 있다. 이것은 서신의 마지막 부분이 다가옴을 짐작케 한다(Olsson, 229). 5:1-5의 구조는 아래처럼 정리할 수 있다.

시간	구조와 내용	주제
구원 시작	1) 예수를 그리스도로 믿는 자는 하나님으로부터 태어났다(5:1a).	믿음 태어남
그 이후	2) 태어나게 하신 분을 사랑하는 자는 그분의 자녀들을 사랑한다(5:1b). ↖ (설명) 하나님을 사랑하고 그분의 계명을 지킬 때 그분의 자녀들을 사랑하는 것을 안다(5:2). ↖ (설명) 계명들을 지키는 것이 그분을 사랑하는 것이다(5:3a). ↖ (설명) 그분의 계명은 무겁지 않다(5:3b). ↖ (설명) 하나님으로부터 태어난 사람은 세상을 이기기 때문이다(5:4a). ↖ (설명) 세상을 이긴 이김은 우리의 믿음이다(5:4b). ↖ (설명) 예수를 하나님의 아들로 믿는 자가 세상을 이기는 자이다(5:5)	태어남/사랑 사랑/계명 계명 태어남/승리 승리/믿음

1. 번역

5:1 예수가 그리스도임을 믿는 모든 사람은 하나님으로부터 태어났습니다. 그리고 낳으신 분을 사랑하는 모든 사람은 그분으로부터 태어난 사람들을 또한 사랑합니다. **2** 우리가 하나님을 사랑하고 그분의 계명들을 행할 때,[2] 이것으로 우리는 우리가 하나님의 자녀들을 사랑한다는 것을 압니다. **3** 왜냐하면 이것이 하나님을 사랑하는[3] 것이기 때문입니다. 곧 우리가 그분의 계명들을 지키는 것입니다. 그리고 그분의 계명들은 무겁지 않습니다. **4** 하나님으로부터 태어난 모든 사람은 세상을 이기기 때문입니다. 이것이 세상을 이긴 승리입니다. 곧 우리의 믿음입니다. **5** 예수가 하나님의 아들임을 믿는 자 외에 세상을 이기는 자가 누구겠습니까?

2. 주해

1절 (예수의 정체성을 믿는 자는 하나님께 속한 자다) 하나님의 아들에

---

2. 어떤 사본들(K L P 대부분의 소문자 사본들)은 "행하다"(ποιῶμεν) 대신 "지키다"(τηρῶμεν)로 읽는다. 하지만 '행하다'가 더 적절한 듯하다. 요한일서에서 계명과 관련해서 '지키다' 단어를 사용하지만(예, 요일 2:3, 4; 3:22, 24; 5:3) '행하다'는 사용되지 않는다. 흔치 않은 '행하다'를 흔한 '지키다'로 바꾸는 것은 가능하지만 그 반대 경우는 설명하기가 어렵다. 그러므로 더 어려운 본문인 '행하다'가 원문일 가능성이 많다(Metzger, 646; Culy, 122: 반대, Derickson, 481).
3. 원문 직역은 "하나님의 사랑"(ἡ ἀγάπη τοῦ θεου)이다. '뚜 테우'(τοῦ θεου)를 주어적으로 해석할 수도 있고 목적어적으로 볼 수도 있다. 주어로 해석하면 '하나님이 사랑하는 것'이 되고, 목적어로 보면 '하나님을 사랑하는 것'이다. 후자가 더 적절하다. 요한일서 5:2에서 사람이 하나님을 사랑하는 개념이 제시되었기 때문이다(Brown, 1982: 540; Culy, 122; Yarbrough, 273).

대한 진리와 그에 근거한 삶의 모습을 정리하기 시작한다. '~하는 모든 사람은'이란 표현으로 두 가지 모습을 이야기한다. 하나는 믿음을 행하는 사람이고(요일 5:1a), 다른 하나는 사랑을 행하는 사람이다(5:1b). 진리와 사랑의 계명을 상호 거함의 관계 안에서 설명한 요한일서 3:23-24와 직접적으로 연결된다. 진리를 믿는 것을 먼저 다룬다. 예수가 그리스도(메시아)라는 것을 믿는 모든 자는 하나님으로부터 태어났다(5:1a). 단순한 표현이지만, 생각할 거리를 담고 있다.

첫째, 이 표현은 상호작용의 설명 틀과 두 영역 설명 틀을 함께 사용해 그리스도인이 되는 과정을 묘사한다. 하나님으로부터 태어났다는 표현은 두 영역 설명 틀과 관련 있다. 어둠에서 빛의 영역으로 옮겨져 새로운 생명을 받았다는 의미이다. 요한복음 표현으로는, 하나님의 자녀 되는 권세를 받은 것이고(요 1:12) 거듭 태어났다는 의미이다(요 3:3-8). 바울의 표현을 빌리면 하나님의 자녀로 입양되었다(υἱοθεσία; 롬 8:15, 23; 갈 4:5; 엡 1:5)는 의미이다. 이는 구약 호세아 1:10에서 예언했던 새 언약 관계에 대한 약속의 실현이다.[4] 한편, 예수를 그리스도로 믿는 사람이라는 표현은 상호작용 설명 틀과 관련 있다. 하나님과 사람 사이에 주고 받는 것으로 구원 과정을 묘사하는 것이다. 시작은 요한일서 4:9-10과 14처럼 하나님이 아들을 세상에 보내신 것이다. 그에 반응해 사람들이 예수를 믿는 것으로 응답한다. 그러면 하나님은 사람들의 믿음에 반응해 태어남의 과정을 허락하신다. 수동태 동사(γεγέννηται)로 태어남의 과정을 묘사한 것은 그 주체가 하나님임을 말하는 것이다. 예수를 통한 하나님의 시작 → 사

4. "그러나 이스라엘 자손의 수가 바닷가의 모래 같이 되어서 헤아릴 수도 없고 셀 수도 없을 것이며 전에 그들에게 이르기를 너희는 내 백성이 아니라 한 그 곳에서 그들에게 이르기를 너희는 살아 계신 하나님의 아들들이라 할 것이라"(개역개정 호 1:10).

람의 믿음의 반응 → 하나님의 구원 응답 형태이다. 전형적인 상호작용 설명 틀 내용이다.

둘째, 요한일서 이전 부분과 관련해 두 가지 관련성을 보여준다. 하나는 예수를 그리스도로 믿는 믿음의 중요성이다. 하나님과의 관계가 끊어진 모든 죄인이 구원을 얻을 수 있는 핵심 고백이다. 요한일서에서 이 고백은 특별한 중요성을 갖고 있다. 교회를 흔드는 사람들로 인한 문제를 해결하는 열쇠이기 때문이다. 요한일서 2:22에서 적그리스도 문제를 다룰 때 핵심 논점으로 제시되었고, 4:2에서 거짓 영과 진리의 영을 분별하는 시금석으로 언급된 것이다. 또한 3:23에서 제시한 하나님의 계명 중 하나이기도 하다. 이런 면에서 5:1a에서 진리 문제를 다시 거론한 것은 단순히 모든 사람들을 향한 구원의 진리를 전하려는 것이 아니다. 독자들로 하여금 그동안 제시했던 논점들을 확인시키려는 의도이다. 진정한 구원은 예수에 대한 바른 정체성 인식과 믿음의 고백으로만 가능하다. 물론 그 진리는 저자와 증인들의 증거를 통해서만 가능하다(요일 4:14-15). 역시 요한일서 서론에서 제시한 의도를 반복한 것이다.

요한일서 5:1a 내용과 요한일서 이전 부분의 또 다른 관련성은 하나님으로부터 태어났다는 표현이다(참고, Olsson, 317-22). 새 영역에서 새 삶을 얻게 되었다는 말이다. 더 중요한 것은 그 태어남이 하나님과 맺은 아버지-자녀 관계의 다른 표현이란 점이다(참고, 요일 2:14). 이 관계는 생명의 핵심이다. 창조주와 그의 아들 예수와의 관계이기 때문이다(요 17:3). 이는 수직적 꼬이노니아(요일 1:3)이며 지금까지 권면한 신자의 삶에 대한 모든 주제들의 근간이다. 여기에는 의로운 삶(2:29)과 죄를 떠나는 삶(3:9; 참고, 5:8)과 사랑의 삶(4:7)이 포함된다. 결국, 예수를 믿는 믿음이 그리스도인 됨의 과정을 가능케 한다면, 그 됨의 핵심인 하나님과의 관계는 이후 신자의 모든 삶의 초석이다.

진리를 믿어 그리스도인 된 이후의 삶은 요한일서 5:1b부터 서술된다. 낳으신 분을 사랑하는 모든 사람은 그분으로부터 태어난 사람들을 또한 사랑한다. 태어남과 관련해 신자의 사랑의 태도를 언급한다. 두 가지 방향을 가지고 있다. 하나는 하나님을 향한 수직적 사랑이다. 그분은 신자가 영적으로 태어날 수 있게 하셨다. 예수를 통해 아버지-자녀 관계를 만드신 분이고 신자의 삶에 최종 준거점이자 종착점이다. 또 다른 방향은 동료 신자들을 향한 수평적 사랑이다. 예수에 대한 진리를 믿고 있고 하나님과 아버지-자녀의 관계를 갖고 있는 형제와 자매들이다. 저자는 사랑의 두 방향 중 수평적 확장에 초점 맞춘다. 사랑의 수직적 방향을 갖고 있는 자를 주어로 다른 신자들을 향한 수평적 방향의 사랑을 서술하고 있기 때문이다. 이 역시 요한일서 이전 부분에서 많이 다루었던 주제이다. 특별히 바로 앞 문단의 주된 내용이고 3:23의 두 계명 중 하나이기도 하다.

요한일서 5:1은 예수에 대한 진리 문제와 서로 사랑하는 문제를 결론적으로 재진술한다. 그리스도인 됨에 대한 설명과 그 이후 삶에 대한 것도 함께 다룬다. 그렇다면 진리 문제가 교회의 상황과 관련 있듯 서로 사랑의 문제도 교회의 상황과 관련 있을까? 상당히 개연성 있어 보인다. 예수에 대한 거짓 가르침이 교회 공동체에 들어오면 가장 먼저 발생하는 것은 분열이다. 자연스럽게 진리를 따르는 쪽과 거짓 가르침을 추종하는 쪽으로 나누어진다. 서로 자기 입장을 주장하는 두 편은 시간이 흐르면서 서로를 향한 사랑과 신뢰가 깨지게 된다. 모든 세대의 교회가 경험한 공통 현상이다. 비록 바른 진리로 거짓을 분별했다고 하더라도, 그 과정에서 생긴 정서적 앙금은 쉽게 치유되지 않는다. 이에 대한 좋은 예는 요한계시록 2:1-7에 언급된 에베소 교회이다. 니골라 당의 행위를 미워하고 거짓 사도를 분별하여 진리를 수호했지만, 성도들을 향한 처음 사랑을 잃어버린 경우이다(Smalley, 2005: 61). 이런 상황의 유일한 해결책은 사랑이다.

진리를 향한 열심만큼, 모든 벽을 허문 하나님의 사랑을 따라 서로에 대해 열심히 사랑을 행하는 것이다. 아마도 요한일서 독자들도 비슷한 상황을 겪고 있었을 것이다. 진리 문제가 첨예한 주제로 대두되면 될수록 사랑의 문제가 흐릿해질 수 있기 때문이다. 예수에 대한 진리를 강조하는 것이 공동체 상황을 반영하듯, 진리에 의한 새로운 삶의 모습으로 사랑을 강조한 것 역시 공동체 상황과 무관하지 않은 듯하다.

2절 (하나님을 사랑하는 것과 형제 사랑과의 관계성) 요한일서 5:1b과 연결해 하나님을 사랑하는 것과 서로 사랑하는 것 사이의 관계성을 부연한다. 이것으로 '우리'가 하나님의 자녀들을 사랑하는 것을 안다는 말로 시작한다. 하나님의 자녀들은 그분과 관계 맺고 있는 신자이다. 5:1b에 언급한 하나님으로부터 태어난 사람들이다. '이것'은 앞의 내용(요일 5:1b)을 받을 수도 있고(Dodd, 125; de Jonge and Swellengrebel, 133; Marshall, 227) 뒤의 내용을 받을 수도 있다(Culy, 121; Jobes, 208-9; Olsson, 225; NIV, NLT, 개역개정). 만일 앞부분을 받으면 하나님으로부터 태어난 자들을 사랑함으로써 하나님의 자녀들을 사랑하는 것을 안다는 내용이 된다. 어색하다. 서로 사랑하는 것을 통해 서로 사랑하고 있음을 안다는 말이 되기 때문이다. 그렇기에 5:2b에 있는 '호딴'(ὅταν, "~할 때")으로 시작하는 시간 부사절을 미리 받는 것으로 보는 것이 좋겠다. 이 경우 '우리'가 하나님을 사랑하고 그분의 계명을 행할 때, 이것으로 '우리'가 하나님 자녀를 사랑하는 것을 안다고 이해할 수 있다. 이런 이해가 적절하다면 5:1b-2 구조는 하나님을 사랑하는 것 - 하나님 자녀를 사랑하는 것 - 하나님 자녀를 사랑하는 지식 - 하나님을 사랑하고 그분의 계명을 행하는 것이 된다. 5:1과 5:2 사이의 긴밀한 연결을 보여준다.

'호딴'으로 시작하는 시간 부사절은 신자들이 하나님의 다른 자녀들을 사랑하는 전제 상황이며 서로 사랑하고 있다는 지식의 근간을 설명한다. 그 내용은 신자가 하나님을 사랑하는 것과 그분의 계명을 행하는 것이다. 요한일서 4:20-21은 형제 사랑을 통해 하나님을 사랑하는 것이 드러난다고 말하지만, 5:2는 하나님을 사랑하는 것이 형제 사랑의 상태를 알게 해준다고 한다. 얼핏 보면 모순처럼 보이지만, 틀린 말은 아니다(Olsson, 232). 하나님을 사랑하는 것과 그것에 반응한 수평적 신자 사랑은 서로 분리되지 않는다. 또한 수평적 서로 사랑은 수직적 사랑의 완성이라고 이미 말했다(요일 4:12). 형제 사랑을 계명과 연결시킨 것도 낯설지 않다. 요한일서 4:21에서 하나님을 사랑하는 자는 자기 형제를 사랑해야 한다는 계명을 이미 언급했으며, 또한 3:23에서 신자들의 서로 사랑을 하나님이 주신 계명의 하나로 제시했기 때문이다. 5:2에 의하면 하나님이 먼저 시작한 사랑에 대한 인간의 반응, 즉 사랑의 응답은 두 방향이 있다. 하나님을 향한 것과 그분이 사랑하는 또 다른 자녀들을 향한 것이다. 이 두 방향 사랑은 분리되지 않으며, 이것들을 함께 하는 것이 그분의 계명을 온전히 지키는 것이다. 그렇기에 하나님을 사랑하는 자가 형제를 사랑한다고 말한 5:1b 내용은 틀리지 않았다.

3절 (하나님을 사랑하는 것과 계명 지킴과의 관계성) 요한일서 5:2b에서 언급한 하나님을 사랑하는 것과 계명과의 연관성 설명이 꼬리 물기 방식으로 제공된다. 왜냐하면 '우리'가 그분의 계명들을 지키는 이것이 하나님을 사랑하는 것이기 때문이라고 말한다(요일 5:3a). 지시대명사 이것(αὕτη)을 먼저 쓰고 그 내용을 '히나'(ἵνα)절을 통해 뒤에서 언급하는 구조이다. 뒤에 나올 내용에 집중하게 하려는 것으로 하나님의 계명들을 지키는 것을 강조한다(Derickson, 497).

계명은 사람들을 향한 하나님의 기대가 담겨 있다. 죄인들과 화목 관계를 맺은 창조주 하나님이 그 관계 안에 있는 사람들에게 요구하는 삶의 모습을 담고 있기 때문이다. 옛 언약 관계 속 모세 율법의 기본 기능이다.

예수로 인한 새 계명도 마찬가지다(참고, 요 13:34). 예수의 사역으로 구약에서 약속된 새 언약 관계가 성취되었다. 어둠에서 빛으로 옮겨져 끊어진 하나님과의 관계가 다시 이어진 것이다. 새 언약 관계에서 하나님을 향한 신자의 합당한 반응은 삶의 초점과 방향을 바꾸는 것이다. 어둠의 영역에서 중요하게 여겼던 죄와 사탄과의 관계를 끊고 새로운 주인, 새로운 왕, 새로운 아버지이신 하나님과의 관계를 중심으로 살아가야 한다. 그 삶은 그분의 기대가 담긴 계명을 따라 사는 것이다. 이런 면에서 새로운 관계를 허락한 하나님을 사랑하는 것은 그분의 계명을 지키는 것이다. 그뿐만 아니라, 그분의 계명을 지키는 것은 그분과의 관계 안에 있다는 증거이며 그분을 사랑하고 소중히 여기고 있다는 증거이기도 하다(참고, 요 15:10; 요일 2:3-4; 3:24).

하나님의 계명들은 무거운 것이 아니다(요일 5:3b). '무겁다'란 단어는 '바뤼스'(βαρύς)이다. 신약성경에서 드물게 사용된다. 요한복음과 요한일서를 통틀어 이 부분에만 나오며, 그 외 다른 곳에서 다섯 번 나올 뿐이다(마 23:4; 23:23; 행 20:29; 25:7; 고후 10:10). 이 단어는 무게의 경중을 지칭하거나, 상징적으로 중요함이나 어려움을 나타낼 때 사용된다(BDAG, 167). 본문의 경우는 어렵거나 부담스럽다는 의미이다. 하나님의 계명들은 어렵거나 부담스럽지 않다. 본문은 마태복음 11:30에서 예수의 가르침에 대해 "내 짐은 가볍다"고 말한 것과 연결할 수 있을 듯하다(Derickson, 499; von Wahlde, 174). 그렇다면 왜 하나님의 계명들은 어렵거나 부담스럽지 않을까? 그 설명은 요한일서 5:4와 연결된다.

4절 (하나님께로부터 난 자는 세상을 이긴다) 이유를 제공하는 접속사 '호띠'(ὅτι)로 시작한다. 하나님으로부터 태어난 모든 사람은 세상을 이기기 때문이다(요일 5:4a). 요한일서 5:4의 위치에 대한 이견이 많다. 어떤 이는 5:3과 구분되는 새로운 문단의 시작으로 보기도 하고(Jobes, 201), 어떤 학자들은 5:4의 내용을 둘로 구분해서 5:4b을 새 문단의 시작으로 보기도 한다(Brown, 1982: 512; Kruse, 156). 하지만 5:4를 5:3b과 연결되는 부분으로 보는 것이 좋다. 몇 가지 이유가 있다.

첫째, 접속사 '호띠' 용법이다. 이 접속사가 정동사와 함께 사용될 때 크게 세 가지 기능이 있다. 명사절을 만들거나 부연 설명을 하거나(epexegetical) 이유를 제공하는 부사절을 만든다(Wallace, 435-61). 모두 종속절로서 추가 정보를 제공하는 용도이다(참고, Porter, 1992: 237). 따라서 요한일서 5:4a의 내용은 앞이나 뒤에 붙어서 정보를 추가하는 기능이다. 일단 현 문맥에서 '호띠'절은 이유를 제공하는 역할로 보는 것이 제일 적절하다. 명사절이 되려면 동사가 필요한데, 원문에는 목적어를 필요로 하는 동사가 없다. 또한 '호띠'절(5:4a)이 이유를 제공하기에 5:4b을 설명하는 것으로 연결하면 안 된다. 5:4b은 믿음을 승리의 근원으로 말한다. 만일 '호띠'절이 5:4b을 설명하는 것이라면, '신자가 세상을 이기기 때문에('호띠') 승리의 근원이 믿음이다'는 말이 된다. 내용이 어색해진다. 그렇기에 '호띠'절은 이유를 제공하는 부사절로서 앞부분 5:3의 내용을 설명하는 기능으로 보는 것이 좋다. 하나님의 계명들이 어렵지 않은 이유를 제공한다.

둘째, 꼬리 물기 설명 방법에 의하면 요한일서 5:4a은 5:3b에 붙는 것이 좋다. 5:1부터 설명된 논리 구조는 예수를 믿음 → 하나님으로부터 태어남 → 낳으신 하나님을 사랑 → 하나님으로부터 태어난 자들을 사랑함 → 하나님을 사랑하고 계명 지킴이 서로 사랑을 알게 함 → 계명 지킴은 하나님을 사랑하는 것 → 계명은 어렵지 않음이다. 믿음과 하나님의 자녀가 되는 것과 하나님을 사랑하고 신자들을 사랑하는 것과 계명 지킴이 서로 연결되어 있는 구조이다. 그렇기에 5:4a에서 "하나님으로부터 태어난 자"를 하나님의 계명과 연결시킨 것은 무리한 것이 아니다.

셋째, 요한일서 5:4a과 b은 세상에 대한 승리라는 주제로 서로 연결되어 있다. 그간 사용했던 꼬리 물기 방법에 의하면 5:4a과 b을 구분해서 서로 다른 문단 내용으로 이해하는 것은 무리가 있다. 오히려 계명에서 승리를 거쳐 믿음으로 진행하는 것으로 보는 것이 좋다. 결국, 5:4는 5:3b에 대한 이유를 제시하고, 그것을 통해 신자의 삶과 관련한 또 다른 주제로 이어가는 연결고리로 보아야 한다.

왜 하나님의 계명이 어렵거나 부담스럽지 않은 걸까? 5:4a은 하나님으로부터 태어난 사람은 세상을 이기기 때문이라고 한다. 약간 생뚱맞은 느낌이다. 얼핏 보기에 계명이라는 것과 바로 연결되지 않아 보이기 때문이다. 설명을 위해서 몇 가지 고찰이 필요하다.

첫째, 5:4a은 어둠과 빛의 영역의 충돌을 전제로 한다. 하나님으로부터 태어난 자란, 빛의 새 영역에서 하나님과 아버지-자녀 관계를 얻은 사람이고, 세상은 하나님께 반역하는 통치 영역을 의미한다. 이 표현은 두 영역의 충돌에서 어둠의 영역을 이겼다는 의미이다.

둘째, 이겼다는 의미이다. 요한일서 이전 설명에 의하면 세상에 속한 요소들은 어둠의 통치자인 악한 자와(사탄: 요일 2:13; 3:12; 참고, 5:18, 19) 하나님께 반하는 영향력(2:15-17)과 거짓 영을 소유한 거짓 교사들이나 적그리스도들의 잘못된 가르침(4:4)과 죄를 짓거나 미워하고 죽이는 것(3:11-13, 15) 등이다. 이 요소들은 공통적으로 하나님으로 인한 진리와 사랑과 반대이다. 진리에 관련해서, 악한 자인 마귀는 거짓 영들의 아버지요 어둠의 영역의 우두머리이다(참고, 5:19). 처음부터 거짓말한 자이고 지금도 거짓으로 하나님의 진리를 왜곡하는 자이다(참고, 요 8:44). 거짓 교사들과 적그리스도는 그런 마귀를 따라서 진리를 왜곡하여 가르치는 자들이다. 세상의 영향력 역시 하나님과 상관없는 거짓 가르침의 결과이다. 사랑과 관련해서, 어둠의 영역의 모든 요소는 하나님의 사랑과 그에 의한 과정과 상관없다. 하나님과의 관계가 없기 때문이다. 죄를 짓는 것도 마찬가지다. 이런 면에서 세상을 이긴다는 말은 진리를 통해 어둠의 영역에서 빛으로 옮김받는다는 것(참고, 요일 5:1)이며, 빛의 영역 안에서 하나님을 거역하는 세상의 영향력에 흔들리지 않고 다른 방식으로, 곧 진리와 사랑으로 살아간다는 의미이다(참고, 5:2, 4b-5). 바로 여기서 세상을 이기는 것과 하나님의 계명 지키는 것이 연결된다. 그분의 계명이 진리와 사랑의 모습을 담고 있기 때문이다.

셋째, 신자와 계명과의 관계성이다. 신자는 진리를 통해 하나님으로부터 태어난 자들이다. 그들은 그분의 사랑을 경험한 자이고, 은혜를 통해 빛의 영역에서 새로운 관계, 곧 생명을 누리고 있는 자들이다. 그렇기에 그 관계를 정상적으로 유지하고 있는 자들에게 하나님의 기대를 담고 있는 진리와 사랑의 계명은 어려운 것이 아니다. 물론 얼마만큼 행하는가는 다른 문제이지만, 그 계명 자체가 못 견디게 부담스러운 것은 아니다. 하나님과의 관계가 있고 그 관계를 계속 경험하고 있기 때문이다.

넷째, 승리의 요인과 계명 지킴과의 관련성이다. 요한일서에서는 세상에 대한 승리의 요인들을 설명한다. 그 한 요인은 하나님의 말씀이다(요일 2:14). 복음 전도자들이 전한 예수에 대한 증거이며(참고, 1:1-3; 2:24; 4:14) 성령의 도우심과 가르치심이 들어 있는 진리다(2:20, 27). 또 다른 요인은 신자 안에 계신 하나님과 예수님이다. 하나님은 세상에 있는 자보다 크신 분이시며(4:4) 예수는 악한 자에게서 승리했고(요일 3:8; 요 16:11, 38) 신자를 지키시는 분이시다(요일 5:18). 기본적으로 이 두 요인 모두 신적 차원의 것이다. 다시 말해, 세상을 이기게 하는 원동력은 신적 도우심이며, 그분들이 신자 안에 거하기 때문에 계명 지킴이 불가능하게 어려운 것은 아니다.

이런 고찰들을 종합하면 하나님의 계명은 새 영역에서 신자가 얻은 정체성과 그에 따른 삶의 모습과 관련 있다. 핵심은 하나님과의 관계이다. 하나님을 중심으로 세상과 다르게 살아가는 것, 세상의 영향력이 아닌 하나님을 중심으로 살아가는 것이 계명 지킴의 모습이다. 그렇기에 하나님의 계명과 세상과의 관계성을 바로 이해하면, 그 계명은 신자를 피곤하게 만드는 어떤 것이 아니라 하나님과의 관계에 집중하게 하는 선한 것이다. 더 나아가 그 관계를 유지할 수 있도록 돕는 분이 신자 안에 거하시는 하나님이기에 그 계명에 따른 하나님과의 꼬이노니아 지속도 은혜로 가능하다.

세상에 대한 승리의 주된 요인은 신적 도우심이다. 하지만 인간적 면이 배제되지는 않는다. 하나님의 말씀과 진리에 대한 인간 반응이 승리를 경험하는 통로가 되기 때문이다. 요한일서 5:4b은 그 점을 강조한다. 이것이 세상을 이기는 승리인데, 곧 '우리'의 믿음이라고 말한다. 5:3처럼 대명사(αὕτη)를 먼저 쓰고 그에 해당하는 내용을 뒤에서 말하는 방식으로 소개한다. '우리의 믿음'을 강조하려는 것이다. 이 믿음은 어둠의 영역에서 빛으로 옮김받기 위해 반드시 필요할 뿐 아니라(요일 5:1a) 빛의 영역 안에서 세상의 거짓 진리에 속지 않고 승리할 수 있는 비결이기도 하다.

5절 (예수의 바른 정체성을 믿는 자가 세상을 이긴다) 요한일서 5:4b과 연결해 세상을 이기는 인간적 요인을 부연 설명한다. '예수가 하나님의 아들임을 믿는 자 외에 세상을 이기는 자가 누구겠습니까?' 주제를 강조하기 위해 독자들로 하여금 저자가 제시하는 것에 동의하도록 요청하는 형식이다. 예수 믿는 것의 중요성을 강조한다. 핵심은 하나님의 아들로서의 예수 정체성이다. 5:4b이 인간 믿음의 중요함을 말했다면, 5:5는 믿음의 내용에 초점 맞춘다. 하나님의 아들이란 구약에서 약속된 메시아의 다른 표현이다(참고, 롬 1:4). 요한복음이 독자들에게 전하고 싶은 예수의 두 정체성, 하나님의 아들과 메시아(그리스도) 중 하나이다(요 20:31). 요한일서 자체에서 보면 하나님의 아들은 하나님 사랑의 핵심을 담고 있는 표현이다. 그는 사람들을 구원하기 위해 구원자로 세상에 보내진 분이며(요일 4:14) 마귀의 일을 깨고 구원의 길을 여신 분이다(3:8). 또 예수가 하나님의 아들이란 것은 저자의 증거 내용이며(4:14; 5:9-12) 사람들이 하나님의 생명을 얻기 위해 믿어야 할 진리의 내용이기도 하다(4:15; 5:12-13). 그러므로 예수를 하나님의 아들이라고 믿는 것은 예수를 그리스도(메시아)로 믿는 것과 같다. 이런 면에서 5:5는 5:1a과 같은 내용이며, 전체적으로 수미상관 구조를 만든다.

요한일서 5:5에 대해 생각할 것이 두 가지 더 있다. 첫째, 5:1a과의 차이이다. 믿음의 내용에 대해서는 차이가 없다. 예수의 정체성에 대한 다른 표현이기 때문이다. 하지만 그 믿음이 제시되는 상황이 약간 다르다. 5:1a은 어둠에서 빛의 영역으로 옮겨져 하나님의 자녀가 되는 것이다. 구원의 시작점이고 진리를 통한 영역 옮김이다. 반면, 5:5의 믿음은 구원 이후의 삶과 관련 있다. 물론 신자는 빛의 영역으로 처음 이동해 올 때도 승리를 경험한다. 그리스도의 승리와 연합해 하나님과의 관계 안으로 들어가는 것이다. 하지만 5:5의 경우는 빛의 영역 안에서 경험하는 승리로 보아야 한다. 5:1b부터 그리스도인 됨 이후의 모습을 꼬리 물기 진행방식으로 설명하기 때문이다. 예수에 대한 진리를 통해 계속해서 빛의 영역에서 굳건히 서게 하는 힘에 대해 서술한 것으로 이해할 수 있다. 둘째, 질문 형식의 표현 방법이다. "~외에 누가 있으랴?"(τίς ἐστιν ~ εἰ μὴ)라는 표현은 이 부분과 2:22에만 나온다. 흥미로운 것은 두 부분의 유사성이다. 둘 다 어둠의 영역에 속한 것들과의 충돌을 배경으로 한다. 2:22는 적그리스도와 거짓 가르침에 대한 문맥이고, 5:5는 세상에 대한 승리를 다룬다. 또한 두 부분 다 예수에 대한 정체성, 즉 진리 문제를 다룬다. 2:22는 예수의 정체성을 거절하는 사람이 바로 적그리스도임을 제시하고, 5:5는 예수를 하나님의 아들로 믿는 자들이 세상을 이긴 자라고 말한다. 이런 연관성에 의하면 5:5 역시 교회의 문제 상황을 염두에 둔 표현임을 짐작할 수 있다. 2:22가 독자로 하여금 적그리스도의 실체를 분명히 인식하기를 기대한 표현이라면, 5:5는 그런 거짓 교사들의 가르침과 영향력에 대해 승리하는 모습이 무엇인가를 인식시키려는 의도가 반영된 표현이다.

3. 해설

요한일서 5:1-5는 3:23의 내용을 정리하는 부분일 뿐 아니라, 2:12-13에서 시작한 독자를 향한 본격적 권면을 마무리하기 시작하는 부분이다. 이전 논의에 대한 여러 요소들을 담고 있다. 특별히 진리와 사랑의 계명을 중심으로 한 그리스도인 됨의 모습과 그 이후 삶의 모습에 대한 몇 가지 요소들을 짧지만 잘 정리하고 있다.

첫째, 구원의 '됨'과 '삶'의 과정을 잘 보여준다. 됨의 과정은 예수에 대한 진리를 믿는 것이 필요하다. 물론 그 이전에 아들을 보낸 하나님의 사랑의 과정이 선행되지만, 상호작용 설명 틀에 의하면 인간의 반응이 반드시 수반되어야 구원을 경험한다. 핵심은 예수에 대한 바른 고백과 믿음이다. 예수가 메시아임을 믿음으로 예수 사역의 결과를 경험한다. 죄 사함을 얻고 빛의 영역으로 옮겨져 하나님과 새 언약 관계, 곧 아버지-자녀 관계를 맺는다(요일 5:1a). 됨의 과정 이후는 새 영역 안에서의 삶이다. 요한일서 5:1b부터 서술된다. 하나님과 새로운 관계를 얻게 되었기에 그 안에서 하나님과의 수직적 사랑을 신자를 향한 수평적 사랑으로 확장시키는 것이다. 신자들에게는 또 다른 모습도 요구된다. 진리 안에 굳건히 서는 것이다. 비록 어둠에서 빛으로 옮겨왔지만, 주님이 다시 오셔서 어둠의 영역을 완전히 심판하실 때까지 신자는 세상에 발붙이고 살아야 한다. 이 과정에서 신자는 진리로 세상의 거짓을 분별하고 승리하는 것이 필요하다. 이것이 요한일서 5:4-5 내용이다. 이상의 과정을 도식화하면 아래와 같다.

어둠의 영역		빛의 영역
(세상, 악한 자, 거짓 교사들, 적그리스도, 죄, 미워함, 죽음)	**과정 1:** 예수에 대한 진리로 영역이 옮겨짐 →	**과정 2(됨):** 하나님과의 새로운 관계 **과정 3(삶):** 관계 안에서의 삶 1) 예수에 대한 진리로 세상을 이김 2) 두 방향 사랑 (하나님을 향한 수직적 사랑과 신자들을 향한 수평적 사랑)

둘째, 신자와 계명과의 관계성이다. 요한일서 3:23에 의하면 하나님의 계명은 예수에 대한 진리 계명과 서로 사랑의 계명으로 구성되어 있다. 5:1의 두 내용이기도 하다. 예수에 대한 진리 계명은 구원을 위해, 그리고 하나님과의 새로운 관계를 위해 필요하다. 이것은 두 부류의 사람에게 필요하다. 한 부류는 믿지 않는 자이다. 어둠의 영역에 속한 자이고 하나님과의 관계가 없는 자이다. 그들은 진리 계명을 지켜야 한다. 예수를 바로 믿는 것이다. 그 결과 빛의 영역에서 하나님의 자녀로 태어나야 한다. 또 한 부류는 신자들이다. 진리 계명을 계속 지킴으로써 어둠의 영역과의 싸움에서 속지 않을 수 있으며 새 영역 안에서의 관계에 계속 머물 수 있기 때문이다. 한편, 사랑의 계명은 오직 신자만 지킬 수 있다. 하나님과의 관계 안에서만 하나님과 동료 신자를 향한 두 방향 사랑이 가능하기 때문이다. 이런 면에서 진리와 사랑의 계명은 신자의 '됨'과 '삶'에서 반드시 지키고 행해야 하는 하나님의 기대이다. 이런 계명 지킴은 1:5-2:11에서 권면한 새 영역에서의 일관성 있는 삶의 모습이다.

셋째, 진리와 사랑의 계명과 독자 공동체 상황과 서로 연결되어 있다.

서신 저자는 거짓 교사들의 영향력으로 어려워진 교회 성도들에게 관심 있으며 그들에 대한 일차적 권면은 바른 진리를 굳게 붙잡으라는 것이다. 바른 진리는 예수의 정체성에 대한 것이다. 그분은 하나님과 처음부터 함께 하셨던 분이다(요일 1:2). 이 땅에 오셔서 공생애 사역을 하셨고(요일 1:1-3) 사람들을 위해 목숨을 버리신 십자가 사역(3:16)을 통해 죄 사함의 통로가 되셨고(2:2; 참고, 1:9) 마귀의 사역을 멸하신 분이다(3:8). 하나님과 화목의 관계를 얻게 한 분이며(2:2; 4:10; 5:20) 신자를 위해 중보하시는 분이다(참고, 2:1). 신자 안에 거하시며 꼬이노니아 관계를 갖고 계신 분이고(1:3) 장차 다시 오실 분이다(3:2). 이 모든 내용은 예수가 구약을 통해 약속했던 메시아(그리스도)이며 하나님의 사랑을 알게 하는 통로인 하나님의 아들이라는 표현 속에 담겨 있다. 저자는 이 정체성에 대한 진리를 계속 굳게 잡기를 거듭 강조한다. 이것을 놓치면 하나님과의 관계가 끊어질 수 있기 때문일 것이다. 그리고 그 진리 안에서 하나님을 사랑하고 신자들을 사랑하라고 권한다. 진리 싸움으로 끊어진 성도 사이의 관계가 회복되기를 기대하는 것이다. 비록 본문에 언급된 진리와 사랑의 계명에 대한 권면이 당시 상황을 배경으로 한 것이지만, 현재에도 동일하게 듣고 따라야 한다. 오늘날 성도 역시 두 영역이 충돌하는 현장에 살고 있고 이미와 아직의 긴장 속에 살고 있기 때문이다.

제13장
요한일서 5:6-12
예수, 새 영역 안에서의 삶의 근거: 예수에 대한 증거 과정과 그 결과

요한일서 5:6-12는 이전 부분과의 연속성과 불연속성을 갖고 있다. 먼저 불연속성과 관련해, 5:6-12는 5:1-5에서 언급했던 여러 주제들, 예를 들어 하나님을 사랑하는 것이나 성도를 사랑하는 것, 계명을 지키는 것이나 세상을 이김 등이 없다. 대신 새로운 주제가 진행된다. 그것은 바로 예수에 대한 증거이다. 증거 과정이 동사(μαρτυρέω)로 네 번(요일 5:6, 7, 9, 10), 명사(μαρτυρία) 로 여섯 번(5:9[x3], 10[x2], 11) 언급된다. 이렇게 몰려 있기는 처음이다. 또한 물과 피와 성령을 예수에 대한 증거자로 제시하는데, 이 역시 새로운 것이다. 하지만 연속성이 없는 것은 아니다. 5:6-12는 5:5에서 언급한 예수를 꼬리 물기 방법으로 끌어와 설명을 시작하기 때문이다. 결국, 5:6-12는 5:1-5에서 보여준 설명의 연장선에 있지만, 다른 주제를 전달하는 부분으로 볼 수 있다. 5:1-5가 꼬리 물기 방식으로 예수의 정체성에 대한 믿음으로 시작해 하나님의 자녀로 태어나는 것, 사랑의 삶, 계명 지킴, 세상을 이김에서 예수의 정체성에 대한 믿음으로 이어졌다면, 5:6-12는 같은 방식으로 예수에 대해 꼬리를 물고 정체성에 대한 증거 과정으로 설명을 진행시킨다. 이런 면에서 5:1-12는 한 덩어리로 이해해도 무방하다.

요한일서 5:6-12 내용은 단어 사용과 논리 진행 방식을 통해 5:6-8과 9-12로 구분할 수 있다. 전반부는 예수의 정체성에 대한 세 증거를 제시한다. 물과 피와 성령이다. 증거하는 세 주체를 언급하고(요일 5:6), 그들의 증거가 조화됨을 설명한다(5:7-8). 후반부는 물과 피와 성령이 사라지고 하나님의 증거라는 표현으로 예수에 대한 증거 과정을 설명한다. 하나님의 증거는 인간의 것보다 우월한데, 아들에 대한 것을 그 내용으로 하고 있다(5:9). 저자가 증거하는 내용이며, 하나님이 보증한다. 5:10은 인간의 반응에 초점 맞춘다. 증거 과정의 두 번째 단계이다. 아들은 하나님의 증거인데, 그 아들을 믿는 자는 그 안에 증거가 있다. 증거 내용을 소유하고 있다는 말이다. 하나님을 믿지 않는 자는 그 증거를 받지 않는 자이고 하나님을 거짓말하는 자로 만드는 것이다. 5:11-12는 인간 반응의 결과에 초점을 맞춘다. 증거 과정의 마지막 단계이다. 하나님의 증거인 예수를 믿는 자는 영원한 생명을 얻는다. 하나님이 아들 안에 영원한 생명을 두어 그 아들을 믿는 자에게 주시기 때문이다. 이런 구조에 의하면 5:6-12의 주된 관심은 예수가 누구인가라는 정체성 자체를 설명하는 것이 아니다. 그보다는 5:1-5에서 제시된 예수의 정체성(메시아, 하나님의 아들)에 대한 증거 과정이다. 그 과정의 주체들(물, 피, 성령)과 하나님이 시작하고 인간이 응답해 그 결과를 경험하는 증거 과정 단계에 집중한다. 5:6-12의 구조는 다음과 같이 정리할 수 있다.

	구조와 내용	주요 단어
5:6-8	1) 예수가 그리스도임을 증거하는 세 증거 (1) 물과 피와 성령(5:6) (2) 세 증거는 하나다(5:7-8)	물, 피, 성령, 셋, 하나, 증거
5:9-12	2) 예수에 대한 하나님의 증거와 그 결과 (1) 증거의 확실성(5:9): 예수에 대한 하나님의 증거는 우월하다. (2) 인간의 반응(5:10): 증거를 받아 예수를 하나님의 아들로 믿으면 그 안에 증거가 있고, 믿지 않으면 하나님을 거짓말쟁이로 만든다. (3) 반응의 결과(5:11-12): 하나님의 증거는 아들 안에 영원한 생명을 준 것이기에 예수를 믿는 자는 영원한 생명을 가지고 있다.	하나님의 증거, 아들, 믿음, 영생

1. 번역

5:6 그는 물과 피를 통해 오신 분, 예수 그리스도입니다. 물로만 아니라 물
과 피로 오신 분입니다. 그리고 성령도 증거하시는 분입니다. 왜냐하면 성
령은 진리이기 때문입니다. **7** 왜냐하면 증거하는 이가 셋이기 때문입니다.
8 성령과 물과 피. 그리고 이 셋은 하나입니다. **9** 만일 우리가 사람들의 증
거를 받는다면 하나님의 증거는 더 큽니다. 왜냐하면 이것이 하나님의 증
거이기 때문입니다. 곧 그분이 자신의 아들에 대해 증거한 것입니다. **10** 하
나님의 아들을 믿는 사람은 그 안에 증거를 가지고 있습니다. 하나님을 믿
지 않는 사람은 그분을 거짓말쟁이로 만들었습니다. 왜냐하면 그는 하나님
이 자신의 아들에 대해 증거한 증거를 믿지 않았기 때문입니다. **11** 그리고
이것이 증거입니다. 곧 하나님이 영원한 생명을 주시고 그 생명이 그분의
아들 안에 있는 것입니다. **12** 아들을 갖고 있는 자는 생명을 갖고 있습니다.
하나님의 아들을 갖고 있지 않은 자는 생명을 갖고 있지 않습니다.

2. 주해

6절 (예수에 대한 물과 피와 성령의 증거) 요한일서 5:5에서 언급한 하나님의 아들 예수와 연결해 설명을 이어간다. 5:1-5에서 사용한 꼬리 물기 방식이다. 하지만 이전 부분에 대한 단순 반복은 아니다. 예수의 정체성 자체가 아니라, 그 정체성을 증거하는 과정이 초점이기 때문이다. 증거와 관련한 동사와 명사를 많이 사용한 것에서 알 수 있다.

그는 물과 피로 오신 예수 그리스도라는 표현으로 시작한다. 이미 요한일서 5:5에서 예수를 하나님의 아들로 소개했는데, 다시 '그'로 받아 예수라는 이름과 그리스도라는 호칭을 또 사용한다. 예수의 정체성을 강조하는 것이다.

하나님의 아들이자 메시아인 예수는 물과 피로 오신 분이다. 바로 이어 '물로만이 아니라 물과 피로'라는 표현을 첨가해 강조한다. 그렇다면 물과 피로 오셨다는 것은 무엇을 의미하는가? 짧은 표현이지만 학자들의 오랜 논쟁 주제이다. 여러 질문 거리들을 담고 있기 때문이다. (1) 이 표현이 요한일서 독자 공동체의 문제 상황과 직접 연결되어 있는가? (2) 물과 피는 무엇을 의미하는가? (3) 바로 다음에 나오는 성령과는 어떤 관계인가? (4) 이 표현의 역할은 무엇인가? 서로 관련이 있는 질문들이다. 생각의 실타래를 풀어가자.

많은 학자들은 물과 피로 오셨다는 표현을 요한일서 독자 공동체의 상황을 알려주는 또 다른 창문이라고 생각한다(예, Brown, 1982: 574; de Boer, 1988: 88-90; Painter, 304; Westcott, 183).[1] 요한일서 2:18-27과 4:1-6과 함께 대적자 혹은 거짓 교사들 가르침에 반박하는 것으로 보기

1. 이 생각을 따르는 학자들에 대해서는 Streett, 256 n. 1을 참고하라.

때문이다. 중요 근거는 "물로만이 아니라 물과 피로"(οὐκ ... μόνον, ἀλλά ...)라는 비교 표현이다(Kruse, 174). 앞의 것에 대해 뒤의 것을 부각시키는 방법이기에, 예수가 물로만 오셨다는 누군가의 생각에 대해 저자가 물과 피로 오셨다고 말했다는 것이다. 하지만 대적자의 정체는 물과 피를 어떻게 이해하는가에 따라 여러 견해가 있다.[2]

첫째, 저자의 대적자를 가현설주의자(Docetism)로 보는 견해이다. 어떤 학자들은 물과 피를 예수의 성육신에 대한 강조로 본다. '오셨다'는 표현이 요한복음의 여러 곳에서 성육신을 의미하기에(예, 요 1:9, 11; 3:31; 5:43; 6:14; 16:28) 물과 피로 오심은 예수의 육체적 출생을 의미한다는 것이다. 따라서 요한일서 5:6의 물과 피(Richter, 120-42) 혹은 물(Witherington, 1989: 155-60)을 통해 오셨다는 것은 예수가 육체로 오셨다는 것을 부인하는 자들을 향한 반박이라는 것이다. 또 다른 사람들은 물과 피를 예수의 육체적 죽음으로 볼 것을 주장한다. 예수가 십자가 위에서 창에 찔릴 때 피와 물이 흘렀다는 요한복음 19:34와의 유사성 때문이다. 요한일서 5:6에서 동일한 단어를 사용한 것은 예수의 육체적 죽음의 확실함을 부각시켜 그의 성육신을 강조하고픈 의도로 본다(Loader, 65-6).

둘째, 물과 피의 표현을 반성례전(anti-sacramentalism) 입장을 가진 대적자와 연결시킨 견해이다(Bornkamm, 161-79; Strecker, 1996: 182-5).

2. 이는 스트리트의 정리를 따른 것이다(Streett, 258-298). 이 외에도 학자들의 다양한 견해를 정리해 구분하는 여러 시도들이 있다. 예를 들어 브라운은 '물과 피로 오셨다' 의미를 중심으로 네 가지 경우로 구분한다. (1) 물과 피가 세례(침례)와 성만찬을 의미한다고 보는 이들과 (2) 성육신을 의미한다고 이해하는 이들, (3) 세례(침례)와 죽음을 의미하는 것과 (4) 물과 피와 예수의 죽음을 의미한다고 생각하는 경우들이다(Brown, 1982: 575-8). 리유는 기독론과 관련된 견해들, 구원론과 관련된 견해들, 그리고 성례전에 대한 견해들로 정리한다(Lieu, 2008: 209-13). 한편, 크루즈는 물에 대한 대적자의 견해를 동의하는 경우와 그 자체를 반대하는 경우로 정리한다(Kruse, 175-8).

반성례전 견해란 물로 대표되는 세례(침례)와 피로 대표되는 성만찬을 거절하는 것을 말한다. 요한일서 5:6의 물과 피를 각각 세례(침례)와 성만찬을 의미하는 것으로 이해하는 것은 교부 때부터 있었다(Augustine, *Tract. Ev. Jo.* 15.8; Chrysostom, *Hom. Jo.* 85). 예수가 오셔서 세례(침례)와 성만찬을 주셨다는 것이다. 교부들은 이런 해석을 요한일서의 대적자와 연결시키지는 않았지만,[3] 어떤 현대 학자들은 물과 피의 표현이 교회 공동체 상황과 관련 있다고 본다. 예를 들어 스트렉커(G. Strecker)는 "물과 피로 오셨다"는 5:6a의 표현에 사용된 전치사 '디아'(διά, "통하여")와 "물로만이 아닌 물과 피로 오셨다"는 5:6b 표현에 사용된 '엔'(ἐν, "안에", "~으로")을 구분해서, 세례(침례)와 예수의 죽음에서 공동체의 두 성례전으로 옮긴 것이 초점이라고 이해한다. 이런 표현은 성례전과 관련한 가현설주의자의 주장을 반박하기 위한 것이라고 본다. 대적자들도 공동체에 들어 올 때 물세례(침례)를 경험했기 때문에 그것에 대해서는 반대하지 않았지만 성만찬은 반대했기에, 저자가 5:6에서 물과 함께 피를 썼다는 것이다(Strecker, 1996: 183-4). 또한 세례(침례)와 성만찬 모두 육신을 입은 예수와 관련 있기 때문에, 그것들을 함께 언급한 것 역시 가현설 대적자들의 성례전 이해를 반박하는 것으로 본다(Strecker, 1990: 57; 1996: 184).

셋째, 물과 피를 케린투스주의자에 대한 반박으로 보는 견해이다(Akin, 195-6; Bultmann, 1973: 80; Carson, 1994: 216-32; Goulder, 332-48; Marshall, 232-3; Painter, 304-5; Schnackenburg, 232-4; Stott, 111). 케린투스주의자들은 신적 존재인 그리스도가 세례(침례)를 통해 인간 예수 안에 들어왔다고 주장하기에 물세례(침례)를 인정하지만 십자가 죽음은

3. 스트리트(Streett, 257)에 의하면 요일 5:7을 대적자와 최초로 연결시킨 사람은 1788년 마이클리스(J. D. Michaelis)이다(Michaelis, 2:401-2).

오직 인간 예수만 경험했다고 주장하는 자들이다. 요한일서 5:6은 이들을 반박하기 위해 예수 그리스도라는 표현과 함께 물로 상징되는 예수 사역의 처음(세례/침례)과 피로 상징되는 끝(십자가의 죽음)을 같이 말했다는 것이다(예, Bultmann, 1973: 80). 혹은 물과 피를 함께 말한 것은 십자가의 죽음을 다르게 생각하는 케린투스주의자들에 대항해 그 사건이 구원 과정에서 중요함을 강조한 것으로 보기도 한다(Schnackenburg, 233).

넷째, 요한일서 5:6을 예수의 죽음의 가치를 평가 절하하는 자들과 연결시킨 견해이다(Brown, 1982: 576; Burge, 202; de Boer, 1988: 87-106; Kruse, 178; Westcott, 181). 이 견해에 의하면 5:6의 대적자들은 가현설주의자나 케린투스주의자들과 달리 예수의 성육신이나 신성과 인성의 결합을 부인하지는 않는다. 하지만 예수의 십자가 죽음의 중요성을 낮게 평가하는 사람들이다. 예를 들어, 브라운의 설명에 의하면 이 대적자들은 물로 상징되는 예수의 세례(침례)는 예수의 정체성과 하나님의 영광을 계시하는 것이지만, 예수의 죽음은 계시된 예수가 하늘로 올라간 사건일 뿐이라고 주장했다는 것이다. 상대적으로 물의 사건을 중요시 여긴 것이다. 이것에 대항해 5:6은 물과 피를 쏟은 요한복음 19:34 내용을 빌어 물과 함께 죽음을 의미하는 피를 강조했다고 본다(Brown, 1982: 577-8). 한편, 드 부어(M. C. de Boer)는 물로 상징되는 세례(침례)를 예수가 받은 것이 아니라, 행한 것과 관계있다고 여긴다(de Boer, 1988: 87-106). 그에 의하면 대적자들이 주장한, 예수가 물로 오셨다는 말은 물로 상징되는 성령(참고, 요 7:38-39)을 준다는 의미였다는 것이다. 구원과 관련해 예수의 죽음보다는 그의 이름으로 세례(침례)를 받는 것이 중요하다고 주장했다는 것이다. 이에 대해 요한일서 5:6은 피와 함께 물도 예수의 죽음을 의미하는 것으로 이해함으로써 그 죽음의 중요성을 강조하고 있다고 해석한다.

비록 대적자의 정체와 물과 피를 해석하는 구체적 내용은 달라도 요한일서 5:6이 공동체의 문제 상황을 직접적으로 반영한다는 것은 지배적 견해이다. 그렇다면 이런 해석이 적절한 것일까? 비록 소수 견해에 동의하는 것이지만(Griffith, 2002: 153-5; Lieu, 2008: 213; Neufeld, 129; Olsson, 347-51; Streett, 300-37), 다른 방식으로 이해할 근거들이 있다.

첫 번째는 요한일서 5:6을 둘러싸고 있는 문맥이다. 리유의 정리에 따르면 위의 논쟁들은 크게 기독론과 구원론과 성례전 문제와 연결되어 있다(Lieu, 2008: 209-13). 기독론이란 예수의 정체에 대한 것으로서, 그가 육체로 오셨는가 그렇지 않은가의 문제이고, 구원론은 물과 피를 예수에 의한 구원 방법과 연결시킨 것이다. 성례전은 물과 피를 세례(침례)와 성만찬으로 연결시킨 것이다. 그런데, 문제는 이런 세 접근들이 5:6을 둘러싸고 있는 문맥과 어울리지 않는다는 점이다. 먼저 5:6 이전 부분인 5:1-5는 이런 논쟁들과 연결성이 거의 없다. 5:6은 꼬리 물기 방식으로 5:5의 내용, 곧 예수의 정체성을 믿는 것이 세상을 이기는 동력이란 것과 긴밀히 연결되어 있다. 이는 5:1에서 말한 예수의 정체성, 곧 예수가 그리스도(메시아)이며 하나님의 아들이라는 것을 다룬 것이다. 하지만 5:1-5에서는 기독론과 관련해 예수의 육체로 오심에 대한 주제가 없다. 또한 성례전이나 예수의 죽음을 통한 구원론에도 관심 없다. 5:1-5가 이전 부분의 여러 주제를 종합적으로 다룬 듯한 내용임에도 그런 주제들에 관심 없다는 것은 주목할 만하다. 특별히 5:1, 5의 내용이 거짓 영의 가르침을 분별하라는 4:1-6의 내용과 연결되었음에도 예수의 육체로 오심에 대한 이슈를 전혀 다루지 않음은 눈여겨봐야 한다. 한편, 5:6 이후 내용도 위에서 말한 논쟁들이 다루어지지 않는다. 계속되는 주제는 증거에 대한 것이고 그 핵심은 예수가 하나님의 아들이라는 내용이다. 이는 5:5 내용과 같다. 이에 대해 5:7-8은 예수에 대한 세 가지 합일된 증거에 대해 말하고, 5:9-12는 그 아들에 대한 하나님의 증거 과정이 소개된다. 이 두 부분은 예수의 육체로 오심이나 성례전, 물과 피를 통한 구원 논쟁을 전혀 다루지 않는다(참고, Streett, 268, 282). 이런 면에서 위에서 말한 5:6a-6b에 대한 여러 논쟁들은 앞뒤 문맥에서 보증할 수 없는 것들이다.

두 번째는 요한일서 5:6a-6b의 내용이 너무 짧고 함축적이라는 것이다(Lieu, 1991: 77; Streett, 268). 이는 문맥 관찰의 결과와 관련 있다. 요한일서는 거짓 가르침에 의한 공동체의 문제 상황을 여러 곳에서 보여주고 그에 대한 권면과 해결책을 제시하곤 한다. 하지만 그 어느 곳도 주변 문맥과 동떨어진 한 문장 혹은 한두 단어를 가지고 그 상황에 대한 권면을 제시하지 않는다. 특별히 물과 피라는 다소 상징적 의미를 가진 두 단어의 대조로 그 상황을 언급한 곳은 없다. 만일 물과 피의 표현이 공동체의 심각한 상황을 반영한다면 저자의 표현은 오히려 대적자들의 논증보다도 못한 내용을 담고 있다. 왜냐하면 내용이 너무 짧고 상징적이어서 독자를 향한 저자의 의도와 강조를 효과적으로 전달하지 못했을 것이기 때문이다(참고, Streett, 268). 또한, 만일 독자들에게 새로운 것을 가르치는 것이라면 그 효과는 거의 없었을 것이다. 그 깊은 논증들을 금방 알아채기가 쉽지 않기 때문이다. 설사 독자들이 그 내용이 무엇인지를 알고 있다고 해도 짧은 단어들은 공동체 상황에 비해 너무 약하다. 보다 타당한 이해는 그 내용의 상징들은 이미 독자와 공유하고 있는 것이고 그 내용을 확인 차원에서 소개한 것으로 보는 것이다(Lieu, 2008: 212-3).

세 번째 근거는 물과 피와 성령과의 관련성이다. 이에 대해서는 세 가지를 주목해야 한다. 하나, 물과 피에 대한 비교 표현이다. 위에서 언급한 여러 논쟁들은 요한일서 5:6a-6b의 "물로만이 아니라 물과 피로"라는 비교 표현을 근거로 물과 피의 대조에 주목한 결과들이다. 하지만 이 비교 표현이 반드시 앞의 것을 부정하고 뒤의 것을 강조하는 의미로 해석해야 하는 것은 아니다. 동일한 표현이 2:2에 나온다. 예수의 속죄의 범위가 '우리'라고 하는 그리스도인들만을 위해서가 아니라 세상 죄들을 위한 것이라는 표현이다.[4] 비록 '우리'와 세상을 비교하고 있지만, 이는 '우리'의 죄와 세상의 죄를 대조하기 위한 것 혹은 전자인 '우리'를 부정하고 후자인 '세상'을 강조하기 위한 것으로 해석하기는 어렵다. 비교를 통해 죄 사함의 범위를 확장하고 있다고 이해할 수 있기 때문이다. 왓슨(D. Watson)이 지적하듯, 부연 자료를 추가함으로 논리를 확충하는 형태이다(Watson, 102).[5] 마찬가지이다. 5:6 역시 대조와 단절이 아닌 논리 확충 표현으로 볼 수 있다. 즉, 물과 피의 대조가 아니라 물로 상징되는 것을 포함해서 피로 상징되는 것을 한꺼번에 설명하기 위한 경우이다(Watson, 103; Streett, 301-2).[6] 만일 이런 이해가 타당하다면, 물과 피는 서로 대립하기 위한 것이 아니라, 전체에 대한 부분들로 볼 수 있다. 그렇다면 물 혹은 물과 피를 통한 대적자 설정은 사상누각이다.

물과 피와 성령과의 관련성에 대한 또 다른 관찰은 본문이 이 셋을 개별성과 집단성을 함께 가진 것으로 서술하는 점이다. 개별성이란 각각의 상징이 독립된 내용을 표현한다고 보는 것이고, 집단성은 각각을 서로 관련 있는 전체의 부분들로 이해하는 것이다. 개별성은 요한일서 5:6에서 서술된다. 물과 피는 각각의 상징을 가지고 있다. 5:6b에서 전치사 '엔'(ἐν)을 각각에 붙여 서술하고 있기 때문이다(ἐν τῷ ὕδατι καὶ ἐν τῷ αἵματι). '물로 그리고 피로'라는 의미이다. 5:6c은 성령을 제삼의 증거로

4. 요일 2:2: "**οὐ** περὶ τῶν ἡμετέρων δὲ **μόνον ἀλλὰ** καὶ περὶ ὅλου τοῦ κόσμου"; 요일 5:6: "**οὐκ** ἐν τῷ ὕδατι **μόνον ἀλλ'** ἐν τῷ ὕδατι καὶ ἐν τῷ αἵματι".

5. 비록 카슨(D. A. Carson)은 요일 2:2를 대적자와 관련된 것으로 연결시키지만(Carson, 1999: 76), 대부분의 학자들은 대적자 상황과 연결시키지 않는다(Streett 301 n. 191).

6. 왓슨은 이 경우를 정보를 축적(accumulation)하여 동일한 내용을 전달하는 방법으로 설명한다.

분리해서 소개한다. 또한 5:8에서도 물과 피와 성령이 각각 관사와 함께 표현된다. 개별성이다. 한편, 집단성은 5:7-8에서 서술된다. 그 셋의 증거가 하나라는 것을 강조한다. 이 안에는 상하관계나 배타적 관계가 없다. 유기적 통일성만 있다. 이 두 특징을 함께 고려하면 위에서 언급한 많은 논쟁들은 그 동력을 상실한다.

앞서 언급한 많은 논쟁들은 주로 개별성이나 집단성 어느 하나에 강조를 둔 것이 대부분이다. 예를 들어, 가현설주의자나 케린투스주의자들은 물과 피를 따로 보고, 물에 대해 피를 강조한 것으로 본다. 개별성만을 본 것이다. 만일 집단성 관점에서 보면 물과 피는 서로 배타적이지 않다. 피의 상징이 긍정적이라면 물의 상징도 긍정적이다. 그렇다면 저자는 가현설주의자나 케린투스주의자 입장에 부분적으로 동의한 것이 된다. 이는 상상할 수 없는 일이다(Streett, 280; 참고, Brown, 1982: 67; Smalley, 1984: 266). 어떤 그룹은 물과 피를 하나로 보고 요한복음 19:34와 연결된 예수의 죽음으로 보기도 한다(Brown, 1982: 578; Thompson, 134). 하지만 본문은 물과 피를 각각의 상징을 가진 것으로 서술한다. 더 나아가 대부분 논쟁은 물과 피에만 집중되어 있다. 하지만 본문은 증거와 관련해 성령을 물과 피와 동일한 위치에 있는 것으로 서술한다. 집단성 입장에서 보면 이 셋은 다 긍정적이다. 따라서 물 혹은 물과 피만을 생각해 대조하거나 그것에 근거한 대적자 설정은 본문과 어울리지 않는다.[7]

남은 질문들은 물과 피의 의미와 역할, 그리고 성령과의 관계이다. 대적자 상황을 전제할 필요가 없다면 이런 질문들에 어떻게 대답해야 할까? 열쇠는 물과 피라는 상징들의 역할이다.[8] 요한일서 5:6-8은 이 두 상징들

---

7. 대적자를 설정한 해석에 대한 보다 광범위한 반박은 Streett, 256-99를 보라.
8. 스트리트는 세 가지 전제를 제시한다: (1) 물과 피와 성령은 요한일서 독자들이 이미 알고 있는 어떤 것이다; (2) 이 셋의 기능은 증거이다; (3) 이 셋은 예수에 대해

을 성령과 함께 예수의 정체성을 증거하는 것으로 소개하며, 개별성과 집단성을 함께 가진 것으로 제시한다. 물과 피와 성령이 셋으로 구분되어 저마다 증거의 역할을 한다. 하지만 각각의 증거는 같은 내용과 동일한 지향점을 가지고 있다. 그리스도(메시아)이며 하나님의 아들이라는 예수의 바른 정체성이다. 증거의 확실성을 위해 두세 증인이 필요하다는 구약의 예(신 17:6; 19:15)처럼 예수에 대한 증거가 참이라는 것을 위해서 증거하는 셋을 언급한 듯하다(Brown, 1982: 581; Jobes, 222; Painter, 307). 물과 피는 그 중의 두 요소이다. 하지만 예수가 메시아로 오신 양태나 구원방법에 대한 논의는 없다. 오직 예수의 정체성 자체에 대한 증거이다. 따라서 이 둘은 철저하게 증거의 통로와 관련한 상징으로 이해해야 한다(참고, Streett, 305-7).

첫 번째는 물이 상징하는 것이다. 일차적으로 요한일서 본문에서 생각해야 하겠지만, 요한일서 내에서는 물이란 단어가 없다. 따라서 저자와 독자들, 그리고 당시 그리스도인들과 교회가 공유하고 있을 법한 성경의 다른 본문으로 가야 한다. 요한복음에는 물이 예수와 연결된 부분이 여럿 있다. 하지만 주로 예수를 믿는 구원 과정(예, 물과 성령; 요 3:5)이나 그 결과에 대한 상징으로 사용된다(예, 요 4:10, 13; 7:38; 13:8). 그 중 메시아로서의 예수의 정체성과 물이 만나는 지점은 예수의 세례(침례) 사건이다.[9] 비록 표현이 약간씩 다르지만, 요한복음을 포함한 모든 복음서는 예수의 세례(침례)를 하나님의 아들 그리스도(메시아)라는 정체성을 증거한

가르친 복음서 내용과 연결되어 있다(Streett, 310-1).

9. 올슨은 물과 피 자체가 대적자와 직접 관계가 없다고 생각하지만 물을 예수의 출생을 의미하는 것으로 이해한다(Olsson, 234). 하지만 본문의 초점은 예수가 육체적 오신 것이 아니라, 그분이 메시아라는 증거이다. 비록 대적자를 설정한 결론을 제시한 것이지만, 물에 대한 다양한 견해에 대해서는 Derickson, 506-10을 보라.

사건으로 묘사한다(예, 마 3:13-17; 막 1:9-11; 눅 3:21-22; 요 1:26, 29-34). 공관복음에 의하면 예수의 정체성은 성령의 임하심과 하나님의 음성을 통해 증거되고, 요한복음에 따르면 사람(요한)이 성령의 임하심을 근거로 하여 하나님의 말씀을 대언하는 형식으로 증거된다. '예수가 메시아다'라는 정체성에 대한 공적 증거의 시작이며, 하나님의 뜻을 성취하는 사역의 시작점이기도 하다. 물과 정체성을 함께 고려한다면 아마도 요한일서 5:6의 물은 예수의 세례(침례) 사건을 의미하는 것일 것이다(Brooke, 131; Griffith, 2002: 159; Marshall, 231; Streett, 311; Yarbrough, 282).

두 번째는 피의 의미이다. 요한일서 다른 곳에서 예수의 피는 죽음을 의미한다. 예를 들어 요한일서 1:7은 예수의 피를 신자의 죄가 용서받는 통로로 소개한다. 여기서 피는 예수의 죽음, 십자가 사역을 의미한다(Akin, 196; Kruse, 177; Smalley, 1984: 280; Yarbrough, 282). 예수의 사역을 피를 전제로 한 속죄제물로 표현한 것에서도 확인할 수 있다(요일 2:2; 참고, 4:10). 이 사역은 사람들의 죄 문제를 해결함과 함께 끊어졌던 하나님과의 관계를 다시 연결해준다. 이는 또한 하나님 사랑의 정점이며(4:10) 어둠의 세력을 이긴 승리이기도 하다(참고, 3:8). 그렇기에 피로 대표되는 예수의 십자가 사역은 마지막 지상 사역일 뿐 아니라 하나님의 아들 메시아로서의 정체를 가장 잘 보여주는 사건이다. 5:6에 언급된 피도 예수의 죽음을 의미하는 것으로 이해할 수 있다. 이런 면에서 물과 피는 세례(침례)와 십자가 죽음을 의미하는 것으로서, 메시아로서의 정체성과 사역의 시작과 끝에 대한 상징으로 볼 수 있다(Streett, 326-7). 흥미로운 것은 물과 피의 이런 이해가 요한복음이 처음에 제시하는 예수의 정체성 증거와 유사하다는 것이다. 요한복음 1:29와 36에서 세례(침례)요한은 예수를 하나님의 양으로 증거한다. 이는 유월절 희생제물과 연결시킨 것으로 예수의 정체성을 죽음과 연결지어 소개한 것이다. 그런데, 이 요한은 예수에게 물로 세례(침례)를 준 자이며 그 과정으로 예수의 하나님 아들됨과 메시아됨을 증거한 자이다. 결국, 요한복음은 그 기록 목적 중 하나인 예수가 하나님의 아들이고 메시아라는 것(요 20:31)을, 맨 처음 물을 통한 세례(침례)와 장차 있을 예수의 희생적 죽음을 통해 소개하고 있다. 따라서 요한일서 5:6에서 물과 피를 정체성과 관련한 예수의 세례(침례)와 죽음으로 이해하는 것도 타당성 있다.[10]

요한일서 5:6c은 세 번째 증거를 소개한다. 성령이다. 복음서에서 예수가 약속된 메시아임을 드러내주는 증거로서 언급된다. 예를 들어, 예수가 세례(침례)받을 때 성령이 비둘기같이 임한 것은 예수를 아들이라고 말한 하나님의 음성과 함께 예수의 정체성을 드러내는 증거이다. 특별히 요한복음에서는 세례(침례) 요한이 예수의 정체를 인식하고 증거하는 근거가 예수 위에 성령이 임한 것 때문이라고 말한다(요 1:32-34). 예수 스스로도 메시아로서의 사역(마 12:28; 막 3:29; 눅 12:10)과 정체성의 근거(눅 4:18-21)를 성령의 임재로 설명한다. 구약에서 약속한 성령과 함께 올 메시아가 바로 자신이라는 말이다(참고, 사 11:1-2; 42:1; 61:1). 한편, 예수의 정체성과 관련한 성령의 역할은 예수의 지상 사역에만 국한되지 않는다. 예수를 증거하는 과정에서도 나타난다. 이는 이미 요한복음에서 약속된 것이다. 예수는 자신이 떠난 뒤 제자들에게 보낼 성령은 진리의 영이고 예수를 증거하는 영이라고 말한다(요 15:26).

요한일서 5:6c 표현은 물과 피와 관련한 내용을 포함하고 있는 것으로 보인다. 성령은 물로 상징되는 세례(침례)와 피로 상징되는 죽음의 사역을 통한 증거와 함께, 예수가 하나님의 아들 메시아임을 증거하는 존재이

10. 흥미롭게도 마가복음과 마태복음은 예수의 죽음을 통해 이방 백부장이 예수를 하나님의 아들로 인정하는 기사를 담고 있다(마 27:54; 막 15:39). 이 역시 예수의 죽음이 하나님의 아들 메시아로서의 정체성을 드러내는 예가 될 수 있다.

다. 예수 사역의 시작(물)과 마지막(피) 사이 내내 성령은 예수의 정체성을 드러낸다. 이것이 바로 5:6-8에서 설명하고자 하는 예수의 정체성에 대한 증거 역할이다. 또한 그 성령은 제자들과 교회가 예수를 증거하는 과정에서도 중요한 역할을 한다. 이는 5:6c 표현과 이전 부분과의 연결에서 찾아볼 수 있다. 물과 피와 달리 성령에 대해서는 '증거하다' 단어로 그 역할을 분명히 한다. 이 표현은 요한일서 앞부분에서는 오직 저자의 증거 과정을 묘사할 때만 사용되지만(요일 1:2; 4:14), 성령과 관련해서는 여기가 처음이다. 또한 명사 '증거'와 성령의 연결도 여기가 처음이다. 그러나 완전 생소한 것은 아니다. 이미 거짓 교사들의 문제를 다루는 2:18-27에서 예수에 대한 바른 정체성에 대해 저자의 가르침과 성령(기름 부음)으로 인한 가르침을 연결시켰기 때문이다(예, 2:20, 27). 또한 4:1-6에서도 저자의 가르침과 성령의 가르침을 세상의 가르침과 대조시켜 표현했다. 물론, 그 내용은 예수가 그리스도(메시아)이고 하나님의 아들이라는 바른 정체성 인식이다. 그렇기에 여기서 말하는 성령의 증거는 저자가 예수를 증거하는 과정과 무관하지 않다. 이런 면에서 증거로서의 성령의 역할은 앞의 물과 피의 두 상징과 약간 다르다. 물과 피는 순수하게 예수 당시 그의 정체성을 증거하는 것이지만, 성령은 예수 당시와 이후 사도나 교회의 증거 사역에서도 역할을 한다. 성령의 이런 역할은 5:9-12에서 언급한 하나님의 증거과정의 동력이기도 하다.

7절 (증언하는 이는 셋이다) 요한일서 5:6에서 언급한 세 증거에 대한 설명을 이어간다. 5:6이 물과 피와 성령의 개별성을 다루었다면, 이 구절은 그 세 증거의 집단성을 다룬다. 5:8까지 지속된다. 증거하는 이가 셋이다. 비록 물로 상징되는 세례(침례)와 피로 상징되는 죽음, 그리고 성령이 다른 모습으로 기능하지만 그 초점은 같다. 그것은 바로 예수의 정체성을 증거하는 것이다.

8절 (성령과 물과 피의 증거) 요한일서 5:7과 함께 계속해서 세 증거의 집단성을 설명한다. 성령과 물과 피, 이 셋은 하나이다. 각 요소에 관사를 붙여 그 성령, 그 물, 그 피라는 의미로 세 증거를 다시 언급한다. 비록 성령에 대한 순서가 바뀌었지만, 5:6에서 말한 세 증거의 개별성을 재차 확인한 것이다. 분명히 셋이 있으니까 그 증거가 확실하다고 말하려는 것이다. 그런데, 그 셋은 하나의 수렴점을 갖고 있다. 지향성을 가진 전치사 '에이스'(εἰς)의 의미를 살리면 '하나 안으로' 혹은 '하나를 향하여'로 직역할 수 있다. 비록 셋이 개별성을 가지고 저마다 역할을 하지만, 그 모든 것은 하나를 만든다. 예수가 구약에서 약속된 하나님의 아들 메시아가 확실함을 증거하는 것이다.

결론적으로 요한일서 5:6-8은 예수의 정체성에 대한 세 증거를 언급한다. 물과 피와 성령은 각각의 역할이 다르다. 물과 피는 예수 사역의 시작과 끝을 의미하는 동시에 그것이 상징하는 사건들은 메시아로서의 예수 정체성의 증거를 담고 있다. 성령은 물과 피로 상징되는 예수의 공생애 사역뿐만 아니라, 그 이후 제자 공동체의 증거 사역에도 중요한 역할을 한다. 이 셋은 각각이면서도 공통의 목소리를 갖고 있다. 이 부분에서 이 셋을 예수에 대한 증거로 언급한 것은 하나님의 아들 메시아로서의 정체성을 강조하고 싶은 의도이다. 또한 이후 5:9-12 이후 제시되는 하나님의 증거에 대한 확실성을 말하고 싶기 때문이다. 이런 면에서 물과 피 자체는 대적자와의 논증을 반영하지 않지만, 저자의 전체 논리 전개 방식은 거짓 교사들로 인한 교회 공동체의 문제와 무관하지 않은 듯하다. 그들의 증거가 아닌 저자의 증거가 참임을 말하려는 것이기 때문이다. 이것 역시 요한일서 1:1-3에서 언급한 내용의 반복이다.

9절 (아들에 대한 하나님의 증거) '하나님의 증거' 표현으로 예수를 증거하고 전하는 과정을 다룬다. 요한일서 5:6-8이 예수의 정체성 증거에 대한 것이라면, 5:9는 그 예수를 다른 이에게 실제로 증거하는 것이다. 이 증거 과정은 5:12까지 진행되며, 전달자와 수신자 간의 대화로 소개한다. 전달자가 어떤 주제가 담긴 메시지를 수신자에게 전함으로 대화가 시작된다. 만일 수신자가 그 내용을 받으면 메시지는 수신자 소유가 되고, 수신자는 그 메시지를 소유한 상태를 경험하게 된다. 본문은 이런 과정으로 하나님의 증거를 묘사한다. 여기서 전달자는 저자처럼 복음을 전하는 사람들이고, 수신자들은 일반 사람들이다. 전달되는 메시지는 아들에 대한 것으로 하나님이 증거하고 보증한 것이다.

요한일서 5:9는 전달되는 메시지의 탁월함을 다룬다. 조건문을 통해 하나님의 증거와 사람들의 증거를 비교함으로써 시작한다. 만일 '우리'가 사람들의 증거를 받는다면 하나님의 증거는 더 믿을 만하다. 왜냐하면 이것이 하나님의 증거이기 때문이다. 그 내용은 그분이 자신의 아들에 대해 증거한 것이다. 비교의 핵심은 사람과 하나님이다. '사람들의 증거'와 '하나님의 증거'라는 헬라어 표현은 속격 '~의'를 주어 역할로 보고 '사람들이 하는 증거'와 '하나님이 하는 증거'로 이해할 수도 있고, 목적어 역할로 '사람들을 증거하는 것'과 '하나님을 증거하는 것'으로 이해할 수도 있다. 주어 역할로 이해하는 것이 좋다. 증거의 내용은 하나님이나 사람 자체에 대한 것이 아니라 예수에 대한 것이기 때문이다(5:9b). 또한 5:10에서 하나님을 증거와 관련한 행위 주체로 묘사하고 있기 때문이다. 따라서 여기서 말하려는 것은 증거의 기원 혹은 증거자에 대한 비교다.

'만일'이라는 조건절은 사람들이 전하는 내용을 말하는 것이지만, 그 메시지를 부정적인 것으로 볼 필요는 없다. 단순히 대화 과정에서 '우리'나 다른 사람들이 전하는 것을 듣고 받아들인다는 말이다. 초점은 하나님의 증거와 사람들의 증거를 비교하는 것이다. 하나님이 전하는 증거는 사람들의 증거에 비해 크다. 더 중요하고 의미 있다는 말이다. 이 차이는 일차적으로 사람과 하나님이라는 증거의 기원 혹은 증거자의 차이에서 나온다. 하지만, 저자는 '왜냐하면'이란 이유절을 첨가해 그 이상의 이유가 있음을 말한다(5:9b). 증거의 내용 때문이다. 하나님의 증거는 그분의 아들 예수에 대한 내용을 담고 있다. 특별히 대명사 '이것'을 먼저 쓰고 그 아들에 대한 증거 내용을 나중에 쓰는 것은 강조 형태이다. 증거 내용인 예수에 대한 강조이다. 따라서 하나님의 증거가 더 가치 있는 것은 내용의 기원 혹은 증거자가 하나님이기 때문이기도 하지만 그 내용이 예수에 대한 것이기 때문이기도 하다.

예수에 대한 증거를 하나님의 증거로 소개한 것은 두 가지 함의를 담고 있다. 첫째, 예수의 정체성을 보증하고 증거하신 분이 바로 하나님이라는 것이다. 이것은 요한일서 5:6-8과 관련 있다. 물과 피와 성령은 예수가 하나님의 아들임을 보증한다. 이 셋을 통한 증거가 바로 하나님의 증거이다. 직접 증거하거나 또는 사건이나 사람들을 통해 그분이 전달하시는 것이기 때문이다. 이런 면에서 하나님의 증거는 예수의 지상 사역과 죽음을 통해 직간접적으로 예수의 아들 됨을 보증한 것이다. 둘째, 저자가 전하는 것이 바로 이런 하나님의 증거라는 것이다. 1:1-3이나 4:14는 저자의 증거 과정을 언급하는데, 그 내용이 하나님 아들로서의 예수 정체성이다. 5:9에서 말한 하나님이 보증하고 증거한 것이다. 이런 면에서 5:9에서 예수에 대한 증거를 하나님의 증거로 묘사한 것은 저자가 전하는 것의 기원과 보증이 하나님임을 말하려는 것이다. 대적자가 야기한 상황에서 저자가 전한 것이 진리이고 참임을 강조하려는 의도로 볼 수도 있다.

10절 (아들에 대한 하나님의 증거에 대한 두 반응) 요한일서 5:9와 연결해 증거 과정을 계속 설명한다. 5:9가 전달되는 메시지의 확실성을 다루었다면, 5:10은 메시지를 받은 수신자에게 초점 맞춘다. 두 부류의 사람을 대조함으로 설명을 진행한다.

한 부류는 하나님의 아들을 믿는 사람이다. 예수에 대한 하나님의 증거를 듣고, 믿음으로 반응한 사람이다. 그 사람 안에[11] 하나님의 증거가 있다. 증거의 내용을 받아들여 그 안에 그 내용을 소유하고 있다는 의미이다. 이 사람은 요한일서 4:14-15에서 설명한 과정을 경험한 사람이다. 즉, 하나님이 아들을 세상의 구주로 보내셨음을 증거한 저자의 선포를 믿고 받아들여 하나님과의 상호 거함을 경험하고 있는 자이다. 이런 부류의 사람은 서신 서론에서 저자가 기대하는 반응과 그 결과를 갖고 있는 사람이기도 하다. 또한 예수에 대한 증거를 믿음으로 하나님과 교제를 가진 자이다.

또 다른 부류가 있다. 메시지를 받지 않는 사람이다. 흥미롭게도 저자는 "하나님의 아들"(참고, 요일 5:10a)을 믿지 않는 사람이 아니라 '하나님'을 믿지 않는 사람이라고 표현한다. 초점을, 전달되는 내용에서 그 내용을 증거하고 보증하는 하나님께로 이동한 것이다. 표면적으로 그들은 저자 그룹 등이 전하는 메시지를 받아들이지 않은 자이다. 하지만 그 메시지를 받지 않는 것은 그 내용을 보증하고 증거한 하나님을 받아들이지 않는다는 말이다. 더 나아가 그 메시지를 증거한 하나님을 거짓말쟁이로 만든 것이기도 하다. 하나님이 예수의 정체성에 대해 직접 증거하고 보증한 것을 믿지 않았기 때문이다. 초점을 메시지 자체에서 증거하신 하나님께로 옮긴 것은 예수에 대한 내용이 확실함을 강조하려는 의도이다. 이것은 증거 내용을 설명하기 위해 '하나님이 그의 아들에 대해 증거하신 것'이라는 표현을 첨가한 것에서 확인할 수 있다(5:10b). 이런 의도는 또한 저자가 전한 것이 옳다는 것을 보여주는 것이기도 하다.

---

11. NA 26th/27th은 ἐν ἑαυτῷ("그 사람 자신 안에", ℵ Ψ 등등)를 원문으로 보지만 NA 28th은 NA 25th처럼 ἐν αὐτῷ('그 안에,' A B L P 등등)를 원문으로 본다. 의미에는 별 차이 없다.

11절 (하나님의 증거를 받은 결과인 영생) 요한일서 5:9-10과 연결해 증거 과정을 다룬다. 5:9가 메시지의 탁월함을 다루고 5:10이 수신자에 집중했다면, 5:11은 메시지 내용에 집중한다.

'이것이 증거이다. 곧 하나님이 영원한 생명을 주시고 그 생명이 그분의 아들 안에 있는 것이다.' 대명사 '이것'을 먼저 쓰고, 그에 대한 내용을 나중에 쓰는 강조 형태로 소개한다. 증거 내용은 영원한 생명에 대한 것이다. 요한일서에서 영원한 생명은 두 가지 의미로 구분할 수 있다. 첫째, 생명의 근원인 예수이다. 요한일서 1:2와 5:20의 경우가 여기에 해당한다. 둘째, 신자들이 얻은 구원 상태이다(2:25; 3:14, 15; 5:12, 13, 16). 생명의 근원과 관계 맺고 연결된 상태이다. 예수 믿은 이후 경험하게 될 빛의 새 영역에서의 삶의 모습이다(참고, 요 17:3). 5:11은 후자에 해당한다. 이런 구원 상태가 바로 저자가 전하는 복음의 메시지이다. 이는 하나님이 믿는 자들인 '우리'에게 주신 것으로, 그 생명이 그분 아들 안에 있음을 전한다. 이 내용과 요한일서 이전 설명을 연결시키면, 저자가 전하는 복음은 죄 사함과 하나님과의 관계 회복을 담고 있는 구원, 곧 영원한 생명을 얻는 방법을 담고 있다. 그 방법은 세상을 향한 하나님의 사랑의 증거인 예수를 믿고 받아들이는 것이다. 그 믿음의 고백은 오직 예수가 하나님의 아들 메시아라는 올바른 정체성 인식을 통해서만 가능하다.

12절 (하나님의 아들과 생명과의 관계성) 요한일서 5:9에서 시작된 증거 과정의 마지막이며, 5:11에서 말한 증거에 대한 반응을 설명한다. 아들을 갖고 있는 자는 생명을 갖고 있고, 하나님의 아들을 갖고 있지 않은 자는 생명을 갖고 있지 않다. 5:11에 의하면 저자가 전하는 메시지가 사람들에게 전해졌다. 그 메시지를 믿음으로 받는 자는 하나님의 증거인 예수를 믿는 것이고, 그 예수와 관계를 갖게 된다. 따라서 하나님의 아들을 갖고 있는 자, 곧 그와 관계를 맺고 있는 자들은 그로 인한 생명을 소유한 자들이 된다. 하지만 아들과 관계를 맺고 있지 않은 자는 그를 통해 주어지는 생명이 없다. 복음을 거절한 자들은 빛의 영역에서 하나님과 생명의 관계를 가질 수 없으며, 여전히 어둠과 죽음의 영역에 속해 있을 뿐이라는 의미이다. 증거 과정에서 수신자에게 집중한 5:10과 같은 내용이다.

3. 해설

요한일서 5:5에서 언급한 하나님의 아들로서의 예수 정체성과 연결해 5:6-12는 그 예수를 증거하고 전달하는 과정을 다룬다. 첫 부분 5:5-8은 전달되는 메시지인 예수에 대한 확실성을 설명한다. 특별히 예수의 지상 사역과 관련해 물과 피로 상징되는 예수의 세례(침례)와 죽음이 그가 메시아임을 드러내는 증거로 언급된다. 성령 역시 증거로 제시되는데, 물과 피로 상징된 사역의 시작과 마지막을 아우르며 전체적으로 예수의 정체를 드러내는 통로이다. 이 셋은 각각의 역할을 가지고 있지만 전체적으로 예수가 하나님의 아들 메시아라는 한 목소리를 낸다. 이 세 증거는 하나님이 증거하신 것이고 보증하신 것이다.

요한일서 5:9-12는 그 예수를 다른 사람들에게 전파하는 과정을 다룬다. 전달자와 수신자, 그리고 전달 내용인 메시지 요소를 가진 대화 과정으로 소개한다. 여기서 전달자는 저자 그룹 같은 복음 전파자들이고 수신자들은 일반 사람들이며 메시지는 5:6-8에서 언급한 하나님의 증거를 받은 예수에 대한 정체성이다. 5:9는 그 메시지의 탁월성을 설명한다. 하나님이 아들에 대해 증거하고 보증한 것이기에 사람들이 전하는 것보다 뛰어나다. 5:11은 그 증거, 곧 메시지를 다룬다. 하나님이 예수를 통해 영원한 생명, 곧 빛의 새 영역으로 옮김 받아 하나님/예수와 새로운 관계를 맺게 되는 구원을 허락하셨다는 것이다. 5:10과 12는 그 메시지를 받는 수신자에게 집중한다. 긍정 반응자와 부정 반응자를 대조한다. 전달되는 증거를 믿음으로 받는 자는 메시지 안에 담긴 약속이 실현됨을 경험한다. 하나님의 아들을 믿었기에 아들로 인한 영원한 생명을 얻는다. 하지만 믿지 않는 자는 단순히 전달자를 거절한 것이 아니라, 전해지는 그 메시지를 보증하고 증거한 하나님을 거절한 자다. 당연히 메시지 안에 있는 귀한 내용이 실현되는 것을 경험할 수 없다. 이 내용을 정리하면 아래와 같다.

대화 과정으로서의 증거 과정		
전달자	——————→	**수신자**
(저자 같은 전도자: 1:3; 4:14)	**전달 내용(메시지)** 1) 예수의 정체성에 대한 바른 인식(5:6-8, 9) (1) 예수는 하나님의 아들 메시아이다. (2) 물과 피와 성령이 보증한다. (3) 이 세 증거는 하나님의 증거이다. 2) 예수를 통한 하나님의 약속 (5:10): 하나님이 예수 믿는 사람들에게 영원한 생명을 주심	1) 메시지를 받는 자: (1) 하나님의 아들 예수를 믿음 (2) 그 결과 예수로 인한 영원한 생명을 소유 2) 메시지를 받지 않는 자 (1) 하나님을 믿지 않고 그분의 증거인 예수를 거절 (2) 그 결과 하나님을 거짓말쟁이로 만들고 영원한 생명을 경험하지 못함

요한일서 5:6-12는 여러 면에서 1:1-4의 내용을 반영한다. (1) 메시지의 내용이 되는 예수에 대한 증거와 (2) 그 예수를 전하는 과정과 (3) 생명이신 예수로 인한 하나님/예수와의 꼬이노니아가 1:1-4의 내용이라면, 5:6-12는 (1) 전달자가 하나님의 증거를 받은 예수에 대한 것을 전하는 것과 (2) 믿음으로 받는 것과 (3) 그 결과 예수로 인한 영원한 생명을 얻는다는 내용이기 때문이다. 서신의 시작과 끝부분이 서로 연결되는 듯하다. 이 모습은 바른 증거 과정과 그에 대한 믿음의 반응이 중요함을 독자들에게 인식시키려는 듯하다. 바른 증거 과정에는 어떤 내용을 누가 전하는가의 요소가 있다. 올바른 내용은 예수에 대한 분명한 정체성 인식을 담고 있어

야 한다. 이는 하나님이 물과 피와 성령을 통해 증거하고 보증한 내용으로서 예수가 하나님의 아들 메시아라는 인식이다. 누가 전하는가에 대해서는, 그 메시지를 실제로 경험한 목격자들이 중요하다. 1:1-2에서 저자가 예수에 대한 일차 목격자임을 강조한 이유이다. 5:9-12의 표현으로 하면, 하나님의 증거를 전하는 사람이 중요하다는 것이다. 이는 거짓 교사들의 문제와 관련해 저자의 증거가 옳다는 것을 분명히 전달하려는 의도이다.

한편, 이 전달 과정에는 수신자의 역할도 중요하다. 올바른 전도자가 전한 진리 내용에 어떻게 응답하느냐가 진리로 인한 결과를 경험하는 열쇠이다. 저자는 진리 내용을 받아들이는 믿음을 강조한다. 이 역시 독자들을 향한 기대를 담고 있다. 거짓 교사들의 가르침이 아니라 참 진리를 전하는 저자의 가르침에 반응하고 그것에 계속 머물라는 권면이 담겨 있다.

오늘날에도 바른 가르침과 바른 반응을 요구하는 이런 가르침에 귀를 기울여야 한다. 예수에 대한 바른 가르침은 시대를 초월해서 전해져야 하는 진리의 핵심이기 때문이며, 그 믿음으로만 하나님의 구원을 경험할 수 있다는 것 역시 시대와 상관없이 진리이기 때문이다.

제14장
요한일서 5:13-21
결론적 확증과 권면

요한일서 5:13-21은 서신의 마지막 문단이다. 이전 문단과의 연속성과 불연속성이 함께 있다. 먼저 예수를 하나님의 아들로 믿는 것과 그 결과 얻어진 영원한 생명이라는 내용을 통해 이전 문단과의 연속성을 보여준다. 하지만 인칭지시어 전환은 이 문단의 불연속성을 말해 준다. 이인칭 복수 지시어('너희')가 '내가 썼다'는 일인칭 단수 동사와 함께 사용된다. 이인칭 지시어는 4:4 이후 처음이며, 일인칭 단수 동사는 2:26 이후 전혀 사용되지 않다가 다시 나타난 것이다. 비록 4:20에서 일인칭 단수 동사를 사용해서 '내가 사랑한다'라는 표현이 있지만, 저자의 고백이 아니라 고백과 삶의 불일치를 설명하기 위해 설정한 가상 표현이다. 따라서 이런 인칭지시어의 변화는 이전 부분과의 단절을 보여주기에 충분하다. 이것만이 아니라 5:13-21은 5:6-12에서 사용한 대화 과정의 설명 방식을 사용하지 않는다. 주제 단어들도 다르다. 앞부분에서는 증거와 관련한 것이 중요했다면, 5:13-21은 기도와 관련된 표현들이 나온다. '구하다'는 동사가 다섯 번(αἰτέω, 요일 5:14, 15[x2], 16; ἐρωτάω, 5:16), 명사가 한 번 나온다

(αἴτημα, 5:15). 또한 '듣다' 동사가 두 번 나오는데(5:14, 15), 모두 하나님이 기도를 들으시는 과정이다. 이런 면에서 5:13은 이전 부분의 내용을 정리하고 그것과 연계해 기도와 관련한 주제로 넘어가 서신을 마무리하는 부분으로 볼 수 있다.

요한일서 5:13-21는 네 부분으로 나눌 수 있다. 첫째, 5:13이다. 일인칭 단수 동사와 이인칭 지시어를 사용해 예수 믿는 독자를 위해 글을 쓰고 있음을 말한다. 둘째, 5:14-17이다. '만일'이란 조건문을 중심으로 기도에 대한 주제를 다룬다. 이 부분은 내용상 5:14-15와 16-17로 구분할 수 있다. 5:14-15는 일인칭 복수 지시어('우리')를 사용해 기도에 대한 전반적인 것을 다룬다. 진행 형태도 5:13과 다르다. '만일'이란 조건문으로 이전 문장 내용을 받아 다음 문장을 진행시키는 꼬리 물기 형식이다. 하나님의 뜻을 따라 기도하면 하나님이 들으시고 그 기도의 내용을 소유하게 된다는 내용이다. 5:16-17은 동일한 기도 상황을 다루지만, 삼인칭 지시어 사용이 5:14-15와 약간 구별된다. 단어 또한 다르다. 죄와 관련된 동사와 명사가 사용된다. 동료 신자의 죄와 중보 기도에 대한 내용이다. 셋째, 5:18-20이다. 기도에 대한 용어가 없다. 대신 '우리가 안다'라는 일인칭 복수 동사를 세 번 사용해 그간 다루었던 서신 전체 내용을 정리한다. 넷째, 5:21이다. 자신을 지키라는 명령법은 이전 부분과 약간 다르다. 서신 전체의 마무리이다. 요한일서 5:13-21의 구조는 아래처럼 정리할 수 있다.

구조와 내용		특징
5:13	**독자들의 상태 확인** '너희들은' 예수에 대한 믿음과 그 결과인 영원한 생명을 가지고 있다.	'나'와 '너희', 믿음, 하나님의 아들 예수, 영원한 생명

5:14 -17	**기도 응답의 확신** 1. 일반 기도 1) 만일 우리가 하나님의 뜻을 따라 어떤 것을 구하면, 하나님이 들으신다. 2) 만일 우리가 기도한 것을 하나님이 들으시는 것을 안다면, 우리가 구하는 것을 소유하고 있음을 안다. 2. 중보 기도 1) 누구든지 동료 신자가 사망에 이르지 않는 죄를 범하는 것을 보고 구하면, 하나님께서 생명을 주실 것이다. 2) 사망에 이르는 죄가 있는데 그것에 대해서는 구하라고 말하지 않는다.	우리, 하나님, 기도, 조건절 삼인칭, '나', 죄를 범함, 기도, 형제
5:18 -20	**세 가지 확신('우리는 안다')** 1. 우리는 하나님으로부터 태어난 모든 사람은 죄를 범하지 않는다는 것과 하나님으로부터 나신 자가 그 사람을 지키는 것, 그리고 악한 자가 그 사람을 만지지도 못한다는 것을 안다. 2. 우리는 우리가 하나님에게 속해 있다는 것과 온 세상은 악한 자 안에 있다는 것을 안다. 3. 우리는 하나님의 아들이 오셨고 우리가 진리를 알 수 있도록 우리에게 이해력을 주신 것을 안다.	'우리', 예수, 악한 자, 죄를 범함
5:21	우상으로부터 자신을 지키라.	이인칭 명령법

1. 번역

5:13 내가 하나님의 아들의 이름을 믿는 여러분에게 이것들을 쓴 것은 여
러분이 영생을 가지고 있음을 알게 하려는 것입니다. **14** 그리고 이것이 우
리가 그분을 향해 갖고 있는 담대함입니다. 곧 만일 우리가 그분의 뜻을 따
라 무엇을 구하면 그분이 우리를 들으십니다. **15** 그리고 만일 우리가 무엇
을 구하든 그분이 우리를 들으신다는 것을 우리가 안다면, 우리는 우리가
그분에게 간구한 그것들을 가지고 있다는 것을 압니다. **16** 만일 누가 죽음
에 이르지 않는 죄를 짓는 자신의 형제를 본다면 간구하십시오. 그러면 그
분이 죽음에 이르지 않는 죄를 지은 그에게 생명을 주실 것입니다. 죽음에

이르는 죄가 있습니다. 나는 그것에 대해서는 간구하라고 말하지 않습니
다. **17** 모든 불의가 죄입니다. 그러나 죽음에 이르지 않는 죄가 있습니다.
18 우리는 하나님으로부터 태어난 모든 사람은 죄를 범하지 않는다는 것과
오히려 하나님으로부터 나신 자가 그 사람을 지키는 것과 악한 자가 그 사
람을 만지지도 못한다는 것을 압니다. **19** 우리는 우리가 하나님에게 속해
있다는 것과 온 세상은 악한 자 안에 있다는 것을 압니다. **20** 그리고 우리
는 하나님의 아들이 오셨고 우리가 참된 분을 알 수 있도록 우리에게 이해
력을 주신 것을 압니다. 그리고 우리는 그분의 아들 예수 그리스도 안에서
참된 자 안에 있습니다. 그분은 참된 하나님이시고 영원한 생명이십니다.
21 자녀들이여, 우상으로부터 자신을 지키십시오.

2. 주해

13절 (독자들에게 증거 과정을 쓴 이유) '이것들을 내가 여러분에게 썼다'라는 표현으로 '나와 여러분(너희)'의 상태로 전환한다. 여기서 '이것들'은 요한일서 5:6-12에서 언급한 증거 과정과 그 결과를 의미한다. 5:6-12에서 이미 그 내용을 설명했음에도 불구하고 '내가' 그 내용을 '너희'에게 썼다고 말한 것은 앞부분에서 설명한 상태를 독자들에게 잘 연결시키려는 의도이다. 이 의도는 두 가지 부가 표현에서도 확인된다. 첫째, 독자인 '여러분'에 대해 하나님의 아들의 이름을 믿는 자라는 설명을 추가한 것이다. 물과 피와 성령이 증거한 예수에 대한 진리(요일 5:1-5)를 믿음으로 받아들인 자이며, 저자가 전한 증거(5:6-12)를 올바르게 믿고 고백한 자들임을 강조하고 싶은 것이다. 둘째, 독자들에게 5:6-12 내용을 쓴 목적을 밝힌 것이다. 그들이 영원한 생명을 가지고 있음을 알게 하기 위해서

라고 한다. 영원한 생명은 새 영역 안에서 갖는 하나님/예수와의 관계이며, 5:6-12에서 말한 증거 과정의 마지막 상태이다. 예수의 바른 정체성을 믿는 독자들이 이런 상태에 있음을 확인시키려는 것이다.

그런데 이 목적절은 상당히 독특한 구조로 전달된다. 일반적으로 종속절은 주절 다음에 온다. 하지만 요한일서 5:13 헬라어 구조에서는 주절의 '내가 썼다'라는 동사와 대상이 되는 '여러분' 사이에 종속절이 위치해 있다.[1] 흔치 않은 모습이며 강조 표현이다. 독자들로 하여금 예수에 대한 바른 진리를 통해 새 영역에서 새 언약 관계를 갖고 있음을 확증시키려는 것이다. 예수를 증거해 하나님/예수와 수직적 교제 안에 머물게 하고 싶다고 말한 1:1-3의 의도와 같다. 이런 면에서 5:13은 거짓 교사들의 영향력과 상관없이 계속해서 바른 진리 안에 머물기를 바라는 저자의 목회적 관심을 반영한 것으로 볼 수 있다.

한편, 요한일서 5:13은 또 다른 기능을 가지고 있다. 이후 설명될 기도와 관련한 삶의 차원에 대한 시작점 혹은 전제 상태를 확인시키는 것이다. 이것은 새로운 문단의 시작이라는 점에서 추론할 수 있다.

14절 (기도 응답에 대한 담대함 1) 요한일서 5:13에서 제시된 새 영역 안에 있는 신자 상태를 배경으로 기도의 삶을 설명한다. '이것이 우리가 그분을 향해 갖고 있는 담대함이다'라는 표현으로 시작한다. 이 구절은 세 가지 면에서 3:21-22와 유사하다. 담대함이라는 단어와 기도에 대한 주제와 하나님과의 좋은 관계를 바탕으로 한 점이다. 그렇다면 요한일서는 상대적으로 짧은 분량 속에서 기도에 대한 이야기를 두 번 언급하고 있고, 특별히 서신을 마무리하는 시점에서 다시 한 번 언급하고 있는 것이다.

---

1. Ταῦτα ἔγραψα ὑμῖν(이것들을 내가 썼다: 주절) **ἵνα εἰδῆτε ὅτι ζωὴν ἔχετε αἰώνιον**(여러분이 영생을 가지고 있음을 알게 하려고: 종속절) τοῖς πιστεύουσιν εἰς τὸ ὄνομα τοῦ υἱοῦ τοῦ θεοῦ(하나님의 아들의 이름을 믿는 여러분에게: 주절).

왜일까? 정확한 이유는 모른다. 하지만 기도의 삶을 중요하게 여기고 있다는 것은 분명하다. 특별히 새 영역 안에서 하나님과의 바른 관계를 바탕으로 제시하고 있다는 것은 구원의 삶에서 중요한 요소임을 강조하기 위함으로 보인다. 기도가 신자의 삶에서 중요하기 때문이기도 하지만, 아마도 요한복음 14-16장에서 제시한 예수의 마지막 가르침과 약속과 관련 있는 듯하다.

예수의 마지막 가르침의 일부인 요한복음 14-16장은 각 장마다 두 가지 약속을 담고 있다. 하나는 진리의 성령에 대한 약속이고(요 14:26; 15:26; 16:13) 다른 하나는 기도이다(요 14:13-14; 15:7; 16:23-24, 26). 모두 어둠과 빛의 영역의 충돌을 배경으로 한다. 제자들은 예수로 인해 빛의 영역으로 옮겨진 자들이다. 하지만 예수가 떠난 후 그들은 홀로 세상에 남아 어둠의 영역과 싸우며 살아야 한다(참고, 요 15:18-21; 16:32; 17:14-15). 진리의 성령은 또 다른 보혜사이다. 이 땅에서 예수가 제자들을 보호하고 진리로 이끌었듯, 약속된 성령은 제자들을 위해 때로는 검사처럼 세상의 죄를 정죄하고 세상 임금을 심판하며 진리를 드러내기도 하고(참고, 요 15:26; 16:8-11), 때로는 변호사처럼 제자들을 위로하고 옹호할 것이다(참고, 요 14:16-17). 기도는 어둠의 영역에 맞서 새 영역에서의 삶을 잘 살아갈 수 있도록 신적 도움을 요청하는 것이다. 빛의 영역에서 승리하며 살게 하는 무기인 셈이다. 요한일서가 기도를 강조한 것도 동일한 이유일 것이다. 요한복음처럼 두 영역의 충돌을 배경으로 어둠에서 빛으로 옮겨진 자들을 전제로 설명하기 때문이다. 하지만 차이점이 있다. 요한복음은 기도 응답을 예수의 약속으로 제시하시만, 요한일서는 신자들이 이미 경험하고 있는 실재로 묘사한다. 특별히 담대함이란 표현은 이미 주어진 것이기 때문에 주저하지 말고 사용하며 누려야 한다는 확신을 전달한다. 다시 말해, 새 영역 안에 있는 자에게 주겠다는 예수의 약속은 이미 실현되어 경험할 수 있는 것이기에, 하나님과 새 언약 관계 안에 있는 자들은 기도를 통한 신적 도움을 담대히 구하며 살라는 것이다. 이런 면에서 요한일서가 강조하고 있는 기도 응답은 예수 믿는 자에게 주어진 특권인 동시에 새 영역에서 올바른 삶을 위한 힘을 제공하는 것으로 이해할 수 있다.

담대한 확신의 내용은 조건절을 통해 전달된다. 만일 우리가 그분의 뜻을 따라 무엇을 구하면, 그분이 우리를 들으신다. 신자가 기도하면 들으신다는 것이다. 하지만 조건이 있다. 그분의 뜻을 따라 구하는 것이다. 여기서 뜻이란 무엇일까? 정확히 무엇이라 꼬집어 설명하기 어렵다. 하지만 기도 응답이란 동일 주제가 나오는 요한일서 3:21-22에서 하나님 뜻의 큰 범위를 생각할 수 있다. 3:21은 진리 안에서 사랑하는 삶(참고, 요일 3:18-20)을 담대함의 근거로 말하고, 3:22는 하나님의 계명을 지키고 그분이 기뻐하시는 것을 행하는 삶을 기도 응답의 조건으로 다시 제시한다. 이렇게 보면, 5:14에서 말한 하나님의 뜻 역시 새 영역 안에서 하나님과의 교제를 지속시키는 진리와 사랑의 계명과 관련 있다고 볼 수 있다. 넓은 범주이다. 예수가 하나님 사랑과 이웃 사랑으로 온 율법을 정리한 것과 맥을 같이 한다(마 22:37-40; 막 12:29-31). 따라서 기도는 하나님과의 관계를 전제로 하여 외적으로는 어둠의 영역에 대항해 그리스도인으로서의 삶을 잘 유지할 수 있는 무기인 동시에, 내적으로는 빛의 영역에서 하나님의 기뻐하시는 삶을 살아가게 하는 도구라고 정리할 수 있겠다.

15절 (기도 응답에 대한 담대함 2) 또 다른 조건절을 사용해 꼬리 물기 방식으로 요한일서 5:14 이후 과정을 진행시킨다. 만일 우리가 무엇을 구하든 그분이 우리를 들으신다는 것을 우리가 안다면, 우리는 우리가 그분에게 간구한 그것들을 가지고 있다는 것을 안다. 번역이 복잡하다. '우리가 기도한다'는 내용을 조건절과 주절에 각각 첨가했기 때문이다. 기도를 강조하기 위해서다.

조건절과 주절 모두를 "우리가 안다"(οἴδαμεν) 표현으로 제시한다. '만일 우리가 안다면 … 우리는 안다.' 기도 응답 과정을 독자와 공유하는 지식으로 소개하고 싶은 것이다. 그런데 조건절과 주절 사이에 논리적 진행이 있다. 조건절은 하나님이 신자의 기도를 들으신다는 요한일서 5:14의 상태를 안다는 것이고, 주절은 그 다음 단계로서 기도 응답의 결과 상태를 소유하고 있음을 안다는 것이다. 그러므로 5:15는 5:14와 함께 하나님의 뜻을 따라 구하는 신자의 기도는 하나님께서 분명히 응답하신다는 것을 말한다.

16절 (형제를 위한 중보 기도) 요한일서 5:14-15처럼 기도에 대한 주제를 다루지만 다른 상황이 설정된다. 다른 이를 위한 중보 기도이다. 만일 동료 신자가 죽음에 이르지 않는 죄를 범하는 것을 보거든 기도하라고 한다. 그러면 죽음에 이르지 않는 죄를 범한 그 사람에게 생명이 주어질 것이다. 하지만 죽음에 이르는 죄도 있다고 말하고, 그것에 대해서 기도하라고 말하지 않는다고 한다.

이 부분을 잘 이해하기 위해 두 가지 요소를 고려해야 한다. 첫째, 생명을 주는 주체가 누구냐이다. 헬라어 원문에는 주어 없이 단순히 삼인칭 동사(δώσει)를 사용했기에 기도하는 사람이 준다고 볼 수도 있고 하나님이 준다고 볼 수도 있다. 어떤 학자들은 어려운 문제라고 하지만(예, Brown, 1982: 611), 해답은 상대적으로 쉽다. 하나님이다. 요한일서에서는 사람이 생명을 준다는 개념이 등장하지 않기 때문이다. 또한 기도하는 것과 주는 것이 바로 연결되어 나오기에 서로 다른 주어로 보기 어렵지 않겠냐는 질문에도 쉽게 답할 수 있다. 이미 요한일서 5:14-15에서 기도의 주체와 응답의 주체를 구분했기에 5:16에서도 그 둘을 구분하는 것이 자연스럽다. 따라서 죄를 범한 동료 신자를 위해 기도하면, 하나님이 그 죄를 범한 사람에게 생명을 주신다고 이해해야 한다.

둘째, 죽음에 이르지 않는 혹은 죽음에 이르는 죄가 무엇인가이다. 첫 번째 것보다 어렵다. 본문 자체에서 구체적 설명을 제공하지 않기 때문이다. 이 질문을 위해 네 가지 요소를 고려해야 한다. (1) 요한일서 5:16-17의 위치이다. 이 부분은 서신의 마무리 부분이다. 일반적으로 완전 새로운 주제를 소개하기보다는 이전 논의를 마무리하고 독자들에게 그 내용을 주지시키는 기능을 한다. 따라서 5:16의 표현도 이전 부분들의 설명을 토대로 이해해야 한다. (2) 요한일서 전체의 상황 배경이다. 지금까지 내용에 의하면 요한일서의 주된 배경은 거짓 가르침을 전하는 사람들 때문에 발생된 문제 상황이다. 사랑과 의와 관련한 삶이나 윤리 문제도 있지만, 더 심각하고 근본적인 것은 예수의 정체성과 관련한 진리 문제이다. 그들이 전한 거짓 가르침은 교회를 분열시켰을 뿐 아니라, 남아 있는 교인들에게도 그 영향을 우려해야 하는 상황이다. 교회 존립이 걸린 문제일 뿐 아니라 개개 신자가 하나님과의 관계를 잃느냐 그렇지 않느냐의 문제가 걸린 상황이기도 하다. (3) 두 영역 개념이다. 어둠과 빛의 영역의 충돌 개념 속에 신자를 어둠에서 빛의 영역으로 옮겨 온 자로 이해하고, 어둠에 대항해 빛의 영역에서 하나님과의 관계에 충실할 것을 요청한다. (4) 본문에서 설명하는 방식과 초점을 살펴야 한다.

(4)의 경우를 먼저 보자. 요한일서 5:16의 논리 진행은 '만일'이라는 조건절로 죽음에 이르지 않는 죄를 범하는 사람과 그에 대한 중보 기도를 다루는 것으로 시작한다. 5:14-15에서 조건절로 기도 응답을 말한 것과 동일한 형태이다. 하지만 죽음에 이르는 죄는 조건절 형식으로 서술하지 않는다. 대신, '죽음에 이르는 죄도 있다'는 명제를 언급하고 그런 죄에 대해서는 기도하라고 말하지 않는다고 한다. 명제로 설명한 것은 죽음에 이르지 않는 죄를 부연 설명하기 위한 것이다. 모든 불의가 죄이지만, 죽음에 이르지 않는 죄가 있다고 말한 5:17의 첨가에서도 확인할 수 있다. 따라서

5:16의 초점은 죽음에 이르는 죄와 그렇지 않은 죄와의 대조 자체가 아니라, 죽음에 이르지 않는 죄를 범한 경우에 집중하려는 것임을 추측할 수 있다. 이런 의도는 5:16의 조건문 문장에서 조건절과 주절에 각각 죽음에 이르지 않는 죄를 반복해 언급한 것에서도 읽을 수 있다. 이런 상황이 있음을 강조하려는 것이다.

한편, 죽음에 이르지 않는 죄와 죽음에 이르는 죄에 대한 설명도 주목할 만하다. 죽음에 이르지 않는 죄는 "그의 형제"(τὸν ἀδελφὸν αὐτοῦ)란 표현으로 동료 신자가 범하는 어떤 것으로 묘사한 반면, 죽음에 이르는 죄는 그런 표현이 없다. 물론 앞에서 형제라고 언급했기에 뒤에서 쓰지 않았을 수 있다. 그럼에도 생각할 것은 표현이 다르다는 점이다. 죽음에 이르지 않는 죄의 경우, 죄를 범하는 동료 신자를 초점으로 한다. '본다' 동사의 목적어로 사용되었기 때문이다. 하지만 죽음에 이르는 죄의 경우는 죄 자체가 초점이다. 죄를 범하는 사람 대신 죄를 지칭하는 여성 대명사 "그것"(ἐκείνης)을 사용한다. 따라서 죽음에 이르지 않는 죄의 경우와 죽음에 이르는 죄의 경우는 죄의 종류가 다를 뿐 아니라 죄를 행하는 사람도 다를 수 있다는 여지를 준다. 죽음에 이르지 않는 죄를 행하는 자는 동료 신자이지만, 죽음에 이르는 죄를 범하는 사람은 동료 신자가 아닐 수도 있다는 것이다(참고, Brown, 1982: 617-9; Kruse, 519; Olsson, 355). 만일 이런 추론이 타당하다면 저자는 두 부류의 사람들이 범하는 두 종류의 죄를 논하고 있으며, 핵심은 신자가 범하는 소위 죽음에 이르지 않는 죄의 경우라고 볼 수 있다.

죽음에 이르지 않는 죄를 이해하기 위해 나머지 세 요소를 함께 생각해보자. 두 영역 개념을 중심으로 요한일서 이전 부분과의 연관성을 거짓 선지자들 상황 속에서 살펴보는 것이다. 이런 요소들을 고려한다면 요한일서 5:16에서 언급한 죽음은 단순히 육체적 죽음을 의미하는 것 같지는 않다(반대, Derickson, 538-9). 생명 또한 단순히 육체적 생명을 의미하는 것이 아니다. 이전 설명에 의하면 죽음과 생명은 어둠과 빛의 영역을 상징한다. 중요한 근거는 3:14의 표현이다.[2] 죽음이란 단어는 요한일서 전체에서 여섯 번 나오는데, 5:16-17(x4)과 3:14(x2)에만 있다. 또한 3:14는 죽음과 함께 생명이란 단어가 나오고 영역 이동을 나타내는 동사(μεταβεβήκαμεν)와 한 영역에 거하는 동사(μένει)가 사용된다. 신자는 죽음에서 생명으로 옮김받은 자이고, 사랑하지 않는 자는 죽음 안에 거하는 자라고 말한다. 이 구절에서 죽음과 생명은 각각 어둠과 빛의 영역을 상징하는 것이다. 따라서 5:16의 죽음과 생명 역시 두 영역의 상징으로 볼 수 있다. 그렇다면 죽음에 이르는 죄란 어둠의 영역에 계속 거하게 하는 것이거나 혹은 어둠의 영역으로 다시 돌아가게 하는 것으로 이해할 수 있다.

어둠의 영역에 계속 거하게 하는 것은 진리를 받아들이지 않는 것으로 볼 수 있다. 문제는 빛의 영역에 있는 자가 어둠의 영역으로 돌아갈 수 있는가 하는 것이다. 불가능한 것은 아니다. 배교의 경우가 있기 때문이다. 이것은 단순히 종교를 바꾸는 것이 아니다. 그리고 행위나 태도 등의 윤리 차원의 문제도 아니다. 보다 구체적으로 어둠에서 빛으로 옮겨가게 하는 모든 과정을 뒤집는 것이며, 그 핵심에는 진리 문제가 있다. 이 배교 과정은 요한일서 1:1-3이나 5:1-12에서 말한 예수에 대한 증거 과정을 무효화시키는 것이다. 그 안에는 4:9-10에서 말한 예수를 통한 하나님의 사랑을 전면 부인하는 것이 포함되며, 예수의 사역으로 인한 죄 사함(요일 2:2; 3:5; 4:10)이나 악한 영역에 대한 승리(3:8) 등의 과정을 완전히 부인

2. "우리들은 죽음에서 생명으로 옮겨간 것(μεταβεβήκαμεν)을 알고 있습니다. 왜냐하면 우리가 형제들을 사랑하고 있기 때문입니다. 그러나 사랑하지 않는 사람은 죽음에 거하고 있습니다(μένει)"(사역).

하는 것이 들어 있다. 궁극적으로 새 영역에서 하나님을 중요한 분으로 모시고 교제하는 새 언약 관계를 거절하고, 다시금 어둠의 옛 영역에서 자신을 왕으로 섬기고 악한 자의 종이 되어 죄를 따라 살아가고자 하는 인간의 결정이 들어 있다. 믿음의 과정을 송두리째 뒤집는 것이다. 이런 배교는 왜곡된 진리를 받아들일 때 가능할 수 있다. 복음에 대한 지식이 많지 않은 자들이 잘못된 가르침을 접했을 때 그 가능성은 더욱 높아진다. 진리 문제의 핵심은 하나님의 구원 과정의 중심인 예수에 대한 이해이다. 서신 전체에 걸쳐 거짓 교사들의 가르침을 주의하라고 말한 것은 이런 가능성을 염두에 두었거나 실제로 경험했기 때문일 것이다. 거짓 교사들의 가르침을 받아 교회에서 떨어져 나간 사람들은 저자 공동체에 있었던 사람들이다. 어쩌면 그들도 진리를 알고 있었다고 스스로 믿거나 인식하고 있었을지 모른다. 하지만 잘못된 가르침을 받아들임으로 인해 어둠의 영역, 곧 죽음의 영역으로 간 것이다. 하나님과의 수직적 교제를 끊고 성도들과의 수평적 교제도 끊은 것이다. 결국 죽음에 이르는 죄란 예수를 중심으로 한 구원 과정에 대한 진리를 거절하거나 잘못된 가르침으로 참 진리를 왜곡하여 진리에서 떠난 것과 관련 있다고 볼 수 있다. 저자는 이런 죄에 대해서는 기도하라고 말하지 않는다고 한다. 거짓 교사들이나 배교자가 진리로 돌아오는 것을 위해 기도하지 말라는 것이 아닐 것이다. '죄에 대해서'라고 말한 것으로 보아 왜곡된 진리를 신봉하는 자들이나 구원 과정을 완전히 뒤집는 배교 과정을 거친 자들이 다시 돌아오기가 쉽지 않음을 말하는 것으로 보인다.

한편, 죽음에 이르지 않는 죄란 신자들이 범하는 죄이다. 신자가 범하는 죄가 가볍다는 것이 아니다. 빛의 영역에서 하나님과 관계를 갖고 있는 범위 안에서 죄를 범하는 것이다. 다시 말해, 배교 과정처럼 진리를 완전히 뒤집는 종류가 아니라는 것이다. 물론 죄를 범하는 그 순간에는 하나님과의 관계를 단절하는 것이지만, 바른 진리 안에 있는 자는 회복의 은혜가 있다(요일 1:9). 저자는 이런 자들을 위한 중보 기도를 말하는 것이다.

결론적으로 요한일서 5:16에서 말하고 싶은 것은 기도와 관련해 신자들에게 베푸시는 하나님의 은혜이다. 예수를 믿어 새 영역에서 하나님과의 교제, 즉 영원한 생명을 가지고 있는 자들(5:13)은 비록 죄를 범하더라도 용서와 회복의 기회가 있다는 것이 초점이다. 그렇기에 회복시키시는 주님의 은혜를 믿고 죽음에 이르지 않는 죄를 범하거든 그를 위해서 중보 기도를 하라는 것이다. 한편, 죽음에 이르는 죄를 언급한 것은 거짓 가르침으로 인한 진리 왜곡에 대해 주의를 주고 싶은 것이다. 이 역시 새 영역에서 진리와 사랑의 계명을 통해 하나님과의 관계를 계속 유지하라는 간접 명령으로 볼 수 있다.

17절 (사망에 이르지 않는 죄도 있다) 요한일서 5:16에서 언급한 죽음에 이르지 않는 죄를 범한 경우에 대한 부연 설명이다. 모든 불의가 죄이지만, 죽음에 이르지 않는 죄가 있다. 5:16 후반에 언급한 죽음에 이르는 죄를 염두에 둔 표현이며, 죽음에 이르지 않는 죄를 강조하기 위한 첨언이다. 진리 문제를 완전히 왜곡하고 그것에 의해 하나님의 뜻과 완전히 반대되는 삶을 살아가는 의도적 상황이 아니라면, 새 영역 안에서는 회복의 은혜가 있다. 특별히 여기서 사용된 불의(ἀδικία)와 죄의 연결은 1:9와 이곳에서만 등장한다. 의도적 표현으로 보인다. 1:9에서 말한 것처럼 신자는 자신의 죄를 고백하면 예수 십자가의 대속의 은혜로 용서를 경험할 수 있음을 확인시키는 것으로 볼 수 있다.

18절 (신자의 지식 1: 하나님께로부터 난 자는 하나님이 지키신다) 요한일서 5:18-20은 "우리는 안다"라는 지식 공유 표현으로 그간의 설명을 정리한다. 5:18은 첫 번째 정리이다. 크게 두 가지 내용을 언급한다. 모두 두 영역 개념을 배경으로 진행된다.

'우리'가 알고 있는 첫 번째 내용은 하나님으로부터 태어난 모든 사람은 죄를 범하지 않는다는 것이다. 두 영역 배경하에 신자에게 초점을 맞춘 그리스도인의 됨과 삶이다. 하나님으로부터 태어난다는 것은 어둠에서 빛의 영역으로 옮김받는 구원이다(요일 2:29; 3:9; 4:7; 5:1, 4). 이전 설명에 의하면 이것은 예수의 정체성과 사역에 대한 진리 증거를 믿음으로 받아들인 결과이다. 새 영역에서 하나님 자녀의 신분을 갖고 그분과 새 언약 관계를 맺은 상태이다. 이런 상태에 있는 자는 죄를 범하지 않는다고 한다. 신자가 죄를 전혀 짓지 않는다는 의미가 아니다. 이미 5:16-17에서 신자가 죽음에 이르지 않는 죄를 지을 가능성을 언급했기 때문이다. 또한 1:7-9에서도 죄를 범할 가능성을 말했다. 3:6과 9에서 설명했던 것처럼 어둠의 영역에 속한 죄가 빛의 영역에 속한 하나님의 자녀와 양립할 수 없기 때문에, 신자는 자기 정체성과 상태와 어울리게 온전하고 일관성 있게 살아야 함을 말하는 것이다.

'우리'가 알고 있는 두 번째 내용은 하나님으로부터 나신(γεννηθεὶς) 자가 그(신자)를 지킨다는 것과 악한 자가 그(신자)를 만지지도 못한다는 것이다. 첫 번째 공유 지식이 신자에 대한 것이라면, 두 번째는 신적 도움에 대한 것이다. 새 영역에 합당하게 살아갈 수 있는 원동력의 하나를 설명하는 것이다. 첫 번째 내용에 대한 근거이다(Yarbrough, 316).

이 표현은 해석을 어렵게 하는 요소들이 있다. 첫째, 사본에 따라 지키는 대상이 다르다. 어떤 사본들(A* B 330 614 it^r vg syr^h cop^bo 등등)은 "그를"(αὐτόν)로 읽고 어떤 사본들(א A^c K P Y 33 81 1739 등등)은 "자신을"(ἑαυτὸν)로 읽는다. 이 차이는 헬라어 성경에서도 그대로 반영되었다. NA 27^th은 "그를"을 원문으로 읽지만, NA 28^th에서는 "자신을" 원문으로 여긴다. 이런 차이는 둘째 요소인 '하나님으로부터 나신 자'를 어떻게 이해하는가와 연결되어 있다. 만일 이 표현을 신자로 보면 '자신을'로 읽는 것이 자연스럽다(예, Culy, 137; Schnackenburg, 252-3; Thompson, 146; KJV). 하지만 이것을 예수로 본다면 지키는 대상을 신자인 '그를'이라고 보는 것이 좋다(Bass, 194-202; Brooke, 148-9; Bruce, 126; Dodd, 138; Kruse, 195; Marshall, 252; Smalley, 1984: 303; Strekcker, 208-9; Yarbrough, 316). 사본 증거로 본다면 '자신을'이라고 읽는 것이 더 타당해 보이는 듯하다(Culy, 137). 예수를 하나님에게서 태어난 자라고 말한 표현이 신약 성경 다른 곳에 없기 때문에 이 표현을 신자를 지칭하는 것으로 보는 것이 일리 있어 보인다(Brown, 1982: 622). 하지만 다르게 생각할 수도 있다. 예수를 하나님으로부터 난 자로 묘사한 것이 이해하기 어렵기 때문에 후대 서기관들이 이 표현을 신자를 지칭하는 것으로 이해해 '지키다' 목적어를 '자신을'로 읽었을 수도 있다. 또한 성경에서 "지키다"(τηρέω) 단어가 재귀대명사('자기 자신')와 단독으로 사용된 예가 없다(Brooke, 149). 따라서 후대 서기관들이 요한일서 5:18의 내용을 신자라고 이해했기에 지키다와 관련한 독특한 용례를 만든 것으로 볼 수도 있다. 이 부분에 사용된 대조 접속사 '알라'(ἀλλά, "오히려", "그러나") 역시 하나님으로부터 나신 자를 예수로 볼 단서가 될 수 있다. 첫 번째 공유 지식 내용과 두 번째 사이에 약간의 단절이 있음을 말해주는 것이기 때문이다. 따라서 첫 번째와 두 번째 내용 모두 하나님을 기원으로 한다는 점에서는 공통되지만, 첫 내용은 신자에 대한 것이고 두 번째는 다른 존재를 말한 것으로 이해할 수 있다. 마지막으로 요한복음에서 동일 단어를 사용하여 예수를 제자들을 지키는 분으로 언급한 점도 주목할 만하다(Kruse, 195; Yarbrough, 316). 예수는 자신의 마지막 기도에서 하나님께서 자신에게 허락한 사람들을 다 지켰다고 고백한다(요 17:12). 또한 요한복음 17:15에서는, 하나님께서 남아 있는 제자들과 그들을 통해 하나님과 관계를 맺을 사람들을 악한 자에게서 지켜달라고 간구한다. 요한일서 5:18 내용과 동일하다. 이런 근거들로 인해 본 주석은 하나님으로 난 자를 예수로 보고 예수가 그(신자)를 지킨다는 내용으로 이해한다.

예수가 신자를 지킴으로 악한 자가 신자를 만지지도 못한다. 악한 자의 영향력이 전혀 없다는 말이 아니다. 새 영역 안에서 바른 정체성과 하나님과의 관계 안에서 잘 살아갈 수 있도록 어둠의 영역 수장인 악한 자에게서 지킨다는 말이다. 예수는 이미 십자가와 부활의 사역으로 마귀의 일을 멸하셨기에(요일 3:8) 악한 자에게서 신자를 지키실 수 있다. 그러므로 새 영역에서 예수와 그를 통해 구원 과정을 이루시는 하나님과의 교제 안에 거하는 신자는 세상을 이길 수 있다(2:13-14).

19절 (신자의 지식 2: '우리'와 세상의 대조) 계속해서 '우리는 안다'는 표현으로 두 번째 내용을 정리한다. 신자인 '우리'는 하나님에게 속해 있는 것과 온 세상은 악한 자 안에 있다는 것을 안다. 요한일서 전체에 걸쳐 사용된 두 영역 개념의 기본 전제이다. 두 가지 대조가 있다. 첫째, 하나님과 악한 자의 대조이다. 이 둘은 두 영역 개념 속에서 각 영역의 통치자들이며, 각 영역 속에 있는 자가 관계 맺고 사는 대상들이기도 하다. 둘째, '우리'와 온 세상의 대조이다. 각 영역 통치자와 관계 맺고 사는 주체들이다(참고, Schanckenburg, 261).

짧은 표현이다. 하지만 그동안 설명한 많은 주제들과 그로 인해 파생된 원리들을 아우를 수 있는 표현이다. 특별히 구원의 됨과 삶과 관련해 중요한 기반을 제공한다. 먼저 구원의 됨 차원과 관련해, 과거 어둠 안에 있던 신자가 빛의 영역으로 옮김받는 구원 설명의 배경이다. 새 영역으로 이동한 신자는 새 언약 관계를 맺게 되는 생명을 얻게 된다(요일 1:3; 5:12). 이 관계는 요한일서 많은 부분에서 소속의 표현(ἐκ)으로 제시된다. 한편, 요한일서 5:19의 표현은 구원의 삶 차원과 관련해 새로운 삶의 배경을 제공한다. 기본적으로 신자는 새로운 관계와 정체성을 갖고 있는 사람이기에 세상이나 세상에 속한 것들을 사랑하면 안 된다(2:15-17). 진리와 거짓을 분별하며(4:1) 하나님의 뜻이 담긴 진리와 사랑의 계명을 따라 살아야 한다(3:10, 23). 또한 비록 어둠에서 빛으로 옮김받은 자이지만, 어둠의 영역이 아직 완전히 멸망 당하지 않은 것을 인식하며 살아야 한다. 신자는 하나님 안에 있지만, 세상은 여전히 악한 자 안에 있다. 그리고 신자는 세상에 여전히 발붙이고 산다. 이중 정체성이다. 그렇기에 세상의 미움을 받을 수 있고 어려움을 당할 수 있다(3:13). 미래에 있을 완전함을 소망하고 오늘의 삶을 새 영역 안에서 일관성 있고 온전한 모습으로 살아야 한다(1:5-6; 2:28-29; 3:2-3). 이런 온전함은 세상을 이기는 승리의 모습이다(2:13-14; 5:4). 이처럼 5:19는 구원의 됨과 삶을 아우르는 기본 틀이 된다. 이 시점에서 이 표현을 언급한 것은 서신을 마무리하면서 구원과 삶에 대한 전체 그림을 놓치지 않게 하기 위한 배려로 생각된다.

20절 (신자의 지식 3: '우리'는 하나님을 알고 그의 아들 안에 있다) 요한일서 5:18에서 시작된 '우리는 안다'는 표현으로 정리하는 세 번째 부분이다. 하나님의 아들이 오셔서 '우리'가 참된 자를 알 수 있도록 이해력을 주신 것을 안다고 말한다. 구원 과정과 관련한 예수의 역할에 대한 지식이다. 두 부분으로 되어 있다. 첫 번째 부분은 하나님의 아들이 오신 것이다. 하나님의 아들은 요한일서 전체에서 중요하게 여기는 예수의 정체성이다. 하나님의 증거의 핵심이며(요일 5:9), 특별히 거짓 교사들의 잘못된 가르침에 대항해 바르게 전하고 싶은 진리의 모습이기도 하다(예, 2:22; 3:23; 4:15; 5:5). 하나님의 아들이 오셨다는 것은 예수가 메시아이자 하나님의 사랑의 총화로서 이 땅에 보내졌다는 말이다(4:9, 10, 14). 죄 사함(2:2; 4:10)과 마귀를 깨는 사역(3:8)을 위해 오셨으며, 이것은 하나님의 구원의 과정이 성취되기 시작했음을 의미하는 것이다(1:2).

주목할 것은 능동형(ἥκει)으로 "왔다"고 묘사한 점이다. 요한일서 전체에서 예수를 직설법 동사의 주어로 사용한 것은 이 부분이 유일하다.[3] 특별히 예수의 오심은 모두 수동태(ἐφανερώθη: 요일 1:2[x2]; 3:5, 8; 4:9)로 묘사해 하나님의 보내심을 통해 오신 것으로 묘사했다. 이런 면에서 능동형을 사용한 것은 자발적으로 이 땅에 왔다는 예수의 주도권을 말하고 싶은 것으로 보인다. 목자로서 양떼를 위해 스스로 생명을 버릴 권세를 가지고 있다고 말한 요한복음 10:11과 18을 기억나게 한다. 따라서 요한일서 5:20에서 독자와 공유하고 싶은 지식의 초점은 하나님의 구원 과정에 자발적으로 참여한 예수이다. 특별히 구원 과정의 시작과 관련한 역할이다.

두 번째 부분은 예수가 '우리'에게 참된 자를 알 수 있도록 이해력을 주신 것이다. '참된 자'는 하나님을 가리킨다(Brown, 1982: 624; Culy 139). 예수가 이 땅에 와서 참된 하나님을 알 수 있도록 도왔다는 말이다. 논리적으로 첫 번째 부분의 다음 과정에 해당하며, 구원 과정의 시작과 사람들의 믿음의 반응 단계를 이어주는 것이다. 두 가지 함의를 생각할 수 있다. 첫째 함의는 예수 사역의 목적이다. 그분의 사역은 단순히 지식을 전하거나 죽어 갈 천국행 보험을 주는 것이 아니다. 참된 자를 아는 것, 즉 영원하신 창조주 하나님과의 관계를 얻게 하는 것이다. 영원한 생명이다. 참된 것 혹은 진리라는 명사형을 사용하지 않고 형용사(ἀληθινός)를 통해 참된 분을 알 수 있게 했다는 표현에서 확인할 수 있다(참고, Derickson, 556). 또한 요한일서 이전 부분에서 아는 것 = 관계가 있는 것 = 영원한 생명의 연결에서도 추론할 수 있다. 하나님에 대한 참 지식과 그로 인

3. 예수의 오심을 능동태 분사로 표현한 부분은 두 곳이 있다(요일 4:2; 5:6). 모두 하나님 아들로서의 예수 정체성을 언급하는 부분이다.

해 그분과의 관계를 얻게 되는 것은 하나님과 새 언약 관계를 맺어 그분을 알게 할 것을 약속한 예레미야 31:31-34의 성취이다(Brown, 1982: 640; Olsson, 240). 그러므로 예수의 사역의 핵심은 사람을 창조주 하나님과 다시 연결할 수 있도록 문을 연 것이고 다리를 놓은 것이라고 묘사할 수 있다. 둘째 함의는 구원 과정에서 차지하는 예수의 역할이다. 사실 이 표현은 독특하다. 요한일서는 한 번도 인간 믿음의 반응에 신적 도움을 언급한 적이 없다. 특별히 능동태 동사를 통해 예수의 주도적 역할을 언급한 것은 더더욱 없다. 이런 면에서 이 표현은 진리가 전달되고 받아들이는 과정에서도 예수가 중요한 역할을 한다는 것을 강조하고 싶은 것으로 볼 수 있다.

'우리가 안다'는 공유 지식을 소개한 이후, 저자와 독자들의 상태를 서술한다. '우리'는 그의 아들 예수 그리스도 안에서 참된 자 안에 있다. 어떤 이들은 이 부분에서 참된 자를 예수라고 주장한다(Bruce, 128; Bultmann, 1973: 90; Culy, 139; Witherington, 2006: 560; 개역개정; 새번역). 전치사 '엔'(ἐν)이 두 번 나오기 때문에[4] '참된 자 안, 곧 예수 그리스도 안에서'로 번역해야 한다고 본다. 하지만 하나님으로 이해하는 것이 더 타당하다(Brooke, 152-3; Brown, 1982: 625; Derickson, 556; Harris, 235; Kruse, 196; Smalley, 1984: 308). 예수를 '그의' 아들이라고 말하고 있기 때문인데, 이 대명사는 바로 가까이에 있는 참된 자를 지칭하는 것으로 보는 것이 좋을 듯하다.

신자가 참된 분 하나님 안에 있다는 것은 요한일서 5:20에서 말한 공유 지식, 곧 예수가 하나님을 알 수 있는 이해를 주셨다는 것 이후 과정이다. 그 예수를 믿고 새 영역으로 옮겨와 하나님과의 관계 안에 거하는 것

---

4. **ἐν** τῷ ἀληθινῷ, **ἐν** τῷ υἱῷ αὐτοῦ Ἰησοῦ Χριστω.

이다. '우리'라고 말하는 저자와 독자의 현재 모습이다. 이 모습은 또한 예수 안에 있는 상태이기도 하다. 전치사 '엔'(ἐν)을 수단과 방법으로 이해하면 예수를 통해서 참된 분 안에 있다는 의미가 되고, 장소 개념으로 본다면 예수 안에서 참된 분 안에 있다는 의미이다. 전체 개념에는 큰 차이가 없다. 신자는 예수의 구속 사역을 통해서 하나님의 영역으로 옮김받아 예수와 하나님과 상호 거함의 과정을 누리고 있는 존재이기 때문이다. 이런 면에서 5:20 내용은 구원 과정을 짧게 정리한 것으로 볼 수 있다 그 내용은 (1) (하나님이 아들을 보냄) → (2) 아들이 옴 → (3) (하나님을 계시하고) 사람들에게 하나님을 알 수 있도록 이해력을 줌 → (4) (사람들이 믿음으로 반응함) → (5) '우리'는 새 영역으로 옮겨져 하나님/예수 안에서 상호 거함 관계를 누림이다.[5] 5:20은 이 모든 것을 예수를 중심으로 소개한다.

저자는 예수의 역할을 강조한다. 맨 마지막 부분의 첨가를 통해 확인할 수 있다. 그분은 참된 하나님이시고 영원한 생명이다. 대명사 '후또스'(οὗτος, "그")가 누구를 지시하는지 불분명하다. 바로 앞 표현에서 하나님을 의미하는 '그분'과 아들 예수 그리스도가 함께 언급되었기 때문에, 하나님으로 볼 수도 있고(Culy, 140; Dodd, 140; Grayston, 147; Smalley, 1984: 308; Stott, 197-8) 예수로 볼 수도 있다(Brown, 1982: 626; Bruce, 128; Dericksion, 558; Griffith, 2002: 77; Kruse, 197-8; Schnackenburg, 262-3; Strecker, 1996: 211-2). 결정하기가 쉽지 않다. 아들 예수로 보는 것이 더 좋을 듯하다. 일단 대명사는 가까운 명사를 받는 것이 일반적이기에 바로 직전에 언급한 예수 그리스도와 연결시키는 것이 좋기 때문이다 (Brown, 1982: 526; Schnackenburg, 262-3). 또한 '후또스'를 하나님으로

---

5. 괄호는 본문의 행간을 읽은 것이다.

보면 하나님은 참된 하나님이라는 말이 되어 어색하다. 이미 하나님을 참된 자로 두 번 표현했기 때문에 굳이 따로 '그분은 참된 하나님이다'라고 말할 필요가 없기 때문이다. 그뿐만 아니라, 톰슨(M. M. Thompson)이 지적한 대로 비록 요한복음과 요한서신에서 하나님을 생명의 근원으로 묘사하지만(예, 요 5:26; 요일 5:11), 생명이라고 직접 묘사한 적은 없다(Thomson, 147). 반면 예수는 여러 곳에서 생명이라고 묘사된다(요 11:25; 14:6; 요일 1:2). 이런 점에서 '후또스'를 영원한 생명으로 묘사한 요한일서 5:20의 표현은 예수를 의미하는 것으로 보는 것이 좋겠다.

예수는 참 하나님이요 영원한 생명이다. 예수를 하나님으로 묘사하는 것은 크게 낯설지 않다. 요한복음과 요한서신에서도 예수의 신성을 표현한 것이 있기 때문이다. 예를 들어, 요한복음은 시작 부분에서 말씀인 예수가 하나님임을 명시하고(요 1:1), 끝부분 도마의 고백을 통해서도 예수의 신성을 소개한다("나의 주 나의 하나님", 요 20:28). 요한일서도 서론에서 예수를 이 땅에 오기 전 이미 아버지와 함께 하셨던 분으로 소개함으로써 예수의 신성을 언급한다(요일 1:2). 주목할 것은 예수의 신성을 설명한 부분의 위치이다. 요한복음에서는 도마의 고백 이후 복음서의 기록 목적을 소개한다(요 20:30-31). 하나님 아들로서의 예수 정체성과 그를 믿은 자에게 영생이 있음을 알게 하기 위해서라고 한다. 그 기록 목적에 의하면 복음서 전체의 중심 주제는 예수의 정체성이라고 해도 크게 틀리지 않는다. 그리고 그 주제를 강조하기 위해 의도적으로 예수의 정체성 소개로 복음서를 시작하고 마무리 짓는 인상이다. 그렇다면 요한일서 역시 유사한 의도를 갖고 있을까? 그래 보인다. 동일하게 서신의 시작과 끝에서 예수를 소개하는 수미상관 형식을 가지고 있기 때문이다(Hill, 301-10). 이런 관심은 서신 전반에 걸쳐 거짓 교사 문제에 대한 답으로 예수의 바른 정체성을 제시하고 있는 것에서도 짐작할 수 있다. 이런 면에서 예수가 참된 하나님이고 영원한 생명이라는 표현은 단순히 명제적 교리가 아니다. 독자와 교회가 붙잡고 있어야 할 실제 지식일 뿐 아니라 그들 문제를 해결할 열쇠이다. 마지막으로 독자로 하여금 기억하고 또 기억해야 할 핵심을 상기시키는 것이다.

21절 (자신을 지켜 우상을 멀리하라) 서신의 마무리이자 결말이다. '자녀들아'라는 호격 사용으로 주의를 환기시키고 우상으로부터 자신을 지키라고 명령한다. 두 가지 면에서 당황스러운 결말이다. 첫째, 서신의 통상적 마무리와 크게 다르다. 마지막 인사도 아니고 독자나 저자의 근황을 말하는 것도 아니다. 명령형으로 마무리 한다. 둘째, 이 명령이 서신 이전 부분에서는 한 번도 사용하지 않은 표현이다. 상당히 독특하다. 이 명령은 무슨 의미이고 왜 이렇게 마무리 했을까? 분명치 않다. 더 이상의 언급이 없기 때문이다.

학자들은 우상으로부터 자신을 지키라는 명령에 대해 여러 해석들을 제안했다. 브라운이 1982년 당시까지의 견해들을 정리한 바에 의하면 열 가지 정도 의견들이 있다(Brown, 1982: 627-9). (1) 플라톤이 말한 보이는 실재와 반대되는 실재하지 않은 것들(unreal objects), (2) 이교도들의 우상 형상들, (3) 우상에게 바쳐진 음식과 관련된 문제, (4) 이교도의 신앙과 혼합하는 것, (5) 에베소 지역에 있었던 신비 종교들, (6) 영지주의 철학들, (7) 예루살렘 성전에서 제사를 드리는 유대교 예배, (8) 여러 종류의 죄들, (9) 하나님을 대치하는 것에 대한 상징, (10) 분리주의자들.[6] 이 견해들은 크게 두 가지로 정리할 수 있다. 서신 독자들이 거주하고 있었다고 생각

6. 그리피트(Terry Griffith)는 네 가지 범주로 정리한다: (1) 우상을 생각이나 철학, 거짓 가르침 등의 개념으로 이해하는 것, (2) 당시 실제로 있었던 신비 종교나 이교도 예배에서 음식을 먹는 것 등의 사회-역사적 해석들, (3) 우상을 죄나 배교 등의 상징으로 해석하는 것, (4) 문자적 해석(Griffith, 2002: 12-27).

되는 에베소 지역의 실제 우상 섬김에서 자신을 보호하라는 것(Dodd, 141; Strecker, 1996: 214; Yarbrough, 323-4)과 서신에서 언급된 거짓 교사들의 영향력과 그 결과로부터 자신을 지키라는 것이다(Akin, 216; Brown, 1982: 629; Bruce, 128; Kruse, 202; Olsson, 249-50; Smalley, 1984: 310). 뒤의 견해가 더 설득력 있어 보인다. 이 명령의 위치가 서신 맨 마지막에 있다는 것 때문이다. 교회 안에 우상 섬기는 문제는 가벼운 것이 아니다. 이런 문제를 서신 맨 마지막에, 그것도 아무런 추가 설명 없이 단 한 줄의 명령으로 제안하고 만다는 것은 생각하기 어렵다(Brown, 1982: 629). 그보다는 이전에 계속 언급한 내용을 정리하고 독자들에게 각인시키면서 서신을 마무리하고 있는 것으로 보는 것이 더 타당하다.

그렇다면, 구체적으로 우상 숭배에서 자신을 지키라는 명령을 어떻게 이해해야 할까? 크게 네 가지 요소를 고려해서 생각해야 한다. 첫째는 서신 전체에서 보여준 상호작용과 두 영역 설명 틀이다. 둘째는 거짓 교사들 가르침의 핵심 문제이고 셋째는 구약에서 제시한 우상 숭배의 본질이다. 마지막 넷째는 예수를 통해 성취된 새 언약이다. 모든 것이 다 연관성 있다. 요한일서는 어둠과 빛의 영역이 충돌하는 두 영역 설명 틀에서 구원 과정을 설명한다. 어둠에서 빛으로 옮겨와 하나님과 새로운 관계를 얻는 것을 구원이라고 묘사한다. 이것은 구약에서 약속된 새 언약 관계의 성취이다. 예수의 사역으로 그 문이 열렸고, 사람들은 예수를 믿음으로 인해 그 실제를 경험한다. 그 믿음의 핵심은 하나님의 아들 메시아로서의 예수의 정체성이다. 한편, 새 언약 관계는 그 관계 유지를 위해 신자들이 지켜야 할 의무와 책임이 있다. 하나님의 뜻을 따라 사는 것이다. 요한일서는 이 뜻을 진리와 사랑의 계명으로 소개한다(요일 3:23). 진리는 예수에 대한 정체성과 사역을 믿는 것이고, 사랑은 새 영역 안에서 수직적 하나님의 사랑으로 수평적으로 사람들을 사랑하는 것이다. 비록 신자는 새 영역에 속해 있지만, 여전히 이 세상에서 어둠의 영역의 영향력을 경험하며 살 수 밖에 없다. 특별히 거짓 교사들이 가르치는 왜곡된 진리와 그 결과는 심각하다. 예수의 정체성과 사역에 대한 왜곡된 진리를 따르는 것은 참된 하나님과의 관계를 거절하고 무효화하는 결과를 낳을 수 있기 때문이다. 마치 구약에서 말한 우상 숭배의 본질이 하나님과의 관계보다 자신을 더 높이 두어 그분과의 관계를 거절한 것이듯(예, 출 20:4-5; 렘 31:32)[7] 왜곡된 진리를 따르고 그것에 의해 살아가는 것은 하나님과의 관계를 깨는 우상 숭배이다. 더 나아가 이런 것은 참된 하나님이자 영원한 생명을 부인하는 것이기도 하다. 이런 의미에서 서신의 마지막을 우상으로부터 자신을 지키라는 명령으로 마무리하는 것은 적절하고 타당한 것이다.

한 가지 더 생각할 것이 있다. 이런 내용을 이인칭 명령형으로 제시한 점이다. 비록 예수가 신자들을 악한 자에게서 지키지만(요일 5:18), 신자들이 해야 할 것이 있다는 말이다. 거짓 가르침이 아니라 참 진리를 듣고 따르는 것은 신자들이 의지적으로 결정해서 행해야 한다. 진리 안에서 사랑을 행하는 것도 마찬가지이다. 새 영역에서 하나님과의 관계를 소중히 여기고 그분의 뜻을 따라 살아가는 것 역시 신자의 몫이다. 마지막을 명령으로 끝낸 것은 그동안 제시한 것에 대한 독자의 반응을 촉구한 것이다. 이런 면에서 요한일서는 교리를 위한 서신이 아니라, 신자의 실제 삶을 위한 목회적 서신이다.

7. "**너를 위하여** 새긴 우상을 만들지 말고 또 위로 하늘에 있는 것이나 아래로 땅에 있는 것이나 땅 아래 물 속에 있는 것의 어떤 형상도 만들지 말며 그것들에게 절하지 말며 그것들을 섬기지 말라"(개역개정 출 20:4-5).

3. 해설

요한일서 5:13-21은 서신의 마무리이다. 5:6-12에서 설명한 증거 과정을 믿음으로 반응해 새 영역에서 하나님과 관계를 누리고 있는 신자의 기본 상태를 언급한 후(요일 5:13), 기도 응답에 대해 설명한다(5:14-17). 일반적 기도 상황과 동료 신자를 위한 중보 기도를 다룬다. 새 영역 안에서 잘 살아가기 위한 무기이다. 이후 5:18-20까지 '우리는 안다'라는 표현을 통해 독자와의 공유 지식을 확인시킨다. 크게 두 가지이다. 첫째, 두 영역 설명 틀을 배경으로 한 신자의 현재 상황이다(5:18-19). 신자는 새 영역에서 하나님과 자녀 관계를 맺고 있지만, 여전히 세상과 부딪히며 살아야 한다. 따라서 대외적으로 어둠의 영역과 관련해 악한 자와 세상 영향력에 대해 승리해야 하며(예, 거짓 가르침의 문제), 대내적으로 신자의 정체성에 걸맞게 일관성 있고 온전한 삶을 살아야 한다(예, 죄의 문제, 사랑의 문제). 둘째, 구원 과정에서 차지하는 예수의 역할과 그 결과에 대한 강조이다(5:20). 예수는 하나님의 보내심을 따라 이 땅에 오셔서 하나님과 관계를 맺을 수 있는 길을 여시고 이해력을 주셨다. 그 결과 믿음으로 반응하는 사람은 하나님 안에 있게 된다. 믿음의 핵심은 참 하나님이자 영원한 생명인 예수의 정체성이다. 이후 5:21에서는 세상의 영향력, 특히 거짓 교사들이 전하는 거짓 가르침을 따름으로 하나님과의 관계를 깨는, 마치 구약 우상 숭배의 본질로부터 자신을 지키라고 명령한다.

이런 내용들은 오늘의 신자와 교회에게 몇 가지를 던져 준다. 첫째, 구원에 대한 큰 그림을 소유하는 것이 필요하다. 크게 구원 이전 모습과 구원 됨의 차원, 그리고 이후 삶의 차원에 대한 큰 그림이다. 여기에는 여러 요소들이 있다. 어둠의 영역에 있었던 죄의 모습과 예수를 통한 구원 과정, 새 영역으로 옮겨져 하나님과의 관계 곧 생명 안에서 사는 모습, 여전히 세상과 어둠의 영향력을 경험하며 살아갈 수밖에 없는 현재 상황, 신자의 노력과 신적 도우심, 그리고 장차 올 미래 소망 등이 담겨 있다. 개인의 구원뿐 아니라 공동체와 세상의 모습도 있다. 독자로 하여금 구원에 대한 큰 그림을 갖고 그 관점으로 지금 상황을 보라고 요구하고 있는 듯하다. 이는 오늘날 신자에게도 필요하다.

둘째, 하나님과의 관계를 소중히 여기고 그분의 뜻을 따라 살아가는 것이 필요하다. 구원은 창조주 하나님과 새로이 맺게 된 관계가 핵심이다. 새 언약 관계이다. 따라서 그 관계를 깨는 것들을 조심하면서 살아야 한다. 우상으로부터 자신을 지키는 것이다. 더 나아가 진리와 사랑의 계명을 지키면서 살아가는 것이 필요하다. 진리의 핵심은 예수의 정체성과 사역에 대한 바른 인식이고, 사랑은 하나님의 사랑을 이웃에게로 확장시키는 것이다.

셋째, 바른 진리의 중요성이다. 진리와 사랑의 계명을 함께 지켜야 하지만, 진리 계명이 먼저이다. 그것을 통해 구원을 얻으며 어둠의 영역과의 싸움에서 승리할 수 있다. 요한일서 저자가 계속해서 강조하는 것도 진리와 거짓의 싸움에서 진리 편에 계속 서 있는 것이다. 물론 그 진리의 핵심은 예수에 대한 바른 지식과 믿음이다. 예수는 구약에서 약속된 하나님의 아들 메시아이자 참된 하나님이고 영원한 생명이다.

제3부

요한이서

본문 주석

제1장
요한이서 1-3
도입과 인사

요한이서 도입부이다. 요한일서와 다르게 서신 서론의 요소인 발신자와 수신자 정보와 수신자를 향한 인사를 다 갖고 있다. 흔히 말하는 '누가 누구에게 인사'(A to B greeting)하는 형태이다. 발신자는 서신 제일 처음에 주어로 소개되고 수신자는 헬라어 여격(dative)을 통해 간접목적어 형태(~에게)로 표현된다. 인사말은 전하고 싶은 위로나 축복, 감사 등의 표현을 주어로 해서 독자들을 대상으로 전달하는 형태이다. 서신의 이런 구성 요소에 의하면 요한이서 1-3절은 '장로'를 발신자로 하고 '선택된 부녀와 그녀의 자녀들'을 수신자로 한다(요이 1). 인사말은 3절에서 언급된다. 특이한 것은 수신자 설명 부분이 첨가되어 있는 점이다(1b-2). 이 구조를 다음처럼 정리할 수 있다.

절	내용
1-2	1) 발신자: 장로 2) 수신자: 선택된 부녀와 그녀의 자녀들 * 수신자에 대한 부가 설명: 그들을 저자가 사랑한다. 저자뿐 아니라 진리를 아는 모든 사람들이 사랑한다. 그들이 진리 안에 거하고 있기 때문이다.
3	3) 인사: 은혜와 자비와 평화가 하나님 아버지와 아버지의 아들 예수 그리스도로부터 진리와 사랑 안에서 우리와 함께 있을 것이다.

1. 번역

1:1 장로가 선택된 부녀와 그녀의 자녀들에게. 그들을 내가 진리 안에서 사랑합니다. 나뿐 아니라 진리를 아는 모든 사람들도 그렇습니다. **2** 우리 안에 거하고 영원히 우리와 함께 할 진리 때문입니다. **3** 은혜와 자비와 평화가 하나님 아버지와 아버지의 아들 예수 그리스도로부터 진리와 사랑 안에서 우리와 함께 있을 것입니다

2. 주해

1절 (발신자와 수신자 소개) 전형적인 서신 형식을 따라 문장의 주어로 발신자를 소개한다. 장로가 보낸다고 한다. 이 표현은 두 가지 질문을 담고 있다. 첫 번째는 장로(πρεσβύτερος)의 의미이다. 문자적으로 연장자를 의미한다(예, 눅 15:25; 행 2:17; 딤전 5:1 등등). 하지만 상징적으로 교회나 공동체의 나이 있는 지도자나 직분을 의미하기도 한다(예, 약 5:14; 딤전

5:17; 딛 1:5 등등). 그렇다면, 요한이서의 경우는 어떤 것일까?[1] 일단 저자는 연장자이다. 독자에게 권면이나 명령하는 것으로 보아 실제로 어느 정도 나이가 있는 듯하다. 요한일서에서 예수를 직접 목격한 증인으로 소개하고 있기 때문이다. 예수의 지상 사역과 이후 세워진 독자 공동체와의 시간 간격을 30여년(AD 60년대)에서 50여년(AD 80년대) 사이 혹은 그 이후로 잡아도 저자는 이미 상당히 나이든 사람임을 짐작할 수 있다. 또한 비록 요한이서에는 없지만, 요한일서나 요한삼서에서 독자들을 '자녀'나 '아이'로 표현한 것도 저자의 연장자 됨을 짐작할 수 있다. 하지만 저자가 교회 안에서 차지하는 위치는 단순한 연장자 역할 이상인 듯하다. 권면과 가르침을 서신으로 전하는 것으로 보아 독자에 대해 지도자급 위치에 있는 것으로 보인다. 특별히 거짓 교사들 문제와 관련해 참 진리를 전해 교회를 세운 자로 자신을 소개한 것(요일 1:3; 2:24; 4:14)과 독자들에게 진리 편에 서라고 단호히 명령한 것을 보면 교회에서 중요한 위치에 있는 것을 짐작할 수 있다(Strecker, 1996: 219). 이 장로라는 표현이 사역자를 의미하는 교회의 공식 직함인지는 확실하지 않지만,[2] 관사를 사용해 단수 형태 '장로'라고 말해도 독자들이 이해할 수 있는 위치인 것은 분명하다(Akin, 219; Derickson, 590; Painter, 340; Smalley, 1984: 317).

두 번째 어려움은 장로의 정체이다. 사도 요한일까 아니면 다른 장로일까? 아니면 우리가 모르는 제삼의 인물일까? 이 문제에 대해서는 주석

1. 브라운은 장로의 의미에 대한 다섯 가지 의견을 제시한다(Brown, 1982: 648-51). (1) 권위와 중요성을 가진 나이든 자, (2) 교회를 대표하는 장로 그룹의 일원, (3) 교회 지도자에 대한 다른 표현, (4) 예수의 직계 사도들, (5) 직계 사도들의 제자들. 브라운은 요한 공동체 이론에 근거해서 마지막 의견에 동의한다. 하지만 요한공동체 이론 자체는 신빙성 없다.
2. 마샬(Marshall, 59)과 스몰리(Smalley, 1984: 317)는 장로가 공식 직분이라고 보지만, 크루즈(Kruse, 204)는 그렇지 않다고 본다.

서론에서 이미 설명했다. 본 주석은 이 장로가 예수의 직계 제자이자 목격자인 사도 요한이라고 본다. 따라서 발신자인 장로는 예수님의 일차 목격자요 사도인 요한으로서, 현재 나이가 상당히 있는 연장자이며 복음 증거를 통해 교회를 세운 자이고 교회가 어려운 상황에서 실제 권면과 명령을 할 수 있는 위치의 사람이다.

현대 독자들은 이처럼 발신자 정보를 추측해야 하지만, 당시 독자들은 달랐을 것이다. 발신자가 누구인지 이미 알고 있었을 것이기 때문이다. 그렇기에 당시 상황과 저자와 독자의 관계를 바탕으로 저자가 자신을 '장로'라고 쓴 이유 혹은 의도를 살펴보는 것이 더 중요하다. 먼저 생각할 것은 발신자에 대한 추가 정보를 제공하지 않았다는 점이다. 단순하게 '장로'라고 쓴다. 당시 서신 도입부의 기능이 발신자와 수신자와의 관계성을 확립하려는 것임을 감안한다면(White, 198), 짧은 발신자 정보는 저자가 자신을 소개하는 것 자체에 별관심이 없음을 말해준다. 또 다른 관찰은 이름을 쓰지 않고 '장로' 표현을 쓴 점이다. 아마도 개인 관계가 아닌 사회적 관계를 통해 독자와 연결하고 싶은 의도일 것이다(Smalley, 1984: 317). 존경받는 연장자로서 그리고 교회 안에서 권위 있는 지도자로서 다가가려는 것으로 보인다(Derickson, 591; Yarbrough, 333).

서신의 수신자는 선택된 부녀와 그 자녀들이다. 대상을 말하는 여격 헬라어 표현에 대해 논란이 많다. 브라운은 '엑끌렉떼 뀌리아'(ἐκλεκτῇ κυρίᾳ)에 대한 다섯 가지 가능성을 소개한다(Brown, 1982: 652-4). 첫째, '엘렉타(Electa) 부인에게'로 번역하는 것이다. 어떤 실제 인물의 이름일 수 있다는 견해이다. 둘째, '고귀한(noble) 뀌리아'로 번역하는 것이다. '뀌리아'를 실제 이름으로 보는 것이다. 셋째, 한 여성에 대한 경어적 표현으로 '사랑하는 여사에게'(dear lady)라는 표현으로 이해하는 것이다. 넷째, '부녀'를 일반 교회를 지칭하는 것으로 이해하는 것이다. 다섯째, '선택된 부녀와 그 자녀들'을 지역 교회와 그 구성원들로 생각하는 것이다. 브라운을 포함한 현대 대부분 학자들은 마지막 견해를 가장 설득력 있는 것으로 여긴다(Brown, 1982: 654).[3] 요한이서 1절 이후 계속 이인칭 복수 지시어('여러분')를 사용해 독자들을 표현한 것(요이 6, 8, 10, 12)은 저자의 대화 상대자가 공동체 구성원임을 말해준다. 요한이서 내용이나 요한일서와의 연결을 고려하면 거짓 교사들이나 적그리스도 문제는 단순히 한 개인 차원의 문제가 아니라 공동체 전체의 문제이다. 따라서 첫 번째에서 세 번째 견해는 타당하지 않다. 또한 실제로 구약이나 신약 다른 곳에서 하나님의 백성 공동체를 여성으로 언급하기도 한다. 예를 들어 베드로전서 5:13은 '함께 택하심 받은 바벨론에 있는 교회'를 여성 관사를 사용하여 묘사한다. 하지만 '부녀'를 일반 교회 전체로 보는 것보다는 저자가 관심 갖고 서신을 보내는 특정 지역 교회를 의미하는 것이 더 합당한 듯하다(Brown, 1982: 653). 왜냐하면 요한이서 마지막을 '택함받은 당신의 자매의 자녀들이' 문안하는 것으로 마무리하고 있는데, 구체적 공동체끼리 문안을 주고받는 의미이기 때문이다. 즉, 저자가 속한 공동체와 구성원들이('택함받은 당신의 자매의 자녀들') 서신의 대상 교회('택함 받은 부녀와 그 자녀들')에게 문안한다는 의미이다(Kruse, 204-5; Brown, 1982: 653). 하지만 이 서신의 대상 공동체를 하나로만 단정 짓기는 어렵다. 요한삼서는 또 다른 공동체를 의미하는 것으로 보이기 때문이다. 따라서 요한이서는 거짓 교사의 가르침이 여진으로 남아 있는 저자의 영향권 안에 있는 교회들에게 전해진 것으로 보는 것이 좋겠다(Brown, 1982: 654; Culy, 142).

저자는 발신자를 짧게 소개한 것과 대조적으로 수신자에 대해 상대적

3. 이례적으로 현대 학자 중 칼라한(A. D. Callahan)은 요한이서가 한 여성을 향한 편지로 주장한다(Callahan, 2, 11).

으로 긴 설명을 첨가한다(요이 1b-2). 이로써 독자들에게 관심을 기울이고 있다는 의도를 보여준다. 독자 역시 그 의도를 읽어내라는 의미를 담고 있기도 하다.

첫 번째 첨가는 저자가 그들을 진리 안에서 사랑한다는 것이다. 관계대명사(οὓς)를 통해 택함받은 부녀와 그 자녀들인 교회 구성원들에게 초점 맞추어 묘사한다. 이 내용에 두 가지 주목할 것이 있다. 하나는 '내가'(ἐγώ)라는 일인칭 대명사이다. 이미 동사에 일인칭 정보가 들어 있기 때문에 굳이 쓸 필요는 없다. 그럼에도 사용한 것은 강조이다. 독자를 향한 저자의 마음을 강조하고픈 것이다. 또 다른 것은 '진리 안에서 사랑한다' 표현이다. 어떤 학자들은 "진리 안에서"(ἐν ἀληθείᾳ)를 '사랑하다' 동사를 꾸미는 부사 기능으로 보고, '진지하게'나 '진실하게'로 번역한다(Brooke, 170; Bultmann, 1973: 108; Schnackenburg, 279: TEV; 개역개정; 새번역). 하지만 이런 이해는 타당하지 않다. 이 부분 외의 언급된 모든 '진리'라는 표현은 신자가 갖고 있는 복음의 가르침과 관련 있기 때문이다. 특별히 바로 뒤에 나오는 수신자에 대한 두 번째 첨언 부분에서 저자뿐 아니라 다른 사람들도 수신자를 사랑하는 것은 신자 안에 있는 진리 때문이라고 분명하게 말한다. 요한일서나 요한이서 전체 내용에 비추어 보더라도 '진실하게'라는 번역은 어울리지 않는다. 거짓 교사 문제와 관련해 복음의 참 진리를 충실하게 따르라는 것을 강조하기 때문이다. 그래서 '진리 안에서'라는 번역이 합당하다(Brown, 1982: 656; Kruse, 205; Yarbrough, 335; TEV를 제외한 대부분의 영어 번역).

'진리 안에서' 사랑한다는 표현은 요한일서에서 설명했던 예수에 대한 바른 가르침, 곧 복음의 바른 내용 안에서 사랑한다는 의미이다(Brown, 1982: 655-6). 바른 진리가 중요함을 강조하고픈 것이다. 이와 함께 거짓 교사들이 독자들에게 영향을 미치려는 것과는 다른 것임을 말하려는 것이기도 하다(참고, 요이 8-9). 그들은 비진리를 가지고 사람들을 대하지만 저자는 복음으로 말미암은 참 진리 안에서 독자들을 사랑한다.

한편, 진리 안에서 사랑한다는 것은 요한일서 3:23에서 말한 하나님의 두 가지 계명 내용이기도 하다. 이런 면에서 수신자를 소개할 때 진리 안에서 사랑한다는 것을 말한 것은 저자 스스로가 독자들에게 가르친 대로 새 영역에 합당하게 살고 있음을 또는 그렇게 노력하고 있음을 보여주는 것이기도 하다. 이후 진리의 계명을 근거로 서로 사랑하라는 요한이서 4-5절 권면에 대한 본보기 역할도 있는 듯하다. 역시 거짓 교사들의 삶과 가르침과 대해 참 본보기가 누구인가를 전하려는 의도로 보인다. 독자와 친밀함을 형성하려는 서신의 서론에 합당한 표현으로 생각된다.

수신자에 대한 두 번째 부연 설명은 저자뿐 아니라 진리를 알고 있는 모든 사람들도 독자들을 사랑한다는 내용이다. 독자를 응원하고 지지하고 있음을 언급함으로 용기를 북돋아 주기 위해서다. 특별히 거짓 교사들에 대한 싸움을 격려하고, 바른 복음 안에 계속 있을 수 있도록 돕기 위한 것이다. 이런 의도는 진리라는 단어를 두 번 사용해 설명한 것에서 확인할 수 있다. 저자와 함께 '진리' 안에서 독자들을 사랑하는 사람들을 '진리'를 아는 자들로 소개한다. 저자와 다른 사람들도 진리를 중요시 여기고 있으며, 그 안에서 독자를 사랑하고 있음을 말하고 싶은 것이다.

2절 (발신자와 수신자가 공유하고 있는 진리) 요한이서 1c절에 첨가한 수신자에 대한 두 번째 부연 설명의 일부이다. 저자뿐 아니라 진리를 알고 있는 사람들이 독자들을 사랑하는 이유이다. 그것은 바로 진리 때문이다. 이 진리는 저자와 독자('우리') 안에 거하는 것이며, 영원토록 '우리'와 함께 있을 것이다. 그 진리는 지금 저자와 독자가 공유하고 있는 것일 뿐 아니라, 현재를 넘어 미래 상황까지 함께 해야 할 중요한 것임을 말하는 것이다.

이상에서 보듯 저자는 수신자에 대한 부연 설명을 통해 그들 상태에 관심 있음을 보여준다. 핵심은 진리에서 시작한다. 이것은 독자들과 공유하고 있는 지식일 뿐 아니라, 여러 다른 신자들도 함께 공유하고 있는 것이다. 현재와 미래를 관통해서 계속 간직해야 하는 것이다. 독자들 역시 거짓에 지지 않고 계속 진리 안에 서 있기를 권면하려는 의도가 엿보인다. 한편, 이런 의도로 서신을 쓰는 것은 독자들을 향한 사랑의 표현이다. 실제 사랑하고 있으며, 그 사랑을 표현한 것이다. 이런 면에서 저자는 독자들을 진리 안에서 사랑한다고 말한다. 요한일서에서 말한 하나님의 두 계명을 직접 실천하고 있으며, 이후 권면할 내용에 대한 디딤돌을 놓는 것이다. 실제로 요한이서 4절은 '자녀들'에 대해 진리 안에서 행하고 있다고 말하고, 5절에서는 '부녀'에 대해 서로 사랑하라는 계명을 말한다.

3절 (인사) 서신의 인사말이다. 은혜와 자비와 평화가 독자들과 함께 있을 것이라고 말한다. 은혜와 자비는 민수기 6:25-26에서 대제사장 아론과 그의 자손들이 선포할 축복 내용과 동일하다. 이는 하나님과 관계 맺고 있는 언약 백성을 향한 그분의 신실함과 사랑으로 주어지는 것들이다. 평화 역시 하나님과의 관계 회복을 의미하는 것(샬롬)이다. 결국, 이 셋은 새 영역에서 하나님과 새 언약 관계를 맺고 있는 사람들이 그 관계로 인한 풍성한 결과 누리기를 기원하는 것이다(Olsson, 58). 아마도 신약 시대 기독교인들이 사용했던 표현인 듯하다. 바울 역시 이 셋으로 디모데에게 문안 인사한다(딤전 1:2; 딤후 1:2).

요한이서의 인사말 표현은 주목해야 할 것 세 가지 있다. 첫째, 복의 기원을 언급할 때 '아버지'라는 표현을 반복한 것이다('하나님 아버지와 아버지의 아들 예수 그리스도로부터'). 이 표현은 신약 서신의 인사말 부분 중 이 부분에만 나온다. 보통은 하나님을 아버지로 표현하고 예수를 주로 표현하는 형태를 많이 사용한다. 요한이서 경우는 독특한 형태로서 저자의 의도를 반영한 것이라고 짐작할 수 있다. 하나님 자체를 강조한 것이라기보다는, 하나님과 예수와의 관계성을 부각시키기 위한 것이다. 이후 요한이서 7-11에서 말할 거짓 교사들의 영향력에 대해 예수의 바른 정체성과 사역을 확인시키려는 의도로 보인다.

둘째, '진리와 사랑 안에서'라는 표현이다. 이 역시 신약 전체에서 이 부분에만 등장한다. 진리와 사랑은 요한일서 3:23에서 언급한 하나님의 두 계명이다. 진리는 어둠의 영역에서 빛으로 옮김받는 통로이며, 새 영역 안에서 어둠의 영향력에 대항해 굳게 서게 하는 동력이기도 하다. 사랑은 새 영역 안에서의 관계를 유지하는 모습이다. 수직적으로 하나님/예수와의 사랑이 수평적으로 동료 신자들에게 흘러가는 형태를 가지고 있다. 인사말에 '진리와 사랑 안에서'라는 표현을 넣은 것은 두 가지 의도가 있는 듯하다. 하나는 서신 내용을 위한 복선이다. 이후 전개될 요한이서 내용은 크게 사랑에 대한 것(요이 5-6)과 진리에 대한 것(요이 4, 7-11)이다. 이런 면에서 인사말에서 진리와 사랑을 언급한 것은 이후 제시할 권면에 대해 독자에게 미리 주지시키려는 의도인 듯하다. 또 다른 의도는 실제 삶을 위한 간접 권면이다. 하나님으로 인한 은혜와 자비와 평화의 삶을 위해서는 그분과의 관계가 중요한데, 그 관계를 계속 유지하기 위해 진리와 사랑의 삶이 중요함을 숙지시키기 위함이다.

셋째, '우리와 함께 있을 것이다'라는 표현이다. 이 역시 신약 서신 인사말에서는 한 번도 사용하지 않은 표현이다. 서신의 인사말은 수신자를 위한 것이기에 독자를 지칭하는 이인칭 지시어('너희')를 사용하는 것이 보편적이다. 그런데 여기에서는 요한이서 독자와 저자를 포함하는 일인칭 복수 지시어 '우리'를 사용한다. 또한 보통은 기원법이나(벧전 1:2) 동사 없이 명사를 통해 인사를 전한다. 하지만 요한이서는 미래 직설법을 사용한다. 이 역시 유일한 용법이다. 요한이서의 이 표현은 두 가지 기능이 있는 것으로 보인다. 하나는 저자와 독자와의 동질성을 확인시키는 것이다. 이것은 "우리와 함께"라는 표현에서 추론할 수 있다. 또 다른 하나는 독자의 상태를 분명히 인식시키기 위한 것이다. 하나님과 예수로 인한 은혜와 자비와 평화를 이미 경험하고 있으며, 그것이 미래까지 지속될 것임을 확인시키는 것이다. 이 역시 진리와 사랑 안에서 하나님과의 관계를 누리고 있다는 것을 상기시켜, 거짓 교사들의 영향력을 따르지 말라고 간접 권면하고 있는 것으로 생각된다.

3. 해설

요한이서 1-3절은 서신의 도입부이다. 독자와의 친밀감을 형성하고 이후 전개될 서신 몸말에 대한 디딤돌 기능을 한다. 실제로 이 부분의 구성이나 독특한 표현들은 저자의 의도를 많이 반영하고 있다. 먼저 구조면에서 요한이서 1-3절은 전형적 서신 형식을 따라 진행하지만, 발신자와 수신자를 소개하는 정보의 양은 저자의 초점이 어디에 있는지를 보여준다. 발신자는 장로라는 한 단어로 소개하지만 수신자는 긴 수식어를 첨가한다. 독자들의 상황에 초점 맞추고자 함을 알 수 있다.

이 부분이 담고 있는 여러 독특한 표현들 역시 저자가 전하고자 하는 주제들을 짐작케 한다. 우선 발신자와 관련해 이름 대신 장로라고 쓴 것은 개인적 친분이 아닌 교회와 그 구성원이라는 사회적 관계 안에서 대화하겠다는 의도이다. 보다 구체적으로 수신자를 소개하기 위해 첨언된 표현들은 주목할 만하다. 독자들을 저자와 다른 신자들이 사랑하고 있음을 소개함으로써 그들에 대한 지지와 격려를 보내준다. 특별히 이 과정에서 사랑을 진리와 연결시켜서 제시하는데, 신자를 향한 하나님의 계명인 진리와 사랑이 주제임을 암시한다. 이런 주제들은 인사말에서도 보인다. 하나님과의 언약 관계 안에서 경험할 수 있는 은혜와 자비와 평화를 말하며 세 가지 독특함을 추가한다. 하나님의 아버지 되심을 반복하여 예수와의 관계를 강조하고, "진리와 사랑 안에서"라는 표현을 통해 수신자 소개에서 언급한 주제를 반복한다. 또한 이인칭 지시어 인사말 대신 "우리와 함께 있을 것이다"라는 명제 진술을 통해 저자와 독자의 연대감을 확인시키고 새 영역 안에서 하나님과의 관계를 함께 누리고 있음을 서술한다.

이 모든 주제는 두 가지 기능을 한다. 하나는 이후 전개될 서신 내용을 위한 서론 역할이다. 서신 몸말에서 이 주제들이 전개되기 때문이다. 또 다른 기능은 교회의 실제 문제 상황에 대응하는 것이다. 특별히 예수의 정체성에 대한 잘못된 가르침으로 악영향을 끼치는 교회 밖 거짓 교사 문제와 관련 있는 듯하다. 하지만 독자는 거짓 교사들 자체와 논쟁하지 않는다. 오히려 모든 초점을 독자들에게 쏟고 있음을 보여준다. 목회적 관심과 사랑의 표현이며 진리 안에서 사랑하는 삶을 실천하는 본보기 모습도 엿볼 수 있다.

제2장
요한이서 4-6
독자를 향한 긍정적 확증과 권면: 진리와 사랑으로 행하라

요한이서 4-6절은 서신 몸말의 전반부이다. 서신 형식상 인사말 다음 부분이라는 점이 이전 부분과의 구분점이다. 전체 내용은 계명 지킴에 대한 것이다. 네 번 등장하는 '계명'이란 단어(요이 4, 5, 6[x2])와 행함의 삶을 의미하는 "걷다"(περιπατέω: 요이 4, 6[x2])라는 표현 때문이다. 이 부분의 구조는 계명의 내용과 저자의 관심 대상에 따라 요한이서 4절과 5-6절로 나눌 수 있다. 우선 4절은 '자녀들'에 대한 것으로, 진리 안에서 행하는 것을 기뻐한다는 내용이다. 반면, 5-6절은 '부녀'를 향한 것으로, 사랑을 행할 것을 권면한다. 이는 도입 부분에서 제시한 진리와 사랑의 주제이자, 요한일서 3:23에서 언급한 하나님의 두 계명에 대한 내용이다. 구조는 아래처럼 정리할 수 있다.

	4절	5-6절
구분점	- 관심 대상: 자녀들 - 계명의 내용: 진리	- 관심 대상: 부녀 - 계명의 내용: 사랑
내용	교회 구성원('당신의 자녀들')이 계명에 따라 진리 안에서 걷는 것을 기뻐함	교회 전체('부녀')가 사랑의 계명을 따라 걸을 것을 권면
전체 주제	계명과 '걷다(삶)'	

1. 번역

4 나는 크게 기뻐했습니다. 당신의 자녀들 중에 우리가 아버지께 계명을 받은 대로 진리 안에서 걷고 있는 것을 발견했기 때문입니다. **5** 그리고 부녀여, 내가 이제 당신께 우리가 서로 사랑할 것을 요청합니다. 새로운 계명을 당신에게 쓰는 것이 아니라 처음부터 우리가 가지고 있던 것입니다. **6** 그리고 이것이 사랑입니다. 곧 우리가 그분의 계명을 따라 걷고 있는 것입니다. 이것이 계명입니다. 여러분이 처음부터 들었던 것처럼 그 안에서 걸으라는 것입니다.

2. 주해

4절 (진리를 행하는 독자는 저자의 기쁨이다) 서신 몸말의 시작이다. 저자가 크게 기뻐했다는 표현으로 시작한다. 그 이유는 '당신의 자녀들' 중 '우리'가 아버지에게서 계명을 받은 대로 진리 안에서 걷고 있는 것을 발견했기 때문이다. 몇 가지 생각할 거리를 담고 있다.

첫째, '당신의 자녀'라는 표현이다. 요한이서 1절에서 수신자로 언급했던 부녀와 그녀의 자녀들 중 '자녀'에게 초점을 맞춘 것이다. 교회 공동체 구성원을 의미한다. 하지만 공동체 전체 구성원에 대한 것은 아닌 듯싶다. 자녀 중 일부라고 표현했기 때문이다. 아마도 구성원 중 일부가 진리에 합당하게 살아간다는 소식을 듣고 반응한 것으로 보인다(Harris, 215). 그렇다고 나머지가 진리에서 떨어져 나갔다고 생각할 필요는 없다(반대, Smalley, 1984: 310-1). 그냥 단순히 교인 일부에 대한 정보에 근거해 말했다고 이해하는 것이 좋겠다.

둘째, 진리의 계명을 제일 먼저 다룬 점이다. 요한일서 3:23에 의하면 하나님의 계명은 예수를 하나님의 아들 메시아로 믿는 진리 계명과 동료 신자들을 사랑하라는 사랑 계명이다. 요한이서 서론에서도 이 두 가지 계명을 언급했다. 특별히 인사말에서는 "진리와 사랑 안에서"라는 표현을 첨가함으로 이에 대한 관심을 나타냈다. 이 두 계명 중 저자가 먼저 다루는 것은 진리 계명이다. 몇 가지 이유들을 생각할 수 있다. 우선 구원 과정과 관련한 논리 순서상 진리 계명이 먼저이기 때문일 수 있다. 구원을 경험하게 하는 것은 예수를 믿는 진리 계명이다. 사랑은 진리를 통해 새 영역으로 옮겨진 이후, 그 안에서 살아가는 삶의 차원에서 필요하다. 한편, 진리 계명은 어둠의 영역의 영향력에 대항해 새 영역 안에서 잘 서 있기 위해서도 필요하다. 이런 면에서 진리 계명을 먼저 이야기한 것은 적절하다. 사랑 계명의 근거와 바탕 역할을 하기 때문이다. 또 다른 이유는 교회 구성원들이 예수에 대한 믿음으로 구원을 얻고 그 진리에 근거해서 실제로 그리스도인의 삶을 잘 살아가고 있기 때문으로 보인다.

셋째, "우리가 아버지께 계명을 받은 대로"라는 표현이다. 두 가지 기능을 위해 첨가한 것으로 보인다. 하나는 저자와 독자와의 연대성 표현이다. 교회 구성원('자녀들')이 믿음으로 살아가는 진리는 저자인 '우리'가 전한 복음의 내용이다. 저자와 독자는 같은 진리로 구원받아 빛의 영역에서 같은 하나님을 아버지로 모시고 사는 형제자매들이다. 즉, 가족이다. 이것은 이후 요한이서 5-6절에서 제시할 사랑 계명의 근간이 된다. 또 다른 이유는 거짓 교사들의 영향력을 차단하려는 것이다. 요한일서는 거짓 진리를 가르치는 자들을 따르지 말고 성령의 가르침과 복음의 진리를 바르게 가르치는 저자를 따르라고 계속 권면한다(요일 2:24, 27; 4:1-5). 요한이서 독자들이 저자가 가르친 진리를 따라 살고 있다는 것은 요한일서의 권면대로 살아간다는 말이며 진리의 길을 잘 걸어가고 있다는 의미이다. 칭찬과 함께 이후 요한이서 7-11절에서 설명할 거짓 교사들의 영향력을 조심하라는 구체적 권면의 배경 역할을 한다. 계속 그 진리의 길에서 벗어나지 말라는 것이다.

넷째, 저자의 목회적 관심이다. 요한이서 4절은 저자가 무엇에 기뻐하는지를 독자들에게 전달한다. 단순히 그들의 평안이나 번영이 아니다. 진리 안에서 잘 서 있고, 그 안에서 살아가는 것이다. 저자의 관심이 어디에 있는지를 전달해서 독자로 하여금 무엇에 계속 집중해야 하는지를 놓치지 않게 하려는 것이다. 이는 목회적 관심의 발로이다.

5절 (서로 사랑하라) 교회 구성원들이 진리 안에서 살아가는 모습을 근거로 하나님의 또 다른 계명에도 집중해 살아갈 것을 권면한다. 요한이서 4절과 비교해 몇 가지 차이점이 있다. 첫째, 초점 대상이 다르다. 4절이 “당신의 자녀들”이란 표현으로 교회 구성원들에게 집중했다면, 5절은 “부녀여”(κυρία)라는 호격으로, 그 구성원들을 담고 있는 교회 공동체 전체를 대상으로 한다. 둘째, 중심 주제가 다르다. 4절은 진리 계명에 대한 것이라면, 5절은 사랑 계명에 대한 것이다. 셋째, 전달 방식이 다르다. 4절은 교회 구성원들이 진리 안에 살고 있다는 사실에 대해 기뻐한다고 표현한다. 하지만 5절은 독자들에게 요청하고 권면하는 형식이다. 논리적으로 4절은 현재 사실에 대한 상황 인식이라면, 5절은 그에 근거한 기대와 요구이다. “이제”(νῦν) 표현에서도 확인할 수 있다. 4절을 바탕으로 ‘이제’ 이렇게 하라는 것이다. 넷째, 진리 계명에 비해 사랑 계명에 대한 정보가 많다. 5절 내용은 부연 설명을 제공하는 6절까지 이어진다. 이렇게 긴 정보를 제공하는 것은 저자 입장에서 상대적으로 중요한 정보를 독자에게 전달하는 것으로 볼 수 있다.

그렇다면 왜 이렇게 사랑 계명을 강조하는 것일까? 거짓 교사들과 관련해 두 가지 상황 설정이 가능하다. 하나는 거짓 교사들로 인한 문제 상황이 지나간 이후의 교회 상황일 수 있다. 거짓이 와서 교회를 분열시켰던 상황에서 진리로 거짓을 분별하여 진리 문제에 대해 일단락 지었다면, 그 다음은 사랑으로 회복시키는 단계가 필요하다. 요한이서 교회가 이런 경우일 수 있다. 아니면 아직 거짓 교사의 악영향이 미치지 않았을 수도 있다. 그렇기에 교회가 진리 안에서 흔들리지 않고 잘 서 있을 수 있던 것이다. 정확하게 어떤 상황인지 단정하기는 어렵다.[1] 아마도 후자일 가능성이 많다. 진리 문제를 상대적으로 길게 다루지 않았기 때문이다. 또한 이후 7-11절에서도 거짓 교사의 영향력을 잠재적 상황으로 설명하고 있기 때문이다. 상황에 대한 재구성이 어떠하든 두 가지는 확실하다. 하나는 서신을 받고 있는 교회는 진리 문제에 대해 흔들리지 않고 있다는 점이며, 또 다른 하나는 사랑이 진리 안에 있는 신자의 실제 삶에서 아주 중요한 요소라는 점이다.[2]

저자는 독자들에게 서로 사랑할 것을 요청한다. 두 가지 주목할 것이 있다. 첫째, '우리가 서로 사랑하자'는 내용이다. 요한일서에서처럼 일인칭 복수 지시어 '우리'를 쓴 것은 저자와 독자와의 연대성 뿐 아니라, 같은 하나님의 자녀로서 이 일이 모두에게 필요한 것임을 말하려는 것이다. 둘째, 사랑의 요청을 독특한 구조를 통해 전달하고 있다. 독자를 향한 요청과 그 내용 사이에 계명에 대한 설명을 첨가한다. 즉, '그리고 부녀여, 내

1. 이런 재구성은 요한서신의 순서 이해에도 영향을 미친다. 요한이서를 요한일서보다 먼저 기록된 것으로 보는 견해들도 있다. 거짓 교사들과의 싸움이 본격적으로 시작되지 않았고, 그로 인해 교회 공동체의 분열을 경험하기 이전의 것으로 본다(Marshall, 3-4; Olsson, 270; Strecker, 1996: xxxvii-xlii; Schnelle, 1992: 46-53; Thomas, 68-75).
2. 어떤 주석가는 요한이서에서 사랑을 언급한 것은 대적자들이 윤리 문제를 가볍게 여겼기 때문이라고 본다(예, Painter, 353). 하지만 이것은 요한이서 전체 분위기와 다르다. 서신은 그것을 언급하지도 않는다.

가 이제 당신께 요청합니다 - 새로운 계명을 당신에게 쓰는 것이 아니라 처음부터 우리가 가지고 있던 것입니다 - 우리가 서로 사랑할 것을'의 형태이다. '요청하다' 동사와 요청 내용 사이의 가까움을 깨고 상대적으로 긴 설명을 첨가한 것이다. 첨가한 설명 내용을 부각시키기 위한 것이다. 그 내용은 요한일서 2:7에서 언급한 것과 동일하다. 문맥 역시 사랑을 다루는 점에서 동일하다. 요한일서에서처럼 사랑의 계명이 요한이서 독자들에게 새로운 것이 아님을 부각시키려는 것이다. 저자가 예수께 직접 들은 것으로서 새 영역 안에 있는 사람들이 지켜야 할 계명이며 독자들이 예수를 믿고 신앙의 삶을 살기 시작했을 때 이미 가르침받은 내용이다. 그렇기에 새 영역 안에 있는 독자들이 하나님과의 관계 안에 살고 있는 동안 반드시 따라야 할 계명이다.

6절 (사랑과 계명 지킴과의 관계성) 요한이서 5절에서 말한 사랑 계명에 대해 추가 설명을 제공한다. 대명사(αὕτη)를 먼저 쓰고 그 내용을 접속사(ἵνα)를 통해 나중에 설명하는 '이것이 ~이다. 곧 …' 방식이다. 요한일서에서 자주 나왔던 것이다. 독자들이 말하고자 하는 내용에 집중하게 하는 방식이다. 동일한 방식으로 사랑과 계명에 대해 각각 한 번씩 설명한다.

먼저 사랑에 대해서는, 그분의 계명을 따라 걷는 것이 사랑이라고 말한다. 그리고 그 계명에 대해서는 처음부터 독자들이 들었던 것처럼 그 안에서 걷는 것이라고 말한다. 설명이 약간 이상하다. 사랑과 계명이 무엇인지에 대한 구체적 설명을 제공하지 않는다. 예수를 보내신 하나님의 사랑을 시작으로 신자들이 믿음을 통해 하나님의 사랑을 받고 신자 간에 서로 사랑하라고 말한 요한일서의 내용(참고, 요일 4:7-16)과 확연히 다르다. 대신 저자에게서 복음을 들은, 처음부터 알고 있었던 그 사랑의 계명을 행하는 것에 초점을 맞춘다. 사랑과 계명에 대한 것 모두 '걷다' 동사를 사용하고 반복한 것에서 확인할 수 있다. 결국, 저자가 전하고 싶은 것은 독자들이 이미 사랑의 계명을 알고 있다는 것과 그것에 따라 실제의 삶을 살아가라는 것이다. 5절에서 서로 사랑하라고 요청하는 것과 잘 어울린다.

3. 해설

요한이서 4-6절은 서신 몸말의 시작이다. 교회 공동체를 향해 진리와 사랑의 계명을 주제로 권면한다. 먼저 예수의 정체성과 사역에 대한 진리 계명을 다룬다(요이 4). '자녀들'이라는 표현으로 교회 구성원들이 진리 안에서 잘 살아가는 것에 기뻐한다고 말한다. 새 영역으로 옮겨지는 구원과 그 안에서 살아가는 삶의 근간이 되는 진리 계명에 대해 흔들리지 않음을 감사하고 있다. 이후 교회 공동체 전체를 의미하는 '부녀'에게 서로 사랑할 것을 요청한다(요이 5-6). 진리 계명을 잘 지키고 있기에 그에 근거한 사랑 계명도 잘 지키라는 것이다. 사랑 계명에 대해서는 두 가지를 강조한다. 첫째, 이 계명은 새로운 것이 아니다. 복음을 처음 들었을 때부터 독자들이 들었던 것이다. 신자 삶의 기본 모습임을 분명히 인식해야 한다는 것이다. 둘째, 실제로 그것에 따라 살아야 한다. 사랑과 계명에 대한 부연 설명을 통해 실제 행함을 강조한다. 진리 계명 안에서 사랑 계명을 행하는 것은 독자에게 기대하는 삶의 모습이며, 서신을 통해 부탁하고 싶은 내용이다. 또한 이것은 이후 제시될 거짓 교사들의 영향력에 대한 저자 권면의 발판이 된다.

제3장
요한이서 7-11
독자를 향한 명령: 거짓 가르침을 전하는 자를 조심하라

요한이서 7-11절은 서신 몸말의 두 번째 부분이다. 이전 부분과 여러 불연속점들이 있다. 가장 두드러진 것은 계명과 '걷다'라는 단어를 사용하지 않는 점이다. 대신 독자 이외의 사람들이 등장한다. '속이는 자들'(요이 7)과 '적그리스도'(요이 7) 외에, 지나쳐 그리스도의 교훈에 거하지 않는 자(요이 9)와 저자의 교훈을 가지지 않고 독자에게 다가가는 자(요이 10) 등이다. 교회 밖에서 교회 안으로 영향을 끼치려는 거짓 교사들의 문제에 대해 권면하려는 것이다.

내용은 크게 세 부분으로 구분할 수 있다. 첫째, 7절이다. 도입 부분이다. 거짓 교사를 속이는 자와 적그리스도로 표현하고, 그들의 문제를 여전히 진행 중인 상황으로 소개한다. 그들은 예수를 육체로 오신 메시아로 인정하지 않는 자들이다. 둘째, 8-9절이다. 이인칭 명령법을 사용해 스스로 조심하여 그들의 가르침이 아닌 저자의 가르침에 계속 머물 것을 말한다. 그리스도의 가르침에 거하는 자와 그렇지 않은 자의 결과를 대조함으로 부연 설명한다. 셋째, 10-11절이다. 또 다른 이인칭 명령형을 사용해 저자의 가르침과 다른 것을 가지고 찾아오는 자들을 조심할 것을 당부한다. 이런 구조는 아래처럼 정리할 수 있다.

절	내용
7	* **현재 상황**: 속이는 자가 출현함 예수를 육체로 오신 메시아로 고백하지 않는 자는 속이는 자요 적그리스도이다.
8-9	* **독자를 향한 명령과 그 이유 1** 1) 명령(8): 너희는 스스로 조심해서 우리가 일한 것을 잃지 말고 온전한 상을 받도록 하라. 2) 명령의 이유(9): 저자의 가르침에 거하는 자는 하나님을 소유하고 있지만, 그렇지 않은 자는 하나님을 소유하고 있지 않다.
10-11	* **독자를 향한 명령과 그 이유 2** 1) 명령(10): 누구든지 이 교훈을 가지지 않고 너희에게 나아가거든 집에 들이지 말라. 2) 명령의 이유(10) 그에게 인사하는 자는 그 악한 일에 참여하는 것이다.

1. 번역

7 왜냐하면 많은 속이는 자가 세상에 나왔기 때문입니다. 예수를 육체로 오
신 그리스도로 고백하지 않는 자들입니다. 그들은 속이는 자이고 적그리스
도입니다. **8** 여러분은 우리가 일한 것을 잃지 않고 온전한 상급을 받도록
스스로 조심하십시오. **9** 지나쳐서 그리스도의 가르침 안에 거하지 않는 모
든 사람은 하나님을 모시고 있지 않습니다. 가르침에 거하는 그 사람은 아
버지와 아들을 모시고 있습니다. **10** 만일 누구든지 여러분에게 가서 이 가
르침을 전하지 않는다면, 그를 집 안으로 받아들이지 마십시오. 그리고 그
에게 인사의 말조차 건네지 마십시오. **11** 왜냐하면 그 사람에게 인사의 말
을 건네는 사람은 그의 악한 일들에 참여하는 것이기 때문입니다.

2. 주해

7절 (적그리스도의 출현) 요한이서 몸말의 두 번째 부분이다. 왜냐하면 많은 속이는 자가 세상에 나왔기 때문이라는 표현으로 시작한다. '왜냐하면'(ὅτι)이란 종속접속사는 이전 부분에 붙여 이해할 수도 있고(Culy, 143), 새로운 부분의 시작으로 볼 수도 있다(Olsson, 60). 후자가 더 적절해 보인다. 요한일서 3:11도 동일한 접속사를 통해 새로운 문단을 시작한 경우가 있기 때문이다. 또한 독자를 중심으로 한 4-6절과 거짓 교사들에 대한 8-11절이 완전히 구분되기 때문이기도 하다. 아마도 7절을 앞부분과 뒷부분을 연결해 주는 가교 역할로 이해하는 것이 좋을 듯하다(Olsson, 51-2).

많은 속이는 자가 세상에 나왔다는 표현은 요한일서 4:1, 3에 나오는 것과 유사하다.[1] 거짓 진리를 전하는 자와 바른 진리를 전하는 자를 구별하라는 문맥에서 사용된 것이다. 거짓 가르침으로 저자 교회를 어지럽혔던 사람들이 현재도 활동 중이며, 그 영향력이 없어지지 않았음을 말하는 것이다. 요한이서 독자들이 진리와 사랑의 계명에 더욱 집중해야 하는 이유이다. 또한 혹시 있을지 모르는 거짓 가르침을 포교하는 자를 조심하라고 경고하는 근거이다.

속이는 자란, 예수의 정체성에 대해 다르게 가르치는 자들이다. 예수가 육체로 오신 메시아라고 고백하지 않는 자들이다. 고백의 내용이 요한일서 4:2에서 언급한 표현과 유사하다.[2] 차이가 있다면 요한일서 4:2는

1. 요일 4:1: 왜냐하면 많은 거짓 선지자들이 세상에 나왔기 때문입니다; 요일 4:3: 그[적그리스도]는 이미 지금 세상에 있습니다.
2. 요일 4:2: ὃ ὁμολογεῖ Ἰησοῦν Χριστὸν ἐν σαρκὶ ἐληλυθότα; 요이 7: οἱ μὴ ὁμολογοῦντες Ἰησοῦν Χριστὸν ἐρχόμενον ἐν σαρκί.

'오다' 동사의 완료분사(ἐληλυθότα)를 사용한 반면, 요한이서 7절은 현재분사(ἐρχόμενον)를 사용한 점과 어순이 약간 바뀐 것이다. 어떤 학자들은 이런 분사 형태의 차이에 주목해, 7절 역시 가현설주의자나 케린투스주의자들을 대상으로 하되, 관점을 약간 달리한 것으로 본다. 즉, 요한일서 4:2는 예수가 성육신한 과거 과정에 집중한 것이고, 요한이서는 계속해서 육체를 가지고 있는 현재 상태를 의미한다고 본다(Burge, 234; Westcott, 229; Stott, 209-10). 또 다른 학자들은 완료분사는 과거 사건을 의미하지만 현재분사는 미래 상황을 의미하는 것이기에, 요한일서 4:2는 과거 성육신 사건이고 요한이서 7절은 미래에 있을 예수의 재림을 의미한다고 주장하기도 한다(Lieu, 1986: 84; Strecker, 1996: 233-4). 하지만 분사 자체가 절대적 시간 개념을 표현하는지는 의문이다. 헬라어 동사의 상(aspect) 개념에 의하면 분사는 시간 개념보다는 저자가 생각하는 동사를 통한 과정에 더 초점을 두기 때문이다[3]. 완료는 과정의 상태에 초점 맞춘 것이고, 현재형은 아직 끝나지 않는 상태처럼 묘사한 것이다. 따라서 저자의 입장에서 과거 사건이었던 예수의 성육신을 다른 관점으로 묘사한 것이지, 시간적으로 다른 과정을 의미하는 것이 아니다(참고, Griffith, 2002: 181; Kruse, 210; Painter, 260; Yarbrough, 343-4). 이처럼 요한일서 4:2 해석에 대해 많은 논쟁이 있듯, 요한이서 7절 역시 논쟁이 많다. 하지만 본 주석은 요한일서 4:2 해석에서 제시했듯, 저자의 관심이 정체성 문제, 곧 예수를 이 땅에 오신 약속된 메시아(그리스도)로 이해할 것인가에 있다고 본다. 따라서 요한이서 7절의 속이는 자도 예수를 구약에서 약속한 메시아로 고백하지 않는 사람이다. 아마도 예수를 메시아로 인정하지 않는 유대

3. Porter. 1989: 378. 동사의 상과 시간 개념을 함께 생각하는 패닝(B. M. Fanning)도 분사의 절대적 시간성을 주장하지는 않는다(Fanning, 407).

교와 관련된 사람들일 것이다(Streett, 345-6). 저자는 이들을 말세에 나타나기로 예언된, 진리를 흔들 적그리스도로 표현한다. 역시 거짓 교사들에 대한 요한일서 표현과 동일하다(요일 2:18, 22; 4:3).

8절 (스스로 조심하라) 저자는 예수의 정체성에 대해 잘못 전하는 속이는 자, 곧 적그리스도의 출현을 언급한 요한이서 7절에 근거해 독자들에게 명령한다. '우리'가 일한 것을 잃지 않고 온전한 상급을 받도록 스스로 조심하라는 것이다. 본문을 이해하기 전에 먼저 번역을 결정해야 한다. 사본들이 여러 가지 방법으로 읽고 있기 때문이다. 어떤 사본은 "스스로"(ἑαυτούς) 대신 "그들을"(αὐτούς)로 읽는다(0232 K 1838; Comfort, 792). 하지만 거의 모든 사본이 '스스로'라고 읽고 있다는 점과 '스스로'가 내용을 더 어렵게 하는 것이기에 원문일 가능성이 더 높다. 더 혼동되는 것은 명령의 내용 부분이다. 어떤 사본들은 '잃는다' 동사와 '얻는다' 동사를 일인칭 복수형으로, "우리가 잃지 않기 위해서(ἀπολέσωμεν) … 우리가 얻기 위해서(ἀπολάβωμεν)"라고 읽는다(P 049 056 다수 사본). 하지만 NA 27th/28th(A B Ψ 0232)처럼 이인칭 복수형이 원문일 가능성이 높다. "여러분이 잃지 않기 위해서(ἀπολέσητε) … 여러분이 얻기 위해서(ἀπολάβητε)"라고 해석하는 것이다(Metzger, 719). 이인칭 지시어를 사용해 독자들에게 집중한 것이 더 자연스럽다. 또 다른 문제는 '일한다' 동사를 이인칭 복수형 '너희'(여러분)가 일한 것(εἰργάσασθε)으로 읽는 사본들이 있다(ℵ A Ψ). 이것을 따르면 거짓 교사를 따르는 것을 통해 독자들이 그동안 한 것을 잃지 말라는 이야기가 된다. 사본의 외적 증거는 이인칭 복수형이 더 좋다. 그러나 거짓 교사 문제는 진리를 전하는 저자와 거짓을 전하는 자들과의 가르침 충돌이다. 따라서 이인칭보다는 저자를 말하는 일인칭 복수형이 원문일 가능성이 많다(Metzger, 719).

저자가 조심하라는 명령은 두 가지 목적이 있다. 하나는 저자인 '우리'

와 관련 있고 다른 하나는 그로 인해 독자들이 얻게 되는 결과와 관련 있다. 거짓 교사에 대한 문제이지만, 저자인 '우리'와 독자 '너희(여러분)'와의 관계에 집중하고 있다. 먼저 '우리'와 관련해, 독자들의 결정과 삶으로 저자가 공들여 일한 것을 무너뜨리지 말라고 말한다. 저자가 일한 것은 복음을 전하고 하나님의 백성 공동체인 교회를 세우는 통로가 된 것이다. 그런데, 만일 독자들이 거짓 교사의 가르침을 따르면, 그들은 진리와 상관없게 되어 하나님의 공동체가 와해되며 그 결과 저자의 수고는 허사가 된다. 그렇게 하지 말라는 것이다. 하지만 저자의 진짜 관심은 독자들의 상태이다. 아마도 이렇게 말한 것은 독자와 저자와의 관계성을 기반으로 독자로 하여금 저자 편에 계속 머물러 있기를 권하는 의도일 것이다.

한편, 독자를 향한 직접적 관심은 명령의 두 번째 목적에서 드러난다. 그들이 온전한 상급을 받기를 기대하기 때문이라는 것이다. 상급으로 번역된 단어(μισθός)는 문맥에 따라 부정적 결과를 의미하기도 하고(마 5:46; 6:1, 2, 5, 16; 행 1:18; 벧후 2:13, 15; 유 11) 긍정적 결과를 의미하기도 한다(마 5:12; 10:41, 42; 막 9:41; 요 4:36; 고전 3:14; 9:17-18; 계 11:18; 22:12). 본문에서는 긍정적 의미이다. 미래 관점을 가지고 있다. 구체적으로 무엇을 의미하는지는 명확치 않다. 신자의 행위에 따른 보상은 아닐 것이다. 요한이서 9절에서 그리스도의 가르침을 가지고 있는 자는 하나님을 가지고 있다고 말하기 때문이다. 하나님을 갖고 있다는 것은 요한일서 표현처럼 그분과의 관계를 갖고 있다는 말이다. 따라서 온전한 상급이란 새 영역 안에서 하나님과의 관계를 잃지 않고 그 관계의 온전함을 경험하게 된다는 의미로 보는 것이 좋다(Strecker, 1996:241-2).

결국, 위와 같은 목적을 가진 저자의 명령은 크게 두 가지 의도를 담고 있는 것으로 볼 수 있다. 하나는 독자들이 새 영역 안에서 하나님과의 교제를 계속 유지하기를 기대한다. 요한일서를 쓴 이유와 동일하며, 요한이서 4-6절에서 독자들이 진리 안에서 사랑 계명을 행하기를 원한다고 말하는 이유이기도 하다. 독자를 향한 사랑과 관심이다. 또 다른 의도는 비록 하나님의 은혜로 새 영역으로 옮겨져 그분과 관계를 갖고 있지만, 예수를 중심으로 한 진리 계명에 충실하지 않으면 그 관계를 잃을 수도 있다는 간접 메시지를 전하는 것이다. 독자는 스스로 조심해서 하나님의 자녀라는 정체성에 맞게 그 관계에 충실해야 한다. 독자의 선택에 달려있다.

9절 (바른 교훈과 하나님/예수와의 관계) 거짓 교사들을 조심하라고 말한 명령의 이유이다. 지나쳐서 그리스도의 가르침 안에 거하지 않는 모든 사람은 하나님을 모시고 있지 않지만, 가르침에 거하는 그 사람은 아버지와 아들을 모시고 있기 때문이다. 그리스도의 가르침과 하나님을 갖고 있는 것과의 관계성을 중심으로 부정적 상황의 사람과 긍정적 상황의 사람들을 대조한다. 내용 이해를 위해 몇 가지를 설명해야 한다.

첫째, 그리스도의 가르침(διδαχῇ τοῦ Χριστοῦ)에 대한 이해이다. 이 표현은 속격인 '뚜 크리스뚜'(τοῦ Χριστοῦ) 이해에 따라 그리스도를 주어로 보고 그리스도가 가르친 것(Brooke, 177; Brown, 1982: 675: Derickson, 626-7; Schnackenburg, 286)으로 볼 수도 있고, 목적어로 보고 그리스도를 가르친 것(Bultmann, 1973: 113; Culy, 150; Painter, 354, Smalley, 1984: 332)으로 이해할 수도 있다. 아마도 그리스도에 대한 가르침을 의미하는 후자가 더 적절할 듯하다. 몇 가지 이유가 있다. 하나는 요한이서 9절을 담고 있는 문맥이다. 본문은 7절에서 제기된 미혹하는 자, 적그리스도로 인한 문제를 다루고 있다. 핵심은 예수의 가르침이 아니라 예수에 대한 정체성 이해이다. 따라서 예수에 대해 저자가 가르친 내용으로 이해하는 것이 더 타당하다. 또 다른 이유는 8절에 표현된 "우리가 일한 것"이라는 표현이다. 독자 스스로 조심해야 하는 이유 중 하나이다. 초점은 예수가 가르친 것이 아니라 저자가 예수에 대해 가르친 것이다. 또한 요한일서

2:23의 표현과[4] 요한이서 9절의 표현이 유사한 점도 주목할 만하다(Streett, 355). 두 부분 모두 적그리스도의 문제를 다루고 있고, 아버지를 모시고(ἔχω) 있지 않다는 것이나 아버지와 아들을 모시고 있다는 표현도 동일하다. 요한일서 본문은 아들을 고백하는 것과 부인하는 것을 대조한다. 그렇다면, 요한이서의 그리스도의 가르침 역시 아들에 대한 가르침으로 볼 수 있다. 그러므로 비록 가르침의 기원은 예수이지만, 요한이서 9절의 "그리스도의 가르침"이란 표현은 그리스도에 대한 가르침으로 이해하는 것이 옳다.

둘째, 그리스도의 가르침과 관련한 두 부류 사람들의 정체이다. 한 부류는 그 가르침에 거하는 사람이고 다른 부류는 거하지 않는 사람이다. 여기에 질문이 있다. 이 대조가 거짓 교사들과 참 그리스도인들의 대조인가, 아니면 설명을 위해 그리스도인을 두 부류의 사람으로 구분한 것인가? 이 질문은 그리스도에 대한 가르침에 거하지 않는 사람을 묘사할 때 첨가한 '쁘로아곤'(προάγων)이란 표현을 이해하는 것과도 연결된다. 어떤 학자들은 '쁘로아곤'을 "진보된 혹은 발전된"(progressive)이란 뜻으로 보고, 거짓 교사들이 자기들 가르침을 묘사할 때 사용한 것을 저자가 인용했다고 이해한다(Brown, 1982: 673; Smalley, 1984: 319; Schnackenburg, 286). 즉, 그리스도의 가르침에 거하지 않는 자는 거짓 교사들이며, 그들의 가르침은 저자의 가르침보다 진보된 개념 또는 교리라고 주장했다는 것이다. 요한이서 7절 해석과 관련해 영지주의나 케린투스주의 혹은 요한 공동체 이론과 관련해 요한복음의 그리스도와 구원에 대한 영적 차원을 강조한 사람들의 주장과 연관된 것으로 본다.

하지만 두 부류 모두 일반 그리스도인이며, 가상 상황을 설정한 것으

4. "아들을 부인하는 모든 사람은 아버지를 모시고 있지 않습니다. 아들을 고백하는 사람은 아버지 또한 모시고 있습니다"(사역).

로 보는 것이 더 타당하다. 몇 가지 이유가 있다. 우선 저자는 요한이서에서 거짓 교사와 논쟁하고 있지 않다. 요한이서 8절에서 보듯 저자의 관심은 독자들이다. 그들이 거짓 교사 가르침에 끌려가지 않기를 기대하고 있다. 따라서 9절도 독자에게 가상 상황을 대조해 8절 명령을 뒷받침하는 것으로 이해하는 것이 좋다. 또한 '쁘로아곤'도 단순히 그리스도에 대한 가르침에 거하지 않는다는 의미로 보는 것이 옳다. 특별히 예수의 정체성에 대해 다른 이해를 갖고 있는 유대인 그룹의 가르침을 따른다는 의미이다. 본 주석의 여러 곳에서 제시했듯, 거짓 교사들의 정체를 영지주의나 케린투스주의 등과 연결 지을 이유가 없기 때문이다. 그뿐만 아니라, 9절은 '쁘로아곤'을 '거한다' 표현과 반대 개념으로 제시한다. 따라서 장소 개념을 중심으로 머무는 것과 반대되는 이탈을 의미하는 것으로 보는 것이 좋다. 즉, 그리스도에 대한 바른 가르침을 이탈해 거짓 가르침을 따른다는 의미이다(Streett, 353). 결국, 대조되는 두 부류의 사람들은 일반 신자들을 의미하며, 거짓 교사의 가르침을 따라 그리스도에 대한 바른 가르침에서 이탈한 경우와 그렇지 않은 경우를 설정한 것으로 이해해야 한다.

셋째, 하나님을 가지고 있지 않다 혹은 아버지와 아들을 가지고 있다는 것의 의미이다. 새 영역에서의 관계를 의미한다. 요한일서 1:1-3에서 말한 하나님/예수와의 교제이며, 요한일서 3:24를 비롯한 여러 곳에서 표현한 하나님/예수와 신자 간의 상호 거함을 의미하는 것이기도 하다.

결국, 요한이서 9절은 예수의 정체성과 사역에 대한 두 반응을 가상적으로 설정해서 바른 가르침에 거하는 자는 하나님과의 교제가 지속되지만 거짓 교사들의 가르침을 따라 바른 가르침에서 이탈하게 되면 하나님과의 교제가 지속될 수 없음을 말하는 것이다. 독자들로 하여금 바른 길을 계속 유지하라는 간접 권면이다.

10절 (다른 가르침을 전하는 자들을 조심하라) 요한이서 7-9절에서 설명한 원리에 따라 구체적 행동을 촉구한다. 만일 누구든지 독자들에게 가서 저자의 가르침을 전하지 않는다면, 그 사람을 집 안으로 받아들이지 말고 인사의 말조차 건네지 말라고 한다. 아마도 거짓 교사가 저자의 교회들을 순회하며 잘못된 가르침을 퍼뜨리는 상황을 염두에 둔 듯하다. 스트리트는 당시 회당이 유대교 순회 랍비들을 받아들여 권면의 말을 전하는 것을 허락했듯, 독자들 교회를 비롯한 초대 교회에서도 비슷한 관습들이 있었던 것 같고, 이런 상황에서 거짓 교사들에게 기회를 주지 말라고 명령한 것이라고 생각한다(Streett, 356). 일리가 있다. 요한일서나 요한이서의 거짓 교사들은 후대 영지주의자나 케린투스주의자가 아닌 예수를 메시아로 인정하지 않는 유대교와 관련된 사람들일 가능성이 많기 때문이다. 그렇다면, 요한일서나 요한이서의 기록 시기는 많은 사람들이 생각하는 1세기 후반보다는 더 이른 시기로 앞당길 수 있을 듯하다. 아마도 유대교와 기독교가 완전히 분리되기 전을 배경으로 한 듯하다.

11절 (다른 가르침을 전하는 자들을 조심해야 하는 이유) 순회 거짓 교사들을 집으로 맞아들이지 말고 인사도 하지 말라는 이유를 제공한다. 그들에게 인사하면 그들의 악한 일에 동참하는 것이기 때문이다. 당시 사람들을 환대하고 가정에 들인다는 것은 교제의 의미를 갖고 있다. 그들과 교제한다는 것은 그들의 거짓 가르침에 동조하는 것이 된다. 그렇기에 그 교제의 시작조차 하지 말라는 것이다. 어찌 보면, 이 명령은 사랑하라는 계명에 위배된 것처럼 보인다. 하지만 사랑은 반드시 진리로 분별하는 것이 함께 가야 한다(참고, 고전 13:5-6). 진리로 분별하지 않는 사랑은 사랑이 아니다. 저자가 요한이서 4-6절에서 진리 안에서 행하는 것을 먼저 이야기하고 사랑의 계명을 나중에 이야기한 것도 10-11절의 권면과 관계 있는 듯하다. 요한일서에서처럼 진리와 사랑을 함께 고려해야 함을 일관성 있게 말한다. 시작은 진리이다. 진리 안에서 사랑하는 것이다.

3. 해설

요한이서 7-11절은 서신 본론의 두 번째 부분으로서 거짓 교사들로 인해 발생할 수 있는 문제들을 다룬다. 아직 독자들 교회에 거짓 교사들의 영향력이 미친 것 같지는 않다. 순회 전도자들을 조심하라고 명령하기 때문이다. 그러나 그들을 조심하라고 명령한 것은 꼭 필요했다. 거짓 교사들이 이미 출현했기 때문이다. 아마도 그들은 요한일서에 나온 것처럼 저자의 교회에 문제를 일으켰던 자들이고 주변으로 그 영향력을 확대하고 있는 모양새인 듯하다. 그들이 요한이서 독자들의 교회를 방문하는 것은 시간문제일 수 있다. 이런 상황에서 그들의 가르침을 따르지 말고 스스로 조심하라고 명령한다. 그들이 악하다는 이유가 있기는 하지만, 저자는 독자와의 관계성을 중심으로 명령한다. 저자가 복음을 전하고 교회를 세운 그 일들이 망가지지 않도록, 그리고 독자들이 바른 가르침을 통해 하나님과의 관계 안에서 온전한 미래를 얻을 수 있도록 조심하라는 것이다. 보다 구체적으로, 거짓 가르침을 전하는 순회 교사들과의 접촉 자체를 피하여 그들의 영향력을 시초부터 차단하라고 명령한다. 상당히 실제적인 권면이다. 아마도 이미 그들로 인한 피해를 경험했기 때문으로 보인다. 하지만 그들이 누구이고 어떤 가르침을 전하는지에 대해서는 구체적 언급이 없다.

제4장
요한이서 12-13
문안 인사와 결어

요한이서의 맺음말 부분이다. 일인칭 단수 지시어('나')를 다시 사용함으로써 이인칭 지시어를 사용한 앞부분과의 구분점을 보여준다. 이것은 요한이서 5절 이후 처음이다. 내용은 방문 계획과 마지막 인사말을 통해 12절과 13절로 구분할 수 있다. 방문 계획은 일인칭 단수 지시어를 중심으로 이인칭 독자를 향한 것이고, 인사말은 삼인칭 지시어를 통해 제삼자가 독자에게 문안하는 것이다.

절	내용	특징
12	1. 방문 계획: 할 말이 많지만, 잉크와 종이로 하지 않고 방문해서 하겠다. 2. 방문 목적: 독자들의 기쁨을 충만하게 하기 위해서이다.	일인칭 지시어와 독자, 방문 계획
13	다른 교회들이 독자들을 문안한다.	삼인칭 지시어와 독자, 인사

1. 번역

12 여러분에게 쓸 많은 것들이 있지만, 나는 종이와 먹을 통해 하기를 원치 않습니다. 오히려 나는 여러분에게 가서 얼굴을 마주 대하고 말하기를 원합니다. 우리의[1] 기쁨이 가득 차게 하기 위해서입니다. **13** 선택받은 당신의 자매의 자녀들이 당신을 문안합니다.

2. 주해

12절 (방문 계획) 방문 계획을 소개함으로 서신을 마무리하기 시작한다. 독자들에게 쓸 많은 것들이 있지만, 종이와 먹을 통해 하지 않고 얼굴과 얼굴을 보고 전하기를 원한다고 한다. 사실 요한이서는 여러 면에서 요한일서보다 짧다. 특별히 거짓 교사들에 대한 분량이 상당히 적다. 두 교회가 처한 상황이 다르기 때문일 것이다. 요한일서 경우는 교회가 거짓 교사들로 인한 문제를 실제로 경험했었고 그 영향력이 아직도 잔존하기 때문에 비교적 상세한 설명과 권면을 담고 있다. 하지만 요한이서 경우는 독자들의 교회가 아직 직접 영향을 받지 않은 상태이기 때문에 상당히 간

1. 어떤 사본들(A B 33 81 등등)은 "우리의 기쁨"(ℵ K L P 등등) 대신 "너희(ὑμῶν)의 기쁨"으로 읽는다. 한글 개역개정도 그렇게 읽는다. 사본의 증거로는 '너희의 기쁨'이 더 좋아 보인다. 하지만 내용상 '우리의 기쁨'이 더 타당하다. 독자들은 아직 거짓 교사들로 인한 어려움을 당하지 않았기에, 저자가 와서 거짓 교사에 대한 가르침을 전하는 것이 독자들의 기쁨을 충만하게 하는 것이라고 생각하기는 어렵다. 오히려 그런 경험이 있는 저자가 요한이서 독자들을 방문해 그들을 가르치면 저자가 기뻐하고 안심하게 될 것이라고 생각하는 것이 더 타당하다. 본 주석은 '우리의 기쁨'을 원문으로 본다(Meztger, 720).

략한 주의로 마무리하는 듯하다. 그렇다고 위험 요소가 없는 것이 아니기 때문에 더 자세한 설명과 주의가 필요한 것은 분명하다. 저자는 이것을 위해 종이와 먹으로 쓰는 서신보다 방문을 통해 설명하겠다고 말한다.

저자의 방문은 두 가지 효과를 가져다줄 것이다. 하나는 그들을 만나 얼굴과 얼굴을 보고 교제하는 것이고 다른 하나는 그들에게 거짓 교사들의 위험과 바른 가르침에 대한 것을 직접 전함으로 독자들이 스스로 보호할 수 있도록 도와줄 수 있다. 이 모든 것은 저자의 기쁨을 더하게 해줄 것이다. 흥미롭게도 저자는 독자들의 상황을 듣고 기뻐한다고 서신의 본론을 시작하고, 미래의 방문을 통해서 독자들이 굳건하게 서게 될 것을 인해 기뻐한다는 것으로 전체를 마무리한다. 독자의 상황이 저자의 기쁨의 요소라는 것을 잘 전달해준다. 역시 독자들을 사랑하고 배려하는 저자의 목회적 마음을 볼 수 있다.

13절 (문안 인사) 모든 내용을 마무리하고 문안 인사로 서신을 맺는다. '선택받은 당신의 자매의 자녀들이 당신을 문안합니다.' 저자의 인사가 아니라 요한이서 독자들을 향한 다른 교회들의 인사이다. 하지만 단순히 상투적 인사말은 아닌 듯하다. 몇 가지 이유가 있다. 우선 '선택받은 당신의 자매' 표현은 요한이서 1절에서 서신의 수신자를 선택받은 부녀라고 소개한 것과 관계있다. 교회들을 여자로 묘사한 것이 동일하다. 의도적 단어 선택으로 보인다. 또한 '당신의 자매' 표현에 담긴 또 다른 의미도 주목할 만하다. 독자들의 교회와 다른 교회들이 서로 가족임을 전달한다. 하나님을 같은 아버지로 모시고 있는 자매이다. 아마도 저자의 영향력으로 세워진 또 다른 교회들일 것이다(Kruse, 205). 그렇기에 마지막 문안 인사는 요한이서를 쓴 저자뿐 아니라, 다른 교회들 역시 한 가족의 일원으로서 다른 가족 구성원에게 사랑과 관심을 보이고 있다는 표현이다. 독자를 향한 저자의 세심한 배려가 읽혀진다.

3. 해설

요한이서 12-13절은 서신의 마무리 부분이다. 거짓 교사 문제에 대해서 서신을 썼지만, 더 자세한 이야기는 방문을 통해 교제하며 전달하겠다고 한다. 하지만 이 부분에도 독자들을 향한 저자의 목회적 관심이 묻어있다. 두 가지를 통해 표현된다. 하나는 저자의 방문 목적이다. 단순히 독자들을 가르치는 것이 아니다. 독자들로 하여금 그리스도에 대한 바른 진리를 분명히 해서 굳건히 서게 하는 것이 저자의 기쁨이라고 말한다. 이는 독자가 진리와 사랑 안에 머무는 것이 자신의 기쁨이라고 표현한 서론 부분의 내용과 동일하다. 또 다른 것은 다른 교회들이 독자들의 교회를 위해 인사한다고 말한 끝인사이다. 한 가족으로서 다른 구성원을 향한 사랑의 마음을 전달한다. 이 모든 것은 독자들이 하나님과의 교제 안에서 진리와 사랑으로 잘 살아가기를 바라는 저자의 마음이 담겨 있다.

제4부

요한삼서

본문 주석

제1장
요한삼서 1-4
도입과 인사

요한삼서는 신약에서 가장 짧은 서신이다. 당시 일반 파피루스 한 장 안에 들어갈 수 있는 분량이다. 요한삼서 1-4절은 그 도입부이다. 서신 형식에 의해 발신자와 수신자와 인사말로 구분할 수 있다. 발신자는 장로이고 수신자는 가이오이다. 각각 주격과 여격으로 제시된다. 인사말에서는 "사랑하는 자여"라는 호격을 통해 수신자 가이오의 건강과 안녕을 빌고, 사람들을 통해 들은 그의 근황으로 인해 기뻐하기 때문이라는 이유를 소개한다. 이와 함께 저자의 사람들이 진리 안에서 잘 지내는 것이 진정한 기쁨이라는 것을 추가한다.

요한삼서의 도입부를 어디까지 볼 것인가는 이견이 있다. 수신자 가이오에 대한 것을 어떻게 이해하는가에 따라 다르기 때문이다. 요한삼서 2절에서 "사랑하는 자여"라는 호격이 나오기 때문에 이 부분부터 서신의 본론으로 이해해야 한다고 보는 학자들도 있고(Kruse, 219-20; Schnackenburg, 290-1), 3절부터 가이오에 대한 이야기가 본격적으로 진행되어 8절까지 지속된다고 보는 사람들도 있다(Brown, 1982: 701; Painter, 366; Smalley, 1984: 343; von Wahlde, 271). 다른 학자들은 1-4절을 도입부로 보기도 한다(Culy, 155; Derickson, 654; Jobes, 286; Köstenberger, 272; Lieu, 2008: 266; Yarbrough, 365). 약간 어렵다. 세 번째 견해가 적절하다고 생각한다. 우선 요한삼서 2절 표현이 당시 서신 도입부에서 많이 사용하는 건강과 안녕의 기원이라는 점에서 도입부에 포함시키는 것이 좋다. 또한 3절의 "왜냐하면"(γὰρ)을 통해 3절과 2절이 연결되는 것으로 볼 수 있다. 물론 본론을 시작하는 것으로 볼 수도 있지만, 3절을 2절과 연결해서 그 이유를 제공하는 것으로 보는 것이 더 자연스럽다.

보다 중요한 이유가 두 가지 더 있다. 첫째, 요한삼서 1-4절은 일인칭 지시어를 동사의 주어로 사용하고 있다. 저자인 '나'를 중심으로 이야기를 풀어간다. 하지만 5절부터는 일인칭이 없어지고, 이인칭 지시어를 중심으로 설명이 진행된다. 따라서 일인칭 단수를 중심으로 1-4절까지를 도입부로 보는 것이 더 타당하다고 판단된다. 둘째, 3-4절과 5-8절이 다루고 있는 시점 차이이다. 이 두 부분은 가이오에 대한 것을 다루지만, 3-4절은 과거를 중심으로 이전에 형제들을 영접하고 친절히 대한 것을 기뻐한다는 것이다. 하지만 5-8절은 현재와 미래 행동을 중심으로 한다. 그가 형제들을 영접하고 환송할 것을 기대한다. 따라서 과거 사건을 중심으로 한 것은 인사말로 보는 것이 좋고, 현재와 미래 행동에 대한 것은 가이오에 대한 현재 기대를 담고 있는 서신 본론으로 보는 것이 좋다. 이런 이유 때문에 본 주석은 1-4절을 서신 도입부로 본다.

요한삼서 인사말 부분은 요한이서나 바울서신에 비해 독특하다. 은혜나 평강 등의 덕목을 언급하지 않기 때문이다. 하지만 3-4절의 표현은 당시 일반 서신들이 보여주는 형태를 충실히 따르는 인사말이다. 건강에 대한 기원은 흔한 인사말 내용이고, 크게 기뻐한다는 것은 당시 서신에서 저자와 독자를 연결하기 위해 자주 사용된 표현이기 때문이다(White, 201). 실제로 요한삼서는 신약 서신 중 가장 개인적이고 당시 일반 서신 양식에 충실한 서신의 하나이다(Olsson, 21). 이 부분의 구조를 아래처럼 정리할 수 있다.

절	내용	특징
1	1. 발신자: 장로 2. 수신자: 사랑하는 가이오, 곧 저자가 진리 안에서 사랑하는 사람	헬라어 주격(발신자), 여격(수신자)
2-4	1. 수신자를 위한 기원(요삼 2): 영혼이 잘 지내는 것처럼 모든 것에 대해 잘 지내고 건강하기를 기원한다. 2. 이유(요삼 3): 수신자가 진리 안에서 행한다는 소식을 형제들이 전해주어 크게 기뻐했기 때문이다. 3. 이유에 대한 추가 설명(요삼 4): 저자의 영적 자녀들이 진리 안에 걷는다는 소식만큼 기쁜 소식이 없다.	건강에 대한 기원

1. 번역

1 장로가 사랑하는 가이오, 곧 내가 진리 안에서 사랑하는 사람에게. **2** 사랑하는 자여, 나는 당신이 모든 것에 대해 잘 지내고 건강하기를 빕니다. 당신의 영혼이 잘 지내는 것처럼 말입니다. **3** 왜냐하면 형제들이 와서 당신의 진리, 곧 당신이 진리 안에 걷고 있다는 것을 증거할 때 내가 크게 기뻤기 때문입니다. **4** 이것, 곧 내가 나의 자녀들이 진리 안에서 걷고 있다는 것을 듣는 것보다 더 큰 기쁨은 없습니다.

2. 주해

1절 (발신자와 수신자 소개) 전형적 서신 양식을 따라 발신자와 수신자를 소개한다. 발신자는 장로이다. 요한이서와 동일한 형태이다. 요한이서 경우처럼 단지 '그 장로'라고 말해도 알 수 있을 만큼 독자와 친분 있는 사람이다. 연장자일 뿐 아니라 교회에서도 지도자 위치에 있는 사람으로 생각할 수 있다. 수신자는 가이오이다. 헬라어 여격을 통해 표현된다. 서신 전체를 통해 이인칭 복수 지시어가 없다. 가이오가 서신의 유일한 수신자임을 의미한다. 이런 면에서 요한삼서는 개인적인 신약 서신 중 하나이다.

가이오가 구체적으로 누구인지는 알 수 없다. 단지 서신 내용과 표현을 통해서 몇 가지 정보를 유추할 수 있을 뿐이다. 첫째, 저자와의 관계이다. 가이오는 저자와 상당히 친분 있는 사람인 듯하다. 여러 증거들이 있다. 저자는 발신자를 소개할 때 자신의 이름을 밝히지 않는다. 독특한 형태이지만, 단순히 '그 장로'라는 표현만으로 수신자가 발신자를 인식할 수 있다는 말이다. 또한 4절에 의하면 저자는 가이오를 저자의 영적 자녀의 한 사람으로 인식하고 있음을 말한다. 아마도 가이오는 저자를 통해 예수 믿게 된 사람 중 하나로 보인다. 둘째, 교회에서의 가이오 위치이다. 5-6절은 가이오가 낯선 형제들 방문을 영접하고 그들의 여행을 위해서 잘 전송할 것을 기대한다고 말한다. 아마도 가이오는 이들을 받아들이고 보낼 수 있는 가정 교회 지도자인 듯하다. 셋째, 저자와 가이오는 같은 공동체 구성원이 아닌 듯하다. 저자가 편지 보낸 것에서 추론할 수 있다. 또한 요한삼서 13-14절에서 저자가 방문할 것이라는 표현에서도 알 수 있다. 이상을 정리하면 가이오는 저자의 복음 전파 결과로 예수를 알게 된 사람이다. 저자와 영적으로 아버지-아들 관계로 표현할 정도로 친분 있는 사람이며, 당시 저자가 영향을 미치고 있는 여러 가정 교회들 중 한 지도자인 것으로 보인다.

가이오를 향한 저자의 관심과 애정은 서신 전체에 걸쳐 사용한 사랑에 대한 단어에서 읽을 수 있다. 동사형(ἀγαπῶ)으로 한 번(요삼 1), 호격(ἀγαπητέ, "사랑하는 자여")으로 네 번(요삼 1, 2, 5, 11) 사용한다. 요한이서에 비해 상당히 다르다. 특별히 수신자를 소개하는 부분은 그 애정의 마음이 담뿍 들어있다. 관사와 형용사를 사용해 "사랑하는(τῷ ἀγαπητω) 가이오"로 표현하고는, 관계대명사절로 '내가 진리 안에서 사랑하는 사람' 임을 덧붙인다. 이때, 일인칭 대명사(ἐγὼ)를 추가로 사용해 '내가' 사랑하는 사람임을 강조한다. 그 둘 사이가 실제로 친밀함을 인정하는 동시에, 저자가 제시하려는 것에 대한 동의를 얻기 위한 의도이다. 수신자와의 관계를 강조하는 것은 이후 요한삼서 8절까지 이어진다.

수신자 소개에서 주목할 또 다른 요소는 진리이다. 저자는 가이오를 '진리 안에서' 사랑한다고 말한다. 우리말 개역개정이나 새번역은 이 표현을 부사적으로 해석해 '진실로'라고 번역하지만(개역개정; 새번역; Schanckenburg, 291), 요한이서 경우처럼 '진리 안에서'라고 번역해야 한다. 진리는 요한일서와 요한이서 경우에서처럼 예수에 대한 정체성과 사역을 포함한 것이다. 구원의 새 영역으로 옮겨가게 하고 그 영역 안에서 잘 머무를 수 있게 하는 것이기도 하다. '진리 안에서' 표현은 이런 진리를 저자와 수신자가 서로 공유하고 있음을 말한다. 진리에 대한 이런 강조는 요한삼서 3절에서 다시 등장하며 4절까지 네 번 사용된다(요삼 1, 3[x2], 4). 서신 본론 내용과 전혀 무관하지는 않은 듯하다.

수신자 가이오에 대한 진리와 사랑의 이런 연결은 이후 그에 대해 진리 영역(요삼 3, 4, 8)과 사랑 영역(요삼 6)을 칭찬한 것과 관련 있다.

2절 (인사) 서신 인사말 부분이다. 일인칭 단수 지시어('나')를 주어로 요한삼서 4절까지 지속된다. "사랑하는 자여"(ἀγαπητέ)라는 호격으로 시작한다. 1절에서 사랑에 대한 단어들로 수신자를 소개한 뒤 다시 “사랑하는 자여”라는 표현으로 인사말을 시작한 것은 가이오에 대한 각별한 애정을 드러내는 것이다.

가이오에 대한 인사는 삶의 모든 부분에서 잘 지내고 건강하기를 기원하는 것이다. “잘 지낸다”라는 단어(εὐοδόομαι)는 성공한다는 의미와 어떤 일에서 이익을 얻는다는 의미가 있지만, 여기서는 관용적으로 삶의 평안을 의미하는 것이다(LN, 33.178). 저자는 여기에 ‘당신의 영혼이 잘 지내는 것처럼’ 표현을 첨가한다. 건강과 삶의 모든 부분이라고 말하는 것과 약간 구별된 영역으로 이해할 수 있다. 수신자의 영적 삶을 의미하는 것으로 보인다(Culy, 157). 전체적으로 이 인사말은 수신자의 영적 영역을 포함해 이 땅에서 살아가는 삶의 제반 부분이 잘 되기를 기원한다는 의미이다.

얼핏 보기에 이 부분은 요한이서나 바울 서신 등의 인사말 표현과 다르기 때문에 독특한 내용을 담고 있는 형태로 보인다. 하지만 이미 BC 2세기경부터 서신 인사말에 건강을 기원하는 것이 등장했고, 이후 건강에 대한 기원은 많은 서신에서 안부를 묻는 일상 표현으로 사용되었다(White, 200). 그렇기에 건강과 삶의 제반 부분의 안녕을 기원하는 것은 특별할 것 없는 보통 인사말이다. 비록 영적 영역을 함께 고려하고 있기는 하지만, 그 자체가 독특한 신학을 반영하는 것도 아니다. 오히려 요한이서나 바울서신의 표현들이 더 의미 있고 독특하다. 은혜와 자비나 평화를 전하는 것은 당시 일반 서신에서도 흔히 있는 것이지만, 그 기원을 하나님 아버지와 그분의 아들 예수 그리스도로 언급한 것은 그리스도인들만의 구별된 표현이기 때문이다. 이런 면에서 요한삼서의 인사말은 신학적으로 큰 의미를 담고 있지 않다. 특별히 영적인 것과 물질적인 것, 그리고 건강까지 함께 고려한 번영신학의 근거로 사용하는 것은 더더욱 합당치 않다(Derickson, 660; Yarbrough, 367; 반대, Roberts, 96). 단지 수신자의 안녕을 비는 당시 일반적 인사말을 애정을 담아 표현한 형태로 이해하는 것이 좋다(Brown, 1982: 791; Culy, 156).

3절 (가이오에 대한 저자의 기쁨) 수신자 가이오의 안녕을 비는 이유이다. 그에 대한 좋은 소식을 들었기 때문이다. "내가 크게 기뻐한다"(ἐχάρην γὰρ λίαν)는 당시 서신 양식에서 수신자를 향한 발신자의 관심을 표현하는 형태이다. 이는 요한삼서가 당시 일반적 서신 형태를 충실하게 따르고 있음을 보여준다. 저자가 기뻐하는 이유는 형제들이 와서 가이오에 대해 긍정적으로 증거했기 때문이다. 몇 가지 생각할 거리를 갖고 있다.

첫째, 형제들이 누구인가이다. 신약 서신에서 형제들이란 많은 경우 예수를 믿는 그리스도인을 의미한다(BDAG, 18). 하지만 같은 공동체에 속한 사람이어야 하는 것은 아니다. 본문의 경우도 마찬가지다. 예수를 증거하고 가르치는 순회 전도자들일 수도 있고, 저자가 가이오에게 보낸 사람일 수도 있다. 혹은 단순히 가이오 교회에서 온 사람일 수도 있다. 정확히 어떤 경우라고 꼭 집어 단정하기에는 요한삼서 3절의 정보가 너무 적다. 그럼에도 3절 이후의 내용은 몇 가지 단서를 준다.

먼저 가이오가 형제들을 영접하고 환송한 것을 언급한 요한삼서 5-8에 의하면 이 형제들은 진리를 위해 일하는 사람들이며(요삼 8), 예수의 '그 이름'을 위해 나간 사람들이다. 비그리스도인들("이방인", 요삼 7)에게 복음 전하는 사람들일 가능성이 많다(반대, Witherington, 590). 그 형제들을 '낯선 사람'으로 표현한 것(요삼 5)에 의하면 3절이 언급하는 형제들은 가이오가 모르는 사람일 가능성도 있다. 또한 디오드레베(요삼 10)와 데메드리오(요삼 12) 경우에서 보면 형제들은 저자가 보낸 사람들일 가능성이 많다. 3절이 언급하는 형제들이 가이오가 영접했던 사람들인지(가능성 높다) 아니면 디오드레베가 거절했던 그 사람들인지 분명치 않다. 하지만,

교회에서 보낸 순회 전도자들로서, 예수의 이름을 증거하다가 가이오 교회에서도 머물렀던 적이 있고 다시 저자의 교회에 돌아온 믿는 그리스도인으로 짐작해 볼 수 있다.

둘째, 저자와 가이오에 대한 상황 추론이다. 우선, 저자와 가이오는 같은 공동체에 있지 않은 듯하다. 형제들이 왔다는 표현에서 알 수 있다. 가이오 공동체에서 저자 공동체로 온 것이다. 두 공동체가 얼마나 떨어져 있는지는 모르지만, 현재 그 두 사람은 같은 공동체에 속해 있지 않은 것은 분명하다. 저자와 가이오에 대한 또 다른 상황 추론에 따르면, 이 둘은 깊은 친분이 있는 사이인 듯하다. 형제들이 저자에게 와서 가이오에 대한 증거를 했다는 것은 그들이 저자와 가이오 사이를 연결했다는 것이다. 저자가 그 형제들에게 물었을 수 있고, 가이오가 근황을 알려주라고 말했을 수도 있다. 혹은 그 형제들이 먼저 말했을 수도 있고, 이 모든 것을 다 포함한 경우일 수 있다. 어쨌든 분명한 것은 가이오에 대한 정보를 저자가 알게 되었고, 그것으로 인해 저자가 기뻐한다고 말한 점이다. 둘은 각별한 관계인 듯하다.

셋째, 가이오에 대한 증거와 관련해 진리(ἀλήθεια)란 단어를 두 번 사용한다. 하나는 '당신의 진리'란 표현이고, 다른 하나는 가이오가 진리 안에서 걷는다는 표현이다. "당신의 진리"(σου τῇ ἀληθείᾳ)란 가이오에 대한 사실이나 소식 등을 의미하는 것이 아니다. 비슷한 표현이 요한삼서 6절에 나오는데, 거기서는 형제들이 "당신의 사랑"(σου τῇ ἀγάπῃ)을 증거했다고 말한다. 사랑의 차원과 관련한 가이오의 어떠함을 증거했다는 것이다. 마찬가지로 3절의 '당신의 진리' 역시 진리 차원과 관련한 가이오의 어떠함을 말하는 것으로 볼 수 있다. 이런 이해는 가이오가 진리 안에 걷고 있다는 내용을 첨언한 것에서도 확인할 수 있다. 가이오가 진리를 잘 붙잡고 있을 뿐 아니라, 그것에 근거해 삶을 잘 살아가고 있다는 것이다.

저자는 1절에 이어 수신자 가이오에 대해 계속 진리라는 단어를 사용하고 있다. 이후 8절에서도 형제들을 말할 때 진리를 사용한 것을 함께 고려한다면, 저자의 진리 언급은 의도적인 듯하다. 아마도 가이오가 진리 차원에서 저자와 같은 입장을 갖고 있음과 그 진리에 근거한 삶을 살아가고 있음을 확증시키고 지지함으로써, 그 안에 계속해서 거하기를 기대하는 마음일 것이다(참고, Jobes, 294-5).

4절 (저자의 기쁨 부연) 왜 가이오에 대한 증거에 기뻐했는지를 부연한다. '나의 자녀들'이 진리 안에서 걷고 있다는 것을 듣는 것보다 더 큰 기쁨은 없기 때문이다. 주목할 것이 몇 가지 있다. 첫째, '나의 자녀들'이라는 표현이다. 영적 의미에서 저자의 복음 전함을 통해 예수를 믿고 하나님과의 관계를 얻게 된 사람들이다. 저자와 가이오와의 관계를 엿볼 수 있을 뿐 아니라, 저자의 초점이 어디에 있는지를 보여준다. 그것은 바로 하나님의 자녀, 하나님의 백성이다. 둘째, 진리 안에 걷고 있다는 표현이다. 요한삼서 3절에서 말한 것을 반복한 것이다. 또한 4절의 기능을 말해줄 뿐 아니라, 진리에 대한 저자의 관심을 부연한 것이다. 셋째, '더 큰 기쁨이 없다'라는 표현이다. 비교급을 부정한 것은 더 이상의 것이 없다는 의미이다. 저자가 무엇을 가장 중요시하는지를 보여준다.

이상을 종합하면 저자는 자신의 영적 자녀들과 성도들, 즉 하나님 자녀들의 상태가 최고 관심사임을 전달한다. 특별히 그들이 진리 안에 거하고, 그 진리로 하나님과의 관계 안에서 잘 지내는 것을 가장 큰 기쁨의 이유로 소개한다. 이 모든 것은 수신자를 향한 목회적 관심과 애정 표현이다.

3. 해설

요한삼서 1-4절은 서신 도입부이다. 짧은 발신자 소개와 긴 수신자 소개를 담고 있다. 수신자에 대한 초점이 잘 전달된다. 특별히 진리에 대한 강조는 인상적이다. 네 번이나 나오기 때문이다. 단순히 단어 횟수뿐 아니라, 문장 구조에서도 그 중요성이 드러난다. 가이오에 대한 인사말(요삼 2)을 3-4절을 통해 진리 안에서의 삶과 연결시킨다. 수신자에게 진리 차원의 중요성을 전달하고 싶은 의도이다. 예수에 대한 진리와 그분을 중심으로 한 하나님의 구원 과정에 대한 진리를 가이오가 굳게 붙잡고 살아가기를 기대하는 것이다.

요한삼서 1-4절은 진리 차원과 함께 또 다른 중요한 것을 수신자에게 전달한다. 수신자를 향한 저자의 사랑이다. 사랑이라는 단어를 세 번이나 사용해 표현한다. 특별히 이 사랑이 진리 안에서 행해지는 것임을 보여주고 있는데, 이는 가이오가 계속 진리와 사랑을 함께 붙잡고 살아가야 하는 것에 대한 본보기 역할을 한다. 진리와 사랑이 어우러진 삶은 서신 본론 부분에서 전달하고 싶은 내용이기도 하다.

제2장
요한삼서 5-8
가이오에 대한 칭찬과 기대

서신의 본론 부분이다. 가이오에 대한 이야기로 시작된다. 요한삼서 2-4절에서부터 가이오에 대한 주제가 계속 진행되고 있지만, 이전 부분과 약간의 구별점이 있다. 가이오에 대한 시점이 다르다. 3-4절은 가이오가 과거에 행한 일에 대한 것이라면, 5-8절은 현재를 중심으로 형제들을 영접했던 혹은 지금도 영접하고 있는 그 일이 계속 진행되어야 함을 다룬다.

내용은 등장인물과 영접 과정과 관련한 시간 순서에 따라 구분할 수 있다. 먼저 요한삼서 5절은 가이오가 영접했거나 영접하고 있는 형제들이 나온다. 지금도 계속하고 있는 가이오의 이런 행동을 신실한 것이라고 칭찬한다. 시간적으로 현재에 해당된다. 6a절에서 가이오에게 환대를 받았던 형제들이 가이오의 사랑에 대해 증거한 것을 언급한다. 시기적으로 과거이며, 가이오의 행위가 가치 있음을 보여주기 위한 것이다. 6b-8절은 순회 전도자들인 형제들을 잘 환송할 것을 말한다. 왜 그런 일을 해야 하는지를 7절에서 설명하고, 저자와 가이오를 포함한 "우리"라는 지시어를 사용해 그런 일에 동참하는 것이 합당함을 8절에서 부연한다. 이는 시간적으로 미래 시점이다. 이런 내용은 아래처럼 정리할 수 있다.

절	내용	특징
5	1. 부름: 사랑하는 자여 2. 가이오의 행동 칭찬: 형제들과 낯선 사람들을 위해 무엇을 행하든 신실하게 행하고 있다.	1. 등장인물: 가이오, 형제들과 낯선 사람들 2. 현재 시점
6a	형제들이 가이오가 과거에 행한 사랑을 증거했다.	1. 등장인물: 가이오, 형제들 2. 과거 시점
6b-8	1. 저자의 기대: 그들을 하나님께 합당한 방법으로 잘 떠나보낼 것을 기대한다. 2. 이유: 그들이 예수의 이름으로 나가서 이방인들에게 아무 것도 받지 않기 때문이다. 3. 부연: '우리'는 진리의 동역자들이 되기 위해 그런 사람들을 잘 영접해야 한다.	1. 등장인물: 가이오, 형제들, '우리' 2. 미래 시점

1. 번역

5 사랑하는 자여, 무엇이든지 당신이 형제들과 특별히 낯선 사람들을 위해 수고한 일들은 신실한 것을 행하고 있는 것입니다. **6** 그들이 당신의 사랑을 교회 앞에서 증거했습니다. 당신은 그들을 하나님께 합당한 방법으로 환송하는 것을 잘 행할 것입니다. **7** 왜냐하면 그 이름을 위해 그들이 밖으로 나갔지만 이방인들로부터 아무것도 받지 않았기 때문입니다. **8** 그러므로 우리는 그런 사람들을 잘 영접해야만 합니다. 우리가 진리에 대하여 동역자들이 되기 위해서입니다.

2. 주해

5절 (가이오가 행한 것을 칭찬함) 수신자 가이오에 대한 주제를 계속 이

어간다. 인사말 부분에서는 가이오에 대해 간접적으로 들은 정보에 대한 반응이 주된 내용이었다면, 이 부분부터는 가이오에 대한 직접적 칭찬과 기대를 드러낸다. 이인칭 단수지시어를 주요 동사로 사용한 것에서 알 수 있다. '사랑하는 자여'라는 호격을 시작으로 가이오가 행하고 있는 것을 칭찬한다. 무엇이든지 형제들과 특별히 낯선 사람들을 위해 수고한 일들은 신실한 것을 행하고 있는 것이다.

형제들이란 요한삼서 3절에서처럼 저자가 보낸, 예수를 증거하는 순회 전도자들이다. 낯선 사람들이란 그들 중에 가이오가 모르는 사람이 있다는 의미이다(Yarbrough, 371). 아마도 3절에서 가이오에 대해 저자에게 좋은 평을 전한 형제들도 포함되어 있을 것이다. 하지만 꼭 그들만 염두에 둔 것 같지는 않다. '행하다'는 현재형 동사(ποιεῖς)를 문장의 주동사로 사용하고 있기 때문이다. 헬라어 현재형은 동사 과정을 아직 끝나지 않고 진행되는 것으로 전달하기 위해 사용한다. 따라서 본문은 가이오가 행한 것을 과거의 사건이든 현재 사건이든 여전히 진행되고 있는 것으로 묘사하여 전달한다. 따라서 3절의 형제들을 포함해 과거에 행한 또 다른 경우를 포함할 수 있으며, 이후에도 가이오가 형제들에 대해 행할 것을 내포하고 있는 것으로 이해할 수 있다. 실제로 저자는 6b-8절에서 형제들을 향한 가이오의 행함이 미래에도 지속될 것을 기대한다고 말한다.

저자는 이런 가이오의 수고에 대해 그가 신실한 일을 행하고 있다고 표현한다. 요한삼서 3절의 표현과 연결하면 진리 안에서, 진리에 따른 신실한 삶을 살고 있다는 의미이다. 새 영역 안에서 하나님과의 관계에 충실한 모습으로 보아도 된다. 이것은 칭찬이고 격려이다. 현재형 표현과 가이오의 행위에 대한 칭찬은 이후에도 그런 일을 계속 행하기를 기대하는 마음의 반영이다. 이 마음은 6b절에서 형제들을 영접하고 환송하기를 기대하는 것으로 나타나고, 데메드리오에 대한 가이오의 영접을 희망하는 12

절을 통해 전달된다.

6절 (순회 전도자들을 영접하고 환송하라) 가이오가 영접한 형제들을 관계대명사의 주어로 사용해 요한삼서 5절과 연결한다. 그들이 가이오('너')의 사랑을 교회 앞에서 증거했다는 것이다(요삼 6a). 가이오에 대한 좋은 평가를 첨가한 것이며, 시간적으로 과거 사건이다. 이런 과거 평가를 추가한 것은 가이오가 순회 전도자 영접하는 일을 현재와 미래에도 계속 하도록 지지하기 위해서이다.

가이오에 대한 형제들의 평가에서 주목할 것이 있다. '증거하다'라는 동사(μαρτυρέω)와 '당신의 사랑'(σου τῇ ἀγάπῃ)이란 표현을 함께 사용한 것이다. 요한삼서 3절과 동일한 형태에서 진리 대신 사랑을 첨가한 모습이다.[1] 3절이 진리에 대한 것이라면, 6a절은 사랑에 대한 것이다. 하지만 형제들이 경험한 것은 동일하다. 가이오가 자신들을 영접했다는 것이다. 결국, 저자는 가이오의 이런 행위를 진리와 사랑을 연결시켜 묘사하는 것이다. 그 순회 전도자들이 예수에 대한 진리를 전하는 것이기에 그들을 영접하는 것은 진리 계명에 신실한 것을 의미하고, 그들을 환대하는 것은 서로 사랑하라는 계명을 이행하는 것이다. 가이오의 행위를 새 영역 안에 있는 신자가 지켜야 할 하나님의 두 계명을 충실히 이행하는 것으로 설명한 것이다(참고, 요일 3:23). 여기서 중요한 것은 진리 차원의 공유이다. 만일 그 순회 전도자가 진리를 공유하고 있지 않다면 영접하면 안 된다. 요한이서 10-11절에서는 그런 사람들을 집에 들이지도 말고 인사도 하지 말라고 한다. 이런 면에서 진리라는 공통분모 안에서 사랑을 행해야 한다. 요한이서의 경우처럼(진리[요이 4] - 사랑[요이 5]) 저자가 가이오의 행위를 진리와 사랑의 순서로 묘사한 것은 의미 있어 보인다.

---

1. 요삼 3: μαρτυρούντων σου τῇ ἀληθείᾳ; 요삼 6a: ἐμαρτύρησάν σου τῇ ἀγάπῃ.

가이오에 대한 형제들의 과거 증거는 요한삼서 6b절에서 미래에 대한 기대로 연결된다. 가이오가 하나님께 합당한 방법으로 형제들을 환송하는 것을 잘 행할 것이다(요삼 6b). 5절에서 사용한 '행하다' 동사의 미래형을 사용한다. 5절과 연속성 있는 과정으로 묘사하고 싶기 때문이다. 5절은 순회 전도자들을 '영접'하는 행위가 지속되기를 바라는 마음에서 현재형 표현과 함께 '신실한 일'이라는 긍정 평가를 첨가한다. 이후 6a절에서 그런 일에 대한 과거의 좋은 평가를 추가한 후, 6b절에서 '행하다' 동사의 미래형을 통해 순회 전도자들에 대한 가이오의 실제적 미래 행동을 촉구한다. 그들을 잘 '떠나보내는 것'이다. 이렇듯 저자는 영접과 환송의 전 과정을 담기 위해 5절에서 사용한 것과 동일한 표현을 사용한 듯하다.

순회 전도자들을 잘 환송하는 것은 아마도 지속적 관심과 물질적 도움이 포함되어 있을 것이다. 저자는 이런 모습을 하나님께 합당한 방법이라고 말한다. 순회 전도자를 영접하고 보내는 것이 하나님과 관련 있음을 상기시키려는 것이다. 실제로 그들이 전하는 것은 예수로 인한 하나님의 사랑과 구원에 대한 진리이기에 그들을 영접하는 것은 그들과 관계있는 하나님을 영접하는 것이다. 또한 그들을 잘 보내는 것은 그들이 또 다른 곳에서 예수에 대한 진리를 잘 증거할 수 있도록 돕는 것이기에 하나님의 진리를 표현하는 방법이기도 하다(참고, Jobes, 303). 물론 이것은 하나님의 사람들을 사랑하는 것이기에 사랑의 계명을 실천하는 것이기도 하다. 이런 면에서 순회 전도자들을 잘 영접하여 보내는 것도 진리와 사랑의 계명과 관련된 것이고, 하나님과의 관계성 안에서 행해지는 것이다. 저자는 가이오가 이런 관점으로 그 일들을 계속 행하기를 요청하는 것이다. 구체적으로 요한삼서 12절에서 데메드리오를 영접하고 환송하기를 권면하는 것으로 연결된다.

7절 (순회 전도자들을 영접하고 환송해야 하는 이유) 저자가 보낸 순회 전도자를 잘 영접하고 환송해야 하는 이유를 설명한다. 두 가지 이유가 있다. 첫째, 그들이 순회 사역을 하는 목적 때문이다. 그 목적은 바로 '그 이름'을 위해서다. 여기서 그 이름은 하나님의 아들이자 구약에서 약속한 메시아 예수의 이름이다. 그분으로 인한 하나님의 사랑과 구원 과정을 전하여 사람들로 하여금 어둠에서 빛으로 옮김받고 하나님과 새 언약 관계 안에 거하게 하기 위해서이다. 이들의 목적은 '밖으로 나갔다'라는 표현(ἐξέρχομαι)에서도 엿볼 수 있다. 단순히 전도하기 위해 교회를 떠났다는 의미가 아니다. 이 표현은 요한서신에서 네 번 사용되는데, 이 부분을 제외한 모든 경우는 거짓 교사들의 출현을 의미한다. 어쩌면 저자는 거짓 교사들과 다른 존재들이 세상에 있음을 표현하고 싶었는지 모른다. 거짓 교사들은 예수에 대한 거짓 가르침을 가지고 세상에 나타났다면, 저자가 보낸 순회 전도자들은 바른 진리를 가지고 간 사람들이다. 거짓 교사들과 다르게 진리로 사람들을 인도하고 교회를 세우는 일을 하는 사람들이다. 진리와 관련된 고귀한 목적을 가지고 일하는 사람들이기에 그들을 잘 영접하고 도와야 한다는 것이다.

둘째, 그들이 이방인들로부터 아무런 공급을 받지 않기 때문이다. 이방인이란 비유대인이라기보다는 믿지 않는 사람들을 의미하는 것으로 볼 수 있다(Yarbrough, 370). 순회 전도자들은 복음을 전할 때 믿지 않는 자들에게서 대가를 받지 않기 때문에, 그들이 지속적으로 사역하기 위해서는 믿는 신자들과 교회의 도움이 절대적으로 필요하다. 신약 여러 곳에 이런 경우들이 나타난다(예, 마 10:8; 고전 9:14; 고후 12:14; 살전 2:9; 참고, *Did* 11:4-6). 그들의 실제 필요를 채우는 것은 신자를 사랑하는 방법이기도 하다. 결론적으로 순회 전도자들을 잘 영접하고 환송해야 하는 이유는 그들이 진리와 관련한 사역을 하기 때문이며 사랑으로 섬기고 동참해야 하기 때문이다. 이 내용은 요한삼서 8절에서 다시 확인된다.

8절 (순회 전도자를 영접하고 환송함으로 진리에 동참하라) 요한삼서 7절에 이어 순회 전도자들을 잘 영접하고 환송해야 하는 이유를 마무리한다. 7절이 순회 전도자들에 관한 이유였다면, 8절은 저자와 가이오와 관련된 것이다. 처음으로 서신에서 일인칭 복수 지시어('우리')가 사용된다. 저자와 독자와의 유대감과 함께, 순회 전도자에 대한 일은 모든 그리스도인들이 공유해야 하는 것임을 확인시키려는 것이다(참고, Harris, 264; Marshall, 87). 여기서 저자가 강조하려는 것은 순회 전도자가 가진 진리 차원과의 연결이다. 이는 함께 일하는 동역자가 되기 위해서라는 표현을 통해 확인할 수 있다. 순회 전도자가 예수의 이름을 위해 복음전파 사역을 하기에 그들을 돕는 것은 그 사역을 함께 하는 것이다. 사랑의 차원도 있지만, 진리의 차원이 우선이다.

진리를 중요시하는 요한삼서 8절의 내용은 순회 전도자들을 영접하는 것과 관련해 흥미로운 구조를 만든다. 진리에 대한 것을 시작(요삼 3-4)과 끝(요삼 8)에 배치시키고, 사랑에 대한 것(요삼 6)을 가운데 위치시키는 구조이다. 이런 구조는 가이오로 하여금 순회 전도자들을 돕는 것이 진리에 동참하고 사랑의 계명을 이행하는 것임을 잘 전달한다.

3. 해설

요한삼서 5-8절은 본론 첫 부분으로서 순회 전도자들과 관련해 가이오가 계속해서 좋은 역할을 해주기를 기대하는 내용이다. 그 순회 전도자들은 저자의 교회에서 보낸 사람인 듯하다. 예수의 복음을 전하는 사람들로서 가이오가 아는 사람일 수도 있고 모르는 사람일 수도 있다. 예수를 모르는 낯선 사람들에게 복음을 전하면서 여행하기 때문에 머물 곳과 먹

거리 등의 도움이 필요한 사람들이다. 저자는 가이오에게 이런 사람들을 잘 영접하고 환송해 줄 것을 부탁한다. 그동안 가이오가 이런 형제들을 위해 해왔던 일들을 칭찬함으로 시작한다(요삼 5). 이후 가이오에게서 받은 사랑의 환대를 형제들이 교회에서 증거했다고 말함으로써 가이오의 행위를 격려하고(요삼 6a) 앞으로도 그런 일들을 지속해 줄 것을 기대한다(요삼 6b). 이후 왜 그들을 영접하고 환송해야 하는지에 대한 이유를 첨가하여 마무리한다. 크게 두 가지 때문이다. 하나는 순회 전도자들 자체에 대한 것이다. 그들이 진리를 증거하는 자이고 실제적 도움이 필요한 사람들이기 때문이다(요삼 7). 또 다른 이유는 저자와 가이오에 대한 것이다. 그들을 환대함으로써 진리를 위해 함께 일하는 동역자가 되기 때문이다(요삼 8).

요한삼서 5-8절 내용은 전체적으로 가이오와 관련해 저자의 두 가지 강조점을 담고 있다. 첫째, 진리와 사랑에 대한 강조이다. 순회 전도자를 영접하는 것은 사랑의 행동이다. 그 일은 또한 진리를 위한 일이기도 하다. 예수의 이름에 대한 진리를 전하는 자들이기에 그들을 돕는 것은 진리에 동참하는 것이기 때문이다. 마치 선교사를 돕는 것은 복음을 함께 전하는 동역자가 되는 것이며, 그들을 사랑하는 표현이기도 한 것처럼 말이다. 이런 면에서 순회 전도자를 영접하는 것은 진리의 계명과 사랑의 계명을 실천하는 일이기도 하다. 하지만 저자는 진리 차원이 선행되어야 하며, 진리 안에서 사랑을 해야 함을 분명히 한다. 저자가 요한삼서 7-8절에서 순회 전도자를 영접해야 하는 이유를 진리와 관련해 제시하기 때문이다. 또한 순회 전도자들에 대한 권면의 초점이 요한이서와 요한삼서가 다른 것에서도 확인할 수 있다. 요한이서의 경우는 진리를 가르치지 않기 때문에 집에 들이지도 말라고 하는 반면, 요한삼서는 바른 진리를 전하는 자들이기에 적극적으로 영접하고 도우라고 말한다. 결국, 저자가 가이오에게 전달하고 있는 삶의 원리는 진리의 계명과 사랑의 계명을 함께 붙잡고 가야 하지만, 진리로 분별해서 사랑의 모습으로 표현되는 것이 중요하다는 것이다.

둘째, 저자가 보낸 순회 전도자들을 실제로 잘 영접하라는 것이다. 이것은 저자가 보낸 사람들을 잘 영접하지 않은 디오드레베의 경우(요삼 9-11)와 저자가 가이오에게 보낼 데메드리오를 영접하라는 요한삼서 12절의 내용으로 연결된다.

제3장
요한삼서 9-12
디오드레베에 대한 책망과 데메드리오에 대한 추천

요한삼서 본론의 두 번째와 세 번째 내용이다. 9절은 '내가 편지를 쓴다'는 일인칭 단수 동사를 통해 이전과의 불연속성을 나타낸다. 또한 디오드레베라는 새로운 등장인물 역시 주제의 이동을 말해준다. 이는 11절까지 진행된다. 한편 12절에는 데메드리오라는 또 다른 인물이 등장한다. 9-11절과 불연속을 보여준다. 서신 본론의 세 번째 내용이다. 이런 불연속성에도 불구하고 모든 내용이 가이오라는 개인에게 쓴 서신의 일부분이다. 가이오에 집중한 이전 부분과 연관성이 있으며, 그 관련성 안에서 본문을 읽어야 한다.

이 부분의 구조는 등장인물을 중심으로 디오드레베에 대한 요한삼서 9-11절과 데메드리오에 대한 12절로 구분할 수 있다. 9-11절은 디오드레베가 한 일과 그에 대한 저자의 평을 다룬 9-10절과 그 일로 가이오에 대해 반면교사의 권면을 하는 11절로 구분할 수 있다. 다음처럼 정리할 수 있다.

절	내용	등장인물
9-11	* 디오드레베에 대해 1. 디오드레베가 한 일들(요삼 9-10) 저자의 편지를 가지고 간 형제들을 영접하지 않고, 영접하고자 하는 자를 쫓아냄 2. 가이오에 대한 권면과 부연(요삼 11) 1) 권면: 악한 것을 본받지 말고 선한 것을 본받으라. 2) 부연: 선을 행하는 자는 하나님께 속했고, 악을 행하는 자는 하나님을 보지 못했다.	디오드레베, 우리, 가이오
12	* 데메드리오에 대한 추천 많은 사람과 진리에 대해서도 증거를 받은 사람이며 저자도 증거하는 사람이다.	데메드리오

1. 번역

9 내가 교회에게 어떤 것을 썼었습니다. 그러나 그들 중에 으뜸 되기를 좋
아하는 디오드레베가 우리를 영접하지 않습니다. **10** 이런 이유로 만일 내
가 가면 그의 행위들, 곧 악한 말로 우리를 폄하한 것을 기억할 것입니다.
그리고 이런 것들에 만족하지 않고 그 자신이 형제들을 영접하지도 않았습
니다. 또한 영접하기를 원하는 사람들을 못하게 하고 교회 밖으로 내쫓았
습니다. **11** 사랑하는 자여, 악한 것을 본받지 말고 선한 것을 본받으십시오.
선을 행하는 사람은 하나님께 속해 있습니다. 악을 행하는 사람은 하나님
을 뵙지 못했습니다. **12** 데메드리오는 모든 사람들에 의해 증거를 받았고
동일한 진리에게서도 증거를 받았습니다. 그리고 우리 또한 증거합니다.
그리고 당신은 우리의 증거가 참인 것을 알고 있습니다.

2. 주해

9절 (디오드레베 상황 소개) 서신 본론의 두 번째 부분이다. 가이오에서 디오드레베에 대한 것으로 주제를 전환한다. 특별히 디오드레베가 순회 전도자들에게 행한 것에 초점을 맞춘다. 저자가 이전에 어떤 것을 써서 교회들에게 전했는데, 디오드레베가 그 순회 전도자들을 환대하지 않았다. 상황을 이해하기 위해 네 가지 정보를 확인해야 한다.

첫째, 여기서 말한 교회이다. 어떤 이들은 가이오와 디오드레베가 함께 속해 있는 공동체를 의미한다고 본다(Brooke, 187; Haas 외, 81; Marshall, 88; Stott, 228). 하지만 이인칭 지시어를 사용해 '너희 중'으로 말하지 않고 삼인칭 지시어로 '그들 중에' 으뜸이 되기를 좋아한다고 말한 것으로 보아 가이오와 디오드레베는 같은 공동체 구성원이 아닌 것으로 보인다(Brown, 1982: 717). 아마도 디오드레베가 속해 있는 공동체만을 의미한다고 보는 것이 좋겠다(Akin, 246; Derickson, 683; Jobes, 314). 가이오의 교회와 디오드레베의 교회는 저자와 연결되어 있는 지교회들로 보인다.[1] 서로 얼마나 떨어져 있는지 모르지만, 가이오와 디오드레베는 알고 있는 사이인 듯하다. 디오드레베에 대한 추가 설명 없이 가이오에게 이야기하고 있기 때문이다.

둘째, 디오드레베의 정체이다. 이름의 뜻은 제우스에 의해 양육된 자이다. 동일한 이름이 구약 칠십인역(LXX) 성경에 등장하지 않는 것으로

1. 흥미롭게도 올슨(B. Olsson)은 유대 공동체를 의미한다는 독특한 주장을 한다(Olsson, 14). 그는 디오드레베는 유대교 회당에 여전히 속해 있는 사람으로 보고, 저자가 보낸 사람들을 저자에게 속하지 않았지만 동일한 복음을 전하는 순회 전도자로 여긴다. 디오드레베가 그 순회 전도자들을 거절하자 저자는 디오드레베가 진리를 거절한 것이라고 책망하고, 가이오에게 그 순회 전도자들을 영접할 것을 권면하는 것이 요한삼서의 내용이라고 주장한다(Olsson, 20-44).

보아 비유대인인 듯하다(Olsson, 15). 저자가 서신과 함께 사람을 보낸 것을 보면 수신자는 저자 공동체와 떨어져 있지만 서로 알고 있는 사이인 것 같다. 디오드레베는 교회에서 영향력 있는 사람인 듯하다. 저자가 보낸 사람들을 영접하지 않았고, 또 영접하려는 사람들을 영접하지 못하게 막을 수 있었기 때문이다(요삼 9-10). 하지만 그 외의 정보는 알기 어렵다. 저자는 디오드레베를 으뜸 되기를 좋아하는 자(φιλοπρωτεύων)로 평한다. 신약에서 이 부분에만 나온다. 아마도 '최고를 사랑하는' 의미를 지닌 형용사 '필로쁘로또스'(φιλόπρωτος)와 유의어일 것이다(BDAG, 1058). 이 평가는 저자가 보낸 사람들을 거절한 것과 관련 있는 듯하다.

셋째, 저자가 교회에게 쓴 것이 무엇인가이다. 서신을 의미한다는 것에는 공통적이지만, 그 구체적 성격에 대해서는 의견이 갈린다. 크게 두 가지 견해가 있다. 하나는 저자가 디오드레베에게 보낸 추천서 형식의 서신으로 보는 것이다(Akin, 246; Marshall, 88; Smalley, 1984: 353; Schnackenburg, 296). 또 다른 견해는 요한일서를 포함하든 그렇지 않든 요한이서라고 생각하는 것이다(Painter, 364; Strecker, 1996: 253-4; Yarbrough, 377).

넷째, 디오드레베가 저자의 사람들을 거절한 이유이다. 세 번째 질문과 연결되어 있다. 저자가 이전에 써 보낸 것을 순회 전도자들에 대한 추천서로 보는 사람들은 디오드레베의 거절을 저자의 권위를 무시한 것이거나(Marshall, 90) 순회 전도자들을 환대하지 않은 문제로 이해한다(Kruse, 226; Malherbe, 222-32; Mitchell, 299-320; Brown, 1982: 738). 교회에서의 권위 혹은 윤리 문제를 핵심으로 보는 것이다. 디오드레베를 으뜸 되기 좋아하는 사람으로 평가한 것이나 요한삼서 2-8절에서 가이오가 순회 전도자들을 영접한 것을 칭찬하고 그런 것을 계속 해주기를 기대한 것, 그리고 12절에서 데메드리오를 추천하는 것과 연결지어 이해한 것이다. 한편, 저자가 보낸 것을 요한이서로 보는 사람들은 신학 문제를 중요시한다. 디오드레베가 요한일서나 요한이서에서처럼 예수의 정체성과 사역에 대해 다른 이해를 갖고 있기에 저자가 보낸 사람을 거절했다는 것이다.

이 둘 중 하나 혹은 이것들을 응용한 형태들을 선택해 당시 정황을 재구성하는 작업은 상당히 어렵다. 본문은 구체적 상황을 말해주지 않고, 당시 일을 말해줄 수 있는 생존자도 없기 때문이다. 서신들을 통해 몇 가지 전제와 단서를 통해 대략의 윤곽과 그림자를 그려보는 것이 최선일 것이다. 이 작업을 위해 몇 가지 전제와 단서들을 살펴보자.

첫 번째는 요한서신 저자가 동일인이라는 전제이다. 물론 다르게 생각하는 학자들도 많지만, 본 주석은 세 서신의 저자가 예수의 사역을 직접 경험한 사도 요한이라고 본다. 저자는 요한이서나 요한삼서에서 자신을 장로로 표현한다. 수신자들을 알고 있을 뿐 아니라, 그들에 비해 상대적으로 권위 있는 존재임을 드러내는 것이다. 그 권위의 핵심은 예수에 대한 진리이다. 그는 예수의 일차 목격자일 뿐 아니라 예수에 대한 복음을 전해서 교회를 세운 사람이다. 그렇다면, 가이오와 디오드레베에 대한 태도 역시 진리에 근거한 권위를 반영하는 것으로 이해할 수 있다.

두 번째는 동일 저자의 관심사이다. 세 서신은 모두 빛의 영역에서 하나님과의 관계를 언급하고 있고, 그 관계 안에서 진리와 사랑의 계명을 중요시 여긴다. 요한일서와 요한이서에 의하면 진리의 핵심은 예수를 구약에서 약속한 하나님의 아들이자 메시아로 인정하는 것이다. 이것은 유대교 이해와의 충돌을 배경으로 하는 듯하다. 사랑은 진리 안에서 함께 하나님의 자녀 된 사람들을 사랑하는 것이다. 요한삼서는 계명이라는 단어를 사용하지 않지만, 여전히 진리와 사랑의 차원을 강조한다. 가이오를 소개할 때 진리 안에서 사랑한다고 말하며(요삼 1) 순회 전도자들('형제들')

을 환대한 것을 진리 안에서 행한 것이라고 칭찬하고(요삼 3-4) 그 행위를 사랑이라고 말한다(요삼 6). 진리와 사랑의 결합이다. 이러한 점에서 요한삼서는 요한일서나 요한이서와 맥을 같이 한다. 그렇다면 세 서신 모두 동일한 저자가 동일 관심사를 표현하는 것으로 볼 수 있다. 물론 요한삼서 경우 수신자 상황이 다른 두 서신과 다를 수 있지만, 동일 강조점을 유지하고 있다는 것은 저자의 관심 또한 크게 다르지 않을 수 있음을 반영한다. 따라서 저자는 요한삼서에서도 예수에 대한 바른 정체성과 사역 이해, 그리고 그것에 근거한 사랑의 삶을 기반으로 서신을 쓰고 있다고 볼 수 있다.

세 번째는 요한삼서에 나온 순회 전도자들 모습이다. 그들은 단순히 방문객이나 여행자가 아니다. 요한삼서 7절에서 말한 것처럼 예수의 이름을 위해서 나가는 사람들이다. 예수를 통한 하나님의 구원 진리를 전하는 사람이기에, 그들과 관련된 모든 것은 진리와 연결되어 있다. 따라서 순회 전도자들을 영접하고 환송하는 문제를 단순히 사랑의 실천이나 윤리 차원으로 이해하는 것은 순진한 관찰이고 저자의 의도를 인지하지 못한 것이다. 일차적으로 진리에 동참하느냐, 그렇지 않느냐 문제이다. 8절에서 가이오에게 형제를 영접하고 환대하는 것을 진리에 동참하는 동역자 모습으로 표현한 이유가 이 때문이다. 저자는 가이오에게 단순히 영접과 환송을 주문하는 것이 아니다. 진리에 함께 하라는 요청이다. 바로 여기서 요한삼서가 주제적으로 요한일서나 요한이서와 연결된다. 예수에 대한 진리를 중요 요소로 먼저 인식하고 그 안에서 사랑을 행하는 것이다. 그렇다면 9절에서 언급한 저자가 쓴 서신은 요한이서일 가능성이 전혀 없는 것은 아니다. 이 서신을 추천서로 보는 학자들은 요한이서가 사람들을 교회에게 추천하는 형식이 아니기에 그 가능성을 배제한다. 하지만 오히려 단순한 추천서보다는 요한이서 같은 서신이 더 확실한 보증일 수 있다. 진리에 대한 저자의 서신을 소지했다는 것은 진리에 대한 저자의 보증서를 갖고 있다고 볼 수 있기 때문이다. 진리를 증거하기 위해 순회하는 전도자들에게는 아주 좋은 추천서일 수 있다.

네 번째로 순회 전도자와 관련된 핵심이 진리 문제라면, 저자가 보낸 사람들을 디오드레베가 영접하지 않은 것도 진리 차원에서 접근해야 한다. 정확히 무슨 이유에서 그렇게 했는지는 모른다. 하지만 저자는 그 모습을 단순히 자신에 대한 개인적 거절이나 손님 접대를 하지 않는 차원으로 인식하지 않았을 것이다. 그렇기에 으뜸 되기 좋아한다는 디오드레베 모습도 단순히 경쟁심이나 자신의 위상을 높이는 개인 윤리의 차원이 아니라, 저자가 전하는 진리를 거절하는 차원이나 심하게는 예수에 대한 진리를 거절하는 것으로 보았을 가능성이 있다. 비록 저자가 디오드레베의 행위를 요한일서나 요한이서에서 언급된 거짓 교사들이나 적그리스도와 연결된 것으로 인식했는지는 명확하지 않다. 그 서신들에서 사용한 표현을 언급하지 않기 때문이다. 하지만 진리와 관련해 심각한 일탈로 인식했을 가능성이 높다.

이런 관찰들을 종합하면 당시 상황의 그림자를 이렇게 정리할 수 있을 것 같다. 저자는 복음의 진리를 전하는 순회 전도자들을 파송했다. 이때, 교회에 어려움을 주었고 여전히 악영향을 끼치고 있는 잘못된 가르침을 조심하라는 서신을 동봉해서 보냈을 가능성이 높다. 그 서신은 순회 전도자들에게 저자의 좋은 추천서 역할을 했을 것이다. 하지만 무슨 이유에서인지 디오드레베는 저자가 보낸 사람들을 영접하지 않았다. 저자에게 이 거절은 단순히 순회 전도자들을 영접하지 않은 차원이 아니다. 본질적으로 그들이 전하는 진리에 대한 거절이고, 그 진리를 목격하고 가르친 저자에 대한 거절이기도 하다. 디오드레베는 '우리'를 거절한 것이다. 더 나아가 이 거절은 진리의 근원인 예수와 하나님에 대한 거절로 이어진다고 생각한 듯하다(참고, 요삼 11). 그뿐만 아니라, 이 거절은 신자를 사랑하라는 예수의 계명도 어긴 것으로 이해했을 것이다.

10절 (디오드레베가 한 일들) 요한삼서 9절과 연결해 디오드레베 행위에 대한 저자의 반응과 평가가 계속된다. 조건문을 사용해 전개한다. '만일'이라는 조건절 내용은 저자의 방문 가능성을 말한다. '이런 이유로 만일 내가 가면 …' 하지만 이 방문은 확실하게 결정된 것이 아닌 듯하다. 가상 상황을 위해 행동이나 사건을 투영하는 제삼 조건문 형식(ἐὰν + 가정법)을 사용하기 때문이다(참고, Porter, 1992: 262). 기회가 되면 갈 수도 있다는 것이다. 중요한 것은 주절 내용이다. 혹시 가게 되면 디오드레베가 한 것은 기억하겠다고 한다.

저자가 기억하려는 디오드레베의 행위는 크게 네 가지이다. 첫째, 악한 말로 '우리'를 폄하한 것이다. 일인칭 복수를 사용한 것은 저자와 그가 보낸 사람들을 하나로 인식하고 있음을 의미한다. 실제로 디오드레베가 저자와 저자가 보낸 사람들에게 악담을 했을 수 있다. 그런데 저자가 사용하고 있는 '악한 말'이란 표현을 주목할 필요가 있다. 디오드레베의 행위가 단순히 환대를 하고 안 하고의 윤리 차원의 문제가 아님을 짐작케 한다. 요한일서와 요한이서에 사용된 "악한"(πονηρός)이라는 형용사는 어둠의 영역에 속한 특징으로 제시되기 때문이다(요일 2:13, 14; 3:12[x2]; 5:18, 19; 요이 11). 특별히 요한이서 11절은 동일한 단어를 통해 거짓 교사들을 집으로 들이는 것은 그들의 악함에 참여하는 것이라고 말한다. 따라서 '악한 말'이란 하나님과의 관계성을 배경으로 어둠의 영역에 속한 행위를 했다는 것으로 볼 수 있다. 진리 문제와 연관성 있어 보인다. 그렇다면, 디오드레베의 행위는 빛의 영역에 속한 자에게는 합당하지 않은 것임을 전달하는 것이다. 사랑의 계명을 행하지 않는 것이기도 하지만, 보다 근본적으로는 진리 계명을 행하지 않은 것이다.

둘째, 형제들을 영접하지 않은 것이다. 요한삼서 9절의 내용이다. 하지만 몇 가지 차이를 보인다. 9절에서는 '우리'를 영접하지 않았다고 말하지만, 여기서는 형제들을 영접하지 않았다고 한다. 실제로 벌어진 사건은 저자가 보낸 형제들을 영접하지 않은 것이다. 하지만 그들을 영접하지 않은 것은 그들을 보낸 저자를 거절한 것이기에 '우리'를 거절했다는 9절의 표현은 틀린 것이 아니다. 이 외에도 저자는 두 가지를 더 첨가해 디오드레베의 행동을 강조한다. 하나는 '이런 것들에 만족하지 않고'라는 표현이다. 저자와 저자가 보낸 사람들에 대해 악한 말로 폄하하는 것에 만족하지 않고 실제 행동을 추가했다는 의미이다. 여러 차원에서 거절했다는 것을 말하려는 것이다. 또 다른 첨가는 대명사 '아우또스'(αὐτός, "그 자신이")이다. 이 단어는 강조를 위해 사용된 것으로(LN, 92.H) 디오드레베 자신이 영접하는 것을 거절했다는 말이다. 그의 적극적이고도 의지적인 거절을 강조한다.

셋째, 형제들 영접하기를 원하는 사람들을 막은 것이다.

넷째, 그런 사람들을 교회 밖으로 내쫓은 것이다. 이 마지막 두 행동은 디오드레베에 대한 몇 가지 추가 정보를 제공해 준다.

우선, 디오드레베는 공동체의 지도자 위치에 있었던 것 같다. 사람들의 행위를 막을 수 있고 공동체 밖으로 내쫓을 수 있었기 때문이다. 또한 이 행동은 저자에 대한 강한 반감을 보여준다. 단순히 저자가 보낸 형제들을 개인적으로 거절한 데서 그치지 않고, 그들을 영접하기 원하는 공동체의 지체들에게 적극적 반대 행동을 했기 때문이다. 이것은 그들을 보낸 저자에 대한 강한 반대의 표현이다. 그뿐만 아니라, 이런 행동은 저자가 디오드레베를 어떻게 인식했을까를 짐작할 수 있는 단서가 되기도 한다. 흥미롭게도 저자가 보낸 사람들이 경험한 거절은 요한이서 10-11절의 내용을 역으로 당한 모습처럼 비쳐진다. 10-11절은 거짓 가르침을 가지고 간 사람들을 영접하지도 말고 인사도 하지 말라고 당부한다. 그들의 가르침에 참여하는 것이 될 수 있기 때문이다. 그런데, 오히려 저자가 보낸 사람들이 동일한 상황을 당한 것이다. 이 때문에 아마도 저자는 디오드레베의 행동을 진리의 계명에 반하는 차원으로 인식했을 듯하다. 더 나아가 이 상황은 디오드레베의 행동을 다른 진리를 가르치는 거짓 교사와 연관성 있는 것으로 의심하게 만들었을지 모른다(Painter, 364-5, 375-7). 이런 이유 때문에 저자는 디오드레베를 으뜸 되기 좋아하는 사람이라고 평했는지 모른다. 진리의 권위보다 자신을 더 앞세운다는 의미에서 말이다.

11절 (악을 따르지 말고 선을 행하라) 요한삼서 9-10절에서 서술한 디오드레베의 행위에 근거해 가이오에게 권면한다. '사랑하는 자여'라는 표현을 시작으로(참고, 요삼 1, 5) 악한 것을 본받지 말고 선한 것을 본받으라고 명령한다. 이것이 요한삼서에서 처음 사용된 명령법이다. 이 명령은 디오드레베의 경우를 언급한 이유일 뿐 아니라, 서신 전체를 통해 가이오에게 전하고자 하는 핵심 주제가 무엇인가를 보여준다. 한마디로 디오드레베처럼 하면 안 된다는 것이다. 표면적으로는 디오드레베처럼 형제들을 거절하지 말라는 의미이다. 12절에서 소개할 데메드리오를 영접하라는 것도 포함된다. 하지만 더 깊은 의미가 있다. 단순히 디오드레베처럼 하지 말라고 말하지 않기 때문이다. 대신 선과 악의 대조를 통해 따라야 할 것과 따르지 말 것을 분별해 행하라고 것이다. 선과 악은 단순히 행위의 옳고 그름이 아니다. 어둠의 영역에 속한 것과 빛의 영역에 속한 것의 대조이다. 디오드레베가 저자가 보낸 순회 전도자들을 영접하지 않은 것은 진리의 계명과 사랑의 계명을 지키지 않은 것이다. 마치 어둠의 영역에 속한 자처럼 행한 것이다. 비록 교회 공동체의 구성원이고 더 나아가 지도자 위치에 있지만, 요한일서 3:23에서 말한 하나님의 두 계명을 지키지 않은 것이다. 이는 새 영역으로 옮김받은 자가 보여야 할 모습이 아니다. 그렇기에 당연히 빛의 영역에 속한 가이오는 그것을 본받지 말아야 한다.

디오드레베의 행위와 가이오에 대한 권면을 두 영역 관점으로 다룬 것은 명령의 이유를 제공한 것에서도 확인할 수 있다. 선을 행하는 사람은 하나님께 속해 있지만, 악을 행하는 사람은 하나님을 뵙지 못했다고 말한다. 선을 행하는 것과 악을 행하는 것을 하나님과의 관계와 연결시킨 표현이다. 소속 전치사 '에끄'(ἐκ)를 사용해 '하나님께 속해 있다'고 표현한 것은 구원의 새 영역에서 하나님과 관계를 맺고 있음을 의미한다. 이것은 요한일서에서 많이 언급된 것이다(요일 2:16, 3:8; 3:10; 4:1, 2, 3, 4, 6, 7, 13; 5:1, 4, 18, 19). 이것과 반대 상황을 묘사하는 '하나님을 모른다' 역시 요한일서 3:6에서 새 영역과 상관없는 상태를 의미하는 것으로 사용된 것이다. 저자는 선을 행하는 것과 악을 행하는 것은 단순히 윤리 차원이 아닌, 각 사람의 소속과 정체성과 연결된 행동임을 말하려는 것이다. 이런 면에서 디오드레베의 행위는 생각보다 심각한 것이다. 빛의 영역에 속한 사람에게 합당한 행동이 아니라고 말하는 것이다. 심지어 어둠의 영역에 속한 행동이라고 표현하고 있기 때문이다. 명령의 이유를 이런 식으로 제공한 것은 디오드레베 일의 심각성을 전달할 뿐 아니라, 가이오로 하여금 절대로 본받지 말아야 할 일임을 강조하는 것이다.

12절 (데메드리오에 대한 칭찬) 디오드레베에 대한 이야기를 끝내고 데메드리오라는 새로운 주제로 옮겨간다. 가이오와 디오드레베와 함께 요한삼서에서 세 번째로 언급된 이름이다. 수신자 가이오에게 데메드리오를 추천한다. "데메드리오는 모든 사람들에 의해 증거를 받았고 동일한 진리에게서도 증거를 받았습니다. 그리고 우리 또한 증거합니다. 그리고 당신은 우리의 증거가 참인 것을 알고 있습니다".

데메드리오에 대한 직접적이고도 구체적 설명을 제공하는 형태는 아닙니다. 대신 여러 증인들을 나열함으로써 데메드리오가 믿을 만한 사람임을 보여준다. 세 가지 증인을 열거한다. 첫째, 모든 사람들(ὑπὸ πάντων)이다. 많은 사람들이라는 말로서, 여러 사람들에 의해 공인(公認)받은 사람이라는 것이다. 이를 통해 신뢰를 더해준다. 둘째, '동일한 진리'이다. 데메드리오가 복음의 진리를 증거하는 사람임을 말해준다. 이는 요한삼서 7절에서 언급된 예수의 이름을 위해 세상에 나간 순회 전도자 중 하나이기에 가이오가 영접해야 하는 사람 중 하나이다. 그뿐만 아니라, 저자와 가이오가 공유하고 있는 진리를 전하는 자이기에 '우리 편'이다. 따라서 이 사람을 영접하는 것은 사랑의 계명을 행하는 것이지만, 보다 근본적으로 진리의 계명을 지키는 것이기도 하다. 셋째, '우리'이다. 저자를 포함한 공동체가 보증한다는 것이다. 이 역시 저자와 긴밀한 관계를 갖고 있는 가이오에게는 데메드리오에 대해 많은 신뢰를 줄 수 있는 증거이기도 하다. 세 번째 증인과 관련해 '우리'의 증거가 사실임을 가이오가 알고 있다는 표현을 첨가한다. 저자와 가이오와의 관계를 기반으로 데메드리오가 신뢰할 수 있는 사람임을 전달한다.

이런 추천 표현들은 데메드리오에 대한 몇 가지 정보를 추론하게 한다. 첫째, 저자가 보낸 사람으로서 아마도 요한삼서를 가지고 가이오에게 갈 사람인 듯하다. 둘째, 가이오와 서로 아는 사이가 아닌 것 같다. 셋째, 예수의 이름을 증거하는 순회 전도자일 것이다. 넷째, 바른 복음을 가지고 신실하게 전하는 귀한 사람이다. 저자를 비롯한 여러 사람이 보증하는 사람이기 때문이다.

뿐만 아니라, 데메드리오에 대한 이런 정보는 왜 앞부분에서 가이오에 대한 칭찬과 기대(요삼 2-8)를 기술하고 디오드레베와 관련한 명령(요삼 9-11)을 다루었는가를 짐작케 한다. 이 두 부분 모두 저자가 보낸 순회 전도자에 대한 영접과 환송과 관련 있는데, 데메드리오가 바로 그런 순회 전도자 중 하나이다. 또한 그 두 부분이 진리를 전하는 사람들을 영접함으로써 진리에 동참하고 사랑을 행할 것을 다루는데, 데메드리오가 바로 그 진리를 전하는 사람이다. 그렇기에 가이오에 대한 칭찬과 기대, 그리고 디오드레베의 경우를 소개한 이유는 가이오로 하여금 데메드리오를 영접하여 진리와 사랑의 계명을 행할 것을 요청하기 위해서다. 이런 면에서 요한삼서 12절은 서신 전체 내용의 수렴점이라고 해도 무방하다.

3. 해설

디오드레베가, 저자가 보낸 사람들을 영접하지 않은 사건을 통해 가이오에게 반면교사의 교훈을 준다. 저자의 영향권 안에 있었던 교회의 지도자였던 디오드레베가 무슨 이유에선지 모르지만 저자가 보낸 순회 전도자를 거절했다. 그뿐만 아니라, 저자에 대해 악한 말로 폄하하고 저자가 보낸 사람들을 영접하려는 사람들을 막고 교회에서 내쫓았다. 저자는 이 사건을 단순히 자신의 권위에 대한 도전이나 나그네를 환대하는 당시의 윤리 기준에 어긋나는 것으로 인식하지 않았다. 그 핵심을 진리의 문제와 관련 있는 것으로 본 것이다. 순회 전도자가 예수에 대한 진리를 증거하기 위해 간 사람들이기 때문이다. 그들을 영접하는 것은 진리에 동참하는 것이고, 그들을 거절하는 것은 진리에 동참하지 않는 것이다. 이런 면에서 저자에게 디오드레베는 마치 어둠의 영역에 속한 자처럼 행한 것으로 인식된 것이다. 빛의 새 영역에서 하나님의 두 계명인 진리와 사랑의 계명을 행하지 않은 것이기 때문이다.

저자가 디오드레베에 대해 언급한 것은 가이오로 하여금 그런 모습을 닮지 말기를 바라는 마음에서다. 요한삼서 2-8절에서 제시한 가이오에 대한 칭찬과 기대와 맥을 같이 한다. 모두 순회 전도자들을 환대함으로써 진리와 형제 사랑의 계명 지키기를 바라는 것이다. 더 나아가 저자의 이런 마음은 요한삼서를 가지고 갈 또 다른 순회 전도자인 데메드리오를 부탁하는 것으로 이어진다. 그는 여러 사람들에게 인정받은 귀한 사람이다. 특히 진리에 대해서는 확실하게 인정받은 사람이다. 그렇기에 이런 사람을 영접하고 잘 환송하는 것은 그가 하는 진리 증거 사역에 동참하는 것이다. 저자가 가이오에게 편지를 쓰는 중요한 이유 중의 하나이다.

요한삼서의 내용을 오늘날 비슷한 것으로 연결한다면 가는 선교사와 보내는 선교사의 개념일 것이다. 선교는 기본적으로 예수로 인한 하나님의 사랑이 담긴 진리를 증거하는 사역이다. 이를 위해서 직접 장소를 옮겨 사람들을 섬기는 역할을 하는 사람이 있다. 가는 선교사이다. 하지만 가지 않더라도 여러모로 동참하는 사람 역시 동일하게 진리를 위해 함께 하는 사람이다. 보내는 선교사이다. 데메드리오가 진리를 증거하기 위해 움직이는 선교사라면, 디오드레베는 그 일에 동참하지 않은 자이다. 가이오에게 편지 쓴 것은 이전부터 보냄받은 선교사들을 영접함으로 보내는 선교사로서 동참해온 그 일을 계속하게 하려는 것이다. 더 나아가 보내는 선교사로서의 일은 진리뿐 아니라 사랑의 계명도 지키는 것이다. 형제들의 필요를 실제로 채우는 것이기 때문이다. 이런 면에서 가이오가 새 영역에 속한 하나님의 자녀로서 진리와 사랑의 계명에 따라 신실하게 살아가기를 기대하는 요한의 권면은 시대와 상관없이 오늘의 그리스도인과 교회도 들어야 하는 내용이다.

제4장 요한삼서 13-15 문안 인사와 결어

요한삼서의 맺음말 부분이다. 디오드레베와 데메드리오에 대한 주제에서 벗어나 일인칭 단수 지시어를 사용함으로써 앞부분과 구분점을 보여준다. 요한삼서 13-15절은 저자의 방문 계획과 마지막 인사말 두 부분으로 구분할 수 있다.

절	내용
13-14	* 방문 계획: 할 말이 많지만, 종이와 먹으로 하지 않고 방문해서 얼굴과 얼굴을 마주보고 말하겠다.
15	* 문안 인사: 1. 저자의 문안 인사: 당신에게 평화가 있기를 2. 다른 형제들 사이의 문안 인사 1) 다른 형제들의 문안 인사: 친구들이 당신을 문안한다. 2) 다른 형제들을 향한 문안 인사 권면: 친구들에게 이름을 들어 문안하라.

1. 번역

13 내가 당신에게 쓸 것이 많습니다. 하지만 나는 먹과 종이로 쓰기를 원치 않습니다. **14** 오히려 나는 당신을 즉시 보기를 원합니다. 그리고 우리가 얼굴과 얼굴을 마주보고 말하게 될 것입니다. **15** 당신에게 평화가 있기를. 친구들이 당신을 문안합니다. 친구들에게 이름을 들어 문안하십시오.

2. 주해

13절 (편지로만 교제하기를 원하지 않음) 방문 계획을 소개함으로 서신을 마무리하기 시작한다. 수신자 가이오에게 쓸 말이 많지만, 종이와 먹으로 하지 않겠다고 한다. 요한이서 표현과 동일하다. 비록 수신자가 다르지만, 요한이서와 요한삼서의 저자가 동일하다는 증거의 하나이다.

14절 (방문 계획) 서신 대신 방문해서 얼굴을 마주보고 말하겠다고 한다. 역시 요한이서 표현과 동일하다. 하지만 요한이서는 독자들의 기쁨을 충만케 하기 위해서라고 방문 목적을 언급하지만, 요한삼서에는 그런 언급이 없다. 그럼에도 불구하고 가이오를 만나 회포를 풀고 저자가 전하고 싶은 말을 나누려는 의도는 동일하다. 요한이서처럼 저자의 목회적 마음 표현으로 이해할 수 있다.

이 계획에 디오드레베를 방문하는 것이 포함하고 있는지는 분명치 않다. 앞서 설명했듯, '디오드레베에게 간다면'이란 요한삼서 10절 표현은 반드시 방문할 것이라는 의미가 아니기 때문이다. 또한 14절 방문 계획 역시 날짜를 정해 놓고 꼭 가겠다는 내용이 아니다. 기회가 되면 방문하겠다는 의미이다.

15절 (문안 인사) 모든 내용을 마무리하고 마지막 인사말로 서신을 맺는다. 두 가지 내용을 언급한다. 하나는 수신자 가이오에게 평화를 전하는 문안 인사이다. 두 번째는 다른 교인들과 가이오 사이에 주고받는 문안 인사이다. '친구'라는 표현으로 다른 형제들을 소개한다. 요한복음에서는 예수와 나사로 혹은 제자들과의 관계를 표현할 때 사용되었지만(요 11:11; 15:13, 14, 15), 요한서신에서는 처음 사용된다. 가까움을 전하는 표현이다. 친구들이 가이오에게 문안한다고 말하고, 가이오 역시 친구들에게 문안하라고 말한다.

3. 해설

요한삼서 13-15절은 서신의 마무리 부분이다. 가이오가 순회 전도자들을 계속 영접하고 도우라는 것과 특별히 데메드리오를 잘 환영하라는 전체 내용을 마무리 짓는다. 장차 있을 방문 계획을 언급하고 문안 인사로 마무리한다.

| 참고문헌 |

Akin, D. L., *1, 2, 3 John*, NAC, Nashville: Broadman & Holman, 2001.

Anderson, J. L., *An Exegetical Summary of 1, 2 & 3, John*, SILES, Dallas: SIL International, 2008.

Anderson, P. N., *The Christology of the Fourth Gospel: Its Unity and Disunity in the Light of John 6*, WUNT 2/78, Tübingen: Mohr Siebeck, 1996.

Argyle, A. W., "1 John 3.4f," *ExpTim* 65, 1953-54: 62-63.

Ashton, John, *Understanding the Fourth Gospel*, 2nd ed., Oxford: Oxford University Press, 2009.

Ball, P., *The Child-Parent Relationship in the New Testament and Its Environment*, Tübingen: Mohr Siebeck, 2003; Peabody: Hendrickson, 2006.

Barclay, J. M. G., "Mirror-Reading a Polemical Letter: Galatians as a Test Case," *JSNT* 31, 1987: 73-93.

Bass, C. D., *That You May Know: Assurance of Salvation in 1 John*, NSBT 5, Nashville: Broadman & Holman, 2008.

Black, D. A., "An Overlooked Stylistic Argument in Favor of πάντα in 1 John 2:20," *FN* 5, 1992: 205-8.

Bornkamm, G., *Early Christian Experience*, London: SCM Press, 1969.

Brooke, A. E., *A Critical and Exegetical Commentary on the Johannine Epistles*, ICC, Edinburgh: T & T Clark, 1912.

Brown, R. E., *The Community of the Beloved Disciple*, New York: Paulist, 1979.

______, *The Epistle of John*, AB, New York: Doubleday, 1982.

Bruce, F. F., *The Gospel & Epistles of John*, Grand Rapids: Eerdmans, 1983.

Bultmann, R., *The Theology of the New Testament*, 2 vols., New York: Charles Scribner's Son, 1955.

______, *Johannine Epistles*, Hermeneia, Philadelphia: Fortress, 1973.

Burge, G. M., *The Letters of John*, NIVAC, Grand Rapids: Zondervan, 1996.

Callahan, A. D., *A Love Supreme: A History of the Johannine Tradition*, Minneapolis: Fortress, 2005.

Carson, D. A., *The Gospel according to John*, PNTC, Grand Rapids: Eerdmans, 1990.

_______, "The Three Witnesses and the Eschatology of 1 John," T. E. Schmidt & M. Silva, ed. *To Tell the Mystery: Essays on New Testament Eschatology in Honor of Robert H. Gundry*, Sheffield: Sheffield Academic Press, 1994: 216-32.

_______, *The Difficult Doctrine of the Love of God*, Wheaton: Crossway, 1999.

Carson, D. A. and D. J. Moo, *An Introduction to the New Testament*, Grand Rapids: Zondervan, 2005.

Carter, W., *John: Storyteller, Interpreter, Evangelist*, Peabody: Hendrickson, 2006.

Comfort, P. W., *New Testament Text and Translation Commentary*, Carol Stream: Tyndale House, 2008.

Cook, Stephen L., *The Apocalyptic Literature*, IBT, Nashville: Abingdon, 2003.

Cullmann, O., *Early Christian Worship*, London: SCM, 1953.

Culpepper, R. A., "The Pivot of John's Prologue," *NTS* 27, 1980-1981: 25-26.

_______, *The Gospel and Letters of John*, IBT, Nashville: Abingdon, 1998.

_______, "Relation between the Gospel and 1 John," R. A. Culpepper & P. N. Anderson, ed., *Communities in Dispute*, Atlanta: SBL Press, 2014: 95-119.

Culy, Martin M. *I, II, III John: A Handbook on the Greek Text*. BHGNT, Waco: Baylor University Press, 2003.

De Boer, M. C., "Jesus the Baptizer: 1 John 5:5-8 and the Gospel of John," *JBL* 107, 1988: 87-106.

_______, "The Death of Jesus Christ and His Coming in the Flesh 1 John 4:2," *NovT* 33, 1991: 326-46.

De Waal Dryden, J., "The Sense of ΣΠΕΡΜΑ in 1 John 3:9: In Light of Lexical Evidence," *FN* 11, 1999: 85-100.

Derickson, G. W., *1, 2 & 3 John*, EEC, Washington: Lexham Press, 2014.

Dodd, C. H., *The Johannine Epistles*, MNTC, London: Hodder & Stoughton, 1946.

Fanning, B. M., *Verbal Aspect in New Testament Greek*, Oxford: Oxford University Press, 1990.

Freedman, D. N., ed. *The Anchor Bible Dictionary*. 6 vols. New York: Doubleday, 1992.

Freyne, S., "Christological Debates among Johannine Christians," *Concilium* 2002: 59-67.

Givón, T., "The Pragmatic Word-Order: Predictability Importance and Attention." M. Hammond, E. Moravcsik & J. Wirth, ed., *Studies in Syntactic Typology*, Amsterdam: John Benjamins, 1988: 243–84.

Goulder, M. D., "A Poor Man's Christology," *NTS* 45, 1999: 332-48.

Grayston, K, *The Johannine Epistles*, NCB, Grand Rapids: Eerdmans, 1984.

Griffith, T., "A Non-Polemical Reading of 1 John," *TynBul* 49, 1998: 253-76.

______, *Keep Yourselves from Idols*, JSNTSup 233, London: Sheffield Academic Press, 2002.

Hägerland, Tobias, "John's Gospel: A Two-Level Drama?," *JSNT* 25, 2003: 309-22.

Haas, C., M. de Jonge, & J. L. Swellengrebel., *A Translator's Handbook on the Letters of John*, New York: United Bible Societies, 1972.

Harris III, W. Hall, *1, 2, 3 John*, Dallas: Biblical Studies Press, 2003.

Hiers, R. H., "Day of the Lord," D. L. Freedman, ed., *ABD* 2, New York: Doubleday, 1992: 82-3.

Hill, J. L., "Little Children, Keep Yourselves from Idols: 1 John 5:21 Reconsidered," *CBQ* 51, 1989: 285-310.

Houlden, J. L., *A Commentary on the Johannine Epistles*, rev. ed. BNTC, London: A & C Black, 1994.

Jenks, G. C., *The Origins and Early Development of the Antichrist Myth*, BZNW 59, Berlin: De Gruyter, 1991.

Jobes, K. H., *1, 2 & 3 John*, ZECNT, Grand Rapids: Zondervan, 2014.

Jones, P. R., *1, 2 & 3 John*, SHBC, Macon: Smith & Helwys, 2009.

______, "The Missional Role of ὁ πρεσβύτερος," R. A. Culpepper & P. N. Anderson, ed., *Communities in Dispute*, Atlanta: SBL Press, 2014: 141-56.

Jonge, M. de., "The Use of the Word ΧΡΙΣΤΟΣ in the Johannine Epistles," W. C. Van Unnik, ed. *Studies in John*, Leiden: Brill, 1970: 66-74.

Köstenberger, A. J., *A Theology of John's Gospel and Letters*, BTNT, Grand Rapids: Zondervan, 2009.

Keener, Craig S., *The Gospel of John*, Peabody: Hendrickson, 2003.

Kistemaker, S. J., *James and I-III John*, Grand Rapids: Baker, 1986.

Klink III, Edward W., *The Sheep of the Fold: The Audience and Origin of the Gospel of John*, SNTSMS 141, Cambridge: Cambridge University Press, 2007.

______, "Light of the World: Cosmology and the Johannine Literature," J. T. Pennington & S. M. McDonough, ed. *Cosmology and New Testament Theology*, London: T & T Clark, 2008: 74-89.

Koester, C. R., "The Antichrist Theme in the Johannine Epistles and Its Role in Christian Tradition," R. A. Culpepper & P. N. Anderson, ed. *Community in Dispute*, Atlanta: Scholars Press, 2014: 187-196.

Kruse, C. G. *The Letters of John*, PNTC, Grand Rapids: Eerdmans, 2000.

Kysar, R., *Voyages with John*, Waco: Baylor University Press, 2005.

Ladd, G. E., *A Theology of the New Testament*, rev. ed. Grand Rapids: Eerdmans, 1993.

Lee, Jae Hyun, *Paul's Gospel in Romans: A Discourse Analysis of Rom 1:16-8:39*, LBS 3, Leiden: Brill, 2010.

_____, "로마서에 나오는 바울 복음의 중심을 향하여," *Canon & Culture* 제4권 제2호, 2010: 183-215.

_____, "이원론적 두 영역과 신자의 삶: 요한일서의 성화에 대한 연구," 김상복 목사 기념 논문위원회 편, 『진리가 너희를 자유케 하리라: 김상복 목사 고희 기념 논문집』, 서울: 기독교문서선교회, 2011: 399-427

_____. 『구원: 삼위 하나님의 역작』, 용인: 킹덤북스, 2018.

Levinsohn, S. E., *Discourse Features of New Testament Greek: A Coursebook on the Information Structure of New Testament Greek*, Dallas: Summer Institute of Linguistics, 2000.

Lewis, Scott M., *What Are They Saying about New Testament Apocalyptic?*, New Jersey: Paulist Press, 2004.

Lieu, J. M., *The Second and Third Epistles of John*, Edinburgh: T & T Clark, 1986.

_____, *The Theology of the Johannine Epistles*, NTT, Cambridge: Cambridge University Press, 1991.

_____, *I, II, & III John*, NTL, Louisville: Westminster/John Knox Press, 2008.

Loader, W. R. G., *The Johannine Epistles*, London: Epworth, 1992.

Lorein, G. W., *The Antichrist Theme in the Intertestamental Period*, JSPSup 49, London: T & T Clark, 2003.

Malherbe, A. J., "The Inhospitality of Diotrephes," Jacob Jervell & Wayne Meaks, ed. *God's Christ and His People: Studies in Honour of Nils Alstrup Dahl*, Oslo: Universitetsforlaget, 1977: 222-32.

Marshall, I. H., *The Epistle of John*, NICNT, Grand Rapids: Eerdmans, 1978.

Martyn, J. L., *History and Theology in the Fourth Gospel*, 3rd ed. Louisville: Westminster John Knox, 2003.

Metzger, B. M., *A Textual Commentary on the Greek New Testament*, London: United Bible Societies, 1971.

Michaelis, J. D., *Einleitung in die göttlichen Schriften des Neues Bundes*, 2 vols., 4th ed. Götingen: Vanderhoeck & Ruprecht, 1788.

Mitchell, M. M., "Diotrephes Does Not Receive Us": The Lexicographical and Social Context of 3 John 9-10," *JBL* 117, 1998: 299-320.

Moberly, R. W. L., "Test the Spirit's: God, Love, and Critical Discernment in 1 John 4," Graham Stanton, Bruce Longenecker, & Stephen Barton ed. *The Holy Spirit and Christian Origins: Essays in Honor of James D. G. Dunn*, Grand Rapids: Eerdmans, 2004: 296-307.

Neufeld, D., *Reconceiving Texts as Speech Acts: An Analysis of 1 John*, Leiden: Brill, 1994.

Olsson, B., *A Commentary on the Letters of John*, Eugene: Pickwick Publications, 2013.

Painter, John., *1, 2, and 3 John*, SP, Collegeville: Liturgical Press, 2002.

Perkins, P., *The Johannine Epistles*, Wilmington, Del: Michael Glazier, 1979; 2nd ed, 1984.

Persson, A., "Some Exegetical Problems in 1 John," *Notes on Translation* 4, 1990: 18-26.

Porter, Stanley E., *Verbal Aspect in the Greek of the New Testament*, New York: Peter Lang, 1989.

______, *Idioms of Greek New Testament*, Sheffield: Sheffield Academic Press, 1992.

______, "Prominence: An Overview," Unpublished paper; Society of Biblical Literature Annual Meeting, 2003.

Reed, Jeffrey T., *A Discourse Analysis of Philippians: Method and Rhetoric in the Debate over Literary Integrity*, JSNTSup 136, Sheffield: Sheffield Academic Press, 1997.

Rensberger, D., *The Epistles of John*, Nashville: Westminster John Knox Press, 2001.

Richter, G., "Blut und Wasser aus der durchbohrten Seite Jesu Joh 19, 34b," Josef Hainz, ed. *Studien zum Johannesevangelium*, Regensburg: Pustet, 1977: 120-42.

Roberts, M., "A Hermeneutic of Charity: Response to Heather Landrus," *JPT* 11, 2002: 89-97.

Schnelle, Udo, *Antidocetic Christology in the Gospel of John*, trans. Linad M. Maloney, Minneapolis: Fortress, 1992.

______, *The History and Theology of the New Testament Writings*, trans. M. E. Boring, Minneapolis: Fortress, 1998.

______, *Theology of the New Testament*, trans. M. E. Boring, Grand Rapids: Baker, 2009.

Sloyan, G. D., *Walking in the Truth: Perseveres and Deserters: The First, Second, and Third Letters of John*, NTCC, Valley Forge: Trinity Press International, 1995.

Smalley, S. S., *1, 2, 3 John*, WBC, Waco: Word, 1984.

_______, *The Revelation to John: A Commentary on the Greek Text of the Apocalypse*, Downers Grove: InterVarsity Press, 2005.

Smith, D. M., *First, Second, and Third John*, IBC, Louisville: John Knox, 1991.

Stott, John., *The Epistle of John*, TNTC, Grand Rapids: Eerdmans, 1964.

Strecker, G., "Chiliasm and Docetism in the Johannine School," *ABR* 38, 1990: 45-61.

_______, *The Johannine Letters*, Hermeneia, Minneapolis: Fortress, 1996.

Streett, D. R., *They Went Out from Us: The Identity of the Opponents in First John*, BZNW 177, Berlin: De Gruyter, 2011.

Thomas, J. C., "The Order of the Composition of the Johannine Epistles," *NovT* 37, 1995: 68-75.

Thompson, M. M., *1-3 John*, IVPNTC, Downers Grove: InterVarsity Press, 1992.

Vellanickal. M., *The Divine Sonship of Christians in the Johannine Writings*, Rome: Biblical Institute Press, 1977.

Von Wahlde, Urban C., *Gospel and Letters of John*, vol. 3, ECC, Grand Rapids: Eerdmans, 2010.

Wallace, Daniel B., *Greek Grammar beyond the Basics*, Grand Rapids: Zondervan Publishing House, 1996.

Wendt, H. H., "Die Beziehung unseres ersten Johannesbriefes auf den zweiten," *ZNW* 21, 1922: 140-6.

Westcott, B. F., *The Epistles of St. John*, Grand Rapids: Eerdmans, 1966.

White, J. L., *Light from Ancient Letters*, Philadelphia: Fortress Press, 1986.

Windisch, Hans, *Die katholischen Briefe*, HNT 15, Tübingen: Mohr Siebeck , 1951.

Witherington, III, B., "The Waters of Birth: John 3:5 and 1 John 5:6-8," *NTS* 35, 1989: 155-60.

_______, *Letters and Homilies for Hellenized Christians: A Socio-Rhetorical Commentary on Titus, 1-2 Timothy and 1-3 John*, Downers Grove: IVP Academic, 2006.

Yarbrough, R. W., *1-3 John*, BECNT, Grand Rapids: Baker, 2008.